THE
COMPLETE HISTORY *of*
HAN DYNASTY

3

昭宣中兴与王莽篡汉

公元前87年
汉昭帝继位

公元22年
刘秀起兵

上医治国
◎著◎

北京联合出版公司
Beijing United Publishing Co.,Ltd.

图书在版编目（CIP）数据

昭宣中兴与王莽篡汉 / 上医治国著. -- 北京 : 北京联合出版公司, 2023.8（2026.1 重印）
（大汉帝国全史）
ISBN 978-7-5596-6957-5

Ⅰ. ①昭… Ⅱ. ①上… Ⅲ. ①中国历史—汉代—通俗读物 Ⅳ. ①K234.09

中国国家版本馆 CIP 数据核字 (2023) 第 102389 号

大汉帝国全史　昭宣中兴与王莽篡汉

作　　者：上医治国
出 品 人：赵红仕
产品经理：张建鑫
封面设计：人马艺术设计 · 储平
出版监制：辛海峰　陈　江
责任编辑：牛炜征
特约编辑：郭　梅
美术编辑：任尚洁

北京联合出版公司出版
（北京市西城区德外大街 83 号楼 9 层　100088）
联合读创（北京）文化传媒有限公司发行
天津中印联印务有限公司印刷　新华书店经销
字数 1072 千字　710 毫米 × 1000 毫米　1/16　69.75 印张
2023 年 8 月第 1 版　2026 年 1 月第 7 次印刷
ISBN 978-7-5596-6957-5
定价：198.00 元（全五册）

目录

第二十五章

霍光秉政

霍光

霍光是霍去病同父异母的弟弟，霍去病在战场上横扫匈奴大受皇帝的宠爱，爱屋及乌的刘彻自然也十分喜爱霍光。霍光十几岁时，刘彻就让他做了自己的侍卫。霍去病死后，霍光也没有被冷落，一直由郎官做到奉车都尉、光禄大夫，始终侍奉在皇帝身边。

有卫青和霍去病两人的光辉事迹，这一家人也可称为将门世家，但霍光是这家人中的一个另类。对于卫青和霍去病，他们有什么本事，我们很清楚，可要说霍光有什么本事，我们却不是很清楚，只知道他平日里行止十分有度，甚至到了这种地步：每次出入殿门，霍光走的路线长短以及步伐大小，甚至最后停下来的位置，从来没有变过。当时就有好事者专门对此进行过测量。正是因为霍光行事如此一致，所以他在皇帝身边工作了二十多年，从来没有出过错。

这就是他的本事。人人都说“伴君如伴虎”，能在皇帝身边二十多年而没有被皇帝挑剔过一次，这是什么概念？有人说，这是因为霍光为人小心谨慎。这个因素不可否认，但比小心谨慎更重要的是，这说明霍光这个人城府极深，很会装，能藏得住，也能沉得住气。当然，他的运气也很好。汉朝的时候犯事最多不过灭三族，要是碰到后世的灭九族，甚至再不幸点儿，像方孝孺一样被灭十族，就后来卫氏一门的事情，他肯定也会被牵涉进去而丢了性命。不管怎么样，城府极深、心思缜密又小心谨慎的霍光最终让对谁都不满、对谁都猜疑的刘彻也不由得对他信任有加，在最后需要选择托付对象的时候，刘彻跳过了三公，跳过了九卿，而选择了霍光做辅政大臣第一人。

当然，这样说有人可能会觉得我哗众取宠，净把人往坏处想。对此，我必须严正声明："城府极深"应该是个中性词，并没有褒义或贬义之分。奸臣要有城府，忠臣更要有城府。当年看周星驰的《九品芝麻官》，里面有一句话说得很好，大意是说贪官奸，清官要比贪官更奸才治得了贪官。这里的"奸"也不是个贬义词。而且，如果霍光不是这样的人，那请问，怎么解释刘彻托孤之前的那件事情？当时，刘彻让人送了一幅《周公负成王朝诸侯》给霍光，其中的托孤之意简直跃然纸上，可霍光硬是表现出一脸的茫然，继续装傻，眼看皇帝快不行了，还要问他："如果陛下不幸弃天下而去，谁来继承皇位？"刘彻只好挑明了说："送你那幅画还看不懂吗？立小儿子，你来做周公。"如果以霍光的智商拿到画的时候还不知道是什么意思，那他也不用做什么周公了，可他就是能装傻充愣，能沉得住气，才最终坐到了大司马大将军这个真正一人之下万人之上的位置。

刘彻一死，即位的刘弗陵说起来是八岁，其实周岁只有七岁。这样一个小屁孩还没有了母亲，能做什么事情？于是"政事壹决于光"(《汉书》)。这下子，霍光可以不用装了，开始大胆地做起事来。从后来发生的事情来看，不管霍光是不是装的，至少他做这个首辅大臣确实比其他什么上官桀、桑弘羊要好，但这并不意味着他得到了所有人的承认。

当上辅政大臣大概半年以后，霍光突然拿出一份刘彻的遗诏。遗诏中宣布封霍光为博陆侯，金日磾为秺侯，上官桀为安阳侯。前文已有提及，封侯对于百官来说意义非凡，正可谓"三公九卿常有而封侯不常有"。既然封侯不易，那自然就有人出来质疑了。卫尉王莽有个儿子叫王忽，也在晚年的刘彻身边做侍中，他就跳出来到处宣称："先帝驾崩前的一段时间，我经常侍奉左右，从来没听说过皇帝有一封什么遗诏，这东西肯定是霍光他们自己鼓捣出来的。"

王忽其实并没有质疑霍光等人辅政的合法性，只是不满于霍光获得的封地和爵位，但这也不行，在霍光看来，王忽这个无名小卒是在挑衅他的权威。可霍光现在是一人之下万人之上的大人物，若亲自对王忽这个小小的侍中下手，就会显得有失身份。霍光于是找来王忽的父亲卫尉王莽，一见面就严厉地斥责他教子无方，纵容王忽造谣生事。王莽没有办法，回家后只好以一杯毒酒鸩杀了自己的儿子。

问题是，王忽说的是不是事实？我认为还是有可能的。不然，正常情况下，封侯的事情应该和受命辅政同时发生，而不应在刘彻死后半年才出现一封封侯遗诏。当然，班固的说法是，因为霍光、金日磾和上官桀三人在摆平莽何罗谋反的事情中都出过大力，当时刘彻就要封他们为侯，但他们高风亮节，都没有答应，刘彻这才留下一封遗诏，叮嘱下人等自己死后再拿出来宣布。

然而，事情最后也没有按霍光的预想发展。作为生擒莽何罗的第一功臣，金日磾首先站出来表示自己不愿受封，搞得剩下的两人也不好意思领侯爵的封地，只好将封侯的事情暂时作罢。

班固这人是个正统的官方史学家，他要为当朝的大人物文过饰非是很自然的事情，顺便也圆了当年刘邦“非功不侯”之事。可他忘了在其他人的传记里交代霍光和上官桀究竟在莽何罗的案子里立过什么功。所以，要说霍光这个时候伪造一份遗诏给自己谋些好处也并非不可能，反正这时候他的地位已经无人能及，唯一在他头上的就是那个才七八岁大的孤儿（能有个屁用）。在整件事情中，王忽虽然罪不至死，可他也有取死之道；霍光则一定程度上表露了他唯我独尊的内心；剩下唯一识大体的大概就是卫尉王莽，为了国家大局的稳定，他宁可牺牲掉自己的儿子。

又过了一段时间，长乐宫里传出一件怪事，据说一到晚上，殿里就莫名其妙地传出很多怪声。按理说，皇宫里即便闹鬼，也应该严密封锁消息才是，可这个消息传得出奇地快，天亮的时候，大臣们就都知道了这件事，并在朝堂上议论纷纷。这时候，霍光以保证玉玺的安全为借口，让管皇帝玉玺的尚符玺郎把玉玺交出来，由他保管。

玉玺是什么？那是皇帝身份和权力的象征，即便你是一人之下万人之上的首辅大臣，也没有资格拿玉玺。霍光没想到尚符玺郎官虽不大，却是个极讲原则的人，当场便驳回了他的要求。霍光恼羞成怒，竟然捋胳膊挽袖子，要上前去抢。没承想那尚符玺郎端的是条好汉，毫不畏惧，将手按在腰间的剑柄上，正气凛然地说道：“我的头可以让人拿去，但只要我活着，玉玺绝不可以让人拿去！”

大概是尚符玺郎的正气震慑了霍光，他很快就清醒过来，态度马上来了个一百八十度的大转变，将尚符玺郎大加表扬一番，并当场给予他升两级工资的奖励。

从这两件事就可以看出，霍光是个对权力有着极强欲望的人，这大概就是他的本性。

说到这里，可能又有人说我语不惊人死不休了。其实，我只是揭露了人的本性而已。霍光是个做实事的首辅，是个认真治理国家的大臣，至少肯定比共受刘彻遗诏的金日磾（他在受遗诏后的第二年就死了）、上官桀和桑弘羊做得要好，但这并不能说明霍光是个贤臣。历史证明，所谓“言传身教”，即真正高风亮节之人，其后代在父辈身体力行的熏陶之下，能力或许不高，气节品德却应是一流的，而在霍光的子女中，我们最终看到的只有贪权、好利、愚蠢和大胆妄为。这且容后再表。

经过这些事情，霍光也意识到自己锋芒太露，这时候又有谋士劝说霍光：“将军难道没有听说过当年诸吕的事情吗？您现在处于伊尹、周公的地位，如果跟吕家人一样，把持着朝政独断专行，把刘姓宗室排除在外，最后定会失去天下人的信任，引来灭门塌天的祸事。现在将军位高权重，应该反吕家之道而行，凡事多亲近宗室，和大臣们打成一片，这样才能避免当年吕家的惨剧。”

对于谋士的建议，霍光表示接受，暂时把自己的锋芒隐藏，积极改变自己的形象，开始和满朝文武其乐融融起来。大臣们也很识趣，对霍光更是表现出支持、赞赏有加的态度，有人甚至开始公开为他歌功颂德。

然而，摆平一般的大臣对霍光来说不算什么，摆平那三个作为辅政副手的大臣才是重中之重。

三个人

刘彻在选择托孤人选的时候实在是费了不少心思。在他看来，霍光忠诚能干，上官桀能征惯战，桑弘羊善于理财，金日磾最能体现他晚年胡汉一家和平发展的思想，这一阵容可谓能文能武、胡汉结合，既能搞政治又能搞经济，实在是好得不能再好了。那么，这里有个问题：除去霍光，在上官桀、桑弘羊、金日磾三个人里面，谁是刘彻最为看重的呢？

答案或许有些出乎你的意料，不是打过匈奴、征过大宛的上官桀，也不是经济能手桑弘羊，而是匈奴人金日磾。

金日磾原是休屠王子，本可在草原上过上层社会的生活，不巧当时汉朝出了个霍去病，带兵横扫草原，先抢了休屠部落祭天的金人，后又逼得匈奴的浑邪王和休屠王走投无路，只好投降。投降就投降吧，按刘彻的习惯，休屠王投降过来虽然不能再称王，但做个侯爷总是没有问题的，金日磾不是王子也还是个公子。没想到，休屠王临场退缩，当即就被浑邪王杀了，他的手下死的死、散的散，剩下那些没死没散的则并入了浑邪王手下。金日磾一下子成了孤家寡人，只能跟随母亲带着弟弟来到长安城，在黄门做一名养马的马夫。这一年是元狩二年（公元前121年），金日磾十四岁。

让匈奴人养马，朝廷也算物尽其用。十四岁的金日磾在母亲的教导下并没有生活在仇恨中，他每天都认真做着自己该做的事情，切草、喂料、放马，毫不倦怠。机会总是青睐那些认真的人。金日磾把马养得又肥又壮，人也长得高大威严，而且行事端正，得到刘彻极大的赏识。他先做了马监，很快又被提拔为侍中、驸马都尉，后来又升为光禄大夫，出入都跟随在刘彻身边。

能够时常跟在皇帝身边，即便是在汉人官员里，也是不可多得的荣耀，可金日磾从没敢忘记自己的身份，几十年间在皇帝身边目不忤视。刘彻赏赐的宫女他也一个不碰，更是曾经生擒莽何罗，救了刘彻一命。可以说，他对皇帝的谨慎、忠诚，丝毫不比霍光差。

金日磾的家教非常严格，当年他母亲对他的教育甚至受到刘彻赞许，刘彻还命人给金日磾的母亲画像，并悬挂于甘泉宫内，而且在画像上注明“休屠王阏氏”。金日磾对母亲极为孝顺，甚至在母亲死后，金日磾只要进入甘泉宫，每次都在母亲的画像前驻足，流泪跪拜一番，方才离去。当金日磾得到皇帝的重用后，刘彻对他的长子弄儿也十分喜爱，甚至称呼弄儿为“我的儿子”。一般人的孩子要是得到皇帝这样的宠爱，早被捧到天上去了，金日磾却不一样，他对儿子的要求因此变得更为严格。然而，亲爹的严格比不上皇帝干爹的宠爱，弄儿长大后还是向着二世祖的方向发展，甚至已经到了敢在宫里公开调戏宫女的地步。对于弄儿的不成器，金日磾忍无可忍，又担心他做出淫乱宫廷的丑事，最后只好含着泪逼死了他。

金日磾做人严谨如斯，让刘彻也好生敬畏，甚至已经忘了他匈奴王子的出身，把他当作最忠心、最值得敬重的臣子对待。据说，当年刘彻托孤的时候，本是有意选择金日磾作为首辅大臣的，但金日磾以自己是匈奴人，如果他做首辅就会让匈奴看轻大汉为理由拒绝了刘彻，甘心为霍光做副手。等到刘弗陵做了皇帝，霍光宣布刘彻遗诏的时候，金日磾又说现在皇帝还小，做大臣的应当尽心尽力辅佐皇帝，就推掉了封侯的诏命。试想，如金日磾这样忠心、低调、能干、孝顺、讲原则且知进退的大臣，哪个皇帝会不喜欢？作为一个匈奴人，他对汉朝的忠诚和贡献已经超过了同时期几乎所有的汉人大臣。

按常理计算，在始元元年（公元前86年），作为年纪还不满五十岁的辅政大臣，金日磾正是一展宏图的时候。令人没想到的是，金日磾在辅政后不久便病倒，而且病得很重，很快就不行了。

金日磾的病很可能是他在中原长期水土不服造成的。之前，他生擒莽何罗的时候已经病了，也可能后来一直就没好，病情越来越重，直至不治。当然，也可能有一些人为的因素，请容我稍后再提。

始元元年九月，弥留之际的金日磾在床上接受了皇帝（实际上可能是霍光）赐予的秺侯封号，第二天便病死在家中。

三个人中的第二个人是上官桀，他是刘彻晚年的一个重要武将。这个人早年间也是养马的，因为力气大，加上马上功夫不错，刘彻安排他做了未央宫的养马头子。

可能有人会觉得：怎么又是个养马的？

要知道，有的时候，养马并不见得是下等的活计，尤其在刘彻那个时代。刘彻喜欢打仗，也非常重视和喜欢马，在那时，一般人要是能给皇帝养好马，那就是往上爬的一个阶梯。上官桀却不走寻常路。

有一次刘彻病了，经过多天治疗，病情好不容易稍有好转，他就惦记起上官桀养的那些好马，也没跟其他人打招呼，自己急匆匆地跑去看马。没想到，在未央宫的马厩里，刘彻发现那些原本膘肥体壮的好马如今一匹匹全都没精打采，不少甚至变得骨瘦如柴。这下刘彻勃然大怒，把养马的头子上官桀抓来一顿臭骂：“你小子以为我没机会看这些马了，是吗？！”说罢就要将上官桀拖出去砍头。

一看皇帝发怒，上官桀赶忙跪下来辩解：“前段时间听说陛下龙体欠安，臣日夜思念，寝食不安，时刻盼望着陛下能早些好起来，实在是没什么心思料理这些马。”他说着说着眼泪就开始不住地往下流，最后干脆哽咽得连话都说不出来。

我们无法分辨上官桀的话是不是真的，或许他就是看皇帝不在所以偷懒了呢？但至少他的应变能力是一流的。皇帝位于统治阶级的最顶端，看似众星捧月，实则内心孤独。为各自的利益，肯为他尽心办事的人多了去了，却有几人能打心眼儿里关心皇帝的身体？听了上官桀的话，刘彻内心最敏感的那根神经一下被触动：上官桀这个人居然这么把朕的健康放在心上，这是何等的忠臣！于是，上官桀迅速升迁，先做了侍中、搜粟都尉、少府等，后来又做到太仆，一跃成为政坛的红人。

发迹了的上官桀还是武帝后期惯战的将领之一，曾多次带军出征匈奴和西域。当然，以上官桀的水平，和武帝前中期那些优秀的将领卫青、霍去病、李广等相比，他还是远远不如的，就连李陵的军事能力也要超过他。惯战不等于善战，上官桀履历上能查得到的战功中，最显著的一次要数跟随李广利出征大宛那次：上官桀领一队偏师攻破郁成，迫使郁成王败走康居国，随后被上官桀擒杀。我们知道，征大宛那次本来就是杀鸡用牛刀，结果是杀敌八百自损三千，严格地说，算不上什么光彩的战绩。但没有办法，谁让当时朝廷的军事人才青黄不接，刘彻只能从矬子里面拔将军，拔出来的就是上官桀。虽不如人意，但好歹也堪一用，至少比李广利靠谱吧。而且，上官桀和霍光的私人关系很好，很早的时候霍光便把长女嫁给了上官桀的儿子上官安。这当然是一场政治婚姻，就是拉帮结派的意思，它让霍光和上官桀两家在朝中的地位变得更加稳固。这一点也印证了我对霍光的看法，即便是在尚未独揽大权的早年，霍光的内心也不像他平时在百官面前表现的那么谨慎、公正和稳重。

三个人里面的最后一个是桑弘羊。如果不刻意去查，或许谁都想不到桑弘羊竟是当时朝廷中资格最老的重臣（注意，这里连“之一”都不需要）。此人出身商贾世家，天生自带神奇的特异功能。

我们知道，在计算器出现之前，中国人都是用算盘计算的。按现代人的认识，算盘的雏形大概出现于东汉后期，成熟于宋代。在没有算盘的西汉，商人们普遍使用由竹子做成的筹码进行运算，而桑弘羊则从小就可以不借助筹码直接进行心算，既快又准。在当时人看来，这可以说是了不得的特异功能。桑家是当时洛阳屈指可数的富户，桑弘羊又天生是个神童，这使得他早早地便可以接触上流社会，得到在皇帝身边做侍中的机会。

这一年是建元元年（公元前140年），刘彻十六岁，桑弘羊十三岁。

我们知道，在刘彻的手下为官是非常不易的，得宠失宠、起起落落都是常事，哪怕你做到百官之首的丞相，也不意味着明天不会丢掉性命。然而，纵观整个武帝一朝，桑弘羊却是政坛的一棵常青树。最终，他当官的时间比刘彻当皇帝的时间还要长，几十年间不仅屹立不倒，还步步高升，官越大，皇帝对他越信任。

要说桑弘羊有什么秘诀能得到刘彻如此的青睐，除了两人未成年就认识，感情基础好，最重要的是，桑弘羊一辈子都致力于为皇帝做一件事情，而这件事情还是皇帝最不能拒绝的，那就是挣钱。尤其是对没什么节约意识、花钱如流水的刘彻来说，再多的钱也不够他折腾，因此，一个能帮他挣钱的大臣实在是太重要了。

因为有文景两朝的积蓄，加上一些增加收入的措施，在刘彻当皇帝的前二十年，朝廷的财政勉强还能支持，这个时候桑弘羊对于刘彻是没什么大用的，所以桑弘羊这个侍中一侍就侍了二十几年。到元狩三年（公元前120年），刘彻已经把汉初七八十年的积蓄挥霍一空，百姓却因为繁重的赋税、豪绅的剥削和连年的灾祸而日趋穷困。为了扭转社会和财政的不利局面，刘彻开始重用所谓的“言利之臣”，主要是炼铁大户孔仅、贩私盐出身的东郭咸阳，还有就是桑弘羊，而这三人里最重要的无疑是桑弘羊。

元狩三年之后，桑弘羊摆脱了单纯的侍中身份，开始以“算计用事”。元鼎二年（公元前115年）之后，他历任大农中丞、治粟都尉等职，并代理大农丞一职，总理国家财政工作达三十年。武帝一朝，几乎所有重要的财政改革均出自桑弘羊，或经由桑弘羊一手实施。

桑弘羊是一个具有法家思想的理财家，他推崇法治，主张“设法奸禁”，认为国家的政策是用来指导百姓的，而法律是用来惩戒那些想钻政策空子的奸民的，有了严格的规章制度，百姓才知道怎么按规矩做事，有了完整的法律才能惩戒那些不法之徒。桑弘羊想尽一切办法增加财政收入，使得朝廷的财政状况得到很大程度的好转，不仅满足了刘彻个人奢侈的生活需求，还为他对匈奴作战提供了支持。这和刘彻大半生的治国理念都是相符的，因此，桑弘羊才能长期在皇帝心中占据重要地位，最终坐上御史大夫、辅政四大臣之一的位置。

了解了这三个辅政的副手，我们便可知霍光现在的处境：没有了最大的潜在对手金日磾，霍光基本上已经大权在握，而且上官桀是霍光的亲家，桑弘羊只知道为皇帝赚钱，个人能力全发挥在了经济上，要论政治，他完全不是霍光的对手。此外，霍光也开始在朝中培养自己的势力，拉拢并提拔杨敞、王䜣、胡建等一批大臣做自己的心腹。这样一来，霍光便成了整个国家的实际掌权者，刘弗陵则沦为一个象征性的符号。

有人可能会问：霍光毕竟是大司马大将军，主管的是内朝，外朝不是还有一个丞相吗，他对霍光专权就没有一点儿意见？大家不要忘了当时的丞相是谁，是那个极会把握时机的富民侯田千秋。这样的老油子哪里会看不透霍光，和他争一日之长短？霍光曾向田千秋公开提出，国家大局应当由他大司马霍光主内，丞相田千秋主外，田千秋应当时刻监督他，不要让他做错事。

这摆明了是在试探田千秋，结果，田老爷子只淡淡地回了一句："凡事只要大将军小心谨慎，三思而行，就是天下的大幸了。"自此之后，对于霍光主持的朝政，田千秋并无一言反对，终其一生只肯做个摆设。

皇帝太小不能理政，又没有外戚势力，表面上满朝文武都唯霍光马首是瞻。始元元年（公元前86年）之后，霍光真正成为当时汉朝的第一人。

然而，光是别人表示支持自己还不行，霍光必须做点儿什么，树立自己公正公平的姿态，让大家相信自己有功必赏，只要认真工作，最后都可以获得奖励，这样大家才会心甘情愿地为他卖命，就好比当年刘邦先封了他最讨厌的雍齿为侯以稳定大臣们的心思一般。那对霍光来说，谁能做他的"雍齿"，让满朝文武感受到他普照大地的光芒呢？想来想去，霍光终于想到了一个人，那就是苏武。

苏武

始元六年（公元前81年）开春，一位满脸沧桑、须发皆白的老者手持着一根节旄掉光、是使节但看起来又不像使节的使节，迈进了阔别二十年的长安城。

一时间，老者的出现在长安城内引起了轰动，全城百姓自发地走上街头，像迎接凯旋的英雄般迎接归来的老者，不少人被老者脸上那种不屈的气节感动，纷纷落下泪来。

这个老者便是苏武。

苏武是将军苏建的二儿子。苏建曾多次随卫青出征，也曾立过战功封过侯，最后病死在代郡太守的任上。因为父亲苏建的关系，苏武兄弟三人很早便得以在宫中做郎官。后来，苏武得到提拔做了马监。天汉元年（公元前100年），因为前阵子匈奴人不断骚扰边境，还扣押汉朝的使者，刘彻打算找个时间再去教训下匈奴人。偏巧在这时候，之前被扣押的路充国等十几个使者都被匈奴人放了回来。路充国还告诉皇帝，匈奴的单于死了，现在的且鞮侯单于根本不敢和大汉朝为敌，并让自己回来给大汉皇帝传话：汉朝是匈奴的老丈人，他且鞮侯是晚辈，怎么敢得罪长辈呢？

且鞮侯的话让刘彻很是受用，大有满足之感，心想既然匈奴人主动认㞞，大汉也不能表现得小家子气："苏武，来来来，朕命你为中郎将，持节率一百名士兵把我们这些年扣下的匈奴使者都送回去。另外，再给匈奴的且鞮侯单于送一份厚礼，也好让他知道我大汉皇帝不是心胸狭隘之人。"

这下可害苦了苏武。说好的就是一个送人送礼的简单任务，但等苏武把人和礼物送到匈奴王庭才发现，根本不是那么回事。

原来，且鞮侯并不是真的要和汉朝和好，等苏武把人送回匈奴，且鞮侯又平白得到这么多贵重的礼物，便觉得汉朝不敢得罪他，就摆起架子来，态度也不是女婿对丈人，而是主子对下人了。面对这种意外的局面，一方面为了两国和好，另一方面在别人的地盘上也不好乱来，苏武只好忍着，打算等且鞮侯单于依礼写完给皇帝的回信就离开这个鬼地方。

没想到，且鞮侯根本不提回信的事，就这么让苏武等着，这一等就等出了事情。

前文曾多次提到一个叫卫律的人，他的父亲是关中地区长水一带归顺汉朝的胡人，卫律自小生长于大汉的土地上，曾经和李夫人的兄长李延年关系密切。因为李延年的推荐，卫律得到皇帝的赏识，并被派去出使匈奴。结果，等他出使回来，李延年一家已经因为犯事被抓了起来。卫律担心自己受牵连，就带着手下跑到匈奴那里做了降将。没想到，匈奴单于还是蛮喜欢卫律的，他不仅被单于封为丁零王，而且常伴单于左右。

卫律是死心塌地地投降了，可他手下的心思则不见得跟他一样。虞常是卫律的副手，虽然他跟随卫律一同来了匈奴，却时刻惦记着找个机会拿下匈奴一两个达官贵人，然后逃回汉朝。正巧，虞常和苏武的副手张胜是老相识，便私底下找张胜商量："听说皇帝非常怨恨卫律投降匈奴，我打算设计以伏弩射杀卫律。我的母亲和弟弟都在国内，我也不图别的，就希望立个功，让朝廷能优待他们。"

张胜一来很同情虞常的遭遇，二来两人又是好朋友，就答应了帮他这个忙，给他提供所需的物资设备，而且表示只要虞常能成功干掉卫律，自己愿意在皇帝面前替虞常作保。

计划定好后，等了一个多月，虞常好不容易才瞅到机会。这天，且鞮侯单于要外出打猎，带走了身边绝大部分的士兵。这次卫律没有随着单于外出，而是留了下来。好不容易等到这个机会，虞常准备联合七十几个同伴，第二天就去干掉卫律。没想到临时出了变故，头天夜里，虞常的同伴中有一人临阵退缩，跑去把消息透露给匈奴的大臣，结果虞常不但没能干掉卫律，还被匈奴人捉了个活口。

虞常事发，这下张胜紧张了，只好硬着头皮把虞常和自己说过的话告诉苏武。苏武一听也急了，说："事情到了这个地步，我看虞常也靠不住，只要他把你供出来，我们谁也逃不了。我作为国家的使节，决不能受这样的侮辱。"说罢，苏武拔出刀来就要自杀，吓得手下人赶紧把他牢牢拉住，才没让苏武死成。

事情果然如苏武所料，匈奴人抓住虞常后刑讯逼供，最后还是牵连了张胜。卫律把审讯结果上报单于，单于大怒，要一并处死汉朝的使者。这时，匈奴的一个大臣出来劝阻单于："哪怕他们要刺杀的是单于，到头来也不过是判个死罪，况且他们要杀的还不是单于，就这样把他们杀了也是无益，不如劝他们投降为我所用。”

单于倒是把大臣的话听进去了，就让卫律将苏武一干人等叫来受审。对此，苏武早有准备，心想大不了就是一死，倒也不惧，就带着常惠和张胜，三人一起去了单于大帐。

进到帐里，只见单于一句话也不说，只有卫律一个劲儿地叫他们投降，说得唾沫横飞，听来听去无非那番留得青山在不怕没柴烧、来日荣华富贵不可限量的话。苏武也不打断卫律的话，而是等他说完后，上前两步，自顾自地转过头对身后的副使常惠说：“如果我们照着卫律大王的话做，那就是侮辱了自己的使命，丢失了自己的气节，这样的话，即便活着又哪有脸面去见人呢？！”说罢又拔出刀自刺胸口。

苏武的举动让在场的人惊呆了，没人想到一直闷声不吭的苏武居然如此刚烈，众人眼睁睁地看着他一刀插入自己的前胸，刀刃透背而出，鲜红色的血溅到地上，随后他整个人直挺挺地往后倒去。张胜和常惠等人早被吓傻了，站在原地抹眼泪。倒是卫律最先反应过来，他赶紧上前两步抱住苏武，叫下人召大夫来急救，这时候苏武已经没了气息。

在古代，尤其是在远离中原的边疆，医学与巫术大多不分家，巫师平时就是给族人看病的，匈奴人也不例外。巫医看病总带些神秘色彩，面对已经气绝的苏武，匈奴的巫医采取的抢救办法看起来比较特殊：首先在地上刨个坑，下面点上火，类似北方的炕一样，然后把苏武放在上面，巫医则站在苏武背上，口中念念有词，不断地跳来跳去。巫医忙活了半天，一直踩到苏武的伤口再次出血，才将他从鬼门关前拉回来。

当然，这并非有鬼神相助，巫医看似玄乎的抢救办法其实也有其科学依据。炕下烧火提高温度，为的是促进血液循环，而在人为控制下对患者背部的踩踏可以诱发自主呼吸和刺激心跳，说白了，就类似于现代的胸外心脏按压，而且坚持抢救半天之久。所以，归根结底，苏武之所以能抢救成功，靠的不是神明的保佑，而是科学的方法。

对于毫不畏死的苏武，且鞮侯单于倒是挺敬重的，虽然命人把他看管起来，但每天早晚都派人探视，安排大夫给他调理身体，好吃好喝地招待着。而早已被吓傻、只知哭泣的张胜等人，则被关进了牢里。为了劝降苏武，且鞮侯单于和卫律可谓绞尽脑汁。等苏武的身体好转之后，他们再次提审虞常，并让苏武等人列席听审。

其实，提审并没走什么正规程序，也没走什么过场，卫律三下五除二就给虞常宣布了审判结果。毫无疑问，结果自然是死罪。主审是卫律，受害者也是卫律，虞常安有不死之理？别看卫律平时地位挺高，养尊处优，这时候倒也活跃，做完主审官，又要过一把刽子手的瘾，便从主审的位置站起来，拔出刀直接把虞常的脑袋砍了下来。杀完人后，卫律把还滴着血的刀尖指向张胜："汉使张胜伙同虞常意图谋杀单于的近臣，事实清楚，证据确凿，本也是死罪，但单于说了，投降的可以免死。"说完举刀又要砍向张胜。

张胜哪经得起这样的吓唬？眼看刀口就要落到自己脖子上了，他赶紧跪倒在地，投降求饶。卫律很满意，让人把瘫在地上的张胜架了出去，转而又把刀尖指向苏武："副使有罪，上司也要连坐！"

苏武死都不怕，还能怕几句吓唬？他只是淡然地回了一句："我原本就没参与这事，和张胜又没有亲戚关系，连坐从何说起？"

一看苏武这么说，卫律也不答话，上前一步，举刀便砍。迎着刀锋，苏武既不躲闪，也不反抗，只是瞟了卫律一眼，然后轻轻"哼"了一声，从鼻孔中喷出一股轻蔑之气。

卫律的刀自然没有落下，他的目的是让苏武投降。见苏武并不为所动，他便知道来硬的不行，于是改变策略，好声好气地对苏武说："苏君，之前我也是有负汉朝，但承蒙单于不弃，封我为王，现在我手下有数万战士，牛马不可计数，这是何等的富贵！今日你要是听我一言降了单于，我的今日便是苏君的明日！难道不比枉死在这草原之上，无人知晓好吗？"

苏武继续一言不发，卫律以为他心有所动，继续说道："今日苏君要是听我的话，我们即刻结为兄弟，如若不然，要是苏君改天又想通了，可就没这个机会了。"

看着恬不知耻的卫律，苏武再也忍不住了，破口大骂："你既然是大汉的臣子，却不顾大汉和父母的养育之恩投降蛮夷，有什么值得高兴的？！现在匈奴单于信任你，让你来判案，你不秉持公道，却为了一己私欲要杀害汉朝使者，挑拨两国的关系，试图让两国起纷争，是何居心？！你也不睁大眼睛看看，和汉朝作对是什么下场：南越人杀了汉朝的使者，结果南越被分作九个郡；大宛国王杀了汉朝的使者，如今脑袋已经挂在了北边！现在就剩下匈奴还能苟活。你明明知道我是不可能投降的，还一味地怂恿单于和朝廷敌对，这分明是想让两国重新开战，那匈奴灭国的祸事就要从这里开始！”

卫律听了苏武的话，知道言语已无法打动苏武，只好回去向单于复命。没想到，且鞮侯单于多少有点儿受虐倾向，苏武越是反抗不从，他越是喜欢，下决心一定要收服苏武为己用，于是心生一计，让人把苏武关在存放羊皮等杂物的地窖里，不给饭吃，想要用饥饿击垮苏武。

其实，我们知道，地窖里关人，最可怕的不是黑暗和饥饿，而是缺氧。人不喝水能撑三天，不吃饭至少能扛一周，可要是空气中氧气浓度不足，那可活不过一时三刻。好在，匈奴人的地窖做得简陋，谈不上什么密封条件。时值冬季，大雪纷飞，雪片竟也落入地窖中，苏武喝着混杂了泥土的雪水，嚼着羊皮充饥，就这么硬扛了好多天。等到匈奴人以为苏武早已饿死的时候，把他从地窖里拉出来才发现，他居然还能动弹。

这下匈奴人服了，以为是神明在保护苏武，不敢再继续关押他了，但又不愿意把他放回汉朝，便把苏武流放到北海（今贝加尔湖）牧羊。其他不肯投降的常惠等人则被关押在他处。匈奴人放出话来：“你苏武不是有神明帮助吗？那好，你什么时候让公羊生了小羊，就可以回去。”

这分明就是无期徒刑！但苏武没有反抗上诉的权利，只好到北海牧羊。在荒芜的北海边上，苏武过着孤独且艰苦的日子，没有饭吃，就挖田鼠掘草根果腹，日复一日，年复一年，时间对他仿佛已经失去意义，陪伴苏武的只有他手中那根代表其汉朝使者身份、早已掉光毛的使节。

后来汉昭帝继位，霍光掌了大权，汉朝和匈奴进入相对和平的时期，迎回苏武便成为霍光树立自己威望的重要一步。试想，就连苏武这么一个流落在外、失联多年、地位又不甚重要的旧臣，大司马大将军都能如此上心，那证明他的心胸是何等宽阔，皇上的恩泽是多么广大？于是，派人去匈奴迎回苏武就被朝廷提上了议事日程。

等朝廷的使者到了匈奴，一提苏武，匈奴人很不好意思地说，苏先生一众人都已经死了。

“死了？不会吧？”

“不信你们可以自己找啊。”

对于匈奴人来说，这样的态度很正常。苏武被匈奴人扣押了小二十年，他们用尽各种方法都无法让他屈服，现在要是就这么让他回去，什么英雄不英雄的暂且不论，光这个脸，匈奴人就丢不起。如果将苏武放回国，然后汉朝再这么一宣传：“我们苏武在匈奴被扣押了十九年，虽然历尽磨难，但始终没有屈服于匈奴人！”那匈奴人以后在西域还用不用混了？

使者没有办法，大漠茫茫，要找一个人，跟大海捞针有什么区别，你去哪里找？因此，使者只好回去复命。这样看来，苏武的出头之日似乎遥遥无期了。

好在，霍光仍不死心，再次派使者去匈奴要人。这一次，使者的运气比较好，他见到了一个重要的人——苏武当年的副官常惠。常惠不仅告诉使者苏武还活着，还告诉使者见到单于后不能直截了当地说“苏武还活着，你们要交人”之类的话，而是应当如此如此这般这般。

使者受教，第二天见到匈奴单于就说：“单于，现在两国交好，我们陛下希望这次能把苏武等人接回去。”

“上次不是告诉过你们吗？苏武先生早已经不在人世了。”

“单于，明人不说暗话，我们陛下前段时间在上林苑打猎，一箭射下来一只大雁，那大雁的脚上缠有布条，上面写着苏武现在还活着，还在荒泽之中。敢问单于此事可当真？”

这下，匈奴的壶衍鞮单于语塞了。他多年来一直听闻苏武有神明保佑、怎么害都害不死的传说，一听汉使的话更是震惊不已。他又环顾身边的大臣，大家也是一副惊恐的表情，再想想像苏武这样的人，还是不要得罪为好，便起身主动向使者道歉：“苏武确实还活着，我这就派人把他请回来，还望使者原谅我之前的隐瞒。”

能迎回苏武就是大功一件，使者当然也没敢和单于较真。始元六年（公元前81年）春天，苏武终于又回到长安城，这时候他已经是年近六十、须发皆白的老人了。

苏武的回归巩固了霍光在朝中的地位，但要说苏武在霍光的眼里有多么重要，则不尽然。苏武回国后，昭帝刘弗陵亲自接见了他。刘弗陵抚摩着苏武手中那根光秃秃的使节感慨万千，他不仅让苏武到武帝庙里去祭祀，还让霍光给苏武论功行赏。结果，霍光让苏武做了专管外交的典属国，赏钱两百万、田二顷、长安城内住宅一所，然后……就没有了，连个关内侯都舍不得给。而作为被扣押人员，与苏武一同从匈奴返回的十人中，有九个都是当年和苏武一起出使匈奴的，但也只有常惠、徐圣和赵终根三人拜了中郎，赐帛两百匹，其他六人只赏钱十万，然后便被打发回家。还有一个叫马宏的，他不是跟苏武一起出使匈奴之人，而是在武帝末年跟随光禄大夫王忠出使西域的。结果，他们在半道上遭到匈奴人截杀，王忠当场阵亡，马宏被俘。被俘后马宏同样宁死不屈，这次一并被匈奴人放了回来。这个马宏好像连安家费都没有，由此足可见他们这些为国家尊严不屈抗争的人在霍光心中的地位如何。

好在，马宏这些人能从匈奴人手中捡回一条命并回到故土，已经心满意足，也不计较什么，便心安理得地回了家，而苏武则很快就被卷入一场更大的政治斗争。

第二十六章

争权

燕王案

二十世纪，在远方的不列颠群岛上，英国首相丘吉尔曾经说过：“没有永恒的朋友，也没有永恒的敌人，只有永恒的利益。”这句话后来被引为至理名言，其实两千多年前，霍光就深谙这个道理。

按理说，霍光和上官桀本没有太大的矛盾。于公，两人同为辅政大臣，位高权重，霍光为主，上官桀为副，霍光不在皇宫的时候，朝政就由上官桀代为决断、处理；于私，上官桀的儿子上官安娶了霍光的女儿为妻，两人是儿女亲家。但就是这样，两个人最后也走到了水火不容的地步。

当然，主动挑事的是上官桀。

上官桀这个人我们在前文中提到过，本事是有的，但不大；德行也是有的，但不多。上官桀老早就坐上了九卿的位置，地位本来是在霍光之上的，后来反而被霍光压了一头，心里便不服气，因此，自从做了辅政大臣，他时刻琢磨着怎么能再进一步。可这时候上官桀已经是朝廷的第二重臣，还能怎么再进一步呢？他想，光和霍光攀上亲戚不行，要跨过霍光，就要寻求更大的靠山，而天底下比霍光还大的靠山只有一个，那就是皇帝。上官桀于是就开始琢磨怎么才能既和皇帝攀上关系，又不至触怒霍光。思来想去，他想到了这样一个法子：皇帝不是年纪还不大吗？正好自己有个孙女（也就是上官安的女儿），年纪也就五六岁，和皇帝相差不是很多，何不把她送到宫里？

上官桀把这个想法和霍光说了，本以为霍光不会反对，毕竟那也是他的外孙女，没想到霍光以“孩子年纪太小”为由，一口回绝了他的提议。这下上官桀脸上挂不住了，心想自己好歹也是辅政大臣之一，这种事情都做不得主，还得听他霍光的，难道天下事都是他霍光说了算吗？他不同意自己就偏要送，而且不仅要进宫，还要做皇后，看他以后怎么在自己面前嘚瑟。正是从这件事开始，上官家与霍家开始交恶。

当然，这只是表面现象，更深层的原因其实也简单：朝廷里的大臣向来都闲不住，既然现在皇帝的位置也稳了，百姓的生活也安定了，匈奴人也不闹腾了，这么闲着总觉得哪里不对，怪怪的，那就斗一斗吧，反正闲着也是闲着。

霍光的路子走不通，上官桀就转而向皇帝的姐姐盖长公主求助。这个盖长公主继承了汉室公主的精髓，先是嫁了盖侯为妻，结果这个盖侯没蹦跶几年就挂了，剩下长公主一人孤枕难眠，她便和原来自己丈夫手下一个姓丁名外人的门客勾搭在一起。反正以前的公主们不少也经历过这种事，盖长公主便没觉得有什么不好意思的。当时，这在满朝文武甚至皇帝看来，也没什么大不了的。汉武帝死后，霍光为了让长公主到宫里照顾年幼的昭帝刘弗陵，干脆让丁外人和盖长公主一起住到宫里。

要知道，在外面偷偷摸摸和公开住到宫里是性质完全不同的两件事，这要换一个耿直、讲原则的大臣，是根本不可能同意的。当年刘彻想带着长公主刘嫖的面首董偃从正门进宫玩耍，当时看门的东方朔是什么态度？一把长矛横在门口，坚决不让董偃从正门进去，硬是逼刘彻带着董偃走了偏门。由此可见，霍光这个人的谨慎、守规矩也是分情况的。

上官桀想走长公主的路子也是因为他有便利。这个丁外人在朝中有两三个好友，正巧上官安就是其中之一。始元三年（公元前84年）的某一天，上官安找到丁外人，跟他说：“你看我上官安也算是一表人才，老子长成这样，闺女能不好看吗？我想让长公主帮忙走动一下，让我女儿进宫当皇后。如果这事办成了，我们上官家就能真正飞黄腾达，到时候还能忘记你的好处吗？想汉代历朝以来都是以侯爷配公主的，现在你丁外人得了公主的青睐，封侯一定是指日可待的事情。”

丁外人知道自己没什么本事，说白了，就是长公主的一个小白脸，这身份好说不好听，也正寻思着怎么才能改变一下自己的社会地位。眼下上官大人说得这么明白，他岂能不动心？于是，丁外人就跟盖长公主提了上官桀想将自己的孙女送入宫的事情。

长公主也清楚，她和丁外人这事老是这样并非长远之计，别人明面上不说，可背地里指不定会怎么编排自己，眼下也正寻思着要找个办法给丁外人转正。既然上官安提出了这么个对大家都有利的建议，双方马上一拍即合。昭帝刘弗陵这时候只是一个十岁大的孩子，这种事情哪能做得了主？自然是姐姐长公主怎么说怎么是，结果，上官安的女儿很快就进宫做了婕妤。没过多久，到始元四年（公元前83年）三月，又由婕妤升为皇后。

丁外人帮着上官家得了好处，上官桀便准备投桃报李，就来到霍光家为丁外人求官，还想给丁外人求个侯，而这事不得不和霍光商量。

“上官大人，难道你忘了高祖的遗训‘非功不侯’吗？”在上官桀表明来意之后，霍光不咸不淡地回答道。其实，上官家居然联合盖长公主，跳过他霍光把上官安的女儿立为皇后，霍光已经很气愤了，无奈那女孩好歹也是自己的亲外孙女，他才没发作。这次上官桀居然又来给丁外人要官要爵，霍光怎么会答应他？

上官桀料到霍光不会同意，马上退而求其次：“要不，做个光禄大夫也行。”

光禄大夫没有实权，可是能自由进出皇宫，丁外人要是做了光禄大夫，那跟盖长公主也算是光明正大了。但霍光还是不同意：“敢问上官大人，丁外人何德何能居此显职？还请大人不要再提这事了。”说罢便挥手送客。

霍光让上官桀碰了一鼻子灰，顺便也就把丁外人的后台盖长公主得罪了。正巧，就在这当口儿，霍光接受了杜延年的建议，准备放弃武帝时期的政策，重新把文帝休养生息那一套搬出来，并且要将实行了多年且行之有效的均输、酒酤和盐铁官营等财政政策一并废除，还要恢复文帝时期准许私人铸钱的法令。这些举动刺激了主持财政事务的桑弘羊，桑弘羊马上跳出来跟霍光唱反调。

这下好了，上官桀、桑弘羊和盖长公主，三个辅政大臣中的两个，加上皇帝最亲的姐姐，联合起来准备把霍光扳倒。但尽管人多势众，他们三个人还是担心斗不过霍光，想来想去，便又拉上了燕王刘旦，以壮大声势。

他们没想到的是，这是在把自己推向死路。

因为燕王刘旦不是一般人，他是燕王。

这看起来是一句典型的废话，其实不然。正因为刘旦是燕王，是汉武帝刘彻的亲儿子，这个人是有资格且想当皇帝的。在刘彻没死的时候，刘旦就曾上书，要求到宫里宿卫，时刻准备着接班，结果被刘彻一顿臭骂，不但把他的使者砍了，还削了燕国三个县，也绝了立他为太子的念头。昭帝刘弗陵继位后，霍光让人送书至燕国，加封刘旦一万三千户，赏赐三千万钱。刘旦当场就把诏书摔在地上，大骂："皇帝的位子本来就是我的，用得着你个小孩子给我什么赏赐？！"后来，刘旦还和刘泽密谋过造反。事情败露后，霍光为了稳定政局没有追究他的罪责。上官桀也是智商有限，和刘旦这样的人绑在一条船上，到头来不淹死才怪。

不管怎么样，上官桀和刘旦，一个想扳倒霍光，一个想做皇帝，大家各有所需，就开始密谋起来。要扳倒霍光，首先要破坏他在皇帝面前"高大全"的形象，最方便的办法莫过于通过盖长公主之口向皇帝说霍光的坏话，可这日积月累的需要时间，上官桀等人等不了这么久，他们开始不断寻找别的机会。终于，有一天霍光去巡视羽林军，回来的时候把羽林军的一个校尉调到了自己手下。上官桀自认为抓住了机会，等霍光沐出的时候，马上找了个人向皇帝上书，参了霍光一本。

当然，为保险起见，上官桀的上书没敢用自己的名义写，而是以燕王刘旦的名义写的，而且口气还蛮像刘旦的："陛下，听说大将军霍光这个人不得了，苏武在匈奴二十年坚贞不屈，回来也不过做个典属国，而大将军的长史没听说有什么功劳，就升迁做了搜粟都尉。臣还听说最近大将军去巡视羽林军，居然用的是皇帝的车马仪仗，还私自调动了羽林的校尉，臣担心他背地里有什么阴谋。正因为这样，臣斗胆提出，这个燕王臣不做了，愿意回到宫里给陛下做一名侍卫，以免陛下一不留神被乱臣钻了空子。"

看完上官桀递上来的"燕王"上书，刘弗陵问上官桀怎么看这事。

上官桀自认为说得很圆滑："燕王所说的事情可能也是捕风捉影，不一定是真的，陛下可以让大司马到有司那里辩明清白，到时候清者自清。"

其实，这种事情的道理谁都明白，只要皇帝下令缉拿霍光，再送到有关部门审问，然后上官桀等在外操作，管他霍光是大司马还是小司马，总能让他变成死马。

刘弗陵又问其他大臣的意见，这时候主管监察的御史大夫桑弘羊早就撺掇好了一批人，他们齐声要求皇帝下令先把霍光控制起来查明事情真伪，以防有不测的事情发生。

刘弗陵看着满朝的大臣，也不言语，也不表态，也没有让人去缉拿霍光，他只是微微一笑，将事情搁置了起来。

没能达到预期的效果，上官桀和桑弘羊等人心里不甘，第二天上朝便准备继续昨天的话题。但今天不同于昨日，今天霍光可是正常来上朝办公了，而且在上朝之前，他已经知道了昨天的事情。这时候霍光的反应有些出乎众人的意料，听到昨天燕王上书告他的事情后，霍光便吓得躲到了偏殿的画室里，不敢出来见皇帝。

刘弗陵上朝后总觉得有什么不对，点了点前排的人数，很奇怪地问："大司马大将军呢？"

上官桀马上站出来回答："大将军听说燕王告发他，现在正躲在偏殿里，不敢进来。"

刘弗陵用一种意味深长的眼光看了看上官桀，然后让人把霍光从画室里召来。霍光很不情愿地进了大殿，见到皇帝后第一件事就是赶紧脱了帽子，然后扑通一声跪倒在地，一个劲儿地磕头谢罪，心里还在使劲儿地盘算该怎么办。这时候，上官桀又把所谓的燕王上书一事说了一遍，恳请刘弗陵定夺。

一直没表态的刘弗陵说话了："大将军请起，把帽子也戴好了，朕知道燕王的上书是假的，这是有人想要害大将军。"

听到皇帝这么说，霍光看着他简直比看着自己亲爹还亲，又是一通磕头谢罪。刘弗陵再一次让霍光站起来说话。霍光站起来后顿觉一身轻松，但他还是很奇怪地问皇帝："陛下怎么知道此书是假的？"

刘弗陵说："大将军巡视羽林军，那是职责内的事情，而且这事过去还不到十天，远在北边的燕王怎么可能这么快就得到消息？况且，即便大将军要作乱，那也要联合其他的将军，靠个校尉能有什么用？"

刘弗陵的话震慑了满朝的大臣，以往觉得皇帝是个小孩子的人也收起了轻视之心。霍光不在时，他隐忍不言；霍光在场时，他一语戳破对方的阴谋。一个十三四岁的孩子能有这样清醒的头脑实在是十分难得，不得不说是大汉的幸事。接着，刘弗陵叫上官桀把上书的人叫来对质，果然，之前上书的人早已逃得不知去向。

刘弗陵并不打算就此罢休，下诏在全国缉捕上书之人。这下，上官桀坐不住了，他对皇帝说："陛下，这只是一件小事，犯不着这么兴师动众，不如就这么算了吧？"

"算了？"刘弗陵斜眼看着上官桀，"何人如此大胆，竟然诽谤当朝大司马大将军？！如果这一本告的是你上官大人，你能就这样算了吗？"

这一句问得上官桀语塞，根本不知道该怎么回答。事情到了这份儿上，真相是什么，其实不用查，在场的人心里大概也已有数了。

这次，上官桀自以为很好的计策却弄巧成拙，不仅使自己和霍光彻底决裂，还把皇帝推到了霍光一边。接下来，上官桀不管是找谁说霍光的坏话，皇帝都不再同以往一样沉默，而是直截了当地驳斥："大将军是忠臣，是先帝让他来辅佐朕的，以后谁敢再说他的坏话，那不仅是对朕的不敬，更是对先帝的不敬。有再说大将军坏话的，一律砍头！"

皇帝的态度让上官桀彻底蒙了。而且，霍光也不是好惹的，他表面上虽然很平静，没有继续追究上书诬告他的事情，可他表面越是平静，上官桀心里越是不安：谁知道霍光私底下正在谋算什么？这种对于未知的恐惧让上官桀整日坐立不安，大概一个月后，即元凤元年（公元前80年）八月，狗急跳墙的他决定使出最后一招：谋反。

上官桀的谋反计划是这样的：由盖长公主出面请霍光喝酒，在酒席间伏兵格杀霍光，然后废掉刘弗陵，改立燕王刘旦为皇帝。刘旦则答应事成之后封上官桀为诸侯王。

上官桀认为杀一两个人就能得天下，这看起来当然是一个傻瓜般的计划。然而，更异想天开的人是他的儿子上官安。上官安的计划更进一步：等刘旦来了就再把他杀掉，然后由上官桀做皇帝，他上官安就是当朝太子。

上官安想到如此一来自己就是这个天下未来的主人了，顿时飘飘然起来，恨不得马上就以"朕"自居。这时，身边的人提醒他："那现在的皇后，你的女儿怎么办？"

上官安不以为意："现在是狗抓麋鹿的时候，管它兔子干吗？再说了，皇后再风光也只是一时的事情，她现在是皇后，地位尊贵，可等哪天皇帝宠幸其他的妃子，她不再受宠，这个皇后对我来说有什么用？”说完还哈哈一阵大笑。

由此看来，上官一家不仅愚蠢，而且无情，这样的人当然是不可能成功的。果然，谋反还没开始，消息就随着上官安爽朗的笑声传了出去。最先知道这个消息的是盖长公主的一个舍人，然后消息又七转八转地传到了谏大夫杜延年的耳朵里。杜延年马上把上官桀联合燕王准备谋反的事情告诉了霍光。霍光哪里会犹豫，他一面禀报皇帝，一面派人把上官桀、桑弘羊和丁外人的三族都抓起来一并杀掉。盖长公主一看情况不对，赶紧上吊自杀了。

接着，霍光又把平时和上官桀、上官安、桑弘羊关系好的那些大臣，包括苏武在内，一并该罢免的罢免，该降职的降职。处理完朝廷里的这些人，霍光以皇帝的名义给燕王下诏，让他放老实点儿。刘旦这个人也就自我感觉良好，其实并不具备相应的能力。虽然叫嚣着要起兵要做皇帝，可上官桀等人一死，他就不知道该怎么办了。等皇帝的诏书一到，刘旦知道事已不可为，直接上吊了。

刘旦上吊后，他的王后和夫人等二十多人都给他陪葬了。他延续了汉朝开国以来刘姓诸侯王“想谋反却流产”的习俗（唯一例外的就是七国之乱），到头来只成为皇帝巩固中央集权的垫脚石。霍光因此顺利地铲除了上官桀和桑弘羊两个辅政大臣，又提拔自己的亲信张安世做车骑将军、光禄勋，充当自己的副手，把国家的权柄牢牢地握在自己的手里。唯一躲过一劫的是上官皇后，因为她年纪小没参与谋反，而且是霍光的外孙女，也没人进一步追究她，继续让她做皇后。

突变

霍光把控着朝廷的实权，事情做得还算漂亮。他把国家管理得井井有条，不仅发展生产，减轻农民的负担，对外也屡有建功。元凤三年（公元前78年），霍光派范明友征乌桓，斩首六千余，第二年又派傅介子平定了楼兰。最重要的是，在这一时期，一向与汉朝为敌的匈奴也逐渐开始消停，朝廷上下显现出一派“百姓充实，四夷宾服”的景象（《汉书·霍光传》）。

到了这个时候，整个国家国内政治稳定、朝中大臣能干、边境安定，而当朝的皇帝又聪明早慧，按理说，一个盛世王朝来临的必备条件都已经具备，只等着年轻的刘弗陵如同他的父亲刘彻一般，去开创一个伟大的时代。

然而，历史在这里又莫名其妙地拐了个弯，问题出在了最关键的皇帝刘弗陵身上。

时间到了元凤四年（公元前77年），这一年春天，刘弗陵正式举行元服仪式。这标志着他可以作为一个有独立行为能力的人君来治理国家了，而且刘弗陵不同于一般的皇帝，在处理上官桀诬告霍光一事的时候，他所表现出来的聪明是众所周知的。虽然以往的政绩主要是霍光的功劳，但作为皇帝，刘弗陵的贤能众人也是看得出来的。这样一个贤君坯子，按当时老百姓的要求，恐怕是要提早出来亲政的。可奇怪的是，他在元服之后居然继续委政于霍光。一个十八九岁的年轻人，朝气蓬勃，正是精力旺盛、无处发泄的时候，而且刘弗陵又不是昏庸之人，该他亲政的时候不去亲政，那他去干什么了呢？

答案是不知道。

此后三年间，除了偶尔出来宣布减减赋之外，对于国家和社稷，基本上没见刘弗陵有什么举动，社会活动的劲头还不如当年六七十岁时的刘彻。在转过年去的元平元年（公元前74年）四月，刘弗陵一病不起，很快就在未央宫驾崩了。

历史上短命的皇帝有的是，单就西汉一朝来说，惠帝刘盈死的时候也是二十三四岁。可刘盈是长期积病在身，又沉溺于酒色所致，而刘弗陵平时生活规律，没听说有什么不良嗜好，也不像霍去病那般长期劳累，怎么刚二十一岁就病死了呢？

也许，问题的根源出在刘彻身上。刘弗陵出生的时候，刘彻已经六十好几了。虽然他的身体很好，能力很强，但毕竟岁月不饶人，以他年过花甲的半残之躯所播下的种子有可能本身就先天不足，导致刘弗陵稍微长大后就隔三岔五地犯点儿小毛病。而且，刘弗陵又不幸碰到了权臣霍光。霍光独揽大权，对于天下百姓也许是福祉，但对于刘弗陵来说，更多的可能是灾难。想当年刘盈一边生着病，一边泡在酒缸和脂粉堆里，还生了五个儿子。刘弗陵当时已经二十，早过性成熟期了，可由于霍光想让自己的外孙女首先生下孩子，便禁止刘弗陵跟宫里的其他女子欢好，而霍光的外孙女年纪又太小，这就导致了刘弗陵人生的尴尬：后宫里有的是年轻貌美的女子，可是能生的不能碰，能碰的又不能生。

对刘弗陵来说，他人生的最后几年也许过得非常郁闷，原因在于他太过聪明了。虽然当年霍光和上官桀、燕王等人争权的时候，他倒向了霍光一边，可等处理掉张扬跋扈的上官桀等人，刘弗陵才发现，在把持朝政、架空皇帝方面，霍光同样不是省油的灯，甚至有过之而无不及。但这个时候霍光大势已成，其声望和地位早已不是他刘弗陵一个孤家寡人可以动摇的，这才有了刘弗陵元服后依然委政于霍光的举动。

这就是早慧的悲哀。如果换成另一个人，能够就这么浑浑噩噩地混日子，没准儿还能多活两年，但聪明的刘弗陵也许从身体到心理都实在无法承受这种折磨，所以他选择了某种形式的对抗行为，从而导致了自己的早死。

这样猜测有道理吗？我觉得还是有一定道理的，因为对于刘弗陵的突然驾崩，整个朝廷完全没有准备，甚至连修陵的材料和保存尸体所需的木炭都没准备足，只好临时在民间紧急抽调。如果刘弗陵是长期卧病，然后逐渐不治，中间有一定的时间，那么出现这样的情况在皇家是说不通的。

当然，对于刘弗陵的病，史书上记载得相当含糊，我也只是妄自揣测而已。也许，真就是一场意外，天妒英才罢了。但对于霍光来说，不管怎么样，皇帝驾崩了都是件不好的事情。不好的原因就在于霍光的身份：他是首辅，再怎么有能力，也是个“辅”。现在皇帝没了，他这个首辅还有什么可“辅”的？所以，赶紧找个人来当皇帝就成了重中之重。

第二十七章

嗣子皇帝

“奇人”刘贺

因为上官皇后没有孩子，霍光于是也面临了高后吕雉当年的窘境，只能在刘姓的其他宗室里找人出来做皇帝。那找谁好呢？按当时的情况，武帝刘彻的儿子中唯一还健在的是广陵王刘胥，但是大臣们都说这个人不行，智力低下且道德品质差，当年刘彻就看不起他，现在更不能让他来接这个班。而且，他是刘弗陵的哥哥，帝位的继承讲究父死子继，实在不行就兄终弟及，刘胥他算哪出？

那刘胥不行谁行呢？

这不还有昌邑王刘贺吗？他是刘髆的儿子，按辈分来讲，是昭帝的侄子，可以让他做刘弗陵的嗣子，以嗣子身份继承皇位。

事情真的是这样吗？恐怕不然。刘胥这个人固然四肢发达、头脑简单、做事荒唐，可刘贺也不是什么好鸟，他的狂纵无节也是出了名的。别的不说，就说当年给武帝刘彻服丧期间，刘贺还到处游山玩水，甚至在方与这个地方半天就纵马狂奔二百里。手下臣子谏他，他就假装收敛一下，没几天就又恢复如常。这样的人恐怕也不适合做皇帝，那为什么霍光会选他呢？

答案是刘胥这人年纪大了，有自己的主见和认知，而且天生神力，没事的时候就喜欢赤手空拳和熊、野猪一类的猛兽搏斗，他要是当了皇帝，哪天和霍光说掰了，搞不好会当场手撕霍光，霍光不敢冒这个险；而刘贺年纪小，没主见，容易控制，或者说霍光认为这个人相对容易控制。

刘贺手下有个明眼人，这个人叫王吉。接到朝廷让他到长安做皇帝的消息后，刘贺高兴得简直迫不及待，黎明接到消息便马上命令手下打包家当，日中就开始往长安跑，晡时就到了定陶。在那个没有高铁的年代，带着这么一大家子人，两个时辰居然跑出一百三十多里，可见他有多急切。

这时王吉告诉刘贺，现在是皇帝死了才征他去长安的，他是去奔丧的，应该日夜不停地悲戚号哭，不能这么兴高采烈，而且到了长安也不能乱说话。他还说，大将军这个人“仁爱、智勇、忠信”的美德是天下都知道的，一旦刘贺做了皇帝，只需要“事之、敬之”，不管是朝政还是什么事都“壹听之”，他只需要“垂拱面南”做个摆设就可以了。

好犀利的见解！也应该是霍光想要刘贺做到的，这才是他选择刘贺的根本原因。

对于王吉的话，刘贺并没在意，继续任性妄为。途中听说有新奇的物件，他就让手下弄来供自己把玩，见到漂亮女子就让手下直接抢来给自己享乐。就这么一路走一路玩儿，一大家子人浩浩荡荡地来到霸上。

在霸上，大鸿胪早已准备好皇帝的车马仪仗，等着迎接刘贺。刘贺换了车，不仅没搭理大鸿胪，还一脚把朝廷派来赶车的人踹下去，然后让自己的亲信过来赶车，又把自己在昌邑的郎中令叫到车里一起坐。

好吧，车谁赶不是赶呢，可从礼节上说，来奔丧的总不能一脸的喜气吧？到长安外围的东都门外，郎中令告诉刘贺，过了东都门就是长安的地界，依礼，奔丧的人从这里开始就要遥望长安哭泣了。

刘贺本就不受先帝待见，和刘弗陵也谈不上有什么感情，现在自己这个皇帝堂叔死了，刘贺自然也不觉得有什么可悲伤的。刘贺说：“我现在喉咙痛，实在是哭不出来。”

车子继续前行，一路行到长安城门下，郎中令再次提醒刘贺该哭了。和在东都门时一样，刘贺仍说哭不出来。

直到车子驶进皇宫，缓缓地就要停在未央宫门外时，郎中令在车上第三次劝说刘贺：“我们现在的住所不在未央宫里，而在未央宫的北面，现在离那里只剩几步路，要是再不哭就来不及了。”

这时候刘贺才说：“好吧。”然后他下车伏地，勉强挤出几滴眼泪，对着北面十分礼节性地号了两嗓子。刘贺这一哭，霍光等大臣都松了一口气，认为这家伙尽管平时不像话，但还不算太混账。

六月丙寅日，经过一番必要的仪式后，刘贺接过皇帝的玉玺，正式继承了皇位。这时距离他被废仅有二十七天。

过把瘾就被废

一个新来的皇帝，当政仅仅二十七天就被废黜，这在世界历史上都是极其罕见的。然而，这又是怎么一回事呢？要知道，别说是废黜皇帝，就是要在朝中扳倒某个大臣，走程序也不止这个时间啊。

问题在于刘贺本身。

刘贺这个人怎么说呢？他把皇帝当成了以前的昌邑王，以前在昌邑干什么，现在在长安也干什么。对于刘贺来说，皇帝和昌邑王没什么区别，只不过换了个地方享乐而已。

可是，说刘贺游手好闲，喜欢玩乐，随性惯了，不假，说他骄奢淫逸，也对，但这个人和一般意义上的昏君还不太一样。尤其，他对手下人还算不错，手下指出他的错误，他也知道暂时收敛（虽然时效很短），手下敢于正面顶撞他，他也知道羞愧，并不像一般的昏君一样杀伐任性。刘贺并不是一个人来长安的，而是把他在昌邑的整个官僚机构都带了过来，而且他还将这些旧臣逐个超规格地安放在朝廷里，毕竟自己的熟人用起来也顺手。

刘贺这样对他的老部下，他的老部下对他也算不错。就说那个跟他一起坐车进长安城的郎中令，有一天，刘贺梦到成群的绿头大苍蝇停在阶梯下，满满的足有五六石之多，醒来后就问郎中令这是何意。郎中令以《诗》解梦，告诉刘贺："这是上天的预兆，说陛下身边的小人很多，多得就跟那些苍蝇一样，您现在虽然做了皇帝，可是在朝中并没有什么根基，应该先拉拢一些朝廷大臣或大臣的子孙。如果不依靠他们，而继续信用以前在昌邑的旧臣，必将有祸事临头。如果陛下要避祸，就应该立即把从昌邑带来的人都遣散回去。这样吧，我请求做第一个被遣返的人员。"

刘贺听后不以为意："不就是大臣不满嘛，不满又能怎么样？我是皇帝我怕谁？！"他既不同意郎中令的请求，也没听取郎中令的意见，继续往朝廷里塞自己人。

这下彻底触怒了霍光和满朝的文武大臣。做皇帝的昏庸一点儿不要紧，懒散一点儿也无所谓，哪怕是日日宴饮、夜夜笙歌也都还能忍，可他把自己的人都放到朝廷里算怎么回事，毕竟蛋糕就这么大，他吃了大头还带人来抢，那霍光等人吃什么？！

而且，经过这十几二十天的观察，霍光也发现了问题：刘贺这个人油盐不进，根本不听自己的指挥。这样下去，假以时日，等到他把朝廷里的人都换完了，那他霍光还有立足之地吗？

可刘贺都做皇帝了，还能怎么办？霍光也没有办法，只好找亲信大司农田延年询问计策。田延年很能设身处地地为领导着想，他一语中的："大将军是国家的栋梁和基石，如果您觉得这个皇帝不行，那为什么不告诉太后，再选一个人当皇帝呢？"

霍光心想："我也想啊，可我是臣，刘贺是君，只有君杀臣，哪有臣废君的道理？如果我废掉了皇帝，世人会不会认为我犯上作乱，我霍光多年以来'高大全'的光辉形象岂不毁于一旦？"于是他又问："我是想这样干，可历史上有过这样的先例吗？"

"有啊！"田延年不假思索地说，"当年商朝的宰相伊尹废了商王太甲，才使得商朝天下安定，后人也都称赞伊尹是忠臣。如果大将军这样做了，那您就是汉朝的伊尹！"

好啊，既然如此，那就不必有什么心理障碍了，必须立即扼杀刘贺这股歪风！

当断不断，反受其乱！霍光哪里还会犹豫，马上和车骑将军张安世商量起废黜刘贺的行动方案。

就在霍光和张安世已商量得差不多时，某天早上，霍光手下的官员来报："陛下刚把一位大臣关到大牢里，然后自己出去玩儿了。"

"哦，什么罪名呢？"霍光漫不经心地问。

"妖言。这位大臣说，有人可能要谋反，叫陛下提防，不要随意外出走动。"

听了手下的话，霍光差点儿一屁股坐到地上。在喝退了手下后，霍光一个劲儿地责备张安世不该把这么重要的事情泄露出去。张安世赶忙澄清，说自己一个字都没跟其他人提过。

“混账！”霍光的火气一下便上来了，“不是你，难道还是我自己说出去的不成？！”

张安世不敢捋霍光的虎须，只好默不作声。好不容易等霍光的火气消了，他赶忙来到大牢，想要见见这个知道他们秘密的人。看着这个叫夏侯胜的光禄大夫，张安世实在想不起来自己什么时候跟他表达过要废黜皇帝的意思，就开口问夏侯胜为什么说有人要谋反。

夏侯胜直白地告诉张安世：“我猜的。”

张安世闻言，一口老血差点儿没喷出来：“猜的，怎么猜的？”

夏侯胜说：“最近天气很不好，阴天，又不下雨，按《洪范》上的说法，这叫‘皇之不极，厥罚常阴，时则有下人伐上者’。这是有臣子要谋反的征兆，所以今天早上我叫陛下不要出去，可他不听，还说我妖言惑众。”

张安世听得背上全是冷汗，幸好刘贺没有听夏侯胜的，不过，这个人可不能轻易放出去。张安世安慰夏侯胜，让他宽心地在牢里等几天，过段时间霍大将军一定会在皇帝面前给他说几句好话，到时候让他出来官复原职。

张安世回去就把情况告诉了霍光，霍光这才放下心来，不过更是觉得废黜刘贺这事宜早不宜迟，谁知道还有没有第二、第三个夏侯胜？霍光和张安世更加紧锣密鼓地准备起来。很快，两人便敲定行动方案，也联系好在朝中的心腹大臣，准备行动。

当然，在行动之前，霍光还有一件重要的事情要做，那就是必须取得外朝丞相的支持。虽然说丞相在这时候发挥不了什么重要作用，但他毕竟是百官之首，在朝堂中还是颇有分量的，而且实在不行，能多拉一个人下水也是好的。霍光于是便派心腹田延年去知会丞相。

田延年真是个不可多得的人才，有才识，有胆气，有决断。他来到丞相府，直截了当地把霍光的计划告知丞相，请丞相到时务必支持大将军的行动。

原来的政治老油条田千秋已经死了，这时的丞相是杨敞，这个人的能力与田千秋相比更是不济。听田延年说了霍光的计划，杨敞当场吓得大汗淋漓，话都说不利索了。田延年一再让他表态，他都只是“嗯嗯”，不知所言。

事情都已经说得这么清楚了，他要么同意，要么反对，这不表态算怎么回事？田延年一看杨敞这副尿样，估计心里也是不爽，就起身去上厕所。

等田延年一出去，杨敞的夫人就从里屋出来了。这女人倒是个明白人，她跟杨敞说："事情大将军已经计划好了，现在让田延年这样的九卿高官来告诉你，已经是非常给你面子了，你不马上表示赞同，站到大将军一边，却这样犹豫不决，恐怕如果皇帝明天下台，我们家今天就得玩儿完。"经过夫人的点拨，杨敞恍然醒悟。等田延年上完厕所回来，杨敞马上拍着胸脯表示凡事皆由大将军做主，他定当全力支持，不管水里火里，绝不说半个"不"字。

万事俱备。

第二天，霍光便以开会的名义把丞相、御史、将军、列侯和博士等几乎所有的官员都召集到了未央宫。等所有人坐定后，霍光环视了一圈，开门见山地说："昌邑王行为昏乱，恐怕会危害国家社稷，你们大家有什么看法？"

殿里的很多人都以为只是来开个会而已，完全没有心理准备，没想到一上来听到的消息就如此劲爆，这下都不知道说什么好了，就连昨天拍着胸脯保证的杨敞也不敢说一句话。

这时候还是田延年第一个站起来，手还按在随身佩带的宝剑上，朗声说："先帝把天下托付给将军，就是因为以将军的忠诚和才能足以安抚刘氏江山。现在正是人心惶惶、天下将倾的时候，您作为大将军怎能不替国家拿主意？要是刘氏的江山毁在您的手里，日后您死了哪里有脸去见大汉的历代皇帝？！我今天把话搁这儿，这事情不能再拖了，您说怎么办我们就怎么办，要是有人犹豫、迟疑，我就以手中利剑斩了他的头！"

霍光很高兴，马上装出一副羞愧、悲愤的样子："田大人身为九卿有如此担当，骂我骂得很对，现在天下混乱不安，都是我霍光的罪过，我责无旁贷！"

两人一唱一和，好精彩的表演，不拿奥斯卡可惜了。在场的大臣有一个算一个，都被这精彩的表演折服，纷纷趴在地上磕起头来，生怕磕晚了，田延年的剑就会落到自己头上。他们一边磕着头，一边大声地表示这也是他们的罪过，现在天下百姓的性命都靠大将军了，还请大将军为他们做主。

既然大家都同意听霍光的了，他便随手掏出事先写好的废黜刘贺的奏章大声朗读了一遍，然后问大臣们还有什么意见。

下面的大臣哪里还管奏章里写的是什么，只一个劲儿地点头称好。霍光又让三公、九卿、将军和列侯们都在奏章上签字，大臣们也很配合地签了。得到大臣们的一致认可后，霍光立马带着他们去见皇太后，表示昌邑王刘贺不适合当皇帝，请皇太后出来为群臣和天下黎民做主。

这个十五岁的上官皇太后能做得了什么主，不过是按外公霍光事先的交代行事罢了。皇太后早就穿好了最隆重的礼服，等群臣一到，就应他们的请求摆驾未央宫承明殿。这时候，刘贺出去玩儿还没回来。霍光交代好一众事宜后，让皇太后和百官在承明殿等着，自己带着侍卫去了宫门口。

刘贺终于游玩够了，刚回到皇宫外，霍光就上前拦住刘贺的车马并告诉刘贺，皇太后在承明殿等他。

虽然这个女娃子年纪比自己小不少，可辈分在那里摆着，刘贺不能不去。等刘贺的车马进了宫门，守门的卫士立马关上宫门，把跟在刘贺后面的昌邑旧臣们全拦了下来。

刘贺不知所以，问霍光："你这是干吗？"

霍光跪下说："这是皇太后的命令，请陛下一个人过去。"

刘贺甩了甩袖子，过去就过去，干吗搞成这样，怪吓人的。他哪里知道，这边宫门一关，在外面埋伏的张安世就立马带着羽林军把他带的两百多个大臣全都抓起来下了诏狱。

刘贺在里面还不知道自己已经大难临头，一个人跟着霍光进了承明殿。只见皇太后盛装坐在武帐中，旁边站着数百个手拿明晃晃刀剑的侍卫。等刘贺进了承明殿，大臣们也依次进来，都跪伏在地上。

一看气氛不对，刘贺扑通一下也跪了下来。这时候尚书令开始宣读霍光等人要求废黜皇帝的奏章，奏章里历数了刘贺当皇帝二十七天以来所做的错事。霍光一共总结出一千一百二十七件，从肆意赏赐、不守礼仪、淫乱，到飞车、斗鸡走狗，再到下诏书时盖了皇帝的玉玺却不封口等，无论你想得到的、想不到的，里面都有，单列出来甚至可以写成一本书，以警示后来的皇帝什么事情是不能做的，书名大概可以叫《皇帝可能犯的那些错儿》。

二十七天，一千一百二十七件事，平均一天得犯四十二件，也够难为霍光了，竟能想得出这么多名堂来。当尚书令朗声读到奏章最后时，也不容刘贺辩解，主审官上官皇太后马上落锤：“可。”

宣判完毕，霍光提醒刘贺该起来拜受诏书了，刘贺这才醒悟过来。这时候，刘贺说了一句很有水平的话：“朕听说‘天子有争臣七人，虽亡道不失天下’。”

这是一句很有杀伤力的话，大意为：如果朝中有七位直言敢谏的大臣，即便皇帝再昏庸，也不至于丢了江山。反过来说就是：“我丢了江山，那你们这些臣子也不是什么好东西，尤其你霍光，做过一次争臣吗？我有罪，你也跑不了。”

如果刘贺早一时三刻说出这句话，霍光恐怕是难以回答的。然而，刘贺的聪明才智发挥得太晚了，这时候霍光哪里会理会他，只说了一句：“这句话指的是皇帝，而你现在已经不是皇帝了。”随即一把把刘贺拉起来，从他身上搜出玉玺交给皇太后，然后带着群臣把刘贺径直拉出了金马门。

刘贺本以为做皇帝可以为所欲为，此时他才想明白朝廷是怎么回事，皇帝是怎么回事，这些大臣又是怎么回事，但他这个人心性如此，过了把瘾后似乎对皇位也不眷恋。出了金马门，刘贺也不理群臣，只向西跪地拜了一拜，说：“我刘贺太笨了，玩儿不转你们朝廷这些事。”说完便起身上车，由霍光陪着回了长安城里的昌邑王府邸。

来到昌邑王府邸后，霍光一直提着的心才彻底地放下来。他没想到事情会进行得如此顺利，想象中可能出现的混乱和冲突通通没有出现，原本准备好的应急方案也一个都没用上。然而，一是为把必要的台词说完，二是为感谢刘贺的配合，最后离开前，霍光还是拉着刘贺的手流着泪说：“这是大王你自绝于天，我宁可辜负大王，也不敢辜负天下社稷。希望大王以后洁身自好，我霍光就不陪你了。”

表演完毕，精彩无比，毫无破绽。

刘贺被废了，可这并不是说他能回去继续做他的昌邑王。按朝中大臣们的意思，像刘贺这样不像话的人，应该把他远远地流放到汉中房陵去。霍光现在心情大好，对于刘贺这种在他眼中基本上属于人畜无害的家伙，霍光觉得没有必要斩尽杀绝，便通过皇太后下诏，赐给刘贺汤沐邑两千户，让他回了昌邑。刘贺原来在昌邑的财产，霍光也全部给他留着，但关在诏狱里的两百多号昌邑旧臣，霍光却不打算放过他们，除了少数几个人，其余几乎全部被砍了脑袋。

刘贺过了二十七天的皇帝瘾，虽然被废，但他个人好像也没太大损失，毕竟他过日子的原则似乎是只要有的玩儿且没人管就好，他并不眷恋皇帝的位子。而经过这几十天立刘贺又废刘贺的折腾，最后真正得益的还是霍光。这下看来，让谁做皇帝都由霍光说了算，这让大臣们明白当今之寰宇竟是谁人之天下，此后朝廷中就更没人敢忤逆霍光的意志了。

第二十八章

霍氏兴衰

再立皇帝

虽然霍光在名义上不是皇帝，可他很享受现在这种唯我独尊的感觉。不过，送走刘贺后，霍光还要再找一个人来做皇帝，毕竟他只是首辅嘛。

一说到这事情，霍光就发愁了。现在的皇室里，哪里还有能让他满意的人？没有办法，霍光只好求助于朝中大臣，向他们询问如今刘姓皇室之中究竟谁适合继承皇位。

其实，一般的大臣能想到的，霍光何尝想不到？但凡宗室里有一个合适的，霍光早就自己拿主意了。就在大臣们没主意的时候，一个叫丙吉的光禄大夫上书霍光："听说大将军您考察了诸侯和宗室的刘氏子孙都不满意，那何不把目光放到民间来？当年武帝遗诏中养在掖庭的曾孙刘病已现在已经十八九岁了，他有才学，有相貌，行为也很得体，不如大将军考虑下他？"

那丙吉提到的这个刘病已又是何方神圣？

当年，卫太子刘据有一个儿子叫刘进，娶了一个王姓女子，生了一个儿子，人称皇曾孙。虽说投了帝王家的胎，可说来这个皇曾孙也倒霉，生下来没几个月就碰上了巫蛊之祸，结果卫太子一家全部遇害，连这个几个月大的孩子也进了监狱。

那么小的孩子没爹娘就已经很惨了，这会儿又进了监狱，想必十有八九是活不成了。也是天可怜见，恰巧丙吉奉诏书去巡查监狱，看到这个几个月大的孩子在监狱里没人管，瘦得皮包骨，几乎要饿死，就起了恻隐之心。他让人安排一间温室专门安置孩子，还特地找了两个为人老实又正在哺乳期的女犯人来轮流喂养他。丙吉有时候还一天来看他几次，防止有人偷懒和虐待这孩子。

据说，皇曾孙也是天生异象，不仅脚底有毛（类似至尊宝），而且他待的地方经常有光耀出现。这本来是挺好的兆头，可当时这一缕光被长安的方士发现，并立马告诉了刘彻，说长安的监狱中有天子之气。

这下可惊着刘彻了，有天子之气就意味着有人可能会替代他这个现在的天子。这还了得？！刘彻哪管你是何方神圣，立马让一个叫郭穰的人带着他的命令到长安监狱里，将所有的犯人不管何罪一律处决。

好在方士学艺不精，没能准确地指出所谓的天子之气具体在哪个监狱的哪个地方，郭穰不得不带人一个地方接一个地方地杀。结果，丙吉得到了消息，便早使者一步把皇曾孙所在监狱的大门关牢，说什么也不让郭穰等人进去。

郭穰进不得门，也不敢贸然硬闯，只是在门外说他是奉了皇帝的命令行事的。丙吉隔着门大声喊道："皇曾孙在里面，你们不能进来。哪怕是普通老百姓，也不能无辜枉死，何况是皇曾孙？！"

郭穰是带着侍卫来的，但没有皇帝的命令，他也不敢让人破门而入，双方就这么在监狱门口僵持了一个晚上。第二天早上，郭穰只好带着人回去跟刘彻复命，又参了丙吉一本。这时候刘彻已经冷静下来，在了解事情的原委后，他并没有继续追究，皇曾孙才得以逃过一劫。

虽好不容易躲过了杀头的祸事，但这个皇曾孙的霉运还远没有到头。丙吉本想将他送到环境更好的地方，奈何转来转去，没有人愿意接盘，丙吉只好自己抚养这孩子。可丙吉自己的薪水也不算高，除去一家人的用度，多养一个小孩儿也是不小的负担，加上皇曾孙从小身体就不算好，经常感个冒发个烧什么的，请医问药的花费也是一笔不少的钱。尽管困难重重，丙吉最后还是坚持了下来。等到皇曾孙年纪大一点儿、身体逐渐强壮之后，丙吉给他取了一个很有寓意的名——病已，意思是疾病已经一去不返了。

于是，这个皇曾孙有了自己的名字，刘病已。

等到刘病已年纪稍大一些，刘彻已弄清楚了巫蛊之祸的真相并开始给卫太子平反，不仅公开表达了自己对儿子的思念，对于卫太子刘据的遗脉，刘彻也做了安排。

刘彻首先承认了刘病已的宗籍，然后把他接到掖庭抚养。这对刘病已而言很重要：一来，他的生活条件得到了改善；二来，当时的掖庭令是张贺，他以前曾经服侍过卫太子，对刘病已自然也有特殊的感情，他不仅细心教导刘病已读书认字，而且他还有个做右将军的弟弟——张安世。

通过张安世，霍光对刘病已的情况也知晓一二。这时候丙吉提出可以考虑下刘病已，张安世等人也是赞同的。此时，从小生活在宫廷之外、过惯了市井生活的刘病已已经十八九岁。霍光从张安世那里得知，刘病已熟读《论语》《孝经》《诗》等书籍，不仅颇有学识，而且为人谦恭谨慎，没有像其他王子王孙那样从小养成养尊处优的坏毛病，是一个合适的人选。当然，对于霍光而言，更重要的是，刘病已在朝廷中可以说什么关系都没有，如果他做皇帝，那就不得不依靠霍光。如果他不依靠霍光，那霍光要想处理他，简直比处理刘贺还要容易。

得，就他了。

元平元年（公元前74年）七月，刘病已即皇帝位。当皇帝后，包括刘病已在内，所有人都认为“病已”这个名字太配不上大汉皇帝的身份了。于是思量再三，刘病已将自己改名为“询”。从此，他就是大汉的皇帝——刘询。

另外，这里还要再次提到一个尊贵但不重要的角色，那就是上官皇太后。由于孙子辈的刘询做了皇帝，十五岁的她便由皇太后又升格为太皇太后，而且她将顶着这个头衔过完余下三十七年孤独而乏味的人生。

她只不过是这场政治斗争的受害者加牺牲品。

识时务的刘询

每个人都是带着某种天赋来到这个世界上的，刘询也不例外，他的天赋就是当皇帝。虽然自从懂事起没有过过一天皇子皇孙的生活，但刘询天生就是做皇帝的料，他即位以后做的第一件事情就是大封那些所谓拥立有功的大臣。刘询知道，在整个朝廷里，说话算数的不是他，而是霍光；天下人关注的也不是他，而是霍光。刘询清楚，在霍光面前，他除了有一个皇帝的名头，什么都不是，可以说基本上穷得就只剩下钱了。

对于钱，刘询也不在乎，出手甚是大方。刚一即位，刘询便下令加封霍光食邑一万七千户，赐黄金七千斤、布匹三万匹、钱六千万、马两千匹、奴婢一百七十人，外加首都高档别墅一栋。此外，车骑将军张安世加封一万户，其他数十个没有爵位的大臣也都被封了侯，有爵位的则加封食邑。

这样一比，刘询和刘贺两人的作为简直就是一个天上一个地下。大臣们受赏后都很高兴，很快就有人报告说胶东和千乘两个地方有凤凰出现。神兽的出现更显示了新皇帝的圣明，以此祥瑞之兆为借口，刘询直接大赦天下，文武加官，百姓晋爵，还免除百姓一年的赋税。

在这一点上，刘询想得很透彻，反正即便封赏完了，天下还是皇帝的天下。更何况，这天下对于他来说本就是捡来的，说白了就是无本的买卖，何乐而不为？

但如果你觉得刘询对霍光的赏赐已经多得过分，那你就大错特错了。对于霍光这样一个能把握皇帝命运的权臣，刘询还会将更多的糖衣炮弹砸向他。本始元年（公元前73年）春天，在皇帝大赏群臣后，霍光马上上书表示自己年纪大了，操心不了朝廷的事情，想还政于君。

对于霍光这种假惺惺的试探，刘询十分警觉，他没有丝毫的犹豫，当场驳斥了霍光："大将军的贤能比之于古代圣人，有过之而无不及，现在朕初登大位，什么都不懂，这时候您怎么能撒手不管呢？！以后不要再提这件事情了。"

紧接着，刘询下了一道诏令：以后朝中一切事务都需要先通报大将军，然后才能上报皇帝。此外，每次上朝的时候，只要霍光一来，刘询马上站起身来向他投以崇敬的目光，还主动和他打招呼，表现出一副恨不得把屁股下的龙椅让出来请霍大人上去坐的姿态。

这还不算完，刘询不仅给了霍光前所未有的权限，还让他的儿子霍禹和侄孙霍云做了中郎将，让霍云的弟弟霍山做了奉车都尉，而霍光的两个女婿也分别做了东西宫卫尉。至于其他的什么族弟、诸婿，以及张三李四、阿猫阿狗之类的，只要是霍光的亲戚，刘询就给他封个官做，亲手把自己置于霍家的重重包围之中。

就这样，刘询誓要在霍光面前将装孙子进行到底。对于刘询的表现，霍光甚是满意，而刘询也很快就坐稳了皇帝的位子。不知道远在昌邑的刘贺知晓这一切后会作何感想。

灭口

把刘询扶上皇位之后，霍光得到的甚至比他之前能想到的还要多。这下，他总该心满意足了吧？不，霍光心里还是隐隐地有一点儿不爽。

这就好比我和几个人一起做了一件非常见不得光的事情，通过这件事哥儿几个都发了横财，而经过一段时间的洗白，我成了社会上的成功人士和上层人物，受到万人的膜拜敬仰。这时候如果我心里面还有忌惮的人，那会是什么人？不用说，肯定是和我一起做那件见不得光的事情的人。他们知道我之前的一切，将来有可能会以此来要挟我，让我做一些不愿意做的事情。当然，我可以通过重金收买这样的方式来堵住他们的嘴，但这不是万全的办法。世界上只有一种人永远不会泄露别人的秘密，那就是死人；只有一种口不会说话，那就是灭口。

我就是霍光，他们其中之一就是田延年。

很多时候，人有没有能力和品性好不好完全是两码事。有的人有能力，但可能是个坏人；有的人除了是个好人，可能一无是处。比如霍光，对于国家和百姓而言，他当然是个有能力的人，但这并不意味着他是个品德高尚的人。同样，物以类聚，能跟他搅和到一块儿并成为其心腹的田延年，道德品质大概也是有问题的。

说到田延年这个人，他一直是以霍光的心腹爪牙的身份出现的，他不仅有学识，有胆气，而且是个肯干脏活儿累活儿、自愿唱黑脸让领导唱红脸的好下属。最重要的是，他的政治才能非常高。单从建议废黜刘贺一事就可以看出，和他比起来，看似权倾朝野的霍光简直就是小学生的水平。正是因为田延年能力强，所以霍光所做的大多数见不得光的事情，他都参与了，知道了太多不该知道的秘密。也正是因为这样，当除掉所有的政敌以后，田延年便成了霍光的心头大患。

这只不过又是一个兔死狗烹、鸟尽弓藏的故事。

要说田延年有什么缺点，那就是贪财。作为主管财政的大司农，田延年要想利用职务之便捞点儿钱实在是太容易了。刘弗陵意外驾崩以后，为了加紧建设平陵，朝廷从民间租调了大量的牛车来运送土方。这等赚钱的机会，田延年怎会放过？他给百姓的报价是每车土方一千钱，但他给朝廷的报账是每车两千钱，这多余的一千钱差价自然就进了他的口袋。最后，平陵建好后一结算，共用了三万车土方，仅此一项，田延年就赚了三千万钱。

田延年一方面要捞钱，另一方面还要在大臣面前表现出清明廉洁、时刻为朝廷着想的形象。接触过现代考古学者发掘出的古代墓葬或是读过现在流行的盗墓小说的朋友都会知道，古代为了保持尸体不腐，总要使用大量的木炭、石灰之类可以保持环境干燥的物品。同样是在平陵的建设中，由于刘弗陵驾崩得过于突然，朝廷居然没有做好这方面的准备，最后只好到民间购买。按一般贪官的思路，这同样是低买高报赚差价的机会。

可不知道田延年那天是哪根筋搭错了，竟打着节省财政开支的旗号给朝廷上书，说根据他的了解，现在有很多不法的商人囤积了大量木炭、芦苇等物品，妄图奇货可居，赚取暴利，而他们囤积这些东西都是违法的，国家应该把这些违法的物品通通收缴上来。

霍光一看，有理呀，就下令按田延年的建议在长安城周边进行地毯式的巡查，但凡有人囤积这些物品，全部没收。这样一查下来，没几天朝廷没花一分钱，平陵所需的木炭等一应物品就已经齐全了。

田延年虽然为国家节省了一笔开支，可他让很多商人损失惨重。在中国古代，商人从来不是一股政治势力，但这并不代表他们在政治上没有势力，而有势力的人总不甘被别人欺负，做一个打不还手骂不还口的窝囊废。因此，为了表现自己而得罪那些富商的田延年便成为富商们的报复对象。

田延年毕竟是朝中大员，要打击报复他，就必须掌握他的把柄。当然，这对商人们来说也不是什么难事，毕竟有钱能使鬼推磨，只要肯花钱打探，总能挖出点儿材料来，何况田延年本身也不是无缝的蛋，贪污的手法也算不得高明。很快，富商们就得到了田延年在租调牛车过程中贪污的黑材料。

本始二年（公元前72年）春天，在平陵一事中损失最大的茂陵大商人焦某和贾某通过关系向丞相状告大司农田延年，罪名是贪污公款三千万钱，而且把具体的时间、手法和数额都写得清清楚楚。

田延年是霍光的心腹，丞相不敢擅自处理，就上报给了霍光。霍光私底下把田延年找来，问他是不是有这回事。

哪个贪官都不会当面说自己是贪的，田延年也不例外，还义正词严地说："我田延年出自大将军门下，多亏大将军提携，我才有了现在的地位，大将军是如此廉洁、贤能的人，我怎么可能做这种事情？！"

这通马屁拍得霍光都觉得恶心，而且自从刘询表现得对霍光唯命是从之后，霍光便开始计划处理掉像田延年这样知道得太多的人。原本正愁没借口，现在田延年居然自己送上门来了，霍光哪里会放过他？于是，霍光表现得大为感动："田大人不愧是国家的栋梁，既然没有这种事，我就要彻查，看看是谁在背后诬告田大人，田大人先安心回去吧。"

田延年听罢就是一惊，可话已出口，又怎么反悔得了？只好惴惴不安地退了回去。

霍光于是便把田延年的案子发到御史大夫那里。事情是怎么一回事，大臣们都是明白人，用不着审就能猜个八九不离十，但唯一让御史大夫田广明摸不清楚的是霍光的态度："大将军把其心腹干将的案子推到我这里，究竟是何用意？难道是在试探我的立场不成？对，肯定是这样！"

自认为摸透领导意思的田广明不敢直接去找霍光，而是让太仆严延年去跟霍光转达自己的处理意见："按《春秋》上圣人的说法，臣子的功劳和过错是可以相互抵消的。当初废黜嗣子皇帝的时候，满朝的大臣都不敢说一句话，若不是田大人仗义执言，事情恐怕就办不成了，田大人的功劳不可谓不大。现在，田大人出了这样的事情，我看不如由政府出资三千万补偿那些百姓，把这件事就这么遮过算了。"

霍光这时的态度很奇怪，他回答严延年："是啊，田延年真是个勇士！当时在朝堂上，他的一番表现真的是震惊了所有人。"然后，霍光用手捂住自己的胸口，说了一句最重要的话，"不说旁人，就是我现在每每想起当时的情况，这心都还一个劲儿地狂跳呢！请让御史大夫转告大司农，他这样的勇士完全没有必要害怕，就先按程序到牢里去，皇帝和法律一定会给他一个公正的判决。"

大家都不是傻子，不管是太仆还是御史大夫，听霍光这么一说，就已经知道他对田延年的态度了。这其实就是霍光对田延年的宣判，而霍光对田延年的宣判实际上就是皇帝和法律对田延年的最后宣判。

有人也把霍光的话转给了田延年，田延年叹了口气，假意说道："即便朝廷想对我网开一面，大家也会在背后耻笑我的，我以后又有什么脸面再活在这个世界上呢？"

其实，以田延年的聪明，哪会听不出霍光话里的意思？这些年来他知道了太多不该知道的事情，也料到自己早晚有一天会因此丢掉性命，但他没想到霍光这么快就要对他下杀手。

霍光对田延年的态度出乎所有人的意料，御史大夫和廷尉虽然知道霍光想做掉田延年的意思，但实在是猜不透霍光的真正用意，也不敢派人上门去缉拿大司马的这个得力助手，只能干等着田延年自己到监狱里报到。

与此同时，田延年也在等上门抓他的人。他把自己关在房间里，时而消沉，时而感叹，时而愤怒，有时候还光着膀子，袒露着上身，把磨快了的刀紧紧地握在手里，急促地在房间里踱步，甚至有冲到霍光家里跟他来个鱼死网破的冲动。然而，理智告诉他这样做完全无济于事，现在霍光不过是要自己一个人的命，但自己要是行刺霍光，非但不可能成功，还会把自己全族老小的性命一同赔进去。

"要取我性命就来吧。"

结果，双方你不来，我不动，也没人主动提这件事情。几天以后，第一个忍不住行动的还是霍光，他让皇帝派使者拿着诏书到田延年家里，让田延年即刻去廷尉那里报到。

"行，那就让那些秘密全烂在我的肚子里，大将军可以放心了吧？"

第二天清晨，当鼓声骤起，使者来到田延年家门前的时候，在里屋的田延年用刀了断了自己的生命。

田延年一死，霍光再也不心悸胸闷，终于可以舒舒服服地睡安稳觉了。

就这样，霍光的权势一天比一天大，欲望也一天比一天大，但他终究还算有节制，知道不能捅破大臣和皇帝之间这最后一层窗户纸，不能在明面上跟皇帝对着干。可他的家人就不懂这些了。霍光是天下第一，霍光的家人自然天下第二，就连霍家的奴才也高人一等，不是寻常官吏可比的。这些人平日里为非作歹，惹得朝野上下怨声载道，但迫于霍光的权势，大家只能敢怒不敢言，这反而更加助长了霍家人的气焰。

有人可能会问：对自己的家人和奴才，霍光难道也不管一管？

他之所以不管，原因有二：其一，霍光自己尚且横行于朝堂之上，随意拿捏满朝文武甚至皇帝的命运，这样的人怎么以身作则教导家人？其二，即便霍光想管也管不了，人人都以为霍光是实际上的皇帝，是天下的掌控者，可谁又知他其实是个耙耳朵[1]，家里还有个母老虎“太上皇”在管着他。

这“太上皇”可了不得：“你霍光弄死个把大臣算什么，且看老娘给你整把大的。”

立皇后

在这里，我们先要了解下霍家的这个“太上皇”，也就是霍光的老婆。

霍光早年结婚，原配夫人有一个名叫显的使唤丫头，因为入了霍家，也跟着姓了霍，叫霍显。这个霍显大概有几分姿色，又有几分狐媚，十分得老爷的宠爱，已和霍光眉来眼去许久。后来，霍光的原配夫人死了，霍光也不忌讳霍显姓霍，直接将她收为正房，然后和她生了一堆孩子。

像这样的人，大家在电视剧中应该也见多了，但凡类似出身的夫人基本上都会有以下几个特点：刁蛮、胡闹、任性，仗着夫君的宠爱为所欲为，经常闹出一些不像话的事情，让自己的夫君帮忙擦屁股，等等。霍显不仅有这些特点，而且更甚。

刘询初登帝位的时候，霍显的小女儿霍成君才十五六岁，霍显非常宠爱这个小女儿，就打算让她进宫当皇后。

既然夫人有这个愿望，霍光就得去办。可霍光也不好意思直接去跟皇帝说：“你要立我的女儿做皇后，不然，我就怎么怎么样。”霍光于是就走了个弯路子，让大臣们朝议立后的事情。毕竟现在是新皇登基，皇帝怎么能没有皇后呢？霍光这么一说，很多人就明白了他的意思。于是不断有人给皇帝上书，建议皇帝在大臣们的家属中选择好的女子立为皇后。

---

1. 四川方言，意为怕老婆的人。

可刘询在朝堂之上每天对着霍光装孙子，已经恶心得不行了，他又没有自虐倾向，怎么可能立霍光的女儿为皇后，让自己回到后宫继续受同样的恶心？况且，刘询早年在民间生活时便已经娶了昌邑人许广汉的女儿许平君为妻，许姑娘贤惠、勤劳，对当时落魄的刘询百般照顾，没有丝毫的嫌弃。刘询也深爱着这个朴实的姑娘，小两口感情很是深厚，容不得其他人再横插一腿。后来，刘询进宫当了皇帝，就把许姑娘带回宫中做了婕妤。虽然没有第一时间把她立为皇后，但如果非要立后的话，在刘询心中，许姑娘是不二人选。而且，刘询继位以来，对霍光事事顺从、忍让，没想到霍光还要干涉自己的家庭生活，实在是是可忍，孰不可忍。

这次，大臣们在霍光的授意下提出立后的事情，刘询下定决心要雄起一回。

一日，朝堂之上，大臣们希望皇帝对立后的事情做决断。刘询问霍光："爱卿，你怎么看？"霍光自认为皇帝已经明了他的意思，就假装很客气地说："这是陛下您自己的事情，当然应该由您做决断。"

好，要的就是这个。刘询挺了挺腰杆，说："朕年轻的时候在地方上生活，随身佩带着一把宝剑。虽然时间长了剑有些破旧，但朕很是珍惜这把宝剑，希望你们帮我把这把剑找回来。"

皇帝话里的意思大家都听得懂，皇帝这就是要立"旧人"，一下子在场的所有人都愣住了。霍光之所以愣住，是因为他没想到刘询会这么不识好歹；其他大臣会愣住，是以为皇帝和霍光已经达成了一致，这是皇帝的意思，那大概也是霍光的意思。有自以为明事理的大臣立马站出来提议："许婕妤从陛下于微末，此情可动天地，当立为皇后。"

一愣神的工夫居然让别人抢了先，失了拥立的头功，大臣们懊悔不已，赶紧纷纷跪倒在地，恳求皇帝立许婕妤为皇后。刘询假装再次询问霍光的意思，这下唯一还站着的霍光也不好意思提反对意见了，只好附和大家的说法。

元平元年（公元前74年）十一月，许婕妤被立为皇后。

刘询很庆幸，在和霍光的斗争中，这是他第一次取得胜利。不幸的是，刘询不知道，这也是霍光活着的时候他唯一的一次胜利，而且他即将为这次胜利付出沉重的代价。

谋杀

刘询的不配合让霍光很不高兴。后来刘询提出，既然许婕妤做了皇后，那她的父亲许广汉做个侯爷总没有问题吧？虽然以霍家的权势和地位来看，许家就是多出三五个侯爵对霍家也造成不了什么威胁，但霍光仍然很干脆地一口回绝了刘询的提议。刘询知道，自己大概已经惹怒了霍光，也没敢再坚持自己的意见，双方在这件事上保持了沉默。

经过一段时间的观察，刘询发现在立皇后一事上霍光虽然不高兴，但似乎并没有什么后续动作，以为事情就这么过去了。然而，刘询没想到的是，在这件事上，比霍光更愤怒的是霍显。她的女儿居然没能当上皇后，这让一向要风得风要雨得雨的老太太怎么能接受，在家里不住地埋怨自己的男人没用。

霍光拿这个女人没办法，但他自己也没往心里去，毕竟自己的外孙女做着太皇太后，现在多出一个没有势力根基的皇后，对他霍光并没有什么影响。如果哪天霍光不爽了，想要废掉现在的皇帝，并不用多费多少力气，犯不着现在就跟皇帝翻脸。再说了，把现在的皇帝整成刘贺第二，下一个刘病已可就不好找了，所以霍光只是一个劲儿地给霍显赔不是，并没有继续做什么。

一向蛮横惯了的霍显看这次霍光居然没有顺她的意，气不打一处来，思虑再三，老太太决定自己动手。

最毒妇人心，这话在那些骄横的女人身上一点儿也不假。要是霍光一意想要自己的女儿做皇后，他大概会找个理由废了现在的许皇后，然后把她送入永巷了此残生，而霍显则不同，她准备弄死许皇后。

然而，皇后不是普通人，也不是一般的贵族，即便没什么势力，皇后的身份地位还摆在那里，不是说弄死就能弄死的。因此，霍显一直在等待一个机会。

也算她有耐心，等了一年多之后，机会终于来了。本始三年（公元前71年）正月，怀胎十月即将临盆的许皇后突然生了病，这下可急坏了刘询，不仅召了好多太医来看病，还召了几个曾经给许皇后做过护理的女医入宫，准备让她们二十四小时轮值，而受召的女医中有一个叫淳于衍。

这就是霍显要的机会。

原来，淳于衍以前和霍家有过不浅的交情。淳于衍的丈夫是掖庭的郎官，掖庭是宫女和犯了罪的官僚女眷居住的地方，是个十足的清水衙门，淳于衍的丈夫每月吃的都是死工资，便时刻想换个油水大的地方当差。正好这次淳于衍又要进宫服侍皇后，她丈夫就跟她说："你既然跟霍家有旧，不如借这个机会去霍家辞行，正好顺便跟霍夫人说道说道，让我去做安池监吧。"

淳于衍想想就同意了。

到霍家后，淳于衍跟霍显提了这事。霍显一听，计上心来，立刻喝退左右侍从，独留下淳于衍，说："你有事要求我，我也有事要求你，我帮了你，你也要帮我，可以吗？"

淳于衍受宠若惊："我一个小女子有什么能帮到霍夫人的，夫人尽管说就是了。"

霍显说："大将军非常爱他的小女儿成君，一直想让她得到世上女人最尊贵的地位，这是大将军的心愿，但只怕这事会连累你。"

淳于衍马上表示不管什么事，她都愿意尽全力去办。

霍显说："好。"然后，她压低了声音说，"女人生孩子的时候是身体最虚弱的时候。现在皇后快要生了，你找个机会给她下点儿药，只要她一死，成君就可以当皇后了。如果事情办成，那还能少得了你的好处吗？"

谋杀皇后这样的事情，放在普通官员和百姓身上，是想都不敢想的，一般人听到这里正常的反应都应该是一个劲儿地摇头拒绝，胆小一点儿的恐怕就要马上告退了。淳于衍能和霍显这样的人相熟，显然也不是一般人。她甚至没有考虑这事情能不能做、该不该做，而是直接提出了自己的疑问："药是太医们一起开的，而且皇后服药前，所服用的汤药都要经专人事先尝过，想要给她下毒，怎么办得成？即便成了，我又如何脱得了干系？"

"如何下药就只能看你的本事了。至于其他的事情，"霍显一挺胸膛，倒是十分自信，"大将军统领天下，有谁敢说他的不是？！只要你肯帮忙，一旦有什么事，大将军都会替你扛着，怕就怕你没这个胆！"

淳于衍知道，霍显说得再好听也不能全当真，到时候她一旦翻脸不认，自己又能拿她怎么办？不过，淳于衍似乎受了霍显这种胆大妄为之人的影响，觉得富贵险中求，认为这种事虽然风险极大，可要是成功了，那所得定然不只是一个小小的安池监。所以，她虽犹豫再三，竟也还是答应了下来。

既然答应下毒，淳于衍便充分利用自己的专业特长，在进宫前将一味中药“附子”捣碎磨成粉，包起来贴身藏好，进宫的时候还躲过了皇宫侍卫们的搜查。

淳于衍在宫里每天揣着这包附子粉末，就跟揣着个火炉似的，惴惴不安，时刻想着赶紧把它丢出去，可转了好几天都没找到机会。后来，许皇后顺利分娩，生下一个男孩。分娩以后，许皇后的身体还是有些不舒服，太医们几经会诊，最后给许皇后开了一剂方子。这次药煎好以后，负责端药递水的是淳于衍，她终于找到了机会。

本来煎药的事情有专人负责，淳于衍只负责端茶递水，是没有机会下手的，但为了皇后服用方便，太医们就将药物制成了药丸，准备让许皇后和水服下。这就给了淳于衍下手的机会，她把隐藏多时的附子粉裹在药丸上让许皇后吃了下去。

附子又称乌头，本是一味补火助阳的中药，但用法不当也极易中毒。果然，服下沾了大量附子粉末的药丸不多时，许皇后便觉得头部涨痛不适，整个头顶汗水止不住地往下流，便问左右的人：“是不是药里面有毒？”

一旁的淳于衍赶忙回答说：“没事，大概是药物起效了，休息一会儿就好了。”淳于衍就这么硬拖了一段时间，等许皇后的头痛愈加严重，甚至出现全身休克症状时，她才假装急匆匆地把太医叫过来。但这时候已经太晚了，太医们到了后，还没来得及查出病因，许皇后便一命呜呼了。

转变

许皇后一死，最伤心难受的莫过于刘询。他不断地想，这个以往陪自己过苦日子的女子好不容易过上几天好日子，怎么就突然离自己而去了呢？许姑娘的音容笑貌仿佛还在刘询眼前。想着想着，刘询不由得起了疑心。许皇后的身体怎么样，刘询自己心里有数，而按太医的说法，许皇后这次得的并不是什么大病，怎么好端端的一个人说死就死了？刘询于是下令把当天给皇后开药、制药、端茶倒水甚至有可能接触过药物的人全都抓起来逐个审问。

虽然旁人不知情，太医和侍女们也没有做什么见不得人的事情，但一审之下，大家为了立功保命，自己葫芦里的那点儿东西只要是沾点儿边的，不管有用没用，全都倒了出来。有人揭发说侍女和女医们在服侍皇后的时候态度很不好，无道。这下负责此案的官员们更来劲儿了，对一干人等严加审问，一定要再问点儿什么出来。

本来皇后一死，服侍她的女医们就解散回家了。淳于衍第一时间便来到霍家把事情跟霍显说了，就等着过一阵子霍显找个理由给她家点儿好处。霍显听到许皇后身亡的消息后，马上开始为她的小女儿置办入宫的衣服等一应物件，只想着过几天就能把成君送入宫里做皇后。没想到，过了不多时，皇宫里的侍卫又把淳于衍给逮了起来，这下子可急坏了霍显。她赶紧把霍光叫过来，让他设法把淳于衍从诏狱里捞出来。

这时候，霍光还不知道是怎么回事，不以为意地说："那是皇帝下的命令，毕竟许皇后死得突然，他怀疑有人下药，要追查一番也不奇怪。"

霍显只好把事情的经过跟霍光说了。霍光这才知道，不是怀疑有人下药，而是真的有人下药，并且下药的主使者就在自己眼前。霍光当时心里就冰凉冰凉的，冷汗一直从后背流到了脚底板。谋杀皇后可是抄家诛三族的大罪，霍光显然没有这么大的胆子，不然他早就自己做皇帝了，没想到这败家娘儿们居然如此胆大妄为。

霍光气急败坏地指着霍显就是一通臭骂。霍显挨了骂显然不爽，加上不服气，便瞪着眼跟霍光对骂："要不是你无能，我们成君早就当皇后了，也犯不着让我找人除掉许家那个贱人。你现在赶紧想办法把淳于衍弄出来，别让她在牢里说了什么不该说的话。"

挨了一顿回骂，霍光指着霍显的手一个劲儿地哆嗦，一口气差点儿没上来。他拿霍显没办法，想去和皇帝自首又没有那个勇气，犹豫许久后还是决定先把这事瞒过去再说。

于是，霍光紧急进宫见了刘询，他说："许皇后的事情我们都很意外和伤心，可陛下一味责怪那些太医和侍女也没有用，他们有什么胆子敢去谋害皇后呢？不如把他们放了吧，这样才显得陛下仁德宽厚。”这时候，刘询并没有明确表态（注意这一点）。接着，霍光特别交代下面的官员把淳于衍放了，这时刘询才同意下诏把所有的太医和侍女都赦免，再不提此事。

好歹躲过一劫，霍显又继续置办起女儿入宫的器物来。不久，霍光请求皇帝纳他的女儿霍成君入宫。这次刘询很痛快地答应了，并且很快就忘了许皇后，而和新来的霍姑娘黏在了一起，“亦宠之”（《汉书》）。刘询每晚都和霍姑娘一起过，一年之后，霍姑娘被封为皇后。

这是史书上简单的记载，但我们读史书不应当只满足于听前人所说，还应当深究其中隐含的东西，这样看历史也许会更通透，也更有趣。用一个史学家的说法表示，史书上的记载叫作“挂一漏万”。以上的这段记载也一样，这里面至少有两件事情值得探讨。

先说一件简单的，淳于衍被放出来以后怎么样了？是继续过着普通人的生活，还是在霍显的运作下一家人飞黄腾达了？按野史的记载，霍显后来给了淳于衍极为丰厚的奖励，其中包括蒲桃锦二十四匹、散花绫二十五匹、走珠一琲、绿绫百端、钱百万和黄金百两，还给她盖了房子，并配置了数量众多的奴婢。这里不说别的，光说散花绫，那可是当时的著名工匠需要花费两个月时间才能织出一匹的限量版珍品。但就是这样，淳于衍还是不满足，觉得霍显给她的东西太少了。

然而，我想，这并不是历史上真实的结果，至少不是最终的结果。从后来霍显东窗事发时的记载来看，对作为投毒者的淳于衍，史书上竟然没有交代一个字，再结合霍光一贯的作风，恐怕淳于衍前脚刚出诏狱的大门，后脚就已经踏入了鬼门关。原想靠着霍家飞黄腾达的淳于衍一家应该是暗地里被霍光送上了西天。

再来一个复杂点儿的，就是刘询的态度问题。以他的聪明才智，即便是在当时，他就完全不知道是怎么回事吗？我认为恰恰相反，至少从霍光跳出来建议不追究太医和侍女们的责任到霍成君入宫前这期间，刘询大概已经能猜到事情的真相了。但那个时候不能解剖尸体，也不能化验，没有真凭实据，刘询不敢说话。可哪怕有真凭实据，刘询又能拿霍光怎么样呢？下诏治他的罪？杀了他？刘询相信，自己只要敢有一丁点儿异动，恐怕下场不见得比昌邑王刘贺强。

难道就让许平君白白地死了？刘询或许会想：“如果我不执意要立她做皇后，她是不是如今还快乐地在我身边陪着我？我作为一个皇帝，难道连替自己的女人查明真相的能力都没有吗？”就在这一夜夜的煎熬中，刘询想明白了，他要更加隐忍，对霍光要更加顺从，但同时他对整个霍家也更恨之入骨。

我们可以猜测，终于，在某一天的晚上，刘询完成了某种转变。第二天，他起床洗干净脸以后，面带微笑地上朝迎接霍光的到来，并很快就把他的女儿霍成君纳入宫中。“你不是想让你的女儿做皇后吗？好！你不是要做伊尹、周公吗？好！好！你不是想要谁都听你的话吗？好！好！好！”

刘询满面堆笑的背后恐怕是咬牙切齿的仇恨，以致霍成君入宫之后，虽然和刘询夜夜欢愉，但一直到后来被废，她也没能怀上一男半女。如果霍成君不是像陈阿娇那样先天不孕不育，你要说刘询背地里没动过手脚，恐怕很难让人相信。

霍成君表面上得到了皇帝无限的宠爱，要风得风，要雨得雨，可娇生惯养的她跟许平君一比，完全不符合皇后的标准。许平君小时候跟着父亲许广汉虽然不说吃了多少苦，但正经没过过多少富足的日子，因此从小就知道节俭、谦恭，即便当了皇后，节俭的习惯也没有改变。对于那个实际上比自己年纪还小的太皇太后，许姑娘也能按晚辈对待长辈的态度恭敬地侍奉她，依照汉朝的礼节每五日到长乐宫朝见，还亲手给太皇太后端茶倒水、盛饭送汤，从不间断。霍成君做了皇后就不一样了，不仅一改许皇后节俭的做派，生活上极尽奢华，而且对太皇太后的态度也完全不同。从皇家的身份来讲，一个是皇后，一个是太皇太后，中间差了两辈人；可从霍家的关系来讲，皇后又是太皇太后的姨妈，又大了她一辈（这都什么关系）。不管怎么说，按最简单的加减法来算，太皇太后最后还是该比皇后大一辈吧？

霍成君也每五天来见一次上官太皇太后，可也许太皇太后以前在上官家就不怎么得宠，面对霍成君时内心总有些自卑，而皇后自小在霍家受尽宠爱，谁都不放在眼里。因此，长乐宫的侍女们总能看到以前从未见过的场景：皇后来长乐宫吃饭毫不客气，坐下来吃饱喝足就离去，而整个过程中太皇太后总是恭敬地站在一旁看着。

以此看来，霍成君对刘询的态度估计也好不到哪儿去，可刘询必须表现得不以为意，还要对她更加宠爱。

上官太皇太后心里也许是悲哀的，可她没有办法，她只是政治这盘棋中的一颗弃子，实际上已经失去了存在的意义，只能默默地忍受这一切，直到生命的尽头。

可刘询却不甘心，属于他的日子还长着呢，但他必须等。如果他不想过早出局，他就不能不等，因为他正被一个高大的黑影控制着。在这个笼罩着自己的黑影面前，他的任何挣扎和反抗都可能给身边的亲人带来更大的伤害和灾难。刘询的内心是痛苦的，他不知道这样的日子什么时候是个头儿，但他的内心又是坚定的，他相信总有一天，他能摆脱眼前这个黑影，实现自己的理想。刘询知道，这个黑影的后面还有更广阔的天地在等着他去作为。

好在，上天让他等待的时间并不算长。在霍成君当皇后的第三年，刘询的等待终于结束了。

地节二年（公元前68年）春，霍光病笃。

当霍家上下沉浸于悲痛之中时，他们没有一个人会料到，霍光死后，随之而来的将是刘询压抑已久的报复。

暗战

霍光病重的时候，刘询还是要做表面工作的。他来到霍光家，亲自嘘寒问暖，祈求大将军的身体能早日好起来，现场还流了泪，表情异常悲痛。当然，刘询心里到底是悲痛还是高兴，旁人就猜不出来了。霍光这时候最后一次为整个霍家的未来争取了地位，他请求从自己的食邑中分出三千户给他的侄孙霍山，让霍山来继承霍去病的香火。

对于霍光最后的要求，刘询是不会反对的。霍光死后，刘询便让霍光的儿子霍禹继承了霍光博陆侯的爵位，又封霍山为乐平侯，后来又封了一个冠阳侯霍云。这样一来，霍家就有了三个侯爷，声势都快赶上当年的卫家了。当然，从事后诸葛亮的角度来看，这个类比并不是什么好事。

这时候的刘询虽然很想马上拔掉如同扎在自己肉里的刺一般的霍家，但他不能着急，因为他还没有摸清楚霍禹的底细，鬼知道这家伙到底是个二世祖，还是和霍光一样，是个城府极深的人？现在敌我情况不明，刘询还要继续麻痹他们，毕竟已经等了这么多年，也不在乎再多两天。

因此，在给霍光置办丧事的时候，刘询超规格地赐给了霍光很多东西，包括金钱、绣被、衣服、璧珠玑玉衣，还有梓宫、便房、黄肠题凑各一具，以及枞木外臧椁十五具。

这里别的不提，单说璧珠玑玉衣和黄肠题凑这两件东西。

看过盗墓小说的可能知道，所谓璧珠玑玉衣就是我们常说的金缕玉衣，是诸侯王以上的贵族才能享受的玩意儿；题凑是古代的一种丧葬形式，是用木条层层平铺累叠起来，和棺椁的壁板保持垂直，古人认为这样可以保持棺椁内的尸体不腐。在汉代以前，一般的贵族和士大夫也能用题凑，但所用的木头只能为松木或杂木。只有使用剥皮后呈淡黄色的柏木做的题凑，才能称为“黄肠题凑”，这是诸侯王以上的贵族才能享有的权利。到了霍光出殡的时候，刘询不仅亲自到场，还让朝中所有两千石的大臣都要到场祭拜，并允许使用辒凉车运输霍光的灵柩，还特许在车顶盖上了皇室才能使用的黄色布料。

刘询做这一切是为了让周围的人知道，在皇帝看来，霍光的地位至少等同于诸侯王。当然，这主要是给霍家那帮还活着的人看的。

这就是刘询高明的地方。不管怎么说，霍光已经是个死人了，一个死人对自己能有什么威胁，就是给他皇帝一般的身后待遇又怎么样？霍家人要说也只能说他刘询知道霍光劳苦功高，知道感恩。难道霍光还能从棺材里跳出来再威胁他的皇位不成？

但对那些活着的可能威胁到其皇位的霍家人，刘询的表现就不一样了。霍光一死，刘询便不再委政于霍禹，而是开始亲政。不久，刘询便有了动作。

刘询做的第一件事情就是马上立了太子。立太子是国之根本，而且是大臣最不方便干涉和插手的事情。刘询立的太子是许皇后的儿子刘奭，然后他又给以前因为霍光的反对没有封侯的岳父许广汉封了个平恩侯。

对于立太子一事，第一个跳出来大声叫骂的不是霍禹，而是老太太霍显。说来也是，毕竟她的女儿是皇后，现在有了太子，那以后皇后一旦有了儿子又该放在什么位置？骂完后老太太还愤愤不平地绝食抗议，最后气得呕出一口黑血昏了过去。好在家里人抢救及时，霍显才慢慢醒过来。

醒来后霍显依旧骂个不停，说什么刘奭是民间的儿子，怎么能做太子！再看看一旁默不作声的霍禹，老太太自觉指望不上他，就差人给自己的女儿捎话，让她按自己的方法悄悄地做掉太子刘奭。

那么霍显能有什么办法做掉太子呢？其实也不是什么高招，无非就是老办法——下毒。她给霍成君出的主意是请太子吃饭，然后在席间给太子下毒，毒死刘奭之后，自己赶紧生个儿子出来当太子。

你说霍显出的这叫什么主意！不过，这倒很符合霍显的一贯作风，简单、粗暴。她也不想想，即便这样把太子毒死了，接下来怎么收场？现在不是霍光“将军领天下，谁敢言者！”的时代了，难道霍光还能从坟墓里爬出来替她擦屁股不成？！

母亲智商如此，女儿又能好到哪儿去？霍成君真就准备请太子吃饭，然后当面给太子下毒。好在，有了之前的教训，刘询早已对太子做了全方位的保护。他安排了信得过的宫女做保姆，时刻跟在太子身边，不管太子吃什么东西，哪怕只是一碗水、一口饭，保姆都要先尝过才能给太子。

霍成君好几次请太子吃饭，保姆都尽职尽责地履行着自己的职责，害得霍成君屡次想动手都没有机会，最后只好作罢。霍成君的反常举动反倒引起了刘询的注意。虽然刘询没有抓到确凿的证据，但以他的聪明大概也能猜出皇后有不轨的图谋，这下他就更防备这个皇后了。

霍成君或许从未想过，霍光在时刘询表现出来的宠爱和百依百顺都只是假象而已，戒备、疏远和不信任，其实才是刘询对她的态度。这样一来，霍成君除非敢当面拿出刀子行刺，否则绝没有机会害死太子。

既然霍禹对立太子一事没有反应，刘询就打算继续行动，下一步他要架空做尚书的霍山。

尚书在当时并不是一个品级很高的职位，但它有着特别的权力。当年刘询为了麻痹霍光，曾经宣布所有的奏折必须先送给霍光过目，之后再送达御前。当时大臣们给皇帝的奏折，同样的内容都要写一正一副两份，且两份都要先交到尚书那里，副本由尚书先过目，其实就是给霍光先看。如果霍光觉得你说的这事还行，他就把正本再上奏给皇帝；如果你写的东西不合适，不好意思，正本也一起没收。这就保证了皇帝看到的东西都是他霍家想让皇帝知道的，而谁对霍家有意见，霍光也能第一时间知道，有点儿把皇帝变相软禁的意思。霍光死了以后，霍山领了尚书一职，职责就是先读这个副本。如今刘询要收回权力，就不能让这种情况继续，而且一旦霍家有过激反应，刘询也好圆场。毕竟皇帝都亲政了，连先看个奏折的权力都没有吗？于是，刘询宣布从今往后大臣和百姓有事可以直接向皇帝上奏，不必再经过尚书。

这其实已经是一个要逐渐处理霍家的信号。要是霍光还在，搞不好又要再鼓捣个千八百条罪状废掉皇帝了，可霍禹的反应呢？他仅仅是不爽而已。这下子，刘询逐渐摸清楚霍禹到底有几斤几两了，并逐渐开始大张旗鼓地行动。

又过了几个月，刘询把霍禹升为和霍光地位一样的大司马大将军。讽刺的是，他给大将军霍禹的头冠却是与以往的大将军冠不同的小冠，而且没给他大将军的印，实际上就是收缴了他的军权。同时，刘询把霍光的大女婿长乐卫尉邓广汉升为没有军权的少府，把二女婿骑都尉赵平外放屯兵，同样也收了他骑都尉的印，将霍光的小女婿未央卫尉范明友升为没有实权的光禄勋，并将其他之前受封的霍家亲戚子弟一律外放到外面做太守。

刘询的意图已经很明显了，霍禹即便再迟钝，这时候也该有反应了吧？他果然有，霍禹这次感到非常不爽，非常不爽的表现是宣布罢工，干脆称病不上班了。由此看来，霍禹的智商大概都遗传自霍显吧。

一看霍禹不上班了，也不知道他在背地里做什么见不得人的事情，刘询就派了个人去他家打探消息，顺带着忽悠一下霍禹。刘询派去的这个人是以前霍光的长史，叫任宣。任宣接了皇帝的命令后，便到霍禹家问候。

一阵没有营养的寒暄过后，任宣装作很是关切地问："大将军得的到底是什么病？"

霍禹看任宣是个熟人，也不隐瞒，说道："我能有什么病，就是现在这个皇帝太不像话了。当年要不是有我爹，他怎么能当上皇帝呢？现在我爹尸骨未寒，他就把我们霍家的人都放到外面去了，净用那些姓史的和姓许的，还没收了我大将军的印绶，真是气死人了。"

任宣说："大将军这就不对了，您还是要上朝才行。虽然霍光大将军掌控一切的年代已经一去不复返，但是大臣们对您的尊重还是和对霍光大将军一样的。现在许家和史家是当今天子的亲戚，春风得意也是很自然的事情，可这完全不能遮掩大将军您的光芒，您完全没有必要对他们有什么怨恨之意。”

有人觉得我这是胡说，任宣是霍光的旧吏，应该是向着霍禹的，他这是在暗示霍禹，当前他的对手是许家和史家的外戚，要学霍光抓紧权力不能放松。这当然是很容易看出来的，但我认为，任宣背地里还是刘询的人，具体的理由放在以后再提。

不管暗示也好，忽悠也罢，霍禹似乎都没听懂任宣话里深层次的意思。不过，他在家里又待了几天后，还是继续上班了。

其实，不止霍禹，霍光的后辈们虽生下来就享受着荣华富贵，但智商着实堪忧。对于刘询的一系列明升暗降，霍家这些人大多还挺高兴，以为自己真的升了官，觉得霍光虽然没了，可这个皇帝还是不敢把他们怎么样。于是，霍家人越发地飞扬跋扈，做事也毫不顾忌起来。

首先是老太太霍显。这个狠毒的老女人先是私自扩大霍光墓地的规模，把它建成了一座有三进三出院落的大建筑。有房子没人可不行，霍显就让人在民间抓了很多女子，关在房子里给霍光守墓。折腾完死人还不行，霍显自己也开始越发张扬。原来霍光有一个下人叫冯子都，非常得霍光的宠爱。霍光经常通宵达旦地和冯子都搞在一起（也不知道霍光是不是好男风），让霍显守了活寡。霍显可能由此产生了变态的报复心理，霍光死后，她居然和冯子都鬼混到了一起。在生活上，霍显也越发出格。比如，她把自己乘坐的马车做了超规格的升级，增加了很多精美的图案不说，四周还涂上黄金，轮子则用皮革裹住。此外，霍显走路时，必须有多个侍女用五彩的丝绸缎子挽着她，但凡走得急了或是起风的时候，她身边便有五彩的丝绸随风鼓荡（情景请各位自行脑补）。后来霍显发现，自己的房子再超规格也比不上皇宫舒适，自己总不能建座皇宫吧？

不能住世上最豪华的房子那怎么办？这可难不倒霍老太，她的女儿和外孙女不都管着后宫吗？“我女儿家也就是我家。”霍显于是就带着自己的女儿和媳妇等人，想来就来，想走就走，一群人在长信宫里呼呼喝喝、随意进出，真把皇帝的后宫当成了自己的家。

老太太如此，下面的子孙辈们也有样学样。霍禹和霍山不仅住进了超规格的豪宅，还经常纵马狂奔，丝毫没有安全驾驶的意识。霍云不爱骑马，但是爱打猎。如果上朝的时间和他打猎的档期冲突了，他就随便写张病假条子，然后也不管皇帝批还是不批，便带着手下打猎去了。

你说这像什么朝廷重臣？不仅主子如此，就连霍家的奴才也不像话。据说某一天，霍家的奴才和御史大夫魏相的奴才大白天在路上起了争执，大概是霍家的奴才先挑的事。御史大夫好歹也是三公之一，他的家奴怎么肯轻易向旁人服软，于是就出言顶撞了几句，但后来一听对方是霍家的，御史大夫这边的奴才就㞞了，赶紧灰溜溜地往家里跑。这时霍家的奴才还是不依不饶，一路跟到御史大夫家门口，伸脚就把御史大夫府的大门踹得震天响，非要里面的人出来赔偿他们的精神损失。最后御史大夫魏相亲自出面赔礼道歉，并让自己家当事的几个奴才当场跪下来给霍家的奴才磕头认错，事情才作罢。

当然，稍微有点儿经验的读者此时便可以猜出来，跋扈到这个份儿上就意味着霍家蹦跶不了几天了。

刘询要剪除霍家的势力，就必须培植自己的亲信，还要瓦解霍家在朝中的同盟。这件事难吗？说难也难，说不难也不难。如果霍光还活着，这当然是难以做到的，但现在霍光已经死了，事情就好办多了。朝中的大臣看似唯霍光马首是瞻，但反对他的声音也不是没有。早在霍光废刘贺立刘询的时候，就有侍御史严延年上书状告霍光，说他“擅自废立皇帝，没有一点儿做人臣的样子，无道”。虽然霍光当面没有处理严延年，但背后还是指使人弹劾他，使得他一度只能逃亡在外。

还有一个叫黄霸的，因为反对给武帝刘彻增加庙乐[1]被关了两年大牢。刚放出来不久，闲聊的时候他对老师夏侯胜说：“我看大将军这个人现在权力越来越大，也越来越专制了，这样下去……”

夏侯胜不等他把话说完，赶紧打断：“我们还是谈谈古人的事情吧，你我年纪都大了，犯不着为了这种事再到牢里去。”

严延年和黄霸还算运气好的。廷尉李种、王平，左冯翊贾胜胡，少府

1. 用于祭祀或歌功颂德的宗庙音乐。

徐仁，这些人都因为公开和霍光作对而丢了性命，所以霍光在的时候满朝大臣默不作声也就可以理解了。而且不管怎么说，这二十几年来霍光把这个国家管理得还算井井有条，既然他连皇帝都不放在眼里，大家也犯不着拿自己的性命以卵击石。威武不能屈当然是令人尊敬的，但在完全没有胜算的前提条件下，暂时屈一点儿也未尝不可。

刘询现在要找的就是这些暂时“屈”了的人。这些人如弯曲的弹簧一般，一旦有可能伸起来，其所爆发的能量必然巨大。比如御史大夫魏相，居然被霍家的奴才欺负到头上，他肯定是憋了一肚子火的。刘询于是提拔魏相做丞相，又让那个对自己有大功劳的丙吉做御史大夫。还有一个重要的人物，就是霍光自己选定的副手张安世，刘询把他提为大司马兼车骑将军，让他来制衡霍禹的权力。对于外调霍家子弟留下的空缺，刘询则用他的外戚，也就是史家和许家的子弟填充，并开始重用外朝的官员。到了后来，刘询有事也不跟内朝的大司马商量了，而是找丞相、御史大夫和平恩侯许广汉来参谋，逐渐把原来由霍家掌控的朝政慢慢转移到外朝，再过渡到自己手里。

这下子，霍禹等人终于感到不对了。几个人围在老太太霍显身边发牢骚，说现在这个皇帝对他们霍家这些忠臣如何如何不好，丞相又如何如何坏，大臣们又如何如何狡诈，可怜他们霍家满门忠良，现在却如此受人排挤。

老太太霍显以己度人，反问霍禹几人：“你们说丞相多次说我们霍家的坏话，难道他就一点儿问题没有吗？逮住他的毛病弄他呀！”

霍山愣了一下，又苦思冥想了好一会儿，再说话时声音都带了哭腔：“丞相为人正直，哪儿有什么毛病？倒是我们霍家的那些亲戚，实是有一些不法的事情。而且，听坊间的传闻说，许皇后是被我们霍家毒杀的，有这样的事吗？”

霍显自认为那事做得天衣无缝，没想到竟已弄得满城风雨，只好把霍禹哥儿几个聚拢在一起，小声地把当年叫淳于衍给许皇后下药的事情说了出来，当场就把霍禹、霍山、霍云等人吓得不轻。最后，还是霍禹先反应过来：“有这样的事情你为什么不早点儿告诉我们，现在皇帝把霍家很多人都外放了，我们的兵权也被收缴了，大概是他猜到了一些端倪。这事牵涉体大，如果追究下来，谁都好不了，我们应该早做打算。”

霍禹所说的早做打算，指的就是谋反。

当然了，以霍禹等人以往的表现来看，很难让人对他们的谋反计划抱太大的希望。

清算

霍禹说是要早做打算，但其实最早反应过来的还是别人。

在霍家这一大群人里面，较早对刘询的作为有所反应的是两个人：一个是霍光的女婿赵平的门客石夏，这人精通天文学，他通过观星发现霍山有被皇帝贬官或杀死的危险；另一个是霍云的铁哥们儿张赫，就霍家岌岌可危的形势，他找到霍云的舅舅李竟，希望李竟能建议霍云：“现在朝廷中是丞相和平恩侯当权，可以告诉霍老太太，让太皇太后先杀了这两个人，然后皇帝的去留问题不就是太皇太后说了算吗？”

说来说去还是八年前那一套，想来霍家人做这事已经轻车熟路。然而，有人比他们反应得还早，这个人就是刘询。

张赫的密谋很快就被长安城里的一个平民张章知道了（实在想不清楚这是为什么）。张章先把事情告诉了旗门[1]董忠，然后又借百姓可以直接给皇帝上书的便利，上书揭发了张赫的密谋。

经过刘询之前的一番动作，霍禹和整个霍家已经没有能力把控局势了，张章的上书很快就到了廷尉那里，廷尉依法派执金吾去抓人。这时候，刘询下诏，命令执金吾停止抓捕石夏、张赫等人，因为这两个人实在是无足轻重的小虾米，刘询的目标始终是他们背后那个巨大的阴影——霍家。

刘询的算盘打得很准，廷尉的抓捕命令已经发出，事情已经尽人皆知，这个时候停止行动只会增加霍家人的恐慌。刘询相信，只要再给他们施加一丁点儿压力，他们就会自己炸锅。于是，刘询一方面下令不准继续追究石夏、张赫的事情，另一方面又不断地用“霍家的女眷对太后不敬”“霍家

1. 官职。

的亲信冯子都违法乱纪”之类的借口批评和谴责霍禹等人，还取消了霍云、霍山两人的宿卫资格，让他们没事就回家待着去。

这下子，霍家上下就更加紧张了，一天到晚提心吊胆地过日子，但凡有点儿风吹草动，都能把他们吓出一身白毛汗。在这种高度紧张的精神状态下，平时注意不到的一些情况，现在也成了催命符，刺激着霍家人的神经。比如，白天成群结队的老鼠满院子跑，晚上猫头鹰在门前的枝头上使劲地叫，大概是被白蚁蛀坏的门也在这时候很配合地塌了下来。

霍禹嘴上不说，但心里对这些所谓的“凶兆”讳莫如深，一刻不停地在想：是不是皇帝就要对霍家下手了？所谓梦由心生，这样的事情白天想多了，晚上自然睡不踏实。霍禹于是梦到霍光托梦让他快跑，抓他的人就要来了。吓得他半夜里惊醒过来，好不容易再睡下，又在梦中恍惚听到了来抓他的差人所骑骏马的马蹄声。

整个霍家都几近崩溃了。可笑的是，刘询在这段时间里甚至没有什么实质性的举动，几乎就相当于一个旁观者，看着霍禹、霍显、霍山、霍云这些人在那里团团转，一步步地把自己推向死亡。实际上，霍禹他们是被自己心里的巨大阴影击败的。他们认为这个阴影是刘询，其实不是，这个阴影是道德，是公理，是良知，是隐藏在他们心中的恐惧和愧疚。

终于，他们崩溃了，在自认为这样下去必死的情况下，霍禹决定做鱼死网破的最后一搏。方法嘛，还是一样：太后设宴请吃饭，让丞相和平恩侯作陪，然后在席间杀了他们，最后再逼刘询退位，让霍禹做皇帝。

这简直就是一个小孩儿过家家似的计划。别的不说，就算真能杀了丞相和平恩侯，又废黜了皇帝，霍禹又有何德何能，能坐上这个刘姓天下的龙椅？要能坐上去，霍光也许早坐上去了。所以，霍禹等人的整个打算与其说是计划，不如说是笑话。

但这些都不要紧，只要霍禹他们做了这样的打算就够了，即便只是在口头上。

这时候，刘询第一时间下令抓人，廷尉的行动也非常迅速，带着早已准备好的大队人马就往霍家冲。收到皇帝要抓捕他们的风声后，霍山、霍云、范明友三人还算硬气，直接服毒自杀，霍禹和霍显母子俩以及邓广汉还在犹豫呢，就被五花大绑地捆了起来。到这个份儿上，这母子俩也不打算顽抗了，就一股脑儿地把谋杀许皇后，又打算让霍成君毒杀太子等罪行一并交代了。最后霍禹被腰斩，霍显和她的女儿、女婿们都被弃市。刘询又连带着灭了几十个和霍家来往密切且参与谋反的家族，甚至连太仆杜延年这样的九卿高官，也因为曾是霍光的旧部而被免职。霍家唯一没被杀的皇后霍成君也被废黜，送往昭台宫，在过了十二年的监禁生活后自尽而死。

迅速、干净、利落，毫不拖泥带水，扯下伪装后，这才是一个真实的、生长于市井之间、精明能干又务实的汉宣帝刘询。在隐忍了八年之后，刘询终于摆脱了霍家这个一直压在他身上的巨大的阴影。

在这里，还必须提一下前面说过的一个关于任宣的问题。从这个问题出发，我们还可以扩展出另外一个问题，那就是为什么在霍光死后仅仅两年的时间里，刘询便扳倒了霍光之前经营了好几十年、看似根深蒂固的霍家?

我觉得答案是，刘询所做的事情应该远不止我们表面所能看到的这些。比如，在那个没有锦衣卫每天钻房顶监视大臣的年代，刘询为何能如此迅速地知道霍家的举动，以至霍禹一正式决定谋反，刘询就能抢先将他们缉拿?也许在此之前，他背地里早已拉拢和收买了很多霍家的盟友或者在霍家人周围安插了很多自己人，任宣也许就是其中之一。这个人不仅是霍光的旧部，还给霍光抬过棺材，在霍家的外围应该是个有一定分量的人物。可不知在什么时候他倒向了刘询，玩起了无间道，而在最后要跟霍家彻底摊牌之前，刘询用一纸调令将他调往代郡做太守。

如果说霍家其他人的外调是一种变相的贬斥，任宣的外调也许是刘询对他这一段时间的表现的一种奖励。毕竟在此之前，任宣只是一个太中大夫，也没有什么值得宣扬的功绩和才能，薪水不过是“比千石”，也就相当于一千石，说白了就是还不到一千石，现在却一下子做了两千石的封疆大吏。而且，在清理霍家时，其他两千石的高官大多受牵连被贬，比如太仆杜延年就因为和霍家有旧被免了职，任宣却什么事都没有，这不能不让人起疑。此外，知人善任，明了吏事，能充分利用和发挥每个官员的才能，让他们最大限度地为朝廷和百姓工作，这是刘询作为一个有为帝王最重要的标签，他有能力也有手段拉拢一批任宣这样的人为自己所用。

当然，以上纯粹属于个人猜测，和之前及之后的一些个人观点一样，我并没有能力去进一步证明或证伪它们，仅仅是提出来供大家思考或娱乐一下而已。

最后，在霍光和他家族的时代结束之时，还有一个问题不可避免：霍光作为汉朝第一个能骑到皇帝头上的大臣，一个掌控一个时代、影响一个国家的官员，我们应该怎么相对公正地评价他？

接下来，我将尝试用自己的方式阐释一下我对霍光的看法。当然，不一定准确，如果和你的看法不同，请一笑而过。

关于忠臣、能臣、权臣、名臣和贤臣

看了这么久我写的东西，或许有人会觉得我是个以悲观眼光看世界的人，看谁都充满了阴谋论。其实，我的讲述以及一些有根据或没根据的猜测都只是想更为客观、公正地还原一段历史，还原一个历史人物，而不是像看神仙般带着某些耀眼的光环去看待那些曾经真真正正生活过、有血有肉的人。

而人，始终是非常复杂的。

那霍光究竟是个什么样的大臣呢？

班固和司马光对霍光的评价比较一致，都认为他是一个忠臣，班固更是把他比作周公、阿衡（伊尹）这样的贤臣。班固我们在前面已经提到过，作为一个正统的官方史学家，除非是板上钉钉的奸臣、佞臣，其他人在他眼里都是一副“高大全”的扑克脸，以至班固在不少地方替他们文过饰非。霍光作为昭宣两朝的名臣，班固把他捧得高一点儿是很正常的事。司马光写《资治通鉴》主要是给宋朝皇帝看的，以起到“前车之覆后车之鉴”的作用，所以突出放大人物的缺点必不可免，比如司马光对汉武帝的评价就基本上全是负面的，可他也认为霍光是个忠臣。

那么，问题来了：霍光究竟算不算忠臣呢？

要回答这个问题，首先我们要知道忠臣的定义。所谓忠臣，本指忠于君主、效忠君主的官吏。从这个解释出发，请问，霍光效忠的是哪个君主？刘弗陵？刘贺？还是刘询？恐怕都不是。按吕思勉先生的说法，霍光拥立刘弗陵和刘询的过程，其实是他策划和发动的两次宫廷政变。立刘弗陵是不是霍光篡改武帝刘彻遗嘱所进行的一次宫廷政变，我们不好说，但废刘贺当然可以算一次政变，而擅自废立君主之人，显然不能算一个效忠君主的官吏。

也许有人要说，霍光的境界比较高，他效忠的不是某个皇帝，而是大汉这个朝廷，所以他不是某个皇帝的忠臣，而是大汉的忠臣。真的是这样吗？那么怎么解释他把持朝政二十多年的行为？昭帝刘弗陵十四岁便表现出了过人的才智，可到二十一岁临死前，他还没能亲政（而且死得还蹊跷）。刘询明于吏治，可他的才能也是直到霍光死后才得以施展出来的。甚至可以不客气地说，在很长一段时间里，大汉的真正统治者不是未央宫龙椅上坐着的那位，而是下面站着的大司马大将军霍光。霍光之所以没有把龙椅上的那位拉下来自己坐上去，是因为他知道自己这么做名不正言不顺，而且他已经是“不是皇帝的皇帝”了，不管龙椅上坐的是谁，都是他说了算，犯不着冒险去戳破这最后一层窗户纸。

那他有没有取而代之的想法呢？从他给儿子起名“禹”来看，可能还是有的。禹是什么人？那当然是古代的贤君了，可大家都知道他后来做了件什么事，他废除了以往的禅让制度，把位子传给了自己的儿子启。这是不是意味着霍光希望朝廷君臣的关系在自己的儿孙辈情况能有所变化呢？

既然霍光可能不算一个忠臣，那他是个什么样的臣子呢？能臣？权臣？名臣还是贤臣？

我还是先做下名词解析。这几个词很容易理解，所谓能臣，指能尽为臣之道的臣子，也指才高干练之臣。所谓权臣，指掌权而专横的大臣。所谓名臣，指有名的大臣。这个有名可以是好名，也可以是坏名，不但指当时为人所知，更指身后也被人牢记。而贤臣，指的就是贤能的大臣。

可以肯定的是，霍光算不上能臣。几乎所有的史学家对他的评价都是不学无术，因此，他谈不上有什么高才，而其所作所为也显然超出了为臣之道的范围。

也许又有人问：在霍光秉政期间，百姓得以休养生息，社会生产力也得到了很大程度的恢复，难道这不算贤能吗？但是，要做一个像伊尹、周公那样贤能的人，其充分必要条件是道德高尚，而道德高尚的人可以通过自己的言传身教影响自己的子女家人，让他们的思想境界也得到升华，所以他们的子女即便没有什么过人的才华，至少也会是个尽忠尽孝之人。反观霍显、霍禹、霍云和霍山等人的所作所为，霍光连自己那个小家都弄成这样，有何贤能可谈？

至于社会生产力得到恢复、百姓安居乐业这两点，当年吕后把朝廷的上层搞得天翻地覆时，由于对国家的政策制度坚守如一，结果，百姓一样安居乐业，难道能将吕后和贤能联系起来？其实，在古代，别的不敢说，要做一个被百姓称赞的皇帝有时候并不难，只要你有正常的思维，该劝农的时候劝农，该赈灾的时候赈灾，有能力的话整顿下吏治，如果国家财政宽裕，隔三岔五再免个赋税什么的就差不多了。生活在社会底层的老百姓要求的真不多，就三个字——别折腾。如果你是一个皇帝，只要你没事不瞎折腾，“爱民如子”这个头衔基本上你想甩掉都难。

所以，霍光是西汉的一代名臣和权臣，仅此而已。

第二十九章

刘询是个好同志

赵充国破羌

摆平了巨大的霍家，刘询终于可以开始做一个真正的皇帝了，而他也确实不愧为一个好皇帝。

那么问题就来了：要说刘询是个好皇帝，那这个好皇帝的标准又是什么？

我想，关于这个问题，大家的看法会有不同，但起码有两点是必要的：一是要听得进不同的意见，二是要做得出合适的决断。听得进意见就不会一意孤行，做得了决断就避免了犹豫不决。刘询就是一个既听得进不同意见又做得出决断的皇帝。当然，要是依这个标准的话，刘邦才是西汉最好的那个皇帝。

刘询显然也不差，他很快就要面对一件既要听得进意见又要做得出决断的事情了。

汉朝的北部是匈奴，西边的河湟地区（黄河上游及湟水流域）有羌人。什么是“羌人”呢？传说羌人源于三苗，原本也是农耕民族，奈何生在西北苦寒之地种不出粮食，便逐渐去农耕、化游牧，成了和匈奴人一样的游牧民族。这从他们的称呼里就可以看出来：“羌”者，上“羊”下“人”，谓之牧羊人是也。

同样是游牧民族，一方面，羌人和匈奴人有着类似的习性：崇尚武力。羌人力气大的受人尊敬，勇猛的被人爱戴。在部落中，一个羌人如果战死，就会被同族人敬佩；要是不幸病死，却会为众人所耻笑。羌人的这些特点都和匈奴人类似。另一方面，羌人和匈奴人又极为不同，羌人的爆发力强但持久力弱，擅长山地作战，却短于平地奔驰。

在极长的一段时间里，羌人远没有匈奴人强大，其原因并非人口少，而是因为他们内部极为分裂。羌人以氏族部落的形式聚居，称之为“种”。大种豪强割据一地，相互争斗，小种则只能依附于他人任人宰割。这种情况持续了千年，西羌内部一直没有出现一位如同冒顿单于一般能统一西羌的人物。以往，羌人要想在边境和中原朝廷为敌，必须先解决内部问题，先通过一番讨价还价“解仇合约”，组成一支临时相对稳定的联合军，否则就凭三五个大种，根本掀不起什么波浪。但这种带有临时性质的组合并不牢固，一旦战况进入僵持状态，联合军内部就极易分裂，所以，羌人始终没有成为中原政权的大患。

汉初的时候，羌人大体平静，而到武帝刘彻时期，羌人中的大种曾与匈奴联合攻打汉朝边境。但以匈奴之强大尚且不能在刘彻手上讨好，羌人就更是不济了。结果，刘彻先在河西开拓了酒泉、武威、张掖、敦煌四个郡，把羌人和匈奴人隔绝开。后因先零羌和匈奴人勾结攻略金城郡，刘彻又派李息将军率领十万大军横扫黄河以西的地区，将羌人赶出了湟水流域。

之后，羌人老实了好一段时间。直到神爵元年（公元前61年），因为朝廷派到西羌的使者义渠安国处理外交事务不当，加上羌人性格上的一些原因，本已投降汉朝的先零种首领杨玉联合西羌其他大种豪族，发动了一次大规模的进攻，不仅打败了屯守的骑都尉义渠安国，而且包围了金城郡的令居县城。

这下刘询不得不应战了，可算来算去，这时朝廷里有能力且了解西羌的将领只有后将军赵充国。虽然当年赵充国率百余勇士击溃匈奴大军的包围时英勇非常，后来也多次出战匈奴且功劳不小，但毕竟岁月不饶人，神爵元年赵充国已经是年逾七旬的老人。让这样的老将上战场，刘询心里首先就没底，便让御史大夫丙吉去向赵充国询问出征西羌的合适人选。

听丙吉说明来意后，赵充国便看透了刘询的意思，马上回答道：“陛下如果要出征西羌，朝廷里没有比老夫更合适的人选了。”

既然赵充国毛遂自荐，刘询就问他有什么计划，需要多少人马。

赵充国倒是自信满满：“人说百闻不如一见，具体的情况要到前线看过才能决定，但只要陛下肯信任老臣，西羌的事情，陛下就不用担心了。”

这下刘询放心了，他大笑着答应了赵充国。

得到皇帝的允许后，赵充国火速赶到了金城郡。待到亲自了解敌情之后，针对羌人不善平地作战的特点，除了常规的步兵，赵充国又向刘询要了一万骑兵。

要平定羌人的叛乱，汉军就必须击败羌人的军队，而要击败羌人的军队，当然不会很容易。不过，赵充国的汉军与羌人的军队之间还隔着黄河，怎么安全地渡过黄河才是汉军首先要面对的问题。

在昭宣二帝时期，赵充国确实是朝廷不可多得的将军。总结起来，他指挥作战的特点有三：老成持重，爱护士卒，凡事必谋定而后动。现在，赵充国虽得到了朝廷调派来的一万骑兵，但他没有轻敌，没有随随便便就过黄河去和羌人决战。为了避免过黄河的时候被羌人偷袭，赵充国先派少量人马连夜渡过黄河，并在河边迅速建起一座庞大的军营，然后摆开架势严阵以待，让羌人误以为汉军的大部队已经过河。等到探明敌人的动向后，赵充国才率领大队人马过河。

等汉军过了黄河，羌人才发觉上当，就派出数十精锐骑兵来到汉军营前晃荡。一看对方只来了几十人，赵充国手下的将士纷纷请命，要出击打一仗。

将士们的请求也有道理，行军打仗讲究旗开得胜，只要得胜，哪怕出动一万人来碾轧这几十人也无不可。管它大胜还是小胜，先胜一阵对提升士气很重要。

但赵充国的头脑很清醒，他告诫手下的将士说：“我们这次出征西羌，目的是全歼对手，所以切忌贪图蝇头小利。我们的队伍刚刚过了黄河，正是人困马乏的时候，而我仔细观察过羌人这支小部队，这是一支精锐的骑兵。对付这样一支骑兵，人少了不一定打得过，而出动大部队则是杀鸡用牛刀，并不划算，况且我们也不能确定这是不是诱饵，专钓我们上钩的。”然后，赵充国下令加固营寨，让将士原地休息，并不理会扬长而去的羌人骑兵。

等到夜色降临，羌人的骑兵退去，赵充国派出侦察兵到前面两山夹水、利于埋伏的四望陿中侦察，结果并没有发现羌人的军队。赵充国于是便命令军队连夜启程，占领了位于黄河上游的落都山。

到了落都，赵充国的心算是放下了一半。他很得意地召集手下的校尉，对他们说："我说羌人脑子不行吧，这下还有人怀疑吗？如果他们派个三五千人守住四望陿，我们怎么能到这里？现在我们到了落都，那些羌人恐怕再难有什么作为了。"

手下的校尉们这时对赵充国心悦诚服，可赵充国得意归得意，并没有忘形。虽然占据了有利地形，可在作战上，他依然十分小心谨慎，平时常派侦察兵侦察羌人的动向，一旦遇到羌人挑阵就谨守不出，每天只给士兵们最好的伙食蓄养气力。

羌人一看拿赵充国的军队没办法，就派出游骑兵去断他们的粮道，企图逼赵充国出来决战。面对这种情况，赵充国早有准备，他事先已经让自己的儿子中郎将赵印率一支由期门、羽林和胡人组成的精锐骑兵在令居城中等待策应。赵印一看自己老子的粮道被断了，赶紧上书朝廷，皇帝随即下诏让他带兵连同骁骑都尉和金城郡的军队一起去肃清敌兵。很快，赵充国的粮道便恢复了。

这下局势好像又陷入了僵持，而这种僵持是羌人最不愿意看到的。不久他们自己就吵了起来，他们相互指责对方："让你别反别反，你偏要反，结果惹得朝廷派赵将军前来，这人年纪大，又善用兵，现在好了，你就是想决一死战也做不到了！"当然，这个锅谁也不愿意背，但事情往往是这样的：越没人愿意背锅，集体就越容易分裂。

罕羌和开羌的首领叫靡当儿，在赵充国出征之前，最先得知先零羌反叛消息的他曾经派兄弟雕库来给汉朝报信，却被金城郡的都尉抓了起来。这时赵充国下令把雕库放回去。放回去前，赵充国亲自对雕库说："你前来报信是有功无过的，现在天子的大兵前来，只是征讨那些有罪的人，不主张造反的人最好不要自取灭亡。你现在可以回去了，麻烦回去告诉所有的羌人，陛下已经下诏说得很清楚了，现在给大家一个改过自新的机会，即便是参与了反叛的，只要能及时悔改并捕获叛党，一律既往不咎。如果能斩杀有罪头领的，斩杀大种的头领赏钱四十万，斩杀中种的头领赏十五万，斩杀小种的头领赏两万，斩杀其他叛党也各有赏赐。"

这时羌人内部已经出现分裂，而雕库回到自己的部落一宣传，分裂的联合军更是几近瓦解。虽然还未开始进行激烈的战斗，但战争的结果已经注定。从此时开始直到神爵二年（公元前60年）五月，赵充国大获全胜期间，战场上并没有特别值得记述的事情，倒是赵充国和皇帝的几番书面对话，体现了他过人的战略意识和博大的胸襟。

尽管当时赵充国表现得自信满满，刘询心里却是没底的。虽然元康元年（公元前65年）汉使冯奉世曾发动西域多国联军一万五千余人一举攻破投靠匈奴的莎车国，杀了莎车王并传首长安，一时间威震西域，但莎车国的事情是冯奉世临时自作主张，刘询事前毫不知情。因此，这次出征是他亲政之后第一次真正意义上的对外战争，即便刘询政治天赋过人，但想不紧张是不可能的。

刘询的紧张表现在除了派出赵充国，他还陆陆续续地往西羌附近调派了大量军队，共有六万人之多。这时，酒泉郡的太守辛武贤上书皇帝，说他愿意率一万骑兵携三十天的口粮，从张掖和酒泉两地出发，夹击开羌和罕羌，即便不能全歼对手，也能打击对方并掠夺一些牲口和妇女，等来年春天再来一次，羌人恐怕就只能投降了。

辛武贤的计划乍一看很不错，刘询听了很心动，可他拿不定主意，就把辛武贤的上书送给赵充国看，征求赵充国的意见。

赵充国上书皇帝说："一匹马背负三十天的口粮，就要背米二斛四斗（一斛等于十斗）、小麦八斛，加上衣服、兵器和人，马驮负这样的重量是没办法追击敌人的。只要羌人进了山林据险而守，再断了粮道，整支军队便有覆灭的危险。至于辛武贤说的掠夺牲口、俘虏妇女一类的话更是笑谈。且现在我们不能确定先零羌和匈奴人是否勾结，而张掖、酒泉是隔绝两者联系的要地，这里的骑兵尤其不能轻易出动。先零羌的杨玉是这次反叛的首犯，其他羌种只是被其胁迫，并非一心要与朝廷为敌。臣愚昧，以为应该首先打击先零羌，对其他种的羌人则应采取宽大政策，赦免他们的罪过，选派了解当地风俗的官员来管理他们，这才是既能降低士兵伤亡、确保胜利，又能够保持边境长期安定的策略。"

刘询看赵充国说得有理，辛武贤说得也很诱人，左右拿不定主意，就让朝廷的大臣讨论赵充国的意见。大臣们大多赞同辛武贤的话，认为先零羌的势力很大，又有开羌和罕羌相助，十分难对付，不如先拣稍微弱一点儿的罕羌和开羌开刀。这时候大臣们十个里面只有两三个是支持赵充国的。

听了大臣们的话，刘询觉得真理掌握在大多数人手里，就拜许延寿做强弩将军，辛武贤做破羌将军，准备发动进攻，并且下书一封，斥责赵充国贻误战机的胆小行为："皇帝问候后将军，在外面暴晒吹风的日子不好过吧？！将军总是说来年再战，难道从没想过数万大军陈兵前线，朝廷和百姓需要为此付出多少辛苦吗？现在朕已经集合了一万两千人和三十天的口粮，准备在七月二十二日渡鲜水北上，攻击开羌和罕羌。希望将军能率军东出，就算不能合围羌人，也可以分散他们的注意力。这样即便不能歼灭对手，也能瓦解他们，最后必然能取得胜利。朕已经派中郎将赵印率两校士兵增援将军，希望将军早做准备。"

要是换一个普通将领，都被皇帝责骂了，接下来当然是乖乖地出兵。输赢无所谓，至少先别得罪皇帝，不然到时候自己的命恐怕都保不住。再说，出兵后哪怕被杀得大败，那也是陛下让出兵的，回去也罪不至死，可一旦自己抗命贻误战机，那到时候赔上的也许就不止自己一颗脑袋了。

然而，作为优秀的将领，赵充国毕竟有大智慧和大勇气。接到皇帝的斥责后，他并不为所动，坚持认为必须先击败先零羌。他冒死再次上书皇帝，陈说利害："现在造反的是先零羌的杨玉，开战以来，开、罕羌人并未有所犯，如今放过有罪的不惩罚而先去攻打无罪的，这恐怕不是陛下您的本意。如果现在去打开、罕羌，先零羌一定会去帮他们，到时候反而会把开、罕羌推向先零羌那边。而且，现在正是羌人马肥食足的季节，去进攻他们不一定就顺利，一旦进攻受挫，必然会坚定他们和朝廷对抗的信心，到时候恐怕羌人就不是眼下两三年能解决的忧患了。"

赵充国最后说："臣一家蒙陛下厚恩，臣现在已是列侯，年纪也七十有六，已经是半截身子入土的人了，没有什么好顾虑的，只是知道用兵对社稷的影响非常大，所以才谨慎行事的。以我的看法，如果先拿下先零羌，则开、罕羌就会不战而降。如果他们不肯投降，到了来年正月再去攻打他们，又正是时候。如果现在就去攻打开、罕羌，实在是有害无利的事情，希望陛下明察决断。"

赵充国是在六月上书的，七月份刘询给他回信，同意撤销攻击开、罕羌的计划，而按赵充国的原定计划进行。

过了一段时间，赵充国估计羌人大概分裂得差不多了，就举兵开进了先零羌的领地。羌人的联合军折腾了这么久毫无所得，气势已经泄了，见到汉军整肃的阵容，反叛之初的争斗之心早已不知去向，大队人马还没开打就落荒而逃。

羌人逃得匆忙，什么辎重都不要了，赵充国却很从容地命令军队跟进，也不说乘胜追击，而是先零羌人逃一步，汉军就跟进一步，顺便捡些战利品。按赵充国的说法，这叫“逐利行迟”。他告诉手下，这些羌人现在是穷寇，而穷寇不可追，若稍微松懈一点儿，他们就只会逃跑，自顾不暇；一旦把他们逼急了，他们就会回过头来跟你死磕。果不其然，汉军在赵充国的指挥下就这么慢慢地边尾随边追赶先零羌，一直追到了湟水边上，为了争渡淹死在湟水中的羌人就有好几百，投降和被俘的又有好几百，而汉军缴获的牛马则不下十万。

后来，汉军到了开羌和罕羌的地盘，秋毫无犯，这让靡当儿确信汉军对他们并无恶意，于是便开城投降。朝廷并没有把他当反贼看待，反而给了他优厚的待遇。有了靡当儿的例子，其他被挟持的部族便越发不愿意再和朝廷对抗，先零羌变得更加孤立无援，就连其内部主动投降汉军的人也越来越多。到了这一年的秋天，投降的羌人甚至超过了一万人。

本来计划进行得很顺利，可不巧到了秋天，赵充国病了。他这一病刘询急了，赶紧下诏问他：“皇帝问候后将军，将军毕竟年纪大了，现在又生了病，朕非常担忧。现在朕派破羌将军去你那儿做个副将，眼下天气大好，士气正盛，之前将军说来年正月再发动进攻，朕看不如提前到十二月。如果将军实在是病得重，可留守，不要随军前行，派破羌将军去就可以了。”

本来羌人大规模投降，赵充国估计羌人已经成不了气候了，正准备给皇帝上书，建议撤出前线的骑兵，只留一万步兵边防守边屯田，等待时机一举击败羌人。这时接到皇帝进兵的诏令，赵印毕竟没有他父亲的胆气，就让自己的门客去对父亲说：“现在陛下下令出兵，我看我们还是不要再防守了吧，不然陛下下次派来的恐怕就不是诏书，而是直指绣衣使者。到时候我们的命都保不住了，哪里还顾得上什么国家？”

赵充国大怒：“简直放屁！你这是一个忠臣该说的话吗！”

教训完儿子后，赵充国依然上书建议屯田：“陛下，兵者是用来明德除害的，所以不可以不谨慎。要使西羌长期安定，用兵是下法，用德才是上策。前线有无人耕种的田地两千顷，现在臣建议罢骑兵以减少后勤费用，只留一万零两百八十一名步兵开荒屯田，这样朝廷所需花费就很少了，而臣可以一边屯田，一边防守，相机平定西羌。”

刘询又把赵充国的上书拿给大臣们商议，这时一半的大臣都同意赵充国的意见，但刘询还是放心不下，就再次下诏：“皇帝问候后将军，你说要罢骑兵，只留一万步兵屯田，如果按将军说的，那西羌的事情什么时候才能解决？战争什么时候才能停止？请将军再一一分说仔细。”

赵充国给皇帝上书说道：“臣听说帝王的军队应当重谋略而轻战斗，应当先立己于不败之地，再谋求战胜敌人。现在留万人屯田，是顺天时因地利的事情。羌人前后投降过来的已经有一万零七百多人，接受我的劝说而离去的羌人也有七十多批，这些都是敌人的阵营即将瓦解的预兆，而我军的胜利也是可以预期的。”

随后，赵充国还详细列举了十二条屯田防守的好处，以证明对付羌人，屯田远胜于出兵。

皇帝照例把赵充国的上书拿给大臣们讨论，这时候大臣十之八九都站在赵充国这一边，但刘询还是有自己的疑问，便再一次下诏询问赵充国：“依老将军的计策，决胜似乎就在近期，但不知这个近期到底是什么时候？是今年冬天，还是明年？如果罢骑兵屯田，羌人又聚集重兵来袭，将军将如何处置？还请将军再次说明。”

很明显，相比于之前，皇帝的意见已经倾向于赵充国了。赵充国于是又给皇帝上书说：“按臣的计算，先零羌现在剩下的精兵不过七八千，而且每天都有反叛的人，因此，留一万人屯田足以应付突发情况。臣估计，最迟到明年春天，战事就会有结果。”

到了这时，连一开始反对赵充国作战计划的丞相魏相等朝廷重臣都对赵充国心悦诚服。为这事魏相还上书向皇帝检讨自己：“臣愚昧不懂军事，而后将军计划得当，所说的也都非常合理，现在看来，后将军的计策是一定行得通的。”

既然大臣们都统一了意见，刘询便放心了。他又一次下诏，这次就没什么问题可问的了，只是告诉赵充国：“皇帝问候后将军，将军的计策非常好，就按将军的意思去办。请将军小心用兵，保重身体。”

说是放心，可最后刘询还是嫌时间长，就命令破羌将军和强弩将军率军攻击羌人。结果，先零羌已经不堪一击，一战下来，破羌将军斩首两千余级，强弩将军俘获四千余人，赵印连斩首带俘虏也拿下两千人，而先零羌的若零和弟泽两人杀了他们的首领杨玉，率五千人主动投降赵充国。

到了神爵二年（公元前60年）五月，西羌的战事已几近完结，赵充国最后上书说：“羌人本有五万军队，一年间被斩首七千六百级，投降三万一千二百人，溺死及饿死的有五六千人。这样算下来，他们只剩四五千残兵，已经不成什么气候，现在军队可以罢屯田了。”

刘询命令赵充国班师，让投降的若零和弟泽做了羌人的王，投降的其他羌人首领也都给了封赏，还让他们世代居住在金城郡附近，并且让羌人自己推荐几个能干的人做“护羌校尉”，西羌于是逐渐平静了下来。

摆平西羌当然是一次胜利，但对于刘询来说，更大的惊喜还在后面。两年之后，即神爵四年（公元前58年），和汉朝打了一百多年的匈奴人主动提出恢复和亲；又过了五年，匈奴人连和亲也不提了，直接入朝称臣。这又是怎么回事呢?

匈奴的没落

纵观西汉中期，在武帝刘彻之后，朝廷对匈奴用兵的次数和强度都大为缩减，但取得的成效有过之而无不及。自从被武帝刘彻穷追猛打了二三十年后，匈奴人不仅马下的日子一年不如一年，连在马上的精气神都不一样了，甚至元凤元年（公元前80年）还出现了这样的情况：匈奴人大概是很久没有认真地来打秋风了，心痒难耐之下便派出两万骑兵进入汉边，结果不但没有打成秋风，反倒被汉军追击斩杀九千多人，还被生擒了一个瓯脱王，而汉军“无所失亡”（《汉书·匈奴传》）。

放在几十年或一百年前，这是根本不可想象的事情。现在，匈奴人不得不正视这样一个事实：经过与汉朝的连年战争，匈奴遭受了几乎不可恢复的重创，他们已经连以往顺手拈来的“入寇”都做不到了。因此，匈奴内部的和亲派势力逐渐抬头，不仅在普通的匈奴人中，而且在匈奴的高层中，“和亲”“和平”的呼声也日趋高涨。

略有讽刺意味的是，匈奴和亲派的代表居然是那个投降过去的卫律。或许是心有悔悟，抑或是一心为匈奴百姓着想，凭着单于的信赖，卫律时常跟匈奴单于讲和亲的好处，希望能促成汉匈双方再次和亲。但两家死磕了这么多年，脸皮早已撕破。匈奴单于虽有和亲之意，却拉不下这个脸来开口求和，而汉朝皇帝也是个“当年你对我爱理不理，如今我让你高攀不起”的拧种：朝廷花了几十年的时间好不容易把匈奴人干趴下，哪能再扶他起来？双方谁也不愿意捅破这层窗户纸，就只能这么僵着。

僵着僵着，匈奴人先支持不住了。匈奴单于首先放出了和平的信号，不仅犯边的次数越来越少，对汉朝使者的待遇也越来越高。接着，匈奴开始有意无意地向汉朝释放求和的信息，最后匈奴人的手指还是伸向了那层窗户纸。

造成这种局面的原因概括起来有两个：一是人祸，二是天灾。

按照司马迁的说法，匈奴人和汉人同出一源。这事大概不是空穴来风，既然大家都是同根生，骨子里自然有相同的特征。以往汉朝把匈奴人往死角逼，他们就紧紧抱成一团，强烈反抗；现在稍微放他们一马，匈奴人自己就开始窝里斗了。

这便是匈奴的人祸，而最重要的始作俑者也是卫律。

始元二年（公元前85年），狐鹿姑单于病逝。临死前，他交代身边的卫律等大臣，因为自己的儿子年少，怕是不能服众，改立自己的弟弟右谷蠡王为单于。虽然卫律当场表示一定遵守单于的遗嘱，可狐鹿姑单于咽气之后，他就不干了。他和狐鹿姑单于的颛渠阏氏合谋，改立颛渠阏氏的儿子左谷蠡王为单于，称为壶衍鞮单于。这下，原本作为单于第一继承人的左贤王当然不服，可又不敢公开提兵来和壶衍鞮单于理论，只好联合同样不满的右谷蠡王带着人马远离王庭，再也不到龙城见单于了。

虽然这算不上分裂，但它是匈奴内部开始分裂的苗头。就好像完整的冰块内部震开的一道裂纹，只要在某个时间恰当地给上几次打击，就有可能使看起来完整、坚固的一整块冰瞬间碎裂。

本始二年（公元前72年），以汉朝派出与乌孙和亲的解忧公主的求救信为契机，霍光决定联合乌孙对匈奴发动一次重击。当时，乌孙出动了相当于全国一半兵力的五万人马，由校尉常惠协助，从西边进攻，汉朝则出动了五位将军和二十多万人马围攻匈奴。

这是武帝以后汉朝第一次大规模对匈奴用兵，又有乌孙人从旁夹击，本有希望重创匈奴。只可惜，匈奴人提前得到了汉朝出兵的消息，他们连想都没想，就决定避开汉军的锋芒。古人说“退避三舍”，匈奴人这次更彻底，连象征性的抵抗也不做了，集体退避了不止三十舍，直接让出了千里的空地。因为当时汉朝缺乏像霍去病那般善于奔袭的将领，这次大规模的军事行动并没有获得成功，反倒是前去夹击匈奴的乌孙人颇有斩获，斩杀匈奴三万九千余人，并俘获各类牲口七十余万。

当然，汉军的攻击也不是完全徒劳的。虽然直接斩获很少，汉军却使匈奴人在这种仓皇的逃窜中损失惨重。按史书上的说法，为了躲避汉军，匈奴民众的死伤及因迁徙导致的牲口死亡“不可胜数”。

遭受如此重大的损失，壶衍鞮单于脸上也挂不住了，要是不找回这个场子，自己以后还怎么在这个道上混？壶衍鞮单于也知道吃柿子拣软的捏，在汉朝和乌孙人之中，乌孙当然是软柿子。于是，那年冬天，壶衍鞮单于亲率一万骑兵攻击乌孙。要论正面交锋，乌孙人哪里是匈奴单于率领的精锐部队的对手？战争结果毫无悬念：匈奴骑兵所过之处，乌孙人只得抛妻弃小，仓皇躲避。

在班师途中，看着手下绑着的俘虏和驱赶的牛羊，壶衍鞮单于的脸色刚有所缓和，不想一抬头，脸色又是一变。这时，第二个击垮匈奴人的因素不期而至：天灾。

大概也合该匈奴气数不济，连老天都不帮他们了。

就在壶衍鞮单于准备长舒一口气的时候，一场范围极大且强度百年不遇的暴风雪降临在了他和族人的头上。大雪席卷了匈奴的大部分地区，仅一夜，地上的积雪就厚达一丈有余。壶衍鞮单于的一万精锐骑兵十不存一，而匈奴的百姓因为缺乏统一的救灾指挥也损失惨重。

等壶衍鞮单于好不容易从大雪中捡回一条命回到匈奴王庭，身子还没焐热乎，乌孙就联合长期被匈奴欺压的乌桓和丁令，从东、西、北三面同时进攻匈奴，斩杀匈奴数万人。匈奴人外受重创，内又困于天灾导致的饥荒，据说这一年冬天，整个匈奴族，人死了十分之三，牲口损失一半。

此后，匈奴陷入内外交困，不仅不复当年纵横大漠与西域的威风，而且匈奴内部开始分裂成数个不同的势力。又过了四年，到地节二年（公元前68年），壶衍鞮单于去世，新即位的虚闾权渠单于更不受老天的待见，一场前所未有的大饥荒席卷匈奴全境。这次匈奴的损失更为惨重，依史书上的说法，匈奴百姓及牲口损失了十之六七。

几年间，先是十分之三，后又十之六七，由此可见，比起人的力量，大自然还是无敌的。

当然，史书上的说法多有夸大，不然，这时候匈奴人几乎十不存一二了，差不多该死绝了才是，断不会出现八年之后即神爵二年（公元前60年）虚闾权渠单于纠集十多万人计划大举寇边的事情。

然而，虚闾权渠单于的运气并不比壶衍鞮单于好，就在他准备大干一场的时候，突然呕出的一口鲜血提前结束了他的生命，匈奴再次陷入内斗。

统治者突然死亡，又没有及时确立继位者，这在哪个朝代都是某些别有用心的人等待的机会，这次跳出来的又是颛渠阏氏。她这次的戏码和当年拥立壶衍鞮单于时的类似。这时候卫律虽然早已死了，但颛渠阏氏依然活力十足。

说到这个颛渠阏氏，也是一个奇女子。当年和卫律合谋立自己的儿子做单于后，二十七八年过去，她不仅风韵犹存，而且参与社会活动的心依然不减，守寡多时的她早勾搭上了右贤王。这次，虚闾权渠单于病死，颛渠阏氏不等匈奴各部集体商议，就和自己的弟弟匈奴左大将合谋，立了自己的姘头右贤王做单于，称握衍朐鞮单于。

关于这个握衍朐鞮单于，史书上说他亲汉，希望恢复和亲，又说他残暴，杀伐无度，使得匈奴各部落分崩离析。这些或许是事实，或许不是，我并不能求证，也无法解释，就好像我解释不了为什么大多数匈奴单于的称号都这么怪一样。但可以肯定的一点是，这个握衍朐鞮单于的出现是压垮曾经强大无比的匈奴的最后一根稻草。

因为握衍朐鞮单于的缘故，虚闾权渠单于的儿子非但没有成为单于，还被迫跑到自己的岳父乌禅幕那里避祸，而一向和握衍朐鞮单于不和的匈奴日逐王则直接率手下人马投降了汉朝。又过了一年，由于握衍朐鞮单于既无法统一匈奴内部，对外用兵又接连受挫，声望已经降到冰点，乌禅幕就联合部分匈奴部落推自己的女婿，也就是虚闾权渠单于的儿子，做了单于，号称呼韩邪单于。

这下同时有了两个单于，匈奴彻底分裂了。神爵四年（公元前58年），呼韩邪单于率五万骑兵首先对握衍朐鞮单于发动进攻，双方在姑且水隔河列阵。

这个握衍朐鞮单于人缘也是极差，在生死攸关的时候，连亲弟弟右贤王都不肯帮他一把。这让本来能力就不济的他连一战的勇气都没有了，两军对垒不触即溃，仗都还没打他就跑了，地盘、人口和牲口什么的都不要了。他跑后才想到，已经众叛亲离的自己又能跑到哪里去？之前虽然胜算不大，好歹还能一战，现在地盘都没了，只能抹脖子自杀。

等呼韩邪单于干掉握衍朐鞮单于掌握匈奴的大权时，握衍朐鞮单于的弟弟右贤王害怕了，自己的哥哥落得这般下场，想来自己恐怕也没什么好结果。于是，他先发制人，和颛渠阏氏的弟弟都隆奇一起推日逐王做了单于，号称屠耆单于。

这里要说的是，日逐王似乎是匈奴政权里一个固定的爵位，这时的这个日逐王并不是原来那个投降汉朝的日逐王，而是之前的日逐王投降汉朝后单于又封的新人。这个屠耆单于新官上任三把火，当头就给了呼韩邪单于一棒子，打得他措手不及，呼韩邪单于败走。可屠耆单于还没来得及高兴，他身边就有人不满了："既然你能做初一，我就做不得十五？既然你能称单于，他能称单于，我称一个又怎么了？"很快，匈奴部落中又冒出了一个呼揭单于、一个车犁单于和一个乌藉单于。

这一下子匈奴就有了五个单于，而他们又分成了三方势力：屠耆单于是一方，呼韩邪单于是一方，其他三个单于又是一方。三方攻伐不断。

恐怕有些人现在已经弄不清谁是谁了，更别提后来又出现的什么闰振单于、郅支骨都侯单于了。但这些都无所谓，我们可以肯定的是，不管在什么时代、什么国家，安定、统一和团结才是一个国家和一个民族强大的保证，而对于内部已经乱成一锅粥的匈奴来说，衰败是必然的结果。

等到众多单于里比较强的呼韩邪单于打败他的强劲对手屠耆单于，又捕杀了李陵的儿子所拥立的单于乌藉都尉，终于占领了以往代表神圣和权威的单于王庭时，跟随在他身边的匈奴民众满打满算也就数万人而已。匈奴不可避免地走向衰落，已不复当年纵横大漠草原的荣光。

又过了一年多，后起的闰振单于打败呼韩邪单于，将其逐出了匈奴王庭。走投无路的呼韩邪单于最后选择向汉朝称臣，还亲自入朝面见皇帝刘询，并派遣自己的儿子右贤王入侍（实际上就是做人质）。见到匈奴人臣服，刘询很高兴，他不仅赏赐了不少东西给呼韩邪单于，给予他高于一般诸侯王的地位，还同意让呼韩邪单于把自己的人马全都迁徙到靠近汉朝边塞的地方居住。闰振单于一看呼韩邪单于居然找了个这么大的靠山，心想可不能让他独占这个便宜，也派遣自己的右大将入侍汉朝。

这在汉朝的历史上是一个重要的时刻，从此，汉朝的北方再无那个曾经强大到让我们头痛的对手了。这一年是甘露元年（公元前53年），距离当年刘邦被困白登山已经过去了147年，距离当年卫青突袭茏城已经过去了76年，距离刘彻驾崩也已经过去了34年，离刘询开始做皇帝也已经过了21年。

在这二三十年的时间里，比之刘彻时代对匈奴作战的轰轰烈烈，朝廷几乎没进行过什么有效的大规模军事行动。那为什么刘询在对外军事行动上能获得其曾祖父刘彻穷极一生都没能获得的巨大成功呢？很显然，除了刚好赶上匈奴人窝里斗的运气，刘询对国家的管理和运营同样功不可没。整个国家在刘询的管理下不仅彻底摆脱了刘彻末年的亡国风险，社会生产和发展还达到了一个新的高度，重新展现出一派强国风范，可谓真正的“不战而屈人之兵”。

做到这一点，刘询靠的是他的政治手腕。

王道与霸道

以前听说过一个笑话，大意是一个很有钱的富二代想追求一个女孩，为了避免女孩是因为看上自己家的财富才和自己在一起的，富二代思来想去决定扮穷。他跟女孩说自己家境一般，只有两辆车和一栋别墅——以这个富二代的理解，穷人大概就是这个样子了。就如同这个富二代一样，每个朝代的皇帝普遍都有同样的尴尬，他们都是含着金汤勺出生并享受着当时最好的条件成长起来的，不少人甚至一辈子也没出过几次皇宫。只通过一封封奏折上枯燥的数字和文字，他们很难切身地理解那些在自己治下视自己为苍天的黎民百姓。都说百姓苦，可他们体会不到这个苦到底有多苦；都说百姓贫，可他们想象不出这个贫究竟有多贫。

和一般的皇帝不同，早年多灾多难的刘询知道百姓平时是怎么生活、如何劳作的，以及百姓需要什么、不需要什么。对一个统治者而言，这是多少金钱都难以买到的知识。作为一个皇帝，刘询尽管非常勤奋，但他知道自己不能事无巨细地去管每一件事情，那样的话，他肯定会累死；他也不可能完全放任不管，把事情都交给手下去做，那样的话，他会被底下人玩死。纵观历史上所谓的明君，他们都能在被累死和被玩死之间找到一个平衡点，刘询也不例外。他很聪明地抓住了其中的要害，这个要害就是两个字——吏治。

刘询的吏治简单地说就是四个字：抓大放小。由于早年经历的市井生活，刘询很了解在社会基层工作的吏员们的生活现状。对于这个直接接触普通百姓的公务员阶层，刘询并没有一味地大喊口号，要求他们高风亮节。神爵三年（公元前59年），刘询下了一道诏令："国家的低级公务员（小吏）如果不廉洁、公正，则统治者就无法治理国家。如今低级公务员要做的工作很多，得到的俸禄却很少，要让他们不鱼肉乡里、欺压百姓，是不可能的事情。因此，从即日起，俸禄在百石的公务员一律加薪百分之五十。"

刘询的弦外之音也很明白："待遇给你们提高了，至于工作，你们看着办，我不管，也管不了那么多。"

有人就要问了："你不管谁管？"

刘询说："吏员的事情由县令一级去管。"

有人又要问："那县令一级的事情谁管？"

刘询说："这个我也不管，让太守一级去管。"

"那你作为皇帝，整天都干吗呢？"

刘询会说："我就管太守（两千石）以上官员的事情。"

这就是刘询的聪明之处，皇帝管好了俸禄两千石的官员，他们才能管好县令，县令才能管好吏员，吏员才能管好百姓，每人各司其职，手不需要伸得太长。

刘询是一个励精图治的皇帝。作为皇帝，他不仅坚持了汉朝五日一听事的制度，而且绝不走过场。每五日丞相以下各个部门的官员都要一一奏事，刘询不仅都听，而且还定期对官员进行考核，但凡有新上任的两千石官员，上任前刘询都会亲自接见，了解情况。加上刘询大力宣传儒术，提倡文教，使得宣帝一朝称职合格的官员层出不穷。

为了在官员中树立典范，刘询还亲自在当朝大臣中选出来十一个功劳最大的臣子，让人把他们的画像挂在未央宫的麒麟阁里供他人瞻仰。说到当朝的大臣，就不能不说霍光，可对刘询来说，霍光却是最难评判的。按功劳说，他的功劳应该最大，没有霍光哪里有皇帝刘询？可按罪过而言，霍光的罪过也是第一的。怎么评价霍光，刘询着实费了不少功夫。思来想去，最后刘询采取了一个折中的办法，把霍光排在第一，但不写他的名字。

这十一个功臣分别是大司马大将军博陆侯霍氏、卫将军富平侯张安世、车骑将军龙额侯韩增、后将军营平侯赵充国、丞相高平侯魏相、丞相博阳侯丙吉、御史大夫建平侯杜延年、宗正阳城侯刘德、少府梁丘贺、太子太傅萧望之、典属国苏武。

这时，这十一个人里面只有萧望之还活着，而萧望之的经历同样可以看作当时很多大臣的一个缩影。

萧望之是东海郡兰陵县人，后随家迁徙至杜陵。萧家世代以种田为业，而萧望之生来好学，小时候先学了《齐诗》，后来在杜陵的名人后仓那里学了差不多十年，随后被推荐到太常的门下继续学习，还学过《论语》等，可以说是学富五车，在京城的儒生中名声很响，学问不可谓不大。

后来，萧望之和其他几个儒生一起被推荐给大司马霍光。这本是他人生中一次难得的机会，可萧望之没想到，和大司马见面并不像自己想的那么简单。那时候的霍光已经权势滔天，为了防止有人刺杀自己，寻常官员和百姓若想见他，可不是说见就能见的，而是要走一套烦琐的安保程序：若你是一个普通官员或百姓，不仅不能带兵器，而且进门之前必须脱衣服搜身，搜完了也不能自己走，而是要被两个吏员一左一右挟持着胳膊前行。

这样的做法在儒生萧望之看来简直是莫大的侮辱，还没等见霍光，他就从旁门退了出来，表示“不愿拜见”。当时，就连皇帝想见大司马霍光，弄不好也得看霍光的心情，一旁的吏员们哪里会想到居然有人敢不给霍光面子，于是不容分说，一拥而上就要强行挟持着他往里走。萧望之也是硬气，又是嚷嚷又是推搡，拼死不让吏员们拽自己，以寡敌众，一时间竟和对方数人形成僵持状。

霍光听说居然有人不愿意见自己，来了兴趣，就吩咐下人不要挟持萧望之，叫萧望之自己走进来让他看看。

斗争胜利的萧望之这下颇有些雄赳赳气昂昂的气势，径直来到霍光面前，毫不客气地对他说：“人人都把辅佐小皇帝的大司马比作周公，现在天底下的士人都伸长了脖子、踮起脚尖争相来为大司马效力，而您呢？想见面就要搜身，还要被人挟持着才能进入，这套做法恐怕不怎么符合周公当年对待人才一沐三握发、一饭三吐哺的礼节吧？”

儒家出身的萧望之大概是把霍光当成了理想中的君子。可霍光是什么人？事后没砍了萧望之的头就已经算是宽大处理了。结果，当时同行的几个人都得到了在大将军府任职的机会，只有意气风发的萧望之从哪里来又回了哪里去。

又过了三年，当萧望之和那日与他同行的王仲翁再次相遇的时候，王仲翁已成为光禄大夫给事中，萧望之才刚通过考试做了一个代理的门侯（就是看门的小官）。

这时，王仲翁问萧望之：“当年你不肯遵循大司马的规定，现在只做一个看门的，有没有后悔啊？”

萧望之淡淡地回答：“没什么，大家只不过是各从其志罢了。”

萧望之毕竟是有才能的人，后来还是得到了御史大夫魏相的器重，做了御史大夫的属官。直到霍光死后，萧望之才得到飞黄腾达的机会。

地节三年（公元前67年）夏天，长安地区天降冰雹。对于一般老百姓来说，这不过是茶余饭后的谈资，或者若干年后体现个人经历的例子；对于稍有文化的人来说，不过是一句类似“六月飞雪，千古奇冤”的感叹；而对于萧望之则不同，这是他翻身的机会。

在得到皇帝的同意后，萧望之上书说：“鲁昭公三年的时候，鲁国也同样在夏天下了雹子，这是上天给他的预兆，但鲁昭公没有警惕。结果，后来他被专权的季氏流放。如果当时鲁昭公能及时察觉天灾的征兆，就不会有后来的事情了。现在也一样，朝廷上一姓专权同样会危及朝廷。陛下现在亲政了，就应当选拔合适的贤才做心腹，还要考核朝廷中的那些大臣，使大家都能各称其职，这样才能树立公道，堵塞奸途。”

萧望之很清楚皇帝对霍家的态度，猜测到皇帝要除掉霍家，所以说得也很明白：“鲁昭公”指的就是皇帝刘询，“季氏”指的就是霍家，如果刘询不想步鲁昭公的后尘就要及早对霍家下手。当然，我们也可以猜测，萧望之所说的可以作为皇帝心腹的“贤才”，未尝指的就不是他自己。

果然，萧望之的上书很对刘询的胃口，他立即被任命为谒者，在朝中的政治地位急速上升，甚至达到一年之内升迁三次的地步，很快就做到了俸禄两千石的高官。

霍家被铲除后，刘询更加重视萧望之。为了进一步考核萧望之，刘询又让他担任了三年的左冯翊。结果，萧望之很受当地百姓爱戴，再次被升为九卿中的大鸿胪，后来又做了御史大夫的高位。刘询对他也越发器重，甚至觉得他有丞相之才，有了让他接替丙吉做丞相的想法。

这时候，志得意满的萧望之开始膨胀起来。这也很正常，一个人平时再谨小慎微，当他屡屡得志、前途一片光明的时候，尾巴难免要翘起来。此时的萧望之自认才能无双，开始看不起天底下的人了。

五凤元年（公元前57年），御史大夫萧望之突然向丞相丙吉提出要处理一个叫韩延寿的官员，罪名是挪用公款一千万钱。

这个韩延寿早年做过淮阳、颍川和东海等郡的太守，治理地方非常有一手，哪怕是豪强横行、公认难治的颍川郡，在他手上也被治理得井井有条，是朝廷中公认的人才。萧望之出任大鸿胪之后，由韩延寿接替了左冯翊一职。

韩延寿治理地方很有特点，他崇尚礼义，喜好道德教化，并不注重刑罚。有一次，他到下辖的高陵县巡视，正好碰到两兄弟为了分家里的田地而打官司，县里的县令正没法儿决断。韩延寿就把两兄弟叫到跟前来，痛心疾首地说：“我作为这个地方的地方官，没能在道德教化方面为手下和百姓做出表率，才让兄弟之间起了争执诉讼，这不是你们的问题，是我自己没做好。你们兄弟先回去吧，等我先检讨了自己，过几天再来审理你们的案子。”

说完，韩延寿就进了自己住所的卧室，一连几天都闭门不出，什么人也不见。这下，高陵县的县令就紧张了，不知道领导要干什么，赶紧和自己手下的县丞、啬夫和三老等官吏一起做自我检讨。老百姓一看当官的这么爱民都很感动，打官司的两兄弟的族里人也不再看热闹了，纷纷出来指责两兄弟的不团结行为。兄弟俩很后悔，便到韩延寿的住所前负荆请罪，表示田地不分了，以后兄弟俩也不再闹矛盾了。

这时韩延寿才开门出来，好酒好肉招待了兄弟俩，又鼓励县里的官吏应当勉励百姓从善，感动得不少当地百姓和官员当场落泪。韩延寿也用类似的方法管理地方。在他的治下，左冯翊管辖的二十四个县大治，一年到头没几个人告状，监狱基本上就是个摆设，韩延寿在当地百姓中的声望也远超过了前任萧望之。

坏就坏在这里。

虽然这个时候萧望之已经贵为御史大夫，但一听说韩延寿在地方上的风头超过了自己，他心里顿时感到极度的不满，准备找个理由打压下韩延寿。这其实是很多有才但心胸狭窄之人的通病：如果你的能力和地位不如他，那他对你可能很好，甚至会积极地帮助你；一旦你的能力或地位有超过他的苗头，那他会是第一个伸手掐断这苗头的人。

这时候，有个侍者察觉到了御史大夫的意图。他秘密地告诉萧望之，韩延寿在东海郡做太守的时候曾经私自用了公家一千多万钱给自己的车马仪仗等设备升级。萧望之听后大喜，就和丞相商量，准备拿这个到朝堂上告韩延寿一状。

没想到，丞相丙吉却不同意，他说："听说皇帝准备大赦天下了，这种事情就不用追究了吧？"

按说，丙吉这人一向谨慎，在政治上不太可能与韩延寿是一党的，而且类似的事情以前也屡有先例，就算罪名坐实了，无非就是让韩延寿把钱吐出来，最多再贬个庶民而已。按汉朝以前的规律，不用说，像韩延寿这样出色的人才，改天还是要拿回来用的。按丙吉的意思，不如给个口头警告，留职以观后效。

萧望之看丞相不同意处理韩延寿，干脆不再商量，寻思着自己动手，便到皇帝那里告了韩延寿一状。这时候，皇帝的御史刚好要去考核地方官员的行政情况，正巧被考核的地方中有东海郡。萧望之作为御史大夫自然有行政上的便利，就交代到东海郡的御史要彻查韩延寿当年在东海郡的情况。

知道萧望之要查自己私用公款的事情后，韩延寿紧张了。他大概是了解萧望之的，知道萧望之是要打压自己，心想："你萧望之说我做太守不干净，你自己在地方上任职时也不是无缝的蛋！"于是，他便向朝廷举报萧望之在担任左冯翊期间曾亏空地方财政一百多万，想以此迫使萧望之放弃对自己的追查。

这个时候，皇帝是站在萧望之这边的，状告萧望之让刘询对韩延寿失去了好感。萧望之拿到检举韩延寿的材料后再次上书，假意替自己辩白："臣不久前被韩延寿弹劾，现在如果主持揭露韩延寿的罪行，那其他人就会以为臣有心公报私仇，不如让丞相、文武百官和博士们来给韩延寿定罪。"

皇帝同意了萧望之的要求。这时其他的大臣为了奉承皇帝，也纷纷站出来指责韩延寿，要求重判韩延寿。加之韩延寿挪用公款确有其事，刘询就毫不客气地批准了众人给韩延寿定的死罪。

韩延寿临刑前，数千百姓和官吏为他送行，一直送到了渭城。百姓们围着囚车，扶着车轮，希望囚车能走得慢一点儿，还纷纷献上酒肉给韩延寿。韩延寿不忍拒绝，一路上光酒就喝了一石多。最后，在数千人的啼哭声中，韩延寿在渭城被弃市，做了一个饱死鬼。

终刘询一朝，像韩延寿这样因为一些小事惹怒皇帝而丢掉性命的治国人才并非个例，像杨恽、盖宽饶这样的耿直之臣最后也是身首异处的下场，其他像张畅这样的能臣、王吉这样敢说真话的谏官，只能郁郁不得志。

至于萧望之，大概是因为韩延寿的事情让他产生了一种错觉，自觉自己是皇帝身边的第一红人，不管自己做什么事情，皇帝都会毫不犹豫地支持自己，而现在的丞相丙吉年纪已大，身体也不好，以他的年纪看，在不久的将来自己坐上一人之下万人之上的丞相位置也是可以预见的。

在这种错觉的影响下，萧望之行事越来越不谨慎，很快就一脚踢到了铁板上。五凤二年（公元前56年），大司农耿寿昌上书建议设常平仓调控粮食价格。这样利民的事情刘询是赞同的，可萧望之因为对耿寿昌有偏见就极力反对，他还上书说："现在有些百姓还很贫困，有的地方盗贼猖獗，朝廷中两千石以下的官员很多都不称职。依以往的规律，三公的人选不当，日月星辰就会失去光明，今年正月日月少光，这罪责就在我们这些大臣身上。”

萧望之就这样莫名其妙地上了一道莫名其妙的上书。依以前的规律，上天的警示是在警示谁？自然是天子。天子被警示了，就要找一个人做替罪羊，找谁？丞相。而眼下的丞相是谁？是称职且行事素来谨慎的丙吉。他是皇帝的救命恩人，而且还是一个黄土差不多盖过脑门儿的老头儿。老头儿都这把年纪了，你萧望之还不能等一等？

刘询接到萧望之的上书后，第一反应就是他在针对丞相，马上就对萧望之产生了不满。随后他又接到了许多揭发萧望之不将丙吉放在眼里的汇报，这下刘询就开始讨厌萧望之了。如同韩延寿一样，萧望之失去了皇帝的信任后，马上就有很多关于他的黑材料被上报给皇帝。朝廷的大臣们对落井下石的事情向来是不遗余力的，纷纷请求将萧望之逮捕治罪。

当然，刘询没像治其他人的罪一样处理萧望之，他下诏给萧望之说：“有官员弹劾你，说你对我派去的使者礼数不周，对丞相也没有礼貌，平时既无廉洁之名，还桀骜不驯，这样的人是无法辅政为百官做表率的。我不忍心让你受到法律的制裁，就让你降职去做太子太傅吧，什么也不要说了。”

就这样，前不久还准备做丞相的萧望之被降职做了太子太傅，刘询提拔黄霸做了御史大夫。几个月后，丞相丙吉病逝，黄霸就接替他做了丞相。黄霸死后，御史大夫于定国又接替黄霸做了丞相，而萧望之最终也没能得到与他才能相匹配的职位。

尽管如此，这并不意味着刘询就彻底放弃了萧望之。他还是欣赏萧望之的能力的，不仅给了他上麒麟阁功臣名单的机会，甚至还在临终的时候任命萧望之做了辅政大臣。

这其实是刘询的政治手腕，他能发掘并信任那些确有才干的官员，但并不一味地专任，尤其是对那些耿直或有主见、不能绝对顺从自己意愿的大臣，在任用他们一段时间之后，刘询就会打压他们一下。刘询大概是这样理解的：任用合适的官员治理天下，这是保证天下太平的王道；打压那些不服从皇帝意志的大臣，这是保证帝王独裁的霸道。要保证刘家天下的长治久安，就必须一手抓王道，一手抓霸道，两手抓而且两手都要硬。

然而，并不是谁都能理解刘询的想法，他没有很好地把自己的经验总结并传递下去。甘露元年（公元前53年），学儒家出身的太子刘奭觉得刘询的政策似乎不符合“仁治天下”的圣贤理念，便劝诫父亲说：“陛下用的刑罚太多了，应该用儒生。”

刘询一听这话，马上训斥自己的儿子：“我们汉朝历代都有自己的制度，是将霸道和王道结合，怎么能一味地讲究德教，还用周朝那一套过时的东西呢？！况且，世俗的儒生不能与时俱进，而且好古非今、爱慕虚名，嘴上说得天花乱坠，却没有实际的本领，这些人是不足以委以重任的。”

父子的这一番对话实际体现了现任统治者和未来统治者在统治理念上的矛盾和冲突。虽然用后世的眼光看，刘询对当时儒生的看法还是准确的，可惜太子刘奭的言论没能引起他足够的警惕，对太子生母许皇后的眷恋也使他没有着手去解决这种矛盾，仅仅发出了一声“乱我家者，太子也！”的感叹。

既然皇帝已经有了太子乱政的论调，要是依着当年刘彻的性格，为了朝廷的稳固，单就这句话保不准就能把刘奭从太子的位置上一撸到底。从这一点来看，刘询确实不如他曾祖父刘彻。因此，整个汉朝不可避免地走下坡路也是可以预见的事情。

当然，尽管刘询因为许皇后的原因没有换掉太子，但他未尝没有慢慢改造太子的想法，毕竟太子才是个二十岁的毛头小伙，他自己也不过是个四十不到的汉子，似乎还有大把的时间让他去慢慢改变一些事情。

然而，历史给刘询的时间在四年后即黄龙元年（公元前49年）戛然而止，这年夏天，年仅四十三岁的刘询突然一病不起，很快便于十二月的甲戌日（初七）病逝于未央宫。

第三十章

石显专权

争斗

刘询的病来得突然，他甚至可能还没有做好心理准备，自己一去这天下该怎么办，这个可能乱家的太子该怎么办？

然而，死神对所有人都是公平的，并不会因为刘询是皇帝就给他额外的优待，放慢步伐。到了黄龙元年（公元前49年）十二月初，时间已经不允许刘询去做太多的事情了，好在他还有先例可依，那就是当年刘彻用过的辅政大臣一法。

虽然当年刘彻指定的几个辅政大臣后来在辅政过程中经历了一些波折，但从最后的结果来看，他们对朝廷和社会的影响总体还是正面的，或者说还是利大于弊的。因此，从有利于政权稳定的角度出发，刘询在驾崩之前比照刘彻的做法给自己当时已经成年但看起来不太争气的儿子，也就是后来的元帝刘奭，安排了三个辅政大臣：大司马车骑将军史高、前将军光禄勋萧望之和光禄大夫周堪。

但刘询的想法肯定不止这么简单。从这份名单来看，对于刘彻的方法，他其实还是下了功夫去修改的。当年刘彻指定辅政大臣时存在的问题是选了霍光做一把手，而霍光则成了刘询心里永远的阴影。从能力上说，霍光是合格的，但这个人的问题在于不忠诚，要不是他刘询沉得住气，说不准早落得跟刘贺一样的下场。所谓一朝被蛇咬，十年怕井绳，从自己的亲身经历出发，刘询认为对于首辅大臣来说，忠诚还是第一位的，能力什么的不重要。

那到底谁才靠得住呢？常人的第一反应自然是自己的兄弟。但遗憾的是，刘询的父辈和祖辈在当年的巫蛊之祸中都已经死了，并没有其他的血脉传承下来，刘询因为是遗腹子才得以苟活下来，哪里还有兄弟可托？况且，依汉朝以往的经历，同姓同族对皇权的威胁往往比旁人更大，要是指定一个刘姓的宗室辅政，结果很可能是把皇位传给了别人。

既然外人靠不住，同族的人更靠不住，刘询不免陷入了困境。那该如何解决这一问题呢？好在，在人类复杂的关系里，还有一类介于两者之间的人，就是自己的外家人。皇帝的外家人虽不是刘姓的宗室，却和皇帝及太子属于同一命运共同体。对于刘询而言，他们实在是再合适不过的人选了。

既然人选的范围已经框定，那在自己众多的外家亲戚中要选谁呢？刘询最后的选择是史高。

史高是刘询的表叔，曾经因为揭发霍禹谋反而立下大功，被封为乐陵侯。霍禹的事情现在我们已经很清楚了，不管有没有人揭发，他都是死路一条。只因为是亲戚，所以皇帝让史高捡了个现成的便宜而已。可以说，在辅政之前，史高这个人在朝中并没有太多出彩的表现，也没有表现出相应的政治才能，但这正符合刘询的要求。

首辅的人选决定下来后，刘询还要给他安排副手。既然史高没什么本事，那就应该给他配备几个有本事的帮助他，刘询第一个想到的就是自己看重也确有大才能的萧望之，还有一个是周堪。这两人都是太子的老师，在大臣中与太子的关系也是最密切的。

首辅忠诚，次辅有才，依刘询看来，这已经是自己能想到的最佳组合了，至少应该能保持政局十年的稳定。然而，事情后来的发展完全偏离了刘询的预期。

首先是萧望之，我们知道，这个人学识和能力都不差，但性格明显是有问题的，不然也不会在自己最红的时候栽跟头。现在，做了几年太子太傅（闲职）的他又大权在握，看着顶头上司首辅史高，心里不免鄙夷：一个无能的外戚而已，哪懂什么政治——这就是萧望之对史高的定位。

于是，萧望之不顾史高的感受，仗着新皇帝的信任，和周堪一起提拔了宗室的谏大夫刘更生和侍中金敞，组成新的辅政四人组，整天和皇帝开御前小会议，指点江山，自顾自地干了起来，而无所事事的大司马史高只能退居下风，不问政事。

其实，这四个人一心为公，干的事倒也不错，只是萧望之不该就这样架空史高。这个时候，正确的做法应该是拉拢史高，而不是让他在权力的中心受到排挤。哪怕史高有千不是万不是，他至少还是首辅大臣，是内朝的首领大司马。这个名头还是很有分量的，能占着这么有分量的位置的人，通常即便没有本事，也是会有脾气的。史高也一样，被架空以后，他十分不爽，但自己又确实没什么本事，再不爽也只能忍着。

这是萧望之的第一个失误。

初元二年（公元前47年）的一天夜里，一胖一瘦两个猥琐的身影偷偷摸进了史高的大司马府。三人一番密谋之后，一个对抗辅政四人组的倒萧三人组正式成立。

这一胖一瘦两个人都是受过宫刑的，一个是中书令弘恭，一个是仆射石显。这两个人可不是一般人，因为当年刘询吃过外戚和权臣的亏，就对阉人有特别的感情，毕竟这是一群真正意义上的孤家寡人，刘询觉得他们可以让自己相对放心。尤其这个石显，不仅深通法令政事，头脑更是灵活，懂得揣摩皇帝的心思，宣帝在位时就很受重用。体弱多病的刘奭继位以后对他更加倚重，甚至到了事无大小都让石显替他拿主意的地步。

谁都知道，汉朝是被外戚和宦官搞坏的，这三个人大概可以算是这股歪风的源头。

倒萧三人组成立后就开始和萧望之的辅政四人组对抗，常常在同一件事情上你说你的，我做我的，谁也不理会谁。前一阵子顺风顺水惯了的萧望之哪儿受得了这个，就对自己的学生刘奭说："中书令是一个很重要的职位，当年孝武皇帝因为贪图后宫享乐才把这样的职位交给宦官，这是不合古制的事情。陛下平时应该远离宦官，并任命士人来做中书令。"

萧望之本以为刘奭会对自己言听计从，却低估了石显和弘恭在刘奭心中的地位。刘奭直接假装没听见他的话，继续让两人待在自己身边，但萧望之和石显等宦官算是彻底撕破脸皮了。弘恭和石显不同于史高，既然双方已经撕破脸皮，随之而来的必然是萧望之准备不足的你死我活的政治斗争。

这是萧望之的第二个失误。

又过了几天，一个叫郑朋的楚人想投靠萧望之，就上书说他要检举大司马史高，说史高曾派人到地方上索贿，还说他掌握了许姓和史姓两家外戚子弟平日诸多不法的事情。

首先看到其上书的是周堪，他认为这是一个打击史高等人的机会，就让郑朋在金马门住下，等着皇帝召见。

待诏金马门的郑朋自以为得计，又给萧望之写了一封私信，并在信中极尽吹捧之能事，把萧望之抬到周公、召公、管仲等先贤的高度。萧望之很高兴，就单独和郑朋见了几次，每次郑朋都把萧望之捧上天，而把史高和史、许两家的外戚贬得一文不值。

虽然爱被拍马屁，但萧望之毕竟是当时的大儒，学问见识是极高的，并非郑朋想象的那样，简简单单地吹捧几句就能蒙混过关。几番接触下来，萧望之觉得郑朋这个人无学识却有问题，再找人去郑朋的老家一了解，果不其然，郑朋不过是个行为不端、反复无常的小人。这下子，自觉清高正派的萧望之对郑朋的态度马上来了个一百八十度的大转弯，不仅不再见他，也再不提皇帝召见的事情了。

还有一个叫龙华的人，情况与经历和郑朋差不多，只不过他要投靠的是光禄大夫周堪，最后也被扔在金马门置之不理。

常言道："物以类聚。"萧望之和周堪大概不是搞政治的料，既然已经知道郑朋等人是这样的小人，却没有进一步处理他们，只是就这么放任着不闻不问，以为他们住上一段时间自讨没趣后就会回家。没想到，正是这些小人最后成了导致他们官场失败的马前卒。

这是萧望之的第三个失误，但这些都不是最致命的失误。

萧望之太小看小人的力量了。郑朋在金马门待诏，可皇帝的召见左等不来右等也不来，耐不住性子的他就找人去打听，才知道萧望之已经放弃了自己。这下郑朋不干了，想也不想就倒向了史高一方。

大家可能以为，按一般的推理，郑朋前不久才上书要检举揭发史高等人，以史高和石显这些人的度量，总不会轻易就原谅他们吧？

谁要是这样想就错了，郑朋和史高、石显这些人可谓臭味相投，而且郑朋只一句话就把之前上书的事情撇清了："以前那些事情都是周堪和刘更生让我那么说的，大人您想想，我就是一个从小生活在函谷关外偏僻小地方的人，怎么会知道京城的事情？"

史高等人觉得有道理。他们很高兴，马上就接纳了郑朋，很快就着手安排让皇帝召见郑朋。有一天，史高、石显随便找了个缘由进宫见皇帝。史高按事先和石显等人商量的，似有意似无意地跟皇帝说："陛下，臣听闻有一个外地来的老百姓叫郑朋，不远千里进京，多方请求面见皇帝，恐怕是有重要的事情，陛下不妨见他一见。"

史高满以为以他的身份，刘奭总会给他个面子，可没想刘奭的反应同样出人意料。刘奭对皇帝这份工作的积极性算不上高，一天就十二个时辰，除去必要的上朝和睡觉，自己玩耍的时间都还不够，哪里还有心思去理会其他的事情？他对工作的热情不仅比不上自己的父亲，甚至还不如当年已经六七十岁的刘彻。眼下一听要让他接见一个无名小卒，还没等史高多说，他就一个劲儿地摇头，表示自己日理万机，实在是抽不出空来见这个人。

这下史高几人傻眼了，郑朋是因为认为在他们这边能见到皇帝的天颜才倒戈的，如果他的愿望落空，不说少了一杆对付萧望之的枪，保不准还会生出什么事端来。

好在石显这人鬼主意多，马上从旁给刘奭出了个折中的主意："陛下也不需要亲自召见，只要派一个亲近的官员去接待他，让他把想说的事情说清楚，再回来禀报陛下即可，这样既表现了陛下的亲民大度，又不至挫伤百姓的积极性。"

刘奭一听也有理，既然不用浪费自己的时间，那就给表爷爷一个面子。刘奭便派了一个当时在朝廷做侍中的叫许章的外戚过去，让他代表自己同石显他们一起去见一见这个郑朋。

就这样，事情遂了石显、史高的愿。郑朋虽然没有见到皇帝，但见了代表皇帝的侍中好像也知足了，就赶紧把早已准备好的检举萧望之一干人罪行的上书递了上去，还将自己和石显等人事先商量好的一套污蔑萧望之、周堪等人的说辞当着许章和石显的面说了出来。

送走了许章，自以为计谋得逞的石显还没来得及高兴上十二个时辰，就遭到了萧望之的严厉斥责。原来，郑朋这个人终究只是个小地方出来的小人，不仅小鼻子小眼，格调还小。见了个代表皇帝的侍中，他就跟见了天王老子一般高兴，出门走起路来步伐都比以往轻盈、迅捷，仿佛整个人都要飘起来似的，嘴巴也比平常大了几分，一路上遇见个认识的人就说：

“我刚才得到陛下派来的使者的接见了，我还当面说了前将军的一项大罪和五项过失。”

对于郑朋的话，大多数人是不以为意的，但凡有人提出质疑，郑朋马上就跳起来：“当时中书令弘恭大人也在旁边，他可以做证我说了什么！”

本来弘恭和石显是要偷偷搞萧望之的，现在事情还没做就弄得尽人皆知了。石显要是早知道郑朋是这么个猪队友，想来当初也不会接纳他。果不其然，郑朋这一张扬，萧望之很快就得到了消息。

萧望之此人一生热衷于政治，虽然确有大才华，为了权力斗争也打压过不少人，不过，他骨子里并不是搞政治的料。得到郑朋已经跟皇帝告状的消息后，虽然知道是弘恭和石显搞的鬼，可萧望之没想着第一时间去皇帝那里为自己申辩，而是气冲冲地去指责石显和弘恭：“你们在搞什么鬼？！”

面对萧望之，石显等人只会装傻，一个劲儿地表示无辜，说这事跟他们一点儿关系都没有，甚至连皇帝是怎么知道郑朋这个人的，他们都不清楚。

虽然郑朋所为明摆着是石显等人指使的，可萧望之毕竟没有真凭实据，况且石显和弘恭还一边赔着笑脸，一边咬定不关自己的事，表现得诚恳至极，就差没剖心掏肺给萧望之看了：“前将军，真冤枉啊，这事我们确确实实不知道。”

“要是让我查到证据，定要你们好看！”萧望之逞完口舌之快后便甩手愤愤离去。

好不容易挨到萧望之发完飙，石显和弘恭一合计，知道不能再犹豫了，箭在弦上不得不发，一定要尽快行动。如果等到萧望之在皇帝面前一申辩，事情恐怕就超出他们的控制了。

为此，弘恭和石显又找史高连夜制订了一个计划，这个计划可以看作上个计划的加强版：让郑朋和龙华马上写一份上书，揭发萧望之意图扳倒车骑将军史高并恶意打压史姓及许姓外戚，以达到独揽大权的目的。

有了这份上书，石显和弘恭也不像上次那样询问皇帝的意见了，而是等萧望之出沐那天，直接将上书呈给了刘奭。

果然，因为萧望之不在，刘奭就向中书令询问该怎么办。

弘恭答道：“可以派臣去向前将军问个明白。”

弘恭不说让萧望之进宫来解释，而是让皇帝派他去萧望之家听解释，只这一句，就可立判萧望之和弘恭在政治斗争中的手段高下。

弘恭和石显清楚，在宫廷的政治斗争中，一般来说，皇帝才是斗争的关键，或者说是胜负的审判长，紧紧依靠皇帝并隔绝对方与皇帝的联系才是最终取胜的关键，而萧望之始终没弄懂这一点。或者，可以把皇帝看作足球比赛中的裁判，斗争双方就好比两队的队员。球员萧望之在被对方偷摸侵犯后，不是第一时间去找裁判，而是冲过去给对方一脚，因此，被红牌罚下也是必然。

弘恭得到皇帝的旨意后，整个人意气风发。到萧望之家后，他不仅出了前两天被萧望之堵在自家门里指责的恶气，还得意扬扬地把圣谕拿出来宣读，并故意把声调提高了几分，问道："前将军大人，陛下问了，你是不是有排斥许、史两家外戚的意思，嗯？"

萧望之哪里受得了弘恭那小人得志的嘴脸，气呼呼地回答："外戚们平时多有淫逸不法的事情，即便我这样做，也是为了匡扶国家，并不是有什么阴谋诡计。"

萧望之的回答再次显露了他在政治斗争中的幼稚。他完全是被弘恭牵着鼻子走的，他不说拒绝回答，也不说要求面圣解释，而是类似赌气地说了这么一句话。也许外戚们确实行为不端，萧望之也的确一心为公，可这么一说不就等于变相承认自己确实打算对外戚们下手吗？

得了，既然是这样就够了，看来郑朋等人的上书确实是言之有物的。刘奭继续问弘恭和石显："那现在该怎么办？"

既然皇帝已认定萧望之确有过失，石显和弘恭便继续往他身上泼脏水："萧望之和周堪、刘更生几人结党营私，不仅在朝中排除异己，现在又诋毁和离间陛下与外戚们的关系，恐怕是想专权把持朝政。这不是忠臣应该做的事情。"

最后，石显和弘恭终于说出了整个计划的最终目的。这是一个杀招，他们建议刘奭这样处理萧望之："请谒者召致廷尉。"

石显和弘恭之所以这样计划，是因为他们远比萧望之这个老师更了解他的学生刘奭：刘奭不仅身体羸弱，而且思想幼稚，甚至可以说，不管在生理上还是心理上，在某种程度上他根本没达到做一个皇帝的基本要求。

也不知萧望之是怎么想的。从当年被贬作太子太傅到后来做前将军辅政，其间隔了七八年，按理说，他教太子的时间也不算短了。要知道，他教的这个可不是普通人，而是将来要管理天下的统治者，可作为老师的萧望之不但没教好自己的学生如何治理这个国家，甚至连做皇帝所必需的基础知识都不曾教全。这就有点儿像某些英语老师，一上来就大谈语法，却从来没告诉过自己的学生要背单词一样荒谬。

对学生刘奭的教育之失败才是萧望之一生最大的失误。

很明显，从萧望之那里肄业的刘奭并不知道这一句“请谒者召致廷尉”是下大狱的意思，只从字面上将其大概理解为“找一个谒者请萧望之到廷尉那里把事情说说”。

好吧，就让前将军去廷尉那里把事情说说清楚吧。

差生刘奭这次让萧望之尝到了自己酿的苦果。前几天还到对手家里耀武扬威的萧望之怎么也没想到，只几天工夫，自己就连同周堪和刘更生一起被对手击倒，下了大狱。

过了一段时间，还不知发生了什么的刘奭突然觉得不对，还傻愣愣地问：“这段时间怎么没见周堪和刘更生啊？来人，把他们召来，朕要见他们。”

过了一会儿，才有人在旁边回答：“陛下，您不是把他们下大狱了吗？”

刘奭还反应不过来：“朕只是让他们去廷尉那里把事情说清楚而已呀！”

一旁的侍从这才战战兢兢地告诉刘奭，“致廷尉”就是“下大狱”的意思。

这时，后知后觉的刘奭才知道是怎么回事，他责备地看了石显和弘恭一眼：“怎么不早告诉朕？”

不等皇帝继续斥责，石显和弘恭马上很懂事地摘下了头上的冠，脑袋在地上磕得咚咚响。石显究竟是摸透了皇帝的心思、性格，这一磕，刘奭马上就心软了，而且毕竟是自己同意“致廷尉”的，再追责下去不更显得自己无知吗？

于是，刘奭话锋一转：“算了，让他们出来继续干活儿吧。”

好不容易把萧望之等人打入大狱，石显哪里会让他们翻身。他马上假装善意地提醒刘奭：“陛下，您新即大位，还没来得及做出一番功德就先把自己的老师下了大狱，现在若将他无罪释放，您想，天下的人会怎么看您。”

刘奭虽然是死脑筋，但面子还是要的。听石显这么一说，仿佛他就要在天下人面前把刘家的脸给丢光了，这是他万万不能接受的。他问石显："为之奈何？"

石显这时的回答，刘奭倒是听得清楚明白："将错就错吧。"

石显充分抓住了刘奭的心理弱点，毕竟是皇帝，什么都能丢，唯独面子不能丢。刘奭下诏让丞相昭告天下，这封诏书相当于对这场政治斗争进行宣判，并对由此引出的自己的无知行为做了个掩盖性的总结，大意是说："前将军萧望之教了朕八年，并没有什么过失，只是因为年纪大了，头脑不是很清醒，所以，朕也不计较他的什么过失了，只是他已不适合继续担任光禄勋和前将军这样重要的职务了。"同时把周堪和刘更生也一同贬为庶人。

这时才是初元二年（公元前47年）正月，萧望之辅政大臣的位子还没焐热。

生死

石显无疑是个坏人，还是个阉人。小时候受电视剧的影响，我们总爱把那些坏阉人想象成一个面白无须、细皮嫩肉、举止行为阴阳怪气，平时一无是处，只懂得在背后要阴谋的形象。作为阉党干政的先行者之一，石显却是有本事的，毕竟如果没有两把刷子，想在坏人堆里露头也不是件容易的事情。

作为顶尖的坏人，石显有两个拿手本事：一是明习法令，善于理政；二是聪明且善于揣测上级的心思。按理说，这是两个中性的优秀技能，无论好人还是坏人都需要它们。只可惜，它们错生在了石显的身上，因为石显的性格有一个致命的缺点——阴贼且睚眦必报。性格决定了一个人内心的善恶，石显有这样的性格，也就注定他必将成为一个坏人，加之他又有这样的技能，因此便铸就了一个不一般的坏人。

我们在前面提到过，宣帝看中石显和弘恭，一是因为他认为阉人不会结交朋党，二是看上了他们的才能。然而，刘询是一个精于吏治的皇帝，能把朝中各个官员拿捏得很好，只让石显发挥他的才能，而压制他的性格缺点。可满脑子只知道仁义道德的刘奭完全没有遗传他父亲的天赋，加上自己身体又不好，一看先帝给自己留了这么个能干的臣子，干脆就甩手让他去干，甚至对他产生了一种不可或缺的依赖感。结果，朝廷事务都由石显代为决定，百官平时看见石显比看见丞相都恭敬。这下子，石显就更如脱缰的野马，无人能约束了，本来被皇帝拿来当枪使的他现在可以反过来把皇帝当枪使了。

依靠着皇帝的无知和无能，石显迅速扳倒了萧望之，可石显仍有隐隐的不安，因为他太了解眼前的这个皇帝刘奭了，懦弱和心软是他作为皇帝的致命伤。依刘奭的性格来看，只要萧望之不死，总会有东山再起的可能。

果然，没出两个月，刘奭就想起萧望之的好了，给他封了个六百户关内侯的爵位和给事中的官职，让他每月初一和十五上朝，并且把他的座位安排在紧挨着将军的位置，给予了他远高于其官职的地位。

这还不算完，又过了一个月，刘奭又想起刘更生和周堪来了，要让他们做谏大夫。这下，石显和弘恭不干了。好不容易摆平了这几个家伙，怎能让他们没两个月就又重新蹦跶起来？于是，他们赶紧出言反对："陛下，周堪、刘更生这两个人前阵子刚被贬为庶民，如果一下子就提拔他们做谏大夫，那不等于向天下人承认陛下之前的决定是错误的吗？如果陛下要用他们，也应该从底下一步步提拔，不如先让他们做个中郎吧。"

刘奭一听，是啊，怎么能丢自己的脸呢？于是，他就把原来要提拔周堪和刘更生两人做谏大夫的旨意改成了提拔两人做中郎。

这里有必要跟一些不是很了解汉代官员制度的读者解释下，为什么周堪等人去做谏大夫，石显会这么着急，宁可退一步让他们做中郎。

虽然从制度上说，谏大夫和中郎两个官职都不大，谏大夫的俸禄是比八百石（相当于八百石），中郎的俸禄是比六百石，但实际上两者的差距远大于两百石。在汉朝，但凡官职中有"大夫"二字的人都极为牛叉，因为他们可以直接参与国家法令制度的谋议和制定。就连大夫中排在最末的"谏大夫"也不可小觑，因为他们的职责用四个字概括就是"直言极谏"，不但可以参与朝议，甚至还可以直接干预皇帝的决策。相比之下，中郎虽然也是皇帝的近侍，也很神气，却是备用官员，去向也多为外补地方官吏。只要石显在一天，他们能不能"补"还不一定。

心里头拿不定主意的刘奭虽然同意了让周堪和刘更生做中郎，但是石显和弘恭的心仍无法放下，谁知道这想一出是一出的皇帝明天又会有什么新想法。

不行！一定要尽快干掉萧望之、周堪和刘更生！

石显嘴上大呼“陛下圣明”，心里却在暗暗发狠。

不出石显所料，没过多久，刘奭渐渐又开始想起萧望之的好了，而且越想越不能自已，觉得萧望之应该做丞相，有一天甚至情不自禁地跟侍从们说：“你们觉得朕让萧望之做丞相好不好啊？”

当然，刘奭或许也就是随口这么一说，未必真就会有什么行动。但就这么一句，也足以让石显和弘恭紧张起来，他们马上找到史高商量对策。毕竟以石显和弘恭为代表的宦官，与以史高为代表的外戚们的目的是一致的，那就是绝不能让萧望之有一丝一毫翻身的机会。

也该萧望之倒霉，这时候他这边又出了个帮倒忙的人。

周堪也不知道是从哪里得知了皇帝的话，认为既然皇帝有重用萧望之的意思，那么只要萧望之做了丞相，扳倒石显等人岂不是很轻松的事情？所以，他现在要做的事情就是促使皇帝下定这个决心。

可是，这个话周堪不能直说，而且即便他直说了，也未必有用。那怎么才能让皇帝下定决心呢？周堪自有主意，他是这样想的：刘奭是学什么出身的？儒学。儒家讲究的是什么？是天人一体。

好，有些话既然人不方便说，那就让天来说。于是，周堪拟了一份奏章，大意是说前段时间陇西地区发生了地震，想来上天是有用意的，这是在告诫皇帝应该罢免石显、弘恭之类的阉人，提拔像萧望之一样有才能的贤人，这样才能大开太平之门，平息上天的愤怒。

书罢，周堪还留了个心眼儿，他自己并没有出面，而是托一个远房亲戚上书。周堪可能是聪明一世糊涂一时。虽然他知道避人耳目，但就这份奏章而言，其水平的确不敢恭维——意图、指向都如此明确，这不是明摆着告诉石显等人，此书的作者非萧望之即其朋党吗？

果然，奏章刚递上去，还没等说动皇帝顺天，石显就先说动皇帝追查奏章的幕后黑手。要追查这个还不简单吗？上书的人有名有姓有地址，抓来一顿拷打就什么都说了，果然是周堪所为。这下，周堪连后备官员都做不成了，又被一撸到底，做了庶民。

解决一个周堪显然不能满足石显一伙人，他们打算将此事扩大化，进而牵连到萧望之。就在石显等人正没主意的时候，萧望之的儿子萧伋大概受了周堪的传染，也犯了浑，同样上书皇帝说："上次我父亲无缘无故地受冤枉坐了牢，这事陛下您得查查，给我们个说法。"

查什么查啊？这不是要抽刘奭的耳光吗？于是刘奭也不批示，直接把萧伋的奏章交给大臣们讨论。大臣们哪个不是贼精，萧望之和石显、弘恭一伙的争斗，大家都看在眼里，以前萧望之辅政时都斗不过石显，更何况是眼下这种局面？谁会为了他说话？

因此，大臣们很快就取得了一致的结论，根本没人提萧望之是否冤枉，而是深挖其用心："上次萧望之的罪过是明确的，可他非但不思悔改，反而教唆儿子上书，这有失大臣的体统，是大不敬的罪过，应当把他交给廷尉处理。"

这时，石显和弘恭趁机落井下石，跟刘奭说："上次陛下饶过萧望之，还赐给他爵位，这是给了他一个错误的信号。他现在自认为是陛下的老师，不管自己做什么事情，陛下最后都不会把他怎么样。他让自己儿子上书所说的话，不正是把错都归到陛下身上吗？如果不让他坐几天牢吃吃苦头，恐怕天底下就没几个大臣把陛下您的威严放在眼里了。"

刘奭这次不傻了，知道大臣们要把萧望之"交给廷尉处理"是什么意思，可萧伋的上书驳了他的面子，石显的话又戳中了他的痛处，他也不顾及什么老师不老师了，只是提出了这样一个问题："萧太傅为人素来刚强，恐怕不肯就这么到牢里去吧？"

其实，石显了解萧望之，以他估计，萧望之是受不了这种打击的，而他要的就是这个！石显拍着胸脯保证："人都是惜命的，况且萧望之犯的不过是小罪，陛下放心，他犯不上为此送命。"

刘奭以己度人，认为石显言之有理，大笔一挥，在大臣的朝议上圈了一个"可"字。可怜萧望之！他教出一个蠢学生，又错误地投入了自己不擅长的政治斗争，因此，他的失败是注定的。

石显还怕萧望之这次死不了，便又生了个坏心眼儿。首先，在替皇帝拟定圣旨时，他故意不说明具体的事情，只是再次让萧望之"致廷尉"。然后，他又假借皇帝的旨意，命令太常调动皇宫的侍卫部队将萧望之家团团围住，名义上说是怕萧望之逃跑，其实是想制造一种灭门抄家的架势。皇帝的旨意一到，萧望之看着宅子周围里三层外三层的禁军，不知道到底出了什么变故，恐慌之中，他向身边一个叫朱云的学生询问意见。

朱云是个鲁国人，崇尚男子汉大丈夫要有宁死不能受辱的气节，主张老师应当自尽以保全气节。

萧望之经朱云一怂恿，顿时心生绝望，仰天长叹："老夫好歹也是几次差点儿出将入相的人物，现在都六十多岁了，怎么能在牢狱中苟活？！"于是就饮鸩自杀了。

这下果然遂了石显的意，而我们可爱的刘奭再次后知后觉，捶胸流泪地说："朕就说过，老师是不会愿意到监狱里去的，你看你们，果然害死了我尊敬的老师！"一看皇帝哭了，一旁的石显赶紧跪下磕头认错。

当然，刘奭的话虽是这么说的，可这并不能说明他对萧望之到底有多少真情，同样也说明不了他真的有多伤心，因为他在伤心之下仅绝食了一顿，石显和弘恭等人也仅是脱了帽子跪了半宿而已，并没有受到任何其他处罚。

专权

石显一伙干掉了萧望之，皇帝刘奭任他们随便捏着玩，剩下的事情不用说大家都能猜到，那就是窝里斗。

史高是外戚，石显和弘恭是宦官，双方本不是一类人，只是为了对付萧望之才临时绑在一条船上一致对外的。现在，对外的压力没有了，他们内部接下来就要有一方被踹入水中了。

依之前在扳倒萧望之时双方的表现来看，我们不难得出结论，史高虽然贵为大司马、车骑将军兼首辅大臣，但能力不济，石显和弘恭要踢掉他那还不是像挪挪屁股那么简单。好在史高也就是占个位子而已，大家除了上朝时见见面，基本起不了什么冲突，石显和弘恭也不急着动他。况且史高虽然无能，但不能无视史姓和许姓外戚的力量，一旦惹急了他们，自己也不好收场。

史高就这么没有存在感地又在大司马的位子上待了四年。可能是厌倦了朝廷的尔虞我诈，对自己的未来感到迷惘，也可能是经过几年终于想明白了萧望之为什么会得罪石显而惹来杀身之祸，也可能是背地里感到了石显日益临近的逼迫，亦有可能是因为身体的原因，总之，他终于想通了：自己确实不适合在这个朝廷混。

永光元年（公元前43年），全国大规模地出现霜降和冰雹的反常气候，致使农田大面积减产，饥荒出现。以前出现异常的气候现象，按古人天人合一的看法，总认为出了灾异是上天在警示他的儿子，所以天子就要做一些事情来补救。可光有补救没有惩罚不行啊，谁家儿子犯了错还不得挨顿“竹笋炒肉”，怎么也得有些惩罚措施才能让他深刻地认识自己的错误，不然他老是不长记性怎么办？

第一个意识到这个问题的是孝武帝刘彻。可皇帝作为天子，谁也不敢替他老子来抽这顿板子，这时候刘彻就想：“不行，我总得做点儿什么来回应下老天，以显示自己已经深刻反省过了。”

当然，要受罚首先不能伤自己，那就得找一个重要人物来替代自己；其次，这事情又不能表现得太随意，必须是一件让天下人都震惊的事，不能是一件今天可以做一次，明天又可以再做一次的事情。

那什么事情可以满足这些要求呢？答案呼之欲出：那就是罢免三公，尤其是百官之首的丞相。

刘彻对自己的想法很是满意，而第一个倒霉蛋就是那个没什么能力和学识，只知道恭敬待人的丞相石庆。自从刘彻发明了这个以罢免三公来代替自己受罚的办法后，汉朝后来的各个皇帝都乐此不疲，甚至到了东汉末年，从孝安帝永初元年（公元107年）到孝灵帝末年（公元189年）的八十二年间，就有三十六次因灾异罢免三公的记录。皇帝们借此机会给朝廷中那些整日沉醉于权力斗争的大臣生动地讲述了人不能与天斗的道理。

这一次，全国出现大面积饥荒，趁着丞相和御史大夫替皇帝受过的机会，史高也一并上书，要求乞骸骨。刘奭大概没怎么考虑就同意了，还很高兴地赏了他安车驷马和六十斤黄金。按理说，除了特别强势的几个皇帝，大多数时候，外戚应当是帝王在朝廷的帮手，尤其是像史高这样位高权重却又没什么野心的外戚。有他占着大司马这个位子，皇帝在朝中想做点儿什么事也方便许多。刘奭的想法却与众不同，很可能他的想法非常简单：这次把丞相、大司马和御史大夫撸得一个不剩，足可向老天表达自己悔过的诚意了。

赋闲在家的史高，日子过得恐怕也不怎么安生，没过几年就病死了。至于与石显同是宦官的弘恭，则比史高死得更早。当然，弘恭的死多少还是有点儿疑问的。他身为中书令，地位比身为仆射的石显要高，恐怕石显已经觊觎他的位子很久了。毕竟一山难容二虎，除非一公和一母，除此之外，即便是两只阉虎也不成。

而且，"中书令"这个官职对石显这样的人来说太有吸引力了。

中书令是孝武帝刘彻创立的官职。依据古人给官职命名的规矩，中书令的"中"字说明了这是一个日常要在皇宫里工作的职务，负责给直接向皇帝上奏的秘奏"封事"。所谓"封事"，就是将臣下上奏的重要奏折用皂囊密封以确保机密不外泄。既然中书令负责密封奏折，那他完全可以自己先看了奏折再密封，由此可见这个位子的重要性。当年刘彻设立中书令的时候对此是有过充分考虑的，因此，能够担任中书令的人除了要有才能，至少还要符合两个条件：首先，他必须得到皇帝的极度信任；其次，他必须是刘彻认为的没有结党营私之可能的宦官。第一任中书令我们之前提到过，就是司马迁。到了后来，中书令的地位越发重要，像刘奭这样性子懒、身体又差的皇帝，甚至直接让中书令替自己处理政事，而且上朝的时候，中书令站的位置在百官之首的丞相之上。

人活于世间，若非甘于寂寂无闻，执着前行者总会受一些难以抵御的事物诱惑。石显受了宫刑，绝了男人的念想，皇帝又常年大加赏赐，身家巨万的他对金钱已失去渴望，权力便成了他唯一执着的东西。因此，我们可以猜测（虽然这似乎没有什么根据），这场斗争中剩下的石显和弘恭两人，关系绝对不像表面那么和谐。

不管怎么样，在两个人的暗斗中，最后石显获得了胜利，顺利地在弘恭死后接任了中书令一职。在此之后，外戚中地位最高的史高也去世了。于是，在这场历时数年的外戚、宦官和大臣的三方角逐中，宦官石显最终胜出。

从此之后，石显权倾朝野，朝中之事大多由他替皇帝决断。很多为求富贵的大臣，如少府五鹿充宗、中书仆射牢梁之流，纷纷投在石显麾下，充当其党羽和爪牙，甚至后来朝中的五位尚书都成了石显的党羽。当然，朝中也有正直不阿的大臣，很看不惯石显的作为，可这些大臣但凡敢跟皇帝提石显的不是，很快就会收到石显送来的直达地府的单程票。

京房是这些大臣的代表。之所以说他是代表，是因为别人揭发检举石显，都是抱着一种事后大不了一死的想法去的，而京房是知道自己事后肯定会死却还要去的，因为京房的学术专长是算卦。

京房的老师叫焦延寿，此人精通《周易》，在小黄县做县令时常常算卦预测县内即将发生的奸邪事情，竟也非常准确。小黄县在他的治理下风气很好，每次政府考核，焦延寿的得分都很高。京房大概是在小黄县拜师学艺的，他不仅是焦延寿的得意门生，而且在专业上青出于蓝。

初元四年（公元前45年），京房被举为郎官。在其后的几年里，他多次上书预言即将发生的事情。事后证实，京房所说的那些事情在他上书后早则数月，迟则一年，基本都应验了。京房的表现引起了刘奭的注意，刘奭经常找他咨询事情。京房为人正直，很看不惯石显在朝中肆意结交党羽、排除异己的作为，常想趁着皇帝召见的机会揭露石显的面目。

一天，京房趁着刘奭召见他的机会，请求和刘奭讨论一些过往的事情。得到刘奭的同意后，京房发问："陛下，您说像周幽王和厉王这样的君主为什么会亡国呢？"

刘奭学识很高，不假思索地回答："那是因为他们昏庸，任用了那些谄媚的小人。"

京房又问："那幽王、厉王知不知道他们任用的是小人？"

刘奭说："当然不知道，知道还能用吗？"

京房接着问："那现在的人怎么知道他们是小人呢？"

刘奭说："这还不简单，我们读书啊，我们通过史书的记载知道当时的社会很乱，而且后来幽王和厉王都败亡了，所以说他们当时任用的是小人。"

京房进一步启发刘奭："陛下圣明，君主任用贤能之人，百姓就能安居乐业；君主任用谄媚小人，国家就会民不聊生，这是有道理的。那幽王和厉王为什么不觉悟呢？”

刘奭大概还不知道京房所指何意，笑道：“每个君主都以为他的臣子是贤能的，如果他们都觉悟了，那天下哪里还有亡国之君？”

京房继续诱导刘奭：“那后来的齐桓公和秦二世也知道幽王和厉王的事情，并且还嘲笑过他们，可为什么到最后还是免不了步他们的后尘呢？”

刘奭说：“那是因为只有真正有德的君主才懂得从历史中吸取教训，惩前毖后。”

好了，铺垫完了，京房郑重其事地脱下帽子叩首，说道：“陛下，《春秋》中记载了两百多年间的灾异以给后来的君主借鉴，而这些日月不明、星辰逆转、山崩地裂、四季混乱、灾祸横行、民不聊生的事情如今都已经出现，臣敢问陛下，当今算治世还是乱世？”

这时，刘奭好像才听出一点儿意思，他说：“是有点儿乱，你有什么要说的吗？”

京房马上接口问道：“那陛下，您现在任用的是谁？”

刘奭再傻也知道京房是什么意思了。他也不回答，而是顾左右而言他：“现在的灾异比以前轻多了，这和用人没什么关系吧？”

京房决定豁出去了，他回答刘奭：“以前齐桓公和秦二世也是这么想的，恐怕以后我们就成他人的笑话了。”

刘奭沉默了许久，反问京房：“你指的是谁？”

京房再拜：“圣明的陛下心里知道。”

刘奭装傻：“朕不知道，要是知道的话，还能用他吗？”

京房这时已经不是暗示了，简直就是明示：“就是您最信任的、能够罢免天下大臣的那个人。”

刘奭最后以一句“知道了”结束了这场对话。

刘奭的“知道了”其实和“不知道”一样，因为对话前和对话后，他对京房也好，对石显也好，态度上都没有一丁点儿变化。然而，京房的话显然刺激了石显，石显决定将他除之而后快，而之前京房在朝中的提议也引起了绝大部分大臣的不满。

大臣们不满京房绝非因为灾异的事情，而是因为京房多次向刘奭建议，由他主持考察官员的政绩。这项工作在朝中历来由刺史负责，可对于大臣们而言，由别人做可以，由京房做却不行。别人来考察政绩，平时工作好的自然不怕，工作差的做做假资料，塞塞红包，走走过场，多数也能蒙混过关。可谁也架不住京房这家伙会算啊！要是他来考察地方政绩，可能他都不用下地方，在家里摆开先天六十四卦算一下就可以了。

事能瞒人，还能瞒天乎？

京房先得罪了大臣，后又得罪了石显，很快便被石显找个由头下放到了地方，紧接着又由地方下了大狱，不久便被石显以“诽谤政治，归恶天子”的罪名弃市。

此外，还有诸如太中大夫张猛、御史中丞陈咸、淮阳王的舅舅张博、待诏贾捐之等人，也因为得罪石显而死。至于那个周堪，则在永光四年（公元前40年）犯了不能言语的疾病，结果被石显用话活活挤对死了。

这下，朝中再也没人敢明着跟石显斗了。对此，刘奭却不在意，不仅因为在他看来，下面斗成什么样都不要紧，只要他依旧坐在皇帝的位子上就可以了，还因为他的注意力已经转向了朝廷之外。接下来西域发生的事情，正让他享受着天朝上邦的感觉。

第三十一章

威震西域

西域都护护西域

前几年看过一部成龙大哥主演的片子，讲他所饰演的西域都护受人冤枉后被发配，经过一番努力终于查清真相昭雪的故事。有朋友就问我："西域都护是什么玩意儿？"

这个问题的答案说简单也简单，说不简单也不简单。西域都护最早出现于神爵年间，简单地说，它是一个官职，是汉朝在西域的最高行政和军事长官。可要说起它的来历，就不那么简单了。

我们知道，汉代的丝绸之路并非一条道到底的直路，其从敦煌出发，然后分为南北两支：一支出玉门关经车师国向西北，一支出阳关经鄯善国向西南。地节二年（公元前68年），宣帝刘询派遣侍郎郑吉在离鄯善国百里外的渠黎[1]屯田。郑吉是会稽人，出身行伍，曾经多次随军出征，精通西域诸国的事务。元狩四年（公元前119年）匈奴败退后，朝廷开始开发西域，通过丝绸之路与世界联系。但西域诸国并非一致向汉，它们很多立场也不坚定，更有不少国家依然和匈奴沆瀣一气，截杀途经西域的汉朝使节，阻塞丝绸之路。

这次宣帝刘询让郑吉去屯田，正是为了先做好粮食上的准备，以攻打阻碍汉朝通往西域的车师国。这年秋天，到了收粮食的季节，郑吉简单地收了收屯田的粮食，就联合西域诸国的胡兵一万余人和屯田的一千五百名

1.也作渠犁。

汉军，直不楞登地向车师国挺进。

车师国原本也是汉朝的属国，但在昭帝的时候，匈奴单于出动四千骑兵控制了车师国。宣帝本始二年（公元前72年），刘询派汉军二十多万围攻匈奴，顺道就把控制车师国的匈奴骑兵给吓走了，车师国再次回归汉朝。这下匈奴单于怒了："虽然匈奴已经不复以往的强大，但也不是你个西域小国可以看不起的。打不过汉朝，我还打不过你车师国！"于是，匈奴人便召车师国的太子军宿来匈奴。军宿太子知道匈奴人这是要他去做人质，他哪里肯去，一听到消息就赶紧逃出了车师国，跑自己外公那儿去了。太子跑了，车师国国王可跑不了，他只好又立了个叫乌贵的儿子为王太子。这个乌贵是亲匈奴的，老车师国国王一死（当然也可能是乌贵促其早死的），乌贵就做了车师国国王，还和匈奴人结了姻亲，带着车师国再次倒向匈奴，阻塞了汉朝通往乌孙国的道路。

郑吉的这次出击，正是要疏通这条被车师国堵塞的道路。当然，当年匈奴出动四千人就能让车师国人臣服，现在汉军有一万多人，车师国更加抵抗不了，郑吉很快便攻破了交河城。等破了交河城，汉军满城抓捕车师国国王无果，最后抓来车师国的大臣一问，郑吉才知道罪魁祸首乌贵并不在交河城内。原来，郑吉的大军刚出发，乌贵便知道大事不好，赶紧跑到交河城北边的石城躲了起来。

乌贵的想法很好：汉军远道而来，粮草必然不足，只要尽量拉长汉军的补给线，一旦军粮供给不上，郑吉就只能撤退；等他再有足够的军粮来进攻时，就是明年的事情了。

如果你要问乌贵，若明年汉军准备好足够的粮食再来怎么办？可能你得到的答复会是今朝有酒今朝醉，明年的事情哪里管得了？！

应当说，乌贵的想法还是有一定的道理的。郑吉攻下交河城后粮草告罄，剩余的军粮无法支持军队继续攻击石城，只好退兵。然而，乌贵没有充分估计自己的力量，车师国毕竟国小民寡，缺乏战略纵深。郑吉撤兵回到渠黎后，并没有如乌贵所愿准备来年再战，而是让军队稍作休整，把之前田里没收割的粮食收割完毕，转身又直扑石城而来。

这下乌贵傻眼了。这边郑吉的队伍刚出发，那边他就赶紧撒丫子往匈奴那儿跑，向匈奴单于求救。乌贵娶了匈奴人为妻，便以为自己在匈奴人那里很重要。其实，这时候匈奴人已经避汉军唯恐不及，哪里还会为了一个小小的车师国和汉军再起争端？单于对乌贵的出兵请求非但不予理会，还把他赶了出来。

被匈奴人赶出来的乌贵灰头土脸好不狼狈，他走投无路，只好又回到车师国。既然匈奴人抛弃了自己，为了保命，乌贵和国中一个叫苏犹的贵人商量了一番后，决定干脆投降汉朝。

乌贵虽没有什么坚定的信仰，却是个懂规矩的人，知道自己就这么去跟郑吉说要投降，郑吉大概是不会相信的。况且汉军来势汹汹势在必得，到时候他免不了要和整个车师国一起玉石俱焚。

那怎么才能取信于郑吉呢？

乌贵犯难了：献出金银珠宝和美女？自己好像舍不得；光着上身去负荆请罪？感觉没用；还是干脆认郑吉做爷爷？这个……

就在乌贵犹豫不决的时候，苏犹告诉乌贵："大王，你只需要如此这般便可。"

乌贵听了苏犹的一番话，如醍醐灌顶，茅塞顿开。对！既然匈奴不仁，也就不要怪我乌贵不义。根据苏犹的主意，乌贵率军突袭了匈奴边境的一个附庸小国，杀了国王后把国内的居民全数掳走，以示和匈奴断交，并以此作为诚心向郑吉投降的凭证。

击破车师国后，因为车师国离匈奴比较近，汉军难以保持大部队长期驻扎，为了躲避匈奴人的打击报复，郑吉便把车师国的居民迁徙到渠黎居住。他因击破车师国被提拔做了卫司马，并被授命维护丝绸之路上从鄯善国往西南方向去的道路的畅通。

神爵二年（公元前60年），匈奴内乱，匈奴日逐王先贤掸打算率手下向汉朝投降。匈奴的王投降汉朝并非个例，但先贤掸叛逃出匈奴无疑给了当时已经混乱不堪的匈奴王庭一记沉重的打击，因为先贤掸的父亲在世时曾是匈奴的左贤王。比照于汉朝，先贤掸就相当于太子，本是单于的继承者。

当初，前任单于且鞮侯死后，匈奴贵族等不来左贤王，便以为左贤王被疾病缠身，难堪重任，就将当时身为左大将的且鞮侯单于的另一个儿子立为单于，这个左大将就是先贤掸的父亲。此公虽名不见经传，但着实是高风亮节。虽然众人推他做单于，可依匈奴惯例，左贤王才是单于的继承人，于是他主动提出要让贤于当时的左贤王，并多次派人到左贤王驻地，坚持要等左贤王来继位。

然而，左贤王并没有自己兄弟这般的胸襟，听说其他贵族已经推左大将做了单于，他不免以己小人之心度兄弟君子之腹："你已经做单于了，再叫我去，莫不是想永绝后患？"于是，左贤王坚决不肯去。这时，左大将恨不得把一颗红心剖出来给自己的兄弟看，最后他亲自到左贤王那里，请左贤王到王庭做单于。面对左贤王的一再推辞，最后左大将不得已退让了一步，约定："如果兄弟你不幸死了，再把单于的位子传给我，这样行了吧？！"如此这般后，左贤王才答应做单于，也就是后来的狐鹿姑单于，而狐鹿姑单于似乎也遵守了约定，立左大将为左贤王。

如果各位读过春秋战国史，即便没读过也无妨，只要是从本书开头看到这里的，大概就能猜出后来可能发生的事情——这又是一个因继承权问题导致国家内乱的故事。因此，我们也不必再追究匈奴是否真的与中原民族同根的问题了。司马迁的"匈奴，其先祖夏后氏之苗裔也"（《史记·匈奴传》）一语大概也绝非虚谈，毕竟刨去风俗习惯这些表象，匈奴与中原民族在精神思想上甚至在犯的错上何其相似！

以之前的惯例推测，左大将应该是弟弟，狐鹿姑单于是哥哥，但结果出乎这个弟弟的预料，他哥哥并没有如他所说"不幸死亡"，他自己反而在做了左贤王后没几年就突然病死了。左贤王死后，狐鹿姑单于做了一个耐人寻味的举动：他没有让左贤王的儿子，也就是自己的侄子先贤掸接替左贤王一职，而是任命他做了日逐王，地位不但次于左右贤王，也在左右谷蠡王之后。

狐鹿姑单于死后，单于的位子几经易主，始终没有先贤掸的份儿。先贤掸又没有其父的气度，这下让他如何受得了？而且，虚闾权渠单于死后，新上台的握衍朐鞮单于与先贤掸素来不和，先贤掸的日子变得越发不好过。掌了大权后，握衍朐鞮单于开始处处逼迫先贤掸，先贤掸的地盘和人口不断被挤压，手下仅剩下没什么战斗力的一万两千多人。最后，走投无路的先贤掸干脆起了投降汉朝的心思。

神爵二年（公元前60年），先贤掸派心腹来到渠黎，向已经升任骑都尉的郑吉表达了归降的意愿。郑吉大发渠黎和周围西域诸国的士兵五万人去迎接先贤掸，不仅成功制止了匈奴降部的逃亡，还顺利地把先贤掸带到了长安。

宣帝刘询对先贤掸的归降很满意，封他为归德侯。对于郑吉在西域的工作，刘询也很满意。而且，因为日逐王的投降，汉朝在西域的威望大增，匈奴几乎完全失去了对西域地区的控制。于是，郑吉又被授命维护丝绸之路上从车师国往西北去的道路的畅通。为了表彰郑吉的功劳，刘询不仅封他为安远侯，还寻思着要给他创造个新的职位。

那这个职位叫什么好呢？

之前郑吉护了西南道，如今又护了西北道，既然南北两道都由他护着，那就叫“都护”吧。郑吉于是便在乌垒城设立都护府，正式做了第一任西域都护。至此，汉朝终于可以对西域诸国中的大多数行使号令，始于张骞的丝绸之路也才算正式形成。

然而，事情并非如此简单，当初刘询让郑吉做西域的都护，给他的任务并非把西域的三十六国纳入汉朝的版图，而是监督诸国的动静。有人说，西域都护相当于汉朝在西域的调解法庭。我认为这个比喻并不贴切，因为刘询在诏书中对都护的职责说得很清楚：如果它们中间某些国家发生了事情，可以安抚的，都护就带人去安抚处理；安抚不了的，那就用拳头和武器教他们做人。说白了，西域都护就类似西域地区的扛把子。

然而，这个西域大哥也不是那么好当的，因为不服你的人明里暗里始终都存在。

一封信引发的血案

自打匈奴分裂，呼韩邪单于南投以来，匈奴便不再是往日那个能纵横草原沙漠的强悍部族。在汉朝强大的军事压力下，西逃的郅支单于甚至跑到了康居栖身。对于这些昔日压迫、奴役自己许久的匈奴人来投降一事，康居的臣民都持反对意见，都不愿意接纳郅支单于，但康居国王有自己的小算盘。由于康居长期受乌孙的压制，康居国王便想利用郅支单于对付乌孙，并胁迫周围的国家臣服于自己，也让自己在西域称王称霸一回。郅支单于跑到康居虽然是出于走投无路，可他也没安好心。况且康居当年在匈奴人眼里不过是个连提鞋都不配的小国家，郅支单于又怎么会心甘情愿地寄人篱下？

既然康居国王和郅支单于都有各自的心思，其他人的意见也就起不了什么作用了，双方一拍即合。为了表现两家惺惺相惜，他们还做了一次交换——康居国王把自己的女儿嫁给了郅支单于，郅支单于也把自己的女儿嫁给了康居国王。

两家结亲后，郅支单于便从到处流窜、无家可归的流浪汉摇身一变成了康居国的座上宾。郅支单于到了康居国后便借康居国的兵屡次攻击乌孙，甚至一度打到乌孙的国都赤谷城，劫掠并杀害了数以万计的乌孙民众，迫使乌孙国放弃了乌孙西边临近康居的千里土地。

这下康居国王开始得意扬扬，兀自做起了西域霸主的美梦。然而，他没想到的是，自己和郅支单于合作无异于与虎谋皮。到了康居，郅支单于就得到了喘息的机会；借了康居的兵，他的力量就得到了壮大；多次打败乌孙，他在康居就树立了威信。有了地盘，有了兵，又有了威信，你以为郅支还是刚投奔康居时那个落魄的匈奴单于？接下来，郅支单于凶残的本性就暴露了。他先是对康居国王不敬，然后又对自己的新阏氏即康居国王的女儿实施家暴，后来甚至杀了康居国王的女儿和康居国内反对他的贵族和老百姓，而且一连杀了好几百人——手段是极其残忍的肢解。

这下，康居国内再也没人敢公开站出来反对郅支单于了。于是郅支让康居的百姓为他在康居国内以土筑城，分内城和外城两部分，又靠着土制的外城城墙延伸出以粗大树木搭建的用于瞭望和射击的木城，建了一座名曰“单于城”的复杂新城。而可怜的康居国王不仅死了女儿，自己大概也被郅支单于囚禁了起来，日子过得生不如死。

如果只是这样也就罢了，郅支单于躲在康居国里爱怎么闹腾就怎么闹腾，反正原告兼受害者康居国王都没有出面求救，即便是西域都护也不好插手别人的家事。可郅支大概是在自己的新城里面待得太久了，控制了区区一个康居，又打败了乌孙，制服了临近的几个小国，就搞不清楚自己几斤几两了。他公然写了一封信给汉朝皇帝，信中只有寥寥几行字，但语气颇为傲慢：“我郅支单于现在受困于西域这穷苦的地方，日子没法儿过了，计划投靠强大的汉朝，还打算把自己的亲儿子送到长安去做人质。”

想来当时写下这几行字的时候，郅支还在心里给信的末尾加了一串“哈哈哈”的爽朗笑声。

当然，以汉元帝刘奭的蔫脾气来看，估计他即使生气也不会把郅支单于怎么样。可也该郅支单于倒霉，他的一封信虽没让刘奭生气，却引起了西域都护府的注意。这时候的都护叫甘延寿，而甘延寿有一个副手，叫陈汤。

这是一个喜欢没事找事、不走寻常路的主。

陈汤自小家道赤贫，虽然也读过不少书，写得一笔好字，但早年间常以行乞和借贷维持生存。行乞借贷，必然不在乎操守；家道赤贫，大多渴望金钱——这成了陈汤一生中抹不去的两个污点。但事情有一利必有一弊，反过来也一样。不在乎操守，往往能为常人所不能为；渴望金钱，遇事则比常人更敢于冒险——这又成了陈汤身上突出的两个特点。

成年之后的陈汤因此始终得不到邻里乡亲的认同，每次政府选拔后备公务员，一提到“陈汤”二字，大家都拿他的德行说事，以致他始终无法进入地方低级公务员系统。经过几次失败后，陈汤一拍大腿，在心里愤愤道：“此处不留爷，自有留爷处；地方不留爷，爷投向西路！”他于是离开老家山阳郡，直奔西边的长安而去。

以陈汤的性格来看，到了长安之后，大概是用了一些非常规的手段，他很快就替自己谋到了一个职务：太官献食丞。

依汉朝官制，太官是负责皇帝的日常膳食、祭祀的官员，俸禄只有六百石，而他手下的太官献食丞主要负责管理地方进献上来的食材，薪水顶死不会超过四百石，在长安城里也就是个芝麻绿豆大的官。

官职虽低，可这对陈汤而言意义重大，至少他算是出人头地了，而且后来他还认识了名臣张安世之孙富平侯张勃。张勃对陈汤的才能崇拜不已，于是向皇帝刘奭保举陈汤，使其进入了待升迁官员之列。

当陈汤觉得自己终于混出了头，可谓春风得意马蹄疾，正要一日看尽长安花的时候，却碰到了一件无法回避的大事：他的父亲去世了。

这意味着陈汤要“丁忧”。

国人历来重视孝道，早在周朝就已经出现了子女为父母守丧三年的习俗，而汉代更是一个以“孝”治天下的朝代，国家和社会都很注重个人的孝行，于是便在原有风俗上衍生出了带有法律意义的丁忧制度。

人们总说中国文化博大精深，这话不假，从只用“丁忧”两字便传神地概括了子女在守丧期间需做的一切事情就可见一斑：“丁”者，当也；“忧”者，居丧也。当居丧的时候，人会怎么样？当然会很忧伤，很悲戚，所以会不出游，不宴饮，不作乐，不结婚。如果是官员，朝廷还必须强制他离职回家服丧。时间说是三年，其实更准确些应该是二十七个月。对于不丁忧的官员，朝廷也有惩罚制度，大多是免官——既然父母去世你都可以不管不顾，依这个德行也没资格做官了。

可陈汤不愿意离开长安回到老家山阳郡，他升官的事情现在八字才刚刚有了一撇，你叫他如何甘心回家？！

能不回去吗？当然可以。丁忧既然是国家强制的，自然会有补充制度，那就是“夺情”。简单地说，就是虽然你父母去世了，但你对这个国家非常重要，当朝的皇帝实在一天都离不开你，迫不得已国家夺去了你的孝亲之请，要求你继续留在朝中做官，比如明朝万历年间很有名的首辅张居正的夺情故事。

但很显然，陈汤并没有资格被“夺情”。他不过是个四百石的小官，这种官在长安城里一抓一大把，任务也不过是负责处理地方上送来的贡品，其职责也没有多重要。难道今天没了你陈屠户，他刘奭下一顿就得吃连毛猪？

对陈汤来说，更要命的是，保举他的张勃不久前已经死了。如果他丁忧三年，那之前的努力就将付之东流，保不准以后偌大的官场就没他陈汤什么事了。

思量再三，陈汤决定铤而走险，对外隐瞒自己父亲逝世的消息，继续跟个没事人似的在长安待着。但纸始终是包不住火的，何况不管哪朝哪代，朝廷中都有专门负责挑别人刺的人，比如明朝大名鼎鼎的锦衣卫，而汉朝则有司隶校尉做着类似的事情。

司隶校尉一职设立于武帝征和年间，最初的职责是代表皇帝行驶督查权，尤其是督查巫蛊方面的事情。这个职位设立之初极不讨好，受到了群臣的强力抵触，因为朝中的大臣大多也不好惹，这个是皇亲，那个是侯爷，不是谁都可以任由一个俸禄比两千石的司隶校尉随意督查的。

可大臣们不好惹，刘彻就更不好惹了。一看司隶校尉因为受到大臣们的反对无法正常进行工作，刘彻马上大笔一挥，给司隶校尉配了一千两百名专属士兵，更赋予了他逮捕权和惩治权，一下让司隶校尉由口头批判升级为武力批判，这下才让大臣们噤声。

武帝之后，司隶校尉的权力有所缩减，但仍有督查和弹劾百官的权力。初元二年（公元前47年），朝中的石显和萧望之两派争斗正激烈，司隶校尉大概没敢蹚浑水，朝中的其他大员他也不敢得罪。可在其位不能不谋其政，他就开始穷究底下的官员，终于挖掘出了太官献食丞陈汤父死不丁忧的事情。这时，大概刘奭还没看懂朝中两派的斗争，每次上朝绝大部分时间都在看石显和萧望之两方面红耳赤的争吵，有些审美疲劳，现在出来个新鲜事，马上就转移了他的注意力。于是，一封奏折上去，皇帝亲自批示，陈汤无孝行，不仅被免官，下了大狱，还连累了举荐他的张勃一起受罚。

咦？张勃不是死了吗？死了也不能放过他。刘奭不仅削了他老张家世袭的富平侯两百户食邑，还赐已故的富平侯张勃谥号“缪侯”，死了也要将他恶心一番。

因为逃避丁忧被免官下狱，如果换作他人，估计这辈子就很难翻身了。可陈汤毕竟是陈汤，他居然很快就从大狱里出来了，并且又通过其他贵人的推荐做了郎官。经过上次的事情，陈汤觉得中央的官场也不是那么好混的，而且没什么背景的他在这里很难得到好的机会表现自己，要想出人头地，还是应当到危险的地方去，毕竟风险始终是与收益共存的。在人人都想尽办法撞破头往长安挤的时候，陈汤却申请到边疆去。终于，在建昭三年（公元前36年），陈汤得以副手的身份跟随西域都护甘延寿到乌垒城赴任。

到了西域后，陈汤就准备找个借口做些惊人的举动，正好这时候郅支单于的信让他看到了机会。机会是什么呢？机会就是，郅支单于的狂妄实在是太不像话了！是可忍，孰不可忍；君可忍，臣不可忍！

陈汤马上找甘延寿商量，一开始其言语还算平和：“西域诸国本性都是欺软怕硬的，他们本来就臣服于匈奴，现在郅支虽到了康居那里，却不断地侵略临近的大宛和乌孙，如果等他把这两个国家占领了，他在西域的威名就会更盛，那西域其他国家就会被他一步步蚕食，日久必成朝廷大患。大人应当早做防范。”

“嗯，说得有理。”甘延寿可能是在西域水土不服，还没到乌垒城就病了，一直都没治好，这时候头脑正有点儿晕乎，也想不了那么多，便问，“依你之见，当如何？”

“大人，康居国虽然远，郅支其人虽然剽悍，但他们的城防不行，也没有足够的像弩箭一样强有力的防御性武器。眼下只要联合乌孙等被郅支侵略过的西域诸国，让它们出兵康居，我们再发动西域屯田的士兵，如此两军齐出直指单于城下，郅支想守也是守不住的，想跑他也没地方跑。如此一来，”陈汤拱手，直起身大义凛然地朗声道，“将军！千古奇功岂不唾手可得？！”

听罢陈汤一番慷慨激昂的话，甘延寿似醍醐灌顶，本来晕沉沉的脑子瞬时也亢奋起来：“你所言极是。”

接下来，陈汤便趁机跟甘延寿商量起兵马调度、粮草分配以及联系西域各国等问题，两人一直从下午讨论到晚上，一通谋划好不热血沸腾。末了，两人计议已定，陈汤正准备告辞，这时候甘延寿从亢奋中醒了过来，恢复了一丝清醒，突然想到一个至关重要的问题：他们都还没有皇帝的诏命，商量什么打仗啊！

甘延寿一把拉住正要往外走的陈汤，告诉他：“此事应当先上报朝廷，待有陛下的手谕后才能行事。”

其实，陈汤早已想到这一点，但他哪里等得了这一来一回许多时日。再说了，若上报上去，朝议批不批准还不一定，而且以陈汤对朝中大臣的了解，他们多半是不会同意的，所以他才故意不提这事。现在甘延寿反应过来了，陈汤只好糊弄过去：“这样利国的千载大计，岂是朝中那群凡夫俗子所能理解的？我觉得还是不要说了吧，报上去他们肯定不会同意的。”

说得轻巧！没有皇帝的命令私自出兵，那可是杀头的重罪，如果打了败仗，恐怕连自家三族都得一起受连累。这样的事情哪里是甘延寿敢做的？他赶忙否定陈汤的想法：“不不不，你先回去，此事还得从长计议，从长计议。”

陈汤看着甘延寿，也没有说什么，只是含糊地回答了一句“诺”便退了出来。

第二天，陈汤没再去找甘延寿商量出兵康居的事情，而甘延寿大概是被陈汤昨夜的想法吓出了一身冷汗，又被西域晚上的冷风一吹，就感染了风寒，原本没好的病这下更重了，连日卧床不起，都护府的事情也没心思管了。

过了些时日，甘延寿的身体逐渐好转。这天，他出了自家的院子，忽然发现乌垒城内比以往更加热闹和嘈杂，嘶喊声不绝于耳。他让手下出门一打听，才知道坏事了：陈汤已经矫诏伪称得到了皇帝进攻康居的授权，把西域各国的士兵和汉军在西域各处屯田的将士集合了起来，正准备请他去做誓师动员。

这下甘延寿的魂都快被吓出窍了，他立即让人把陈汤叫来。等陈汤一身戎装到了甘延寿面前时，甘延寿让他赶紧停止现在的行动。这时候陈汤可不那么好说话了，他一手按在剑柄上，怒目瞪视，说道："甘大人，现在大军已经集合完毕，此事已成定局，难道你认为还有退路？！"

其实，甘延寿也明白，如果现在遣散众人，那么陈汤矫诏大抵是死罪，自己作为上司，肯定也逃脱不了干系。那么，现在他们唯一的出路就是带领这支还蒙在鼓里的队伍去取郅支单于的首级，那样回来后他们才可能有活路。

甘延寿是北方人，从小擅长骑射，力气绝伦，本也有些豪迈果敢的气概，他想既然事已至此，后悔也没有用了。他迎上陈汤的目光，竟也被陈汤炙热的目光感染，胸中顿时燃起一团火焰。他一咬牙，狠狠地说："好！"

甘延寿接过指挥权，把这支胡汉杂合共四万多人的军队分作两支，一支由副将带领沿丝绸之路南道翻越葱岭经大宛入康居，另一支由自己率领沿北道过乌孙入康居，然后两支军队一南一北合围郅支单于。当然，临出发前甘延寿还是写了一封奏折上报朝廷，主要是交代陈汤矫诏发兵的缘由。至于其他的事情，甘延寿暂时也顾不了那么多了。

一切已准备就绪。

"出发！"甘延寿一挥手，乌垒城里两路大军齐出，往南北两个方向进发。看着身边鱼贯而过的骑兵，甘延寿和陈汤心里的感受似乎是不同的：陈汤的心情更多的是激动和亢奋，甘延寿则心怀不安与无奈。不过，他们的目的是一样的——拿下郅支单于的首级！

这是一场豪赌，一次只能赢不能输的战斗。哪怕只是为了自己！

犯强汉者，虽远必诛！

甘延寿和陈汤带领军队一路疾行，先经过乌孙国都赤谷城，然后到了阗池（今吉尔吉斯斯坦的伊塞克湖）附近。原本陈汤和甘延寿打算在乌孙境内补充一些粮草，没想到由于前两年反复遭到郅支单于的攻击，赤谷城以西已经变成了乌孙百姓避之唯恐不及的千里赤地，想要就地获得补给变得困难重重。

当然，面对这些许的困难，他们是不会退缩的，况且他们也无路可退。好在，这时候提供补给的"运输大队"来了。这个"运输大队"的大队长叫抱阗，是康居国的二把手，大概是投靠了郅支或者郅支的爪牙。以往康居总是被乌孙人压着打，但自从郅支数次打败乌孙军队后，仗着郅支的余威，此人似乎也打通了任督二脉，一改多年逢乌孙便㞞的窝囊样，多次跑到赤谷城附近打劫乌孙百姓，乌孙人竟拿他没办法。

这次抱阗甚至带着数千人越过赤谷城，到东面敲了乌孙大昆弥一棍子，杀掠乌孙军民千余人，并抢了大量的牛羊马匹。就在抱阗得胜而归的时候，他的队伍与汉军的后军辎重部队不期而遇。大概是在大昆弥那里打出来了自信，抱阗看到面前这支明显杂有汉人的军队居然没什么惊奇的反应，也把他们和乌孙军队等同起来。看到队伍中有辎重，秉着这两年在乌孙国养出来的"你的就是我的"原则，抱阗想也不想就带头冲过去接管那些财物。

陈汤接到后军的报告后，到前线看了一眼抱阗手下康居兵的阵势，心里暗自发笑：如此一支乌合之众竟敢来送死？！他没做过多安排，只命令手下胡兵纵马追击，很快便把抱阗的军队击溃。抱阗这下偷鸡不成蚀把米，非但之前在大昆弥那里夺来的人畜损失殆尽，还折进去四百六十人，自己也只得仓皇逃窜。

收拾完战场，陈汤命人把从抱阗手下救下的四百多乌孙人送还大昆弥，但一同缴获的乌孙人的牛羊马匹，他则假装不知，全充作了军队的畜力和口粮。当然，对此大昆弥也不敢说什么，毕竟陈汤救了他的人，又替他找回了面子，这些只能权当是谢礼了。况且面对抱阗，大昆弥尚无可奈何，现在面对的是远强于抱阗的汉军，大昆弥哪里还敢吱声？

得了补给，甘延寿和陈汤的队伍很顺利地到达了康居国。为进一步瓦解郅支单于，甘延寿和陈汤一商量，下令严禁将士骚扰康居国的百姓。这让汉军得到了康居百姓的民心，甚至有不少怨恨郅支单于的康居贵族出来帮助汉军，不仅提供关于郅支单于的具体情报，还把汉军带到了临近单于城六十里的地方。

别看郅支单于在康居和临近的几个小国那里似乎可以呼风唤雨，其实，这时候他手下并没有多少人。当时跟他来康居国的匈奴士兵就三千多人，到了康居国后又数次跟乌孙交战，虽然大多数是借康居的兵，但几年折腾下来，不死人是不可能的。因此，匈奴军队的人数肯定不足三千。而且，郅支单于在康居国的所作所为极不得人心，平时威风八面的时候也就罢了，现在惹怒了汉朝大难临头，哪里会有几个康居人肯继续留在郅支单于那里陪他等死？所以，我大略估计，单于城里的郅支手下大概也就三千人——我保证，不可能再多了。

探得郅支单于的真实实力后，陈汤和甘延寿的心里有了底，第二天就把军营往单于城的方向推进了三十里。城里的郅支单于现在急得像热锅上的蚂蚁，他恐怕对自己那封只为嘴上爽一把的信懊悔不已，没想到自己是“嘴上一时爽，匈奴火葬场”。收到西域都护府出兵的消息后，郅支单于完全没了他在那封信上表现的嚣张和自信，他的第一反应只有一个字：跑！

郅支单于的这个反应不是想想而已，他第一时间就带人匆匆离开了自己经营数年的单于城，那时候他甚至连汉军的影子都还没见着。等在西域的狂沙中飞奔数十里后，郅支单于才反应过来：自己该往哪里跑？自己还能往哪里跑？

没有人回答他，可郅支单于知道，依自己在康居国的所作所为，康居人不反他就烧高香了，根本不可能帮他抵御汉军。康居周围的乌孙、大宛等国，平时受尽了他的欺负，必然会与汉军联合起来对付他，断不会接受和庇护他。很快，他便意识到了问题的答案：无路可逃。

对郅支单于来说，这是个多么讽刺的答案，而造成这个结果的偏偏是他自己！既然无路可逃，那还有必要再逃吗？郅支单于于是掉转马头又往单于城奔去。

我们无法得知之后几天在单于城里等待汉军到来的郅支单于的内心感受究竟如何，是恐惧，是愤怒，还是早知如此悔不当初？但我们可以得知的是，在这些情绪之外，他内心至少还存有一点儿侥幸，那就是汉军不远千里而来，补给困难，必定难以持久，只要自己能拖上一段时间，等到对方粮尽，自然会撤退。

那该怎么办？匈奴人素来崇尚武力，讲究强者为尊，遇事总信奉“能动手就别吵吵”一类的原则。然而，今时不同往日，郅支单于完全没有不服来战的信心和勇气。无奈之下，他绞尽脑汁想出了一个不是办法的办法——师汉长技以制汉，即使用“拖”字诀。

终于，等甘延寿和陈汤的军队出现在三十里开外时，郅支单于派了一个人去见甘延寿和陈汤。这个使者前往汉军只是为了替郅支单于问一句话：“汉军远道而来是为什么呀？”

这不是明知故问吗？几万大军远赴千里，不是为了教训他吗？难道是闲得慌？汉人不同于化外的匈奴人，经过孙子兵法的熏陶，稍微有点儿脑子的都知道郅支单于问这句废话背后的意思：拖延时间。

陈汤刚打了抱阗一顿秋风，又从康居贵人口中探知了郅支单于的虚实，此时已然成竹在胸。面对来人明知故问的问题，他先是嘿然一笑，随后眼珠子一转，已然有了决定：既然郅支单于要要计谋，那便先从心里击溃他的防线。陈汤也装傻充愣地回答（实际上是要挟）：“你们单于上书我们陛下，说他受困于西域这个苦地方，表示愿意归降我汉朝，还说要亲自来朝拜见。我们陛下可怜单于弃匈奴大国而屈居康居弹丸之地，所以派都护将军来接单于一家。因为怕惊动其他人，所以才没敢直接到城下。”

当然，这句话里可能也有给郅支单于投降提供台阶的意思，毕竟打仗是要死人的，能不打还是不打好。来人显然得了郅支单于的叮嘱，也不管陈汤说什么，只是回答：“容我回去禀报单于，还请贵军稍等时日。”

第二天，郅支单于又派了一个人来见甘延寿和陈汤，又是一番毫无营养的对话，末了来人仍要“回报单于”，让汉军再“稍等时日”。

如是再三。

面对郅支单于的雕虫小技，陈汤开始时还表现得极其有耐心，毕竟他胜券在握，可后来也烦了。看到郅支单于显然没有投降的意思，加上虽然军队士气正旺且不缺粮草，但毕竟在城外吹沙子也不是那么好玩的，陈汤决定不再跟郅支单于纠缠下去。再次面对郅支单于的使者时，他装作很生气地说道："回去告诉郅支单于，我们大军为他远道而来，结果这么多天了，连个在匈奴说得上话的人都没有见着，这就是你们匈奴人的待客之道吗？！你回去告诉郅支单于，我们大军远道而来，如今人困马乏、粮草不济，恐怕等不了了，让他早做决断吧！"

这无疑是给郅支单于下的最后一道通牒，而且第二天汉军就再次拔营起寨，逼近到离单于城三里的地方。

郅支单于原本想再拖上几天，进一步消耗汉军的粮草，没想到汉军粮草充足、军容整肃，陈汤的调侃与威胁反而对他造成了更大的伤害。当郅支单于最终在城头看到这支不远千里来取他人头的威武之师时，他的心中没有了希望，也没有了幻想，剩下的只可能是一种情感：疯狂。

上天要你灭亡，必先让你疯狂。

当然，可能又有人说我是在扯淡，在胡乱揣测人物的内心，但我已然觉得自己的猜测应该还是靠谱的，虽然它只是猜测。且看当甘延寿和陈汤的四万大军出现在城下，城里只有不足三千人时，一开始打定主意坚守，以待对方粮尽退兵的郅支单于做了些什么事情：

郅支单于命人在城上竖起五色彩旗，数百匈奴战士全副武装伫立城头，城外还有百余匈奴骑兵绕城来回奔驰，城门也未曾紧闭，而是半掩半开，城门外更有一百步兵摆出错落不齐的鱼鳞阵，有模有样地在那里操练。郅支单于甚至主张全民皆兵，让自己的几十个阏氏也披甲挽弓上了城头。郅支单于一挥手，便有人从城上向城外的汉军挑衅性地大呼："有种来打！"

后来，陈汤曾经给皇帝分析过汉胡的军事实力。陈汤指出，对西域各国士兵而言，汉军的优势主要在于器械犀利。在双方均有充分准备的情况下，汉军士兵甚至可以一打五。即便后来随着中国铁器制品大量流入西域，西域各国的器械水平有了提高，汉军也能以一当三。由此可见，当时单于城里的三千人大概就相当于汉军几百人的水平。郅支单于要击退城外四万人的汉军，按正常人的想法不外乎加固城防，将城门也钉死，然后多准备些滚木礌石以应对汉军攻城，最好能提前在城外坚壁清野。当然，以西域荒漠的环境看，大概没什么好清野的，但至少能把城外的水源都断了，这样就有可能最大限度地减少汉军的可作战时间。

以上这些该做的事情郅支单于一件都没做，居然还主动向汉军邀斗。

这时候郅支单于大概已经疯了，他命令骑兵率先向汉军发起冲锋。虽然郅支单于疯狂，可他手下的骑兵们脑子还算清醒，就这么百十号人，怎么敢往几万对手的堆里扎？果然，刚才还颇有气势地冲过来的骑兵，一看汉军士兵已把手中弩箭的弦拉满，还没等第一拨弩箭射出，这百多号人就赶紧掉转马头，以比之前快一倍以上的速度撤退，还连带着冲散了在城门附近操练鱼鳞阵的步兵。接着，陈汤命令士兵自由射击，一阵箭雨就让城外气势颇大的两百多号匈奴人全躲进了城里。

随后，汉军开始了正式进攻。不同于先前匈奴人儿戏般的冲锋，汉军士兵不动则已，这一动，城里的匈奴人就知道什么是专业的了。只见汉军从单于城的四面同时进攻，最前面的士兵手持一人高的卤楯防御，后面的士兵用长戟进攻，更后面的士兵持弩箭射击，而且专射附近高处箭楼上的匈奴人。把原本想居高临下射箭的匈奴人全赶到箭楼下后，汉军冲到城下，部分士兵在盾牌掩护下用大斧破门，部分人用大铲挖墙，分工合作，井然有序，杂而不乱。

在由单于城外城城墙延伸出的木城里，郅支单于让他的几十位阏氏也加入战斗，并且亲自上阵指挥士兵射击城外的汉军，但匈奴人的弓箭无法穿透汉军厚重的卤楯，郅支单于只好集中火力射击攻城的胡人士兵。陈汤的军队中胡人占了多数，他们不像汉军士兵有完整的防护装置和防御体系。匈奴人在木城中居高临下地射击，箭矢借助势能的加速，贯穿了不少胡人士兵的身体。这时，汉军中的胡人出现一阵骚动，他们的将领一挥手，胡人的队伍稍稍后退。

郅支单于还没来得及高兴，几分钟之后，大股的胡兵又冲了上来，很多人背上还背着一袋鼓鼓的东西，乍一看像临时弄出来的防御器具。郅支单于也不管那么多，继续命士兵集中箭矢射城下的胡人，可汉人军队里的胡人也不是好惹的，况且他们大多和匈奴人有着很深的仇。现在，郅支单于已经被困死在城里了，此时不报仇，更待何时？！

终于，胡人军队仗着人多和一股凶狠彪悍的狠劲，硬冲到了木城下。然后，他们把背上的东西全抖落在地上堆作几处，净是些柴火、油布、火油之类的物品，又有人从怀里掏出一根铁锥子，插在干树枝上就开始搓，更有甚者从后面拿着火把冒死冲上来往柴火堆里扔，瞬时火焰便沿着木城蹿了上去——原来刚才胡人是准备放火的东西去了。

西域本就干旱多风，只要有一个火星子，再借助风势，往往就能迅速形成燎原之势。这下轮到匈奴人乱作一团、慌张逃命了。城下的胡人趁机又往城上射箭，郅支单于的好多阏氏都被射死，郅支单于也被不知从哪里来的飞矢射中了鼻子。

郅支单于负伤后逃入外城，木城里的匈奴士兵一下子群龙无首，更加难以支撑。到了半夜，木城终于被攻破，郅支单于在外城里如坐针毡，他冲着门外的手下咆哮："来人！你、你、你，还有你，去给我看看康居的饭桶们怎么还不来？！"

"单于，康居的军队已到城外了。"一个士兵战战兢兢地回答。

"赶紧叫他们滚进来！"郅支单于继续咆哮道。

其实，康居的一万多士兵早就到单于城外了，可他们一来怨恨郅支单于，二来畏惧汉军的阵势，只好远远地观望，并未敢真的冲过来和汉军交战。等到了半夜，在单于城里匈奴人反复的高声呼喊和催促下，个别康居将领不情愿地带着军队象征性地冲向汉军的军营。

甘延寿和陈汤早已知晓康居军队的到来，他们在阵前观望了康居人的阵势，再一合计，认为目前城里的匈奴人兵败已成定局，在这种情况下康居人不会真的来蹚这趟浑水，便命令士兵严阵以待，禁止手下主动攻击康居军队。

果然，康居的军队冲到汉军营前，见各营的汉军士兵均严阵以待，他们便没敢真的攻击军营，只象征性地转了两圈，喊了几嗓子，又往天上胡乱放了几箭，感觉可以交差后就匆匆撤退了。

"报告单于，康居人撤退了！"

"浑蛋！"夜里，郅支单于还在等待城外的消息，手下的一句话让他大为愤怒。他一捶桌子站了起来，正想做一个愤恨的表情，没想到脸部肌肉动作太大，撕裂了鼻子处的伤口，鲜血立即汩汩流出。郅支单于还没来得及发飙就捂着鼻子倒在地上，动作好不狼狈，周围的人见状赶紧上前给他止血包扎。

一通忙乱之后，郅支单于伤口处的出血终于被止住了。他知道自己再留在城里已无获胜可能，即使万分不愿，也只好准备突围。可想在城市攻防战里突围哪是那么容易的？城池不论大小，四面的城墙对防守方来说也是一把双刃剑：守住了，这是对手的坟墓；守不住，这就成了自己的棺材。城里的人想突围，就必须走四周的城门，只要对手重兵守住城门及附近，城里的人就在劫难逃。难不成他们还能从城墙上飞过去？

郅支单于点齐了手下尚能一战的士兵，总共才数百人。他叹了口气，便带着这几百号人趁着夜色开了一侧城门，向汉军发起最后的绝命冲锋。

然而，汉军并没有给他丝毫的机会。见到城里有匈奴人冲出来，士兵们充分发挥器械犀利的优势千弩齐发，一时间天空中矢下如雨，冲在前面的匈奴人连喊都来不及喊一声，就已经被射成了刺猬。郅支单于并没有决死的信念，他和手下很快便被箭雨赶回了城里。

回到城里的郅支单于甚至已经没有时间去懊恼和悔恨，随着清晨的第一缕阳光刺破天际，城外金鼓之声震天动地——汉军的总攻开始了。甘延寿和陈汤指挥士兵从四面进攻，单于城的城墙上被凿出一个个大洞，汉军士兵鱼贯而入，依然是卤楯在前，稳步推进。弹尽粮绝的匈奴人甚至已经无法击破最前面的卤楯对汉军造成伤害，最后逐渐被逼退至单于的王宫内，而城外的康居军队已被汉军的战鼓声震慑心胆，早就撤出了这场本来就和他们关系不大的战斗。

到这个时候，胜负早已没了悬念，汉军士兵在王宫外四处放火，争先恐后地杀入宫中。最后，随着代理军侯丞杜勋砍下郅支单于的首级，其他一息尚存的匈奴人都松了一口气——终于可以投降了。在军营里的甘延寿同样也松了一口气，事情成功了，他和他甘家全族的命应该能保住了。

随后，汉军简单地收拾了下战场，将单于城里的一干事物均留给随同前来的十五个西域国家的军队自行处理，汉军只带走了郅支单于的头颅和之前被郅支单于杀害的汉人使节的信物。

整场战斗，汉军共击杀匈奴人一千五百一十八人，俘虏一百四十五人，收降一千多人，几乎把漠北的匈奴部族连根拔起。

甘延寿和陈汤带着汉军退回了乌垒城。他们上书皇帝，讲述了讨伐匈奴的理由和意义，并将郅支单于的头颅一并送到了长安。

甘延寿和陈汤立此大功，可以说完成了朝廷自武帝时起与匈奴人作战数十年的最后一击，功劳不可谓不大。然而，对于他们的赏罚，朝廷却迟迟难以下结论。皇帝刘奭和朝中的大多数大臣都认为甘延寿和陈汤立下的是千古奇功，虽然陈汤矫诏在先，却也瑕不掩瑜。可朝中主事的丞相匡衡对此却极力反对，深究其中原因，不能不让人感到无奈！说穿了，丞相之所以坚决不同意表彰他们，并非因为陈汤的矫诏，而是因为甘延寿之前得罪了石显。

原来，当年石显曾经想拉拢甘延寿，并打算把自己的姐姐嫁给甘延寿，可甘延寿不愿意与石显这样的人扯上关系，就一口回绝了他。石显自打做了中书令掌了大权，什么时候被人当面拒绝过？于是，他咬牙切齿地窝了一肚子火，下定决心要做掉甘延寿，而匡衡又是石显一伙的。他们本打算只要进攻不顺，便以矫诏的名义杀掉甘延寿，没想到郅支单于这么不禁打，一下子命都丢了。

“那也只能算功过相抵，且陈汤的行为不值得鼓励。假如开了此例，以后人人效仿，谁还会把陛下的威严放在眼里！”朝议时，匡衡坚持反对，还摆出一副大义凛然的样子。

朝议无法得出结论，最后刘奭自己做主，给甘延寿封了个义成侯，给陈汤封了个关内侯。当然，因为石显和匡衡的阻挠，两个侯爷的食邑都只有区区三百户。然而，陈汤虽然追求功名，可此时的他也许并不在乎这些，因为他知道自己所做的一切已经能够让“陈汤”两个字名留青史。而刘奭之所以能小小地雄起一回，大概是因为消灭郅支单于这个成就足以让他在宗庙前面对列祖列宗时也能感到超越前辈的自豪。

最后，值得注意的是当时陈汤在奏折中说的一句话，不仅当时为他们开脱矫诏的罪名加分不少，而且流传千古，这句话就是：

犯强汉者，虽远必诛！

昭君出塞

刘奭虽没什么雄才大略，却因为陈汤意外地完成了一件前人耗尽毕生心血都未曾完成的大事，便也飘飘然起来。这个时候，郅支单于的死让他的老对头——本已依附于汉朝的呼韩邪单于——在欣喜之余更多地感到了恐惧，更加不敢对汉朝再起什么别的心思了。为了表示自己的臣服，也为了防止自己成为别人建功立业的踏板，从而落得跟郅支单于一样的下场，思来想去，呼韩邪单于在公元前33年再一次亲自来到长安入朝。他这次是有备而来的，见到皇帝后，他主动要求做汉朝的女婿，并发誓永保汉匈两族的安宁。

汉朝皇帝总不好意思打自己的女婿吧？这大概就是呼韩邪单于内心最真实的想法。

以往汉匈和亲多是汉朝的无奈之举，所以，尽管不能真送皇帝的女儿过去，但至少也要是宗室的公主，怎么也得和皇帝沾亲带故。可现在时移世易，呼韩邪单于主动上门求亲，说是和亲，其实呼韩邪的意思谁都懂：“求你放我一马。”

对于呼韩邪的讨饶，刘奭当然很得意，想也不想，马上就同意了他的请求。可得意过后，刘奭立即陷入了另一个难题：派谁去和亲好呢？

“陛下的宫女熟识宫中的礼仪，陛下不如从中选一人吧。”有大臣提议道。

由于现在的局势是汉强匈奴弱，皇帝不再愿让自己的宗族远嫁异乡，宗族的公主们也不愿离开故土到水土不服的边疆去，且呼韩邪单于也不可能敢对和亲者的身份提什么质疑和要求，所以，刘奭决定选个宫女去和亲。不过，即便这样，要从后宫的千万宫女中找出一个合适的人选，依然让刘奭很为难。

当然，如果是我等旁观者，解决的办法大概很简单：抓阄。可刘奭不这么想，他有自己的私心：宫里的宫女颜值良莠不齐，怎么能随便找一个？虽然留在宫里他也不一定会宠幸，可秉着宁滥勿缺的原则，他是一个好的都不想给呼韩邪。

“来人，把后宫画册拿上来。”最后，刘奭下了决心。

我们知道，在古代，从黄帝起后宫就至少有三宫六院七十二嫔妃，宫女更远超此数，而像嬴政、刘彻这样的雄主，精力和能力同样远超常人，后宫女子都是以万计的。这么多女子，究竟今晚让谁侍寝？这个难题困扰着每一位皇帝。他们不可能有时间亲自过目挑选，否则从掌灯时分选到五更都不见得能选出来，就更别想睡觉了。

那怎么办呢？真的抓阄吗？

别急，只要肯动脑子，办法总比问题多。更早的我不好说，但至少从刘奭开始，宫廷里就养有不少御用画师，在绘画方面，他们个个都是当时一等一的大家。他们有一项很重要的工作，就是给每个新入宫的宫女画像，然后把画好的画像装订成册，供皇帝不时地翻看选择。这下，皇帝对宫女们的样貌就心里有数了，不致被晚上点来的歪瓜裂枣惊吓了龙体。

刘奭花了好几天的工夫把所有宫女的画像都看了一遍。最终，经过反复的选择，刘奭选了一个从画像上看精气神不怎么好的女子——王嫱。

王嫱，南郡秭归（今湖北省宜昌市兴山县）人，建昭元年（公元前38年）入宫，入宫数年未得见皇帝一面。好几年了，刘奭都没想过见一见她，想来此人必极是普通。得，就她了。刘奭自认为找到了合适的人选，心里甚至有一点儿恶作剧般的喜悦。

过了一段时间，和亲的事情准备完毕后，在大殿之上，刘奭命人把王嫱请上来与呼韩邪单于相见。直到这一刻，大殿上的所有人才第一次见到王嫱的真面目，没想到她一出现，其美貌便震惊了在场的所有人。

可能通过这样简单的描述大家无法理解作为中国古代四大美人之一、有“落雁”美誉的王嫱到底漂亮到什么程度。史书上说，王嫱出场的时候“丰容靓饰，光明汉宫，顾景裴回，竦动左右”（《后汉书·南匈奴列传》）。她的光艳甚至照亮了整个宫殿，她的一颦一笑，牵动了在场每个男人的心弦。

无疑，在这群张口结舌的男人中，有两个人的心思最为天差地别：一是呼韩邪单于，他没想到刘奭这么大方，居然把如此倾国倾城的美人作为和亲的使者；二是刘奭，他则是悔恨不已，自己选的人自己为什么不先看一眼？！还是依《后汉书》的说法，当时刘奭看到王嫱的美貌后大惊失色，甚至几乎要站起来当场毁约，将她纳为己有。

当然，也有人不屑于以上说法，认为王嫱只不过是个姿色平庸的宫女，加入和亲之列是因为她在宫中没有出头的机会。这个说法显然站不住脚，从呼韩邪单于之后的做法中我们就可以推断出王嫱到底美不美：皇帝赐婚以后，呼韩邪单于大喜过望，立即上书表示自己愿以性命担保，以后匈奴人负责汉朝自上谷往西一直到敦煌数千里漫漫边境线的安全，朝廷可以把戍边的将士都遣散回家，让百姓得以休养生息。而且，呼韩邪单于的这个保证并不是他个人的，还要“传之无穷”。

不过，对于呼韩邪的建议，刘奭和朝廷的大臣还是保留了一丝清醒，没有答应。然而，大家可以想象一下，能让呼韩邪单于主动做出这样的保证，王嫱究竟要有多惊为天人才可以。

世上毕竟没有后悔药，刘奭再后悔，为了统治者的尊严他还是强忍住了对王嫱的不舍。又过了几天，朝廷举行了一场隆重的仪式欢送呼韩邪单于和王嫱，刘奭只能强颜欢笑地目送王嫱离开。

回到后宫，刘奭拿着王嫱的画像久久不愿放下。要说画像到底画得像不像，刘奭自己也糊涂了：好像是这个眼睛，是这个鼻子，也是这个身段，可总少了一点儿精、一点儿气、一点儿神，让人看着也像，也不像。

这是怎么回事呢？

最后，刘奭越想越气急败坏，干脆拿了几个下人来一顿好打。下人招架不住，就对刘奭吐露了实情。下人一招，刘奭才明白，这其实是宫里所有人都知道的秘密，除了自己。

但凡新宫女入宫，总希望自己能得到皇帝的恩宠，可按规矩，她们是不能自己去找皇帝的，宫女和皇帝联系的纽带只有画师画出来的那一幅画像。因此，也不知是哪个开的头，大家都开始主动往画师那儿送礼送银子。

一开始画师也不好意思，可拿人家的手短，于是画像变了，送了钱的宫女在画像上总好像更生动一点儿、可爱一点儿，两尺的腰看起来像一尺八，反正皇帝好什么口味就迎合着来。但人的贪欲就如潘多拉的魔盒，打开就关不上了。由于受贿所得的银子比画师自己的俸禄高出不知多少倍，于是画师们也变了，从一开始的被动收钱变成主动要钱。给钱的就给你画一张开心的微笑脸，昂首挺胸；不给钱的，就画一张生气的苦瓜脸，含胸驼背。反正人还是那个人，总不算欺君。

王嫱吃的就是这个亏，她出身于平民之家，想来入宫的时候并没有足够的钱去贿赂画师。也不知当时的画师故意少画了点儿什么，以致如此美人五年来都未曾得到皇帝的恩宠。

“居然把朕当猴耍？！”知道真相的刘奭更加愤怒了。他让人一查，给王嫱画像的画师是毛延寿。他是当时非常有名的画师，但这个时候再有名也没有用了。刘奭把失去王嫱的怒火全撒在了毛延寿的身上，没几天，他就因“贪污受贿”被杀了头。

王嫱离开了长安。她骑上马，带着皇帝丰厚的赏赐跟随呼韩邪单于去了塞外。我无法猜测和亲之事朝廷是否征求过王嫱的意愿，但想必王嫱心中多少有些不愿，因为在婚后的第三年，呼韩邪单于便病死了，这时王嫱曾上书朝廷，要求回归汉朝做个未亡人。然而，朝廷驳回了她的请求，要求她依从匈奴人的风俗。王嫱只好改嫁呼韩邪单于的长子复株累单于。后来，她一直在塞外生活了四十年，直至逝世。因为王嫱的努力，直到她去世，汉匈之间再未发生过冲突。

这就是王昭君，一个出身平凡，无法选择自己的命运，最后却又流芳千古、改变了自己命运的奇女子。

关于王嫱，还有一个我之前故意没提的问题，那就是“昭君”二字的由来。有人说这是她的字，也有人说这是皇帝给她的封号。我个人更倾向于后者，因为按照惯例，以前汉朝的皇帝都会给和亲的女子安个公主的名分。现在虽不必了，可王嫱也不至于是白身一个。比照当年刘彻同母异父的姐姐金俗，刘彻后来也封了她一个“修成君”。因此，在临行前作为皇帝的刘奭赐王嫱“昭君”的封号，以示“昭明君德，边境安宁”之意似乎更为合理。同样，王嫱嫁给呼韩邪单于后受封“宁胡阏氏”大概也是这个意思。

不管王嫱心里到底愿不愿意远嫁塞外，她始终履行着自己的职责，给汉匈人民带来了五十年的和平，这是历史永远不会忘记的。

我们再回到公元前33年。这一年，王嫱远嫁后，刘奭宣布改年号为竟宁。从字面上看，大概有国家从此安宁的意思。然而，这个年号并未给刘奭带来安宁。昭君出塞之后，他似乎也丢了精气神。就在这一年的五月，刘奭崩于未央宫。

第三十二章

大乱之前

朝廷大乱斗

刘奭死得匆忙，他甚至都没来得及安排好后事，而这意味着朝中大臣们又有的忙了，况且国人大多信奉“一朝天子一朝臣”之类的理念。关于中国古代的政治，我有一个不是很恰当的比方：偌大的朝堂就好比拳击擂台，大臣们是选手，皇帝是裁判，选手再怎么斗，都得在裁判允许的范围之内。可现在裁判提前离场，擂台上只剩下选手，选手没了约束，这场比赛就乱了。然而，这场比赛又是一场没有时间限制的比赛，于是，选手们就在混乱之中开始了下一回合的较量。

刘奭驾崩后，朝廷这个擂台上有不少选手，但最有实力的无疑是宦官，而宦官里打头的自然是那个已经当了好久擂主、看似无敌的中书令石显。在石显独孤求败的时候，场上来了一位新裁判，这位新裁判显然不愿意遵守擂台的规矩，上来直接把老擂主石显按住一顿痛揍。

那这是为什么呢，又是谁能让裁判上场动手呢？

公元前32年，新君即位，他就是元帝刘奭的太子刘骜。这一年正月，刘骜上台做的第一件大事就让当时的人大跌眼镜——他在毫无预兆的情况下免去了石显中书令的职务，让他去做长信中太仆。这是一记重拳，打得石显头昏眼花。

大家已经知道中书令是什么官了，那长信中太仆是什么官呢？长信宫是太后的寝宫，中太仆主要掌管太后的车马。长信中太仆并不是朝廷常置的官职，有时候有，有时候没有，全看皇帝的心情和需要，而这次甚至可以说是为了处理石显而特意添设的。

石显一下子从位于权力中枢的中书令变成了太后的车马主管，虽然俸禄还是中两千石，但地位与之前远不可比。一看石显不得新君喜欢，失了势，以前那些在他面前低三下四的大臣的脊梁骨一下硬了起来，纷纷出来落井下石。

最先站出来跟他翻脸并划清界限的是丞相匡衡和御史大夫张谭。他们给皇帝上了一封奏折，历数石显的数十条罪状，并揭发其朝中党羽多人。刘骜派人核实，发现丞相所述罪状条条属实——那是自然，因为就在一年多前，匡衡还和石显穿一条裤子，要一起搞甘延寿，因此，石显做过的事他大多有份儿，怎么会不清楚？

看了匡衡的奏折后，刘骜便授意有司彻查石显和他的党羽。这下石显非但不能翻身，连车马主管也不能做了，直接被贬为庶民，并被遣返老家济南，先帝之前赏赐他的万贯家财也被抄没。

尽管几个月前石显还位于一人之下万人之上，可现在他离开长安时没有一个人来送行，因为他的爪牙党羽，甚至凡是靠巴结他得到一官半职的人，都已经被朝廷彻查并免官。即便有侥幸逃过一劫的，现在也不可能出来见他。能陪伴石显的除了监视他的衙役，就只有他受宫刑之前所娶的妻子和他们所生的儿子了。从长安一路到济南，路程何止千里？因为没有钱，他们大概是靠双脚往回走的，这让十几年来在京城养尊处优的石显难以承受。而更难承受的是心理上的打击，因为在他看来，他对刘骜是有恩的。

刘骜小时候很得他的爷爷刘询的喜爱，到了他父亲刘奭做皇帝时，刘骜很顺利地就做了太子，生活对他来说顺得不能再顺了。可刘骜这个人有些像方仲永，自小聪明伶俐，饱读经书，加上长得又壮实，看起来将来完全是一副有为君主的样子。然而，做了太子后，大概是受到了过多的吹捧，刘骜自觉书已读饱，而且此饱非一朝一夕之饱，乃是蛙蛇过冬前之饱——今日一饱便可长期不进食。刘骜在穷极无聊之下走了歪路，受了某些不正之风的诱惑，年纪轻轻的便沉溺于酒色。刘骜身为太子，所得资源既丰富，质量又高，加上他的身体本身也壮实，他更是深得其中滋味，便把之前多年的圣人教训抛诸脑后，整日只知道泡在温柔乡里寻欢作乐。

刘骜这样的表现让刘奭非常不高兴，而且时移世易，此刻刘奭宠爱的是傅昭仪，他喜爱的也是傅昭仪的儿子定陶王刘康。因此，老戏码就又来了：皇帝起了换太子的念头，甚至刘奭在驾崩之前就要将其付诸行动。

最后，因为大臣的极力反对，刘奭才断了换太子的念头，而史书上明确记载的出力最多的是三个人：乐昌侯王商、侍中史丹和中书令石显。刘骜也知投桃报李，在当了皇帝后立即提拔史丹做长乐卫尉、右将军，还将其封了侯。王商也做了左将军，后来还做了丞相。这让石显放了一百二十个心，想来新皇帝即便不提拔自己，对自己也不会差到哪里去。

可事实出乎石显的预料，新皇帝非但没对他感恩戴德，反将他一撸到底，发配回了济南。这时候他才意识到，在皇权面前，自己以前那些自以为得意的手段全是无用的把戏。他一路走一路想，越想越悲愤，结果一股气堵在胸口，饭都吃不下了，加上长途跋涉，他的身体根本吃不消，最后在途中就一病不起，很快便死于回济南的路上。

石显倒台后，主动揭发他的丞相匡衡和御史大夫张谭也没好日子过。当时的司隶校尉王尊上书弹劾丞相和御史大夫，说他们“本就知道石显是什么人”，却没有站出来维护正义，而是“阿谀曲从”，任石显“为海内患害”，这是“无大臣辅政之义”的表现；现在陛下降了石显的职，他们非但“不自陈不忠之罪”，反而跳出来举奏石显，这是揭“先帝任用倾覆之徒”的短。因此，丞相和御史大夫“失大臣体”。

王尊是有名的不畏强权的大臣，多次因为得罪朝中大员及诸侯王被免职或下放。他的这个弹劾不可谓不犀利，吓得匡衡当场就脱帽子认罪，回家就拿出自己的丞相印和乐安侯印上交皇帝，上书乞骸骨。刘骜因为刚刚除掉石显，不好意思再对丞相动手，就好言安慰匡衡，反而把弹劾他的王尊降为高陵令。

对于匡衡这个人，大家或许还不了解，可我只要说一个关于他的成语，大家可能就对他有一定了解了。我们熟知的成语“凿壁借光”的主角就是匡衡，这家伙着实是一个学富五车、饱读诗书的大儒，只可惜，他的道德远不如他的学问那么光彩。

虽然王尊被贬，匡衡继续做他的丞相，但公道自在人心，王尊和匡衡孰是孰非大家心里都很清楚，匡衡自己也感到十分不安。尽管皇帝让他继续做丞相，可从此他这个丞相做得可谓战战兢兢。只要一听说地方上有什么旱涝灾害或地动山崩之类的天灾，匡衡就第一个跳出来要求乞骸骨，完全变成了一个尸位素餐的存在。后来，匡衡明知自己的封邑内因地方官员的失误多了四百顷良田，却为了多收粮食假装不知，事发后他被官员弹劾，最终被贬为庶人。

终于，在刘骜做皇帝的第三年，也就是建始三年（公元前30年），这场朝廷的大乱斗分出了胜负，接任匡衡做丞相的是王商，而此时的大司马叫王凤，此二人皆为外戚。

这下谜底解开了，刘骜之所以对宦官和大臣动手，最终的目的就是给外戚腾位子。也就是说，外戚获得了最后的胜利。可以前最得势的外戚不是许家和史家吗？冒出来的这两个姓王的又是怎么回事呢？

最大的豪门

在说王家之前，要先说明一点：丞相王商和大司马王凤并非兄弟。王商之所以是外戚，是因为他是刘询的生母王翁须的外甥，王凤则是皇太后王政君的哥哥，两人除了都姓王之外没有一毛钱的关系。有人觉得这好像是一句废话，但其实它让我糊涂了很久。以前看史书，观其大略时总有疑问：为什么史书上对王商的说法和评价大相径庭？后来仔细看了才知道，因为此王商非彼王商——王凤有个不学无术的同父异母兄弟也叫王商。

这里单说这个皇太后王政君的王家。在汉成帝年间，要说到魏郡元城（今河北邯郸大名县）王家，知道的人都会说，那是个豪门。

王家祖上乃是齐国的王族田氏，后来齐国虽破，但田家毕竟曾是王族，便以“王”为姓。后来，王家传到王翁孺一代，王翁孺是个颇有仁心的人，在武帝年间曾做过绣衣使者。在其他绣衣使者争先恐后杀人过万的时候，唯独王翁孺在出使魏郡时将他本可以杀的人都免了罪。王翁孺因此落了个“不作为”的罪名，进而被革职。之后由于与人结怨，王翁孺举家迁徙到魏郡。王翁孺有个儿子叫王禁，曾在廷尉手下做过小吏。史书上牵强附会地说这个人有大志，其实就是手高眼低，不肯正经工作，唯一热衷的恐怕就只有男女之事，甚至因为多情闹得他的原配夫人李亲和他离异改嫁。但王禁似乎不以为意，继续娶妻纳妾，光孩子就生了四女八男共一十二个。

这四个女儿中的二女儿就是王政君，此女生性温顺，年幼时王禁曾将她许与他人，结果还没出嫁，所许的人就死了。这在常人口中就算克夫了，要是普通人，恐怕是不好再嫁了。可大概是王政君长得确实可人，当时的东平王不信邪，就下聘聘王政君做了小老婆。没想到，这家伙高估了自己，还没等王政君入门，他也死了。

这下王禁慌了，难道自己的女儿真的克夫，这以后可咋办？无奈之下，他只好找相师给自己这个女儿看相，结果大出所料，相面的结果是王政君“当大贵”，而且“贵不可言”。

现代社会总是提倡人们崇尚科学，反对迷信，更不信什么占卜算命的，然而，那个年代没人不信这东西。得了这个结果，王禁虽深信不疑，但也犯嘀咕，敢情是他们配不上自己的女儿才遭横死，可东平王家难道还不够富贵？那要什么人才能镇得住自己的女儿？

其实，想也不用想，既然诸侯王都镇不住，那答案就有且只有一个：皇帝。

从此，王禁也不再做其他打算，开始全面培养王政君，在她年满十八学有所成时便将其送入宫中。虽然进了宫，但长相很好、内涵也不错的王政君并没得到皇帝的赏识，进宫一年多连皇帝的面都没见过。但事有凑巧，当时恰逢太子刘奭钟爱的司马良娣死了，刘奭伤心欲绝，直接不近女色，一见到自己往日的那些姬妾就没有好脸色，心情不好的时候甚至会给对方一顿打骂。这让皇帝很着急，担心太子从此连性取向都出问题，况且此时太子年纪已不算小，有过的女人两只手都数不过来，却还没有孩子，就连太子宫里那些服侍了太子七八年的妃子，肚子也不见动静。如果太子往后都不碰女人了，那该如何是好？

刘询看在眼里急在心里，却不好出面干涉，只好让皇后在宫女里选了五个年轻貌美的，趁太子朝见的时候叫出来给他看，王政君就在这五人之中。等太子和这五个花容月貌的宫女见过之后，皇后让自己身边的长御[1]代为询问太子，其中是否有他中意的人。

1.宫中女官之首。

太子那时还沉浸在失去司马良娣的哀痛之中，哪有心思看什么女人，可又耐不住皇后的询问，只好信口胡诌："这里面有一个。"

有一个，那很好。但到底是哪一个呢？长御不知道，太子也不知道，皇后和皇帝却很想知道。虽然这五个宫女长得都很好，可当时王政君刚好坐在太子旁边，而且她常年受琴棋书画的熏陶，举止和气质都异于他人。长御就自作主张地认为太子指的是王政君。

正是因为这次美丽的误会，王政君被送入太子宫过了一夜。没想到，王政君果然命当大贵，只这一夜，她就完成了之前太子宫里几十个妃子数年无法完成的任务，不仅一击中的，而且一举得男。皇帝刘询对这个孙子非常满意，不仅将他置于左右，还亲自为他起名刘骜。此外，因为有了儿子，王政君在刘询驾崩刘奭继位后便很顺利地做了皇后。

王政君虽做了皇后，做事却依然谨慎有礼，这也是后来刘奭死前下不了决心废太子的原因之一。可等刘骜做了皇帝，王政君由皇后升格为皇太后之后，情况就不一样了。太后的娘家成了当时最大的外戚，而参照当年吕后的事情，我们可以推测下太后最喜欢做什么事情。

没错，就是分封娘家人。然而，不同于吕后等前辈家的人丁单薄，王政君的父亲王禁所生的八个儿子似乎就是为此提前做的准备。随后，王政君的亲哥哥王凤首先发达起来，做了大司马大将军并且领尚书事。不久，她的亲弟弟王崇又被封为安成侯，食邑一万户。又过了六年，除了早死的王曼，王政君其他的同父异母兄弟共五人在同日被封侯：王谭被封为平阿侯，王商（就是这家伙）被封为成都侯，王立被封为红阳侯，王根被封为曲阳侯，王逢时被封为高平侯。时人称之为"五侯"，一时盛况空前，而所有与王家沾亲带故的子弟有一个算一个，都在朝廷做了侍中、大夫或诸曹等官。

在这兄弟七人里面，最先发迹且权力最大的就是王凤。在刘骜继位之初，他便位列大司马大将军。刚开始做大司马的时候，王凤可能还没搞清楚大司马是怎么回事，做事还算小心。但两三年后，当弄清楚朝廷是怎么回事时，他对待皇帝和其他大臣的态度就不一样了。此公的志向大概是效仿当年的霍光，想把皇帝攥在手里玩儿。如果有人觉得他的想法是不知天高地厚，那你就太小看王凤了。他仗着妹妹是皇太后，自己是皇帝的舅舅，在朝中只手遮天，生活奢靡，除了精于排除异己，其他什么能力都没有。

话说王凤自从做了大司马，但凡有人在刘骜面前说王凤的不是，王凤回头就会想办法做掉他。如果一时做不掉，王凤也有办法，就是上书请辞以要挟刘骜，迫使刘骜出面处理反对他的人，而王凤在朝中最看不惯的就是王商。虽然两人都姓王，也都是外戚，但王商为人正直，看不惯王凤的骄奢淫逸，能力也比王凤高出不止一星半点儿。

在建始三年（公元前30年）秋，王凤还是个左将军的时候，关中地区连续下了四十几天的大雨，这时长安城里的百姓突然传出谣言，说第二天“大水且至，将淹没长安城”。

毕竟大雨是人所共见的，大雨可导致洪水也是人所共知的，所以，虽然当时的人没有互联网，通信也基本靠喊，但这个谣言传播得非常快，须臾之间长安的老百姓便人心惶惶，纷纷举家外逃。由于人数众多又没有秩序，拥挤的百姓不仅堵塞了长安的街道，甚至到了相互践踏、哀号一片的地步。这下宫里也不得安宁了。一听说大水就要淹没长安了，年轻的刘骜不知所措，只好召集大臣们商量。

“众位爱卿，据说大水将至，为之奈何？”年轻的刘骜显然有些慌乱。

朝中的大臣似乎也是一群不知理论联系实际的家伙，大家议论纷纷，有的说赶紧避到地势高的地方去，有的说应当先离开长安城，还有的主张立即举行盛大的仪式向天告祭，祈求洪水改道，竟没人站出来质疑传言，更别说辟谣了。

大司马王凤当然怕死，虽然还不知道洪水从何而来，可看着大臣们围绕着如何避难献言献策，王凤也不甘示弱，他眼睛骨碌一转，说出的办法更绝。长安城外有河，名曰沣水，王凤建议皇帝和后宫之人到沣水上乘船避难，等洪水来了，水涨船高，自然无事；而让老百姓到长安的高处安置，比如城墙上。

这种主意也亏王凤想得出来！即便到了现代，如遇暴风雨，江河湖海里的船只也都要停港靠岸，就是千万吨的巨轮，在大水中依然如同一叶扁舟，何况在古代？倘若真有滔天的洪水把船一掀，皇帝连同整个后宫岂不都成了龙宫里的鱼虾？

王凤的这个主意听得刘骜都直嘬牙花子，要不是王凤是自己的亲舅舅，自己就可以判他个欺君罔上的大不敬之罪。

这时候王商站出来提出反对意见，他从容地对刘骜说："陛下，从古至今，即便是最无道的国家，也没有听说过天谴暴雨能将城池淹没的。何况自陛下即位以来，天下太平，百姓安康，怎么可能一夜之间洪水就淹过来了？臣以性命担保，此事必是谣传，陛下不宜轻动，更不能惊扰了百姓。"

为了统治者的尊严，刘骜也不可能真跑船上去，加上王商的坚持，刘骜决定静观其变。而长安城里的百姓一看，宫里面那群性命比自己金贵万倍的人都不着急，慢慢也就平静了下来。之后大雨逐渐止歇，而直到雨过天晴传说中的洪水也没见着影子。

这下，王凤在王商面前输了见识，又在皇帝面前丢了面子，他意识到王商的水平确实比自己高太多，这让他开始对王商有了成见。

王商有背景，有学识，有能力，身形高大，容貌英俊，超于常人，而且举止得体。后来他做了丞相，连匈奴单于入朝见到他都敬畏三分，怎么看他都是大汉一代贤相的风范。只可惜，他生不逢时，遇到了王凤。

王商虽然一直看不惯王凤在朝中的专权横行，但两人的真正交锋则是因外人而起的。当时，在琅邪太守杨肜的管辖地内，将近一半的地方都出现了不同程度的灾害。按当时人的看法，有灾害发生，定然是当地官员无德，或是出现了冤情，因此，王商作为丞相就要派人去琅邪郡调查。

古往今来，无论是谁，能有个一官半职，靠的大多是两点：要么有能力，要么有关系。总不会你什么都没有，天上就能掉顶帽子砸你头上。琅邪郡一半地方受灾，杨肜再怎么说都有赈灾不力的罪过。以此反推，此人大概能力一般，能做到两千石的高官证明他关系过硬。事实也是这样，因为杨肜和王凤有姻亲关系。

既然有这层关系，王凤便去王商那里给杨肜说情。他的理由是天灾非人力所能左右，而据他所知，杨肜是一个好官员，因此，他请王商不要派人下去查了。

王商根本不听王凤的，而且王凤这么一说，他更加肯定杨肜这个人有问题。然后，王商私底下派人一查，果然查到了杨肜不称职的证据，一封奏折上去就要罢免杨肜的官。

关于这件事，我认为王商大概也有杀鸡给猴看、想杀一杀王凤威风的意思，可他要么是高估了自己这个丞相的能力，要么是低估了大司马的职权，他的奏折送上去后竟如泥牛入海，连个回声都没有，大概半路就被王凤截了。

这下王商可能才意识到王凤的厉害，就赶紧走关系，想送自己的女儿进宫服侍皇帝，给自己增加一点儿对抗王凤的资本。然而，太迟了，因为王凤的反击来得既凶猛又迅速。

就在王商弹劾杨彤的时候，王凤已经开始行动。既然你王商不给我面子，那就休怪我王凤跟你撕破面子。王凤于是开始派人四处挖王商的黑材料。

“什么？丞相为人正直，社会声誉良好？我就不信了，给我使劲儿挖，工作上没有就挖生活上的，生活上没有就挖私生活上的。”

终于，王凤的党羽挖到了两条可能有用的材料。当然，在我看来，这更像栽赃：一、据说王商曾和他父亲的婢女有不正当的男女关系；二、王商的妹妹和人通奸，然后一个奴仆把奸夫杀了，据说是王商指使的。

王凤很是得意，立马把王商的黑材料捅了上去，要求皇帝处理王商。以王凤的想法，只要有他在，即便是“据说”，也能发挥实锤的功效。可没想到的是，刘骜这时并没听王凤的，他认为哪怕这些都是事实，也没有必要因为这种小事罢免丞相。

王凤一听怒了，一拍桌子：“你小子居然不听我的？！”吓得刘骜一哆嗦，只好同意把事情交司隶校尉处理。

既然由司隶校尉处理，那这场争斗王商注定会失败。王凤连皇帝都不怎么放在眼里，要指挥个司隶校尉就太简单了。对王商来说，更不幸的是，偏偏这时候月亮跑到了太阳和地球中间，三者处在了一条直线上——日食出现了。这下，王凤理直气壮地宣布：日食代表什么？代表老天爷在提醒皇帝，现在的大臣里面有乱臣贼子蒙蔽皇帝。贼子是谁？就是王商！

王凤对自己的这番解释很是满意，授意手下官员弹劾丞相。刘骜也不傻，知道这是王凤的计谋，就在奏折上答复说：“算了（勿治）。”

王凤却不愿算了，他强硬地瞪视刘骜，非要刘骜定王商的罪。刘骜大概从小就对王凤产生了摆脱不了的依赖和恐惧，最终他妥协了，下诏赦免了王商所有可能的罪责，但收缴了他的丞相印绶。

而此案的被告，作为百官之首的丞相王商，自始至终都没能获得辩护甚至出庭受审的机会，以致被罢官回家才三日，王商便在激愤中呕血而死。

王商的死大概超出了刘骜的意料，他的本意不过是让王商回家避避风头，日后等王凤气消了，刘骜可能还会起用他，现在这样做至少能阻止王凤进一步迫害他。可没想到，王商就这么被气死了。王商死后，刘骜心里或许不乏愧疚之情，于是便给他上谥号“戾侯”，算是表达自己对王商的歉意。

有人说我这样猜测不对，因为按古代上谥号的规则：不悔前过曰戾，不思顺受曰戾，知过不改曰戾。不管怎么样，“戾”字都不是什么好东西。因此，这个谥号应该是王凤给王商上的，目的只有一个：进一步恶心他，死了也不放过。

其实，“戾”应该还有另外一层意思，“戾者，身曲戾也”(《说文解字》)，可见此字含有蒙冤受屈之意。当年，宣帝刘询给自己的父亲刘据上谥号的时候，用的就是“戾”字，所以，后世又称刘据为“戾太子”，取的也是这个意思。而且，王商死后，王凤不仅把王商在京城做官的子弟通通外放到了地方，还让手下上书，要求撤销王家世袭的乐昌侯爵位。这时候，刘骜顶住压力坚持让王商的长子王安继承了他父亲的爵位，后来又做到了长乐卫尉、光禄勋。

按理说，王商的能力绝非王凤可比，为何最后却落得个身死的下场？究其原因，无非在于王商虽然也是外戚，但他的姑姑即宣帝刘询的生母王翁须早在公元前91年的巫蛊之祸中就已经死了。因此，他虽然顶着个皇帝表亲的头衔，但比起皇帝的舅舅来，实在是差得太远。

王商的死震动了朝廷，在此之前，谁都知道王凤专权跋扈，但没有人想到他居然如此专权跋扈，堂堂丞相想要与之争斗竟如螳臂当车。一时间，朝中群臣噤若寒蝉，即便有人想为王商说两句公道话或是弹劾王凤，也赶紧把话咽回肚子里了。

然而，就在这种背景下，京兆尹[1]王章还是毅然决然地参了王凤一本。

1.官名，首都的市长。

那一弹劾的决绝

王章，泰山郡矩平县人，自幼家贫，成年后为了求学和妻子辗转来到长安。长安乃是当时全国最富庶的城市，本来就没什么积蓄的王章在这里求学，生活变得更加艰难，甚至一日两餐都不能保证，唯一陪伴他的只有对他一直不离不弃的妻子。

后来，虽然王章学有所成，却依然没有找到出路，而随着在长安的时间越久，夫妻俩的日子越过越拮据。有一次，王章生病了，平时连饭都吃不饱的他哪里有钱看病，只能自己咬牙硬熬。可拖得越久病情越重，最后病情蔓延，他全身打寒战，高烧不退，眼看整个人都快烧煳了。而他家里已经没有哪怕一床像样的被子，夜里实在熬不住的王章趁妻子不注意便自己爬到牛棚里裹着稻草取暖。

夜里的长安幽暗、寂静，空气中充斥着悲凉的气氛，此情此景和此种窘境让王章心灰意冷，他不禁低声抽泣起来。闻声寻来的妻子看着牛棚里蜷缩成一团、不住颤抖的王章，不由得也掉下泪来。这时，王章大概已经有了一死的念头，他望着妻子，看着这个自从跟了他就没过过一天好日子的女人，心里感到无比愧疚。最后，王章忍着不断战栗的上下颌勉强地从嘴里挤出一句话："我死以后，你就找个人家改嫁吧，跟着我你受苦了。"

一句话还没说完，王章悲从心来，由低声的抽泣转为失声痛哭。这时，他的妻子反倒不哭泣了，而是生气地瞪大了眼睛，怒目呵斥王章："仲卿（王章的字），你这是什么话？！想朝廷中那些权贵，谁的本事及得上你？你现在虽暂时受了挫折，但那也是上天对你的考验，你不说鼓励自己渡过难关，反而在这里哭泣，真枉费了这么多年的努力！"

妻子的一番话让王章醍醐灌顶，他重新抖擞起精神，病情竟也渐渐好转起来。

之后，王章否极泰来，终于获得了朝廷的赏识，得以入仕为官。他先做了谏大夫，元帝时又做了左曹中郎将。王章为官，历来以敢直言著称，而在元帝一朝，敢直言就不可避免地会得罪一个人，那就是石显。果然，做了左曹中郎将后，王章因为和御史中丞陈闲一起说了石显的坏话，不久便遭到石显的打击报复。只不过相比于其他人，王章的运气还算不错，只是丢了官而已。

虽然又成了平头百姓，但这一次王章的社会地位明显不同了，他毕竟做过大官，不用再为腰包发愁。由于他敢于对抗石显，更是获得了很好的名声。刘骜继位的时候，石显倒台，王章再次被举荐做了谏大夫，后来又做了司隶校尉。

尽管受到过石显的打击，但王章耿直的性格丝毫没有改变。现在，他做了专门挑别人刺的司隶校尉，朝中很多大臣都对他敬畏三分。要注意的是，举荐王章的人恰巧就是王凤，可王章并没有因此成为王凤的党羽，在政治上他反而更倾向于有学识和能力的丞相王商。

河平四年（公元前25年）四月，丞相王商被免职，朝中无一人敢为之鸣不平。此时，已升为京兆尹的王章在家中愤愤不平。在思考了好几天之后，他做出了一个自己明知非常危险的决定：弹劾大司马王凤。

临行前，王章和夫人说起此事，他的夫人问他："你现在已做到京兆尹了，就应当知足，难道你忘记当年在牛棚里哭泣的自己了吗？"

这一次，王章拉着夫人的手决绝地望着她，许久不言语，最后，出门前王章说出了自己心中的想法："这事不是你们女人可以理解的，这一本，我必须要上！"

以前他不畏惧石显的强权，现在他同样不惧王凤的强权。王章知道，以前他得罪石显能侥幸不死并不代表这次他也能有同样的运气。但在他看来，这件事他不得不做，正义必须得到伸张，道义总得有人捍卫。

君子有所不为，有所必为！

王章出门后径直进宫弹劾了王凤，他历数王凤的三条罪状，并建议刘骜辞退王凤，另选贤良以代之。出人意料的是，王章的话竟然被刘骜接受了。大概是王商的事情对刘骜造成了巨大的冲击，刘骜甚至发出了这样的感叹："要不是京兆尹直言，朕还被蒙在鼓里。"此后，刘骜对王章尤为重视，每次王章一有事情上奏，为了防止被王凤的耳目偷听，刘骜都会把左右侍从撤下，自己单独和王章交谈。而且，经过王章的推荐，替代王凤的人选也有了，就是当时鼎鼎有贤名的中山王的舅舅——琅邪太守冯野王。

然而，俗话说："日防夜防，家贼难防。"刘骜对王章的反常重视让一个人看到了邀功的机会。

王音是王禁弟弟的儿子，也就是太后王政君的堂兄弟，此时正在宫中做一名小小的侍中，在庞大的王家中并不显山露水。为了能够出人头地，王音一直在寻找一个机会，恰巧这时刘骜连续召见王章，并且两人还是单独密谈，此事落在王音的眼里，便觉得这是自己往上爬的好机会。当王章再次进宫和刘骜密谈的时候，王音悄悄地来到了殿堂的侧室。结果，很不幸，刘骜和王章密谈的内容落入了第三个人耳中。

王音整个人贴在侧室的门墙边，屏息静气，用耳朵努力地辨析殿内的对话，恨不得整个脑袋都伸到门里面去。终于，通过偷听到的对话片段和自己的脑补想象，王音推断出了王章建议刘骜辞退王凤并以冯野王代之的重要消息。

得此劲爆消息，王音大喜过望，但他留了个心眼儿，没有就近去太后那里告密。告诉太后对自己能有什么好处？太后最多把皇帝叫过来骂一顿，对他顶多口头表扬两句，完事后他该侍中还是得侍中。而相比于太后，能给他带来更大利益的无疑是王凤，王音于是立即出宫，他要把这件事告诉大司马王凤。

得了王音的告密，王凤的第一反应是称病罢工。然后，他在家里酝酿了几日，觉得这时若与王章正面交锋，自己得胜的机会不大，莫不如走感情路线。于是，他上书一封，要求乞骸骨。王凤说，自己有三条应当被辞退的理由：辅政七年无建树，引发日食惊天人，旧病缠身难称职。然后，王凤说自己是仗着亲戚关系而非才华坐上高位的，天下人本就对他有微词。现在自己病体沉重，全仰仗皇帝的恩泽才没有死，希望能回家休养一个月，如果幸得不死再出来为国效力。言语间极尽哀伤之能事。

就事论事，我倒觉得王凤说的“三退”理由是很充分的，要是换个强硬的君主，只需在上面圈个“可”字，就能让王凤吃一次哑巴亏。可这份以退为进的上书经王凤的授意由宫内人传到了王政君那里，情况就不一样了。王政君一看自己的亲兄弟说得这么可怜，顿时伤心欲绝，遂以绝食向皇帝抗议。

刘骜本就不是个自己能拿主意的人，太后这一绝食，就绝了王章的命。原本倾向王章的刘骜立马又倒向了王凤，并发誓要治王章的罪。太后得了皇帝的保证，这才放下心来吃饭。王凤的病也立马好了，又能来上班了。

只可惜了王章，一个忠心耿耿的直臣，竟不如太后的两顿饭。

之后，原本还能跟皇帝密见的王章很快便被刘骜授意的尚书弹劾下了大狱，又经廷尉的不公正审判，被定为“大逆罪”。于是，王章的妻子和十二岁的女儿也一起被下了大狱。在狱中，王章和妻女被分开关押，虽可能只有数墙之隔，却好似身处天涯，不得一见。

阳朔元年（公元前24年）冬天的某一日半夜里，王章的女儿突然坐起大哭。哭声惊醒了一旁的母亲，她把女儿搂在怀里轻声安慰。近一年的牢狱生涯让这个本就坚强的女人变得更加坚强，她以为女儿是做了噩梦，便鼓励她不要害怕，女儿却一边抽泣一边说：“往日隔壁的狱卒清点犯人，总要叫九个，今天只叫八个就停止了，少的那个恐怕就是父亲。”说着便又痛哭起来，“父亲可能不在了。”

果然，第二天传来消息，王章死于狱中。后来王章的妻女被发配到了合浦，这个坚强的女人却在合浦靠采南珠为生，家财达到数百万之多，这也许是冥冥中上天给予他们的补偿吧。

王商和王章的死使得朝中大臣不仅不再反对王凤，甚至上朝面对王凤都只敢侧眼偷瞄，连直视王凤的勇气都没有了。王章死后，大臣们纷纷投到王凤的麾下，那个告密的王音很快便由侍中升为御史大夫。此后，非但长安城里，就连地方上的官员也大多出自王家门下。一时间，整个朝廷从中央到地方的大多数官员要么姓王，要么骨子里姓王，汉朝几乎变成了王家的王朝。

那有人就有疑问了，都到这个地步了，刘骜也不管吗？他作为帝国统治者的尊严和态度又到哪里去了？

答案是，这时候的刘骜想管也晚了。不说朝中的大臣，就连宫中的下人都是王家的人，他大概只剩下个皇帝的空号，已经没什么能力去扭转这个局面了。甚至有一次，刘骜很欣赏刘向的儿子刘歆，想封他做一个叫中常侍的小官，就连官衣官帽和官印都准备好了。这时，旁边有人提醒他：“陛下应先告知大司马。”

刘骜还不以为意：“这种小事情就不用惊动大司马了。”

刘骜的侍从们大概都是王凤派来的耳目，如果让王凤知道皇帝居然不经过他同意就随便下诏令，下人们恐怕都没有好下场。两旁的侍从于是赶紧跪地磕头，请求皇帝一定要先告诉大司马，否则他们就都磕死在那里。

刘骜无奈，只好叫人找来王凤，并把自己想封刘歆做中常侍的事跟王凤说了。其实，不管刘歆做什么官，对王凤都不会有一丁点儿影响。可刘骜居然在没有得到他同意的前提下就提前准备好了官印官服，这让王凤很不爽。王凤要给刘骜一点儿教训，让他也让所有的大臣都知道这个天下究竟谁说了算。等刘骜说完，王凤想也不想，直接表示不同意，并且没什么理由，不同意就是不同意。开始时刘骜大概还想争取一下，但看着王凤跋扈的样子最后他连反抗的念头都断了，只好让人把做好的官服撕了，官印也敲碎作罢。

此事大概剥夺了刘骜对政治的最后一点儿兴趣，他便由王凤闹腾去了。而且，刘骜年轻时极好色，食髓知味的他本就对男女之事乐此不疲，从此更是躲入后宫尽情欢乐，大有“躲进后宫成一统，管他冬夏与春秋”之意，再也不想管外面的事情了。

不行了

西汉的历史到这里大概就没刘家人什么事了。以往看史书的时候，对于元帝、成帝以后的事情，书上大多记述简略。其实也是，这个时候真没什么好说的了。依我以往所读的汉史看，此情此景可以用前辈的一句话概括——元帝以后就不行了。至少到这个时候，西汉基本上真不行了，国家和朝廷成了王凤的一言堂，王家成为国家的第一大家。

霍光时代有一个没什么存在感的太后，还有个有作为的皇帝刘询，而这时候的皇帝刘骜不成气，太后王政君又正处于权力的中心，加上王凤掌了朝廷的大权，王家七侯并立，基本上控制了朝政。因此，自王凤以下，王家基本上没什么人把这个名义上的皇帝刘骜放在眼里。

尽管王家人控制了朝政且都不把皇帝放在眼里，那时的朝堂之上却另有一番奇景：王家人一提出什么建议，就有人出来提反对意见，而且双方往往能当场在朝堂上吵起来。这不是因为别的大臣胆子大，而是因为反对的也是王家人。个中缘由说起来也令王凤无奈：王家兄弟虽多，却不是一母所生，因此兄弟之间并不和睦。唯一和王凤合得来的是他的亲弟弟王崇，但他在河平元年（公元前28年）就死了。其他的五个兄弟虽然也是沾了王政君的光，却都不怎么买王凤的账。在王章死后第三年，也就是阳朔三年（公元前22年），王凤病重。当刘骜去探病，问及大司马接班人的事情时，王凤并没有让当时还在世且年纪最大的弟弟平阿侯王谭接任，而是推荐了御史大夫王音，并且临死前反复向皇帝强调，他那几个弟弟都是不成器的。当然，王凤并非是幡然醒悟了，只是因为平时王谭对他毫不客气，而王音侍奉王凤就像儿子侍奉父亲一般尽责谨慎。

对于王凤临死前的请求，刘骜肯定会答应，反正他也看透了，朝政的事让谁做不都是王家说了算？而刘骜的各位舅舅也越来越不像话，个个争相攀比生活上谁更会享受。至于超大的豪宅、几十个小老婆、成百上千的童仆等，这些都是普通人能想到的寻常配置，而你想不到的还有很多。比如，成都侯王商有一次病了，估计大概是中暑一类的小问题。大夫嘱咐他要避暑，王商便向刘骜借光明宫养病，还在自己的宅子里建了个码头，并让人把长安城的城墙凿穿，把城外的沣河河水引到自己家里。又比如曲阳侯王根，他在家里建了个规模超大的园子，园子里有一座建筑，造得跟皇宫里的白虎殿一模一样。

这些事情刘骜都看在眼里，可他能有什么表示呢？最后只是按监督不力治了司隶校尉和京兆尹的罪，至于王商和王根，则“不忍诛，然后得已”，就这么算了——当然，想来他也不敢怎么办，不然，太后那里又得浪费两顿饭了。

做了大司马后，王音行事还算谨慎，偶尔也能出两句正直之言，不像刘骜的亲舅舅们那样嚣张跋扈，大概是因为他只是个堂舅而已。王音死后，成都侯王商接着做了大司马；王商死后，曲阳侯王根也过了回大司马的瘾。

这个王根就是饭桶一个，可他在大司马的位置上做了两件影响整个王朝的大事：第一件是将定陶王过继给刘骜做太子，第二件是推荐王莽接任大司马。

王莽的事情我们之后会着重提及，这里先按下不表。单说这个定陶王，他又是怎么回事呢？

定陶王刘欣本是刘骜的弟弟定陶恭王刘康的儿子，曾于元延四年（公元前9年）来朝，同时来朝的还有中山王刘兴。这次来朝，定陶王府上下做了充分的准备。刘欣的祖母傅太后早用金钱买通了宫中的第一红人赵合德与朝中的第一重臣大司马王根，目的是希望刘骜能够立刘欣为太子。

这事在绥和元年（公元前8年）最终做成了，刘欣被立为太子，做了帝国的继承人。可事情乍一听似乎有点儿蹊跷，尽管有王根和赵合德的游说，尽管入朝时刘欣的表现确实比刘兴强上不少，但刘骜为什么非得让一个侄子来做太子呢？他自己的儿子难道就没能力做太子吗？

刘骜同志，别激动，请坐下，我来替你回答这个问题，反正现在大家都知道你没儿子了。

受儒家思想的影响，古代国人受的教育多重道德而轻人性，甚至将之视为洪水猛兽。殊不知，人类的欲望就如同滔天的大水，只可疏导，不能堵塞。你越想堵住它，它决堤那一刻的反噬就越凶猛，刘骜就是个活生生的例子。幼年时的刘骜好读诗书，宽仁博爱，更难得的是，他还头脑清醒，行事谨慎。有一次，刘奭急召太子。可当时太子刘骜住在未央宫西北的桂宫，根据两点之间线段最短的原理，从桂宫到未央宫走直线当然最快，却要穿过驰道。驰道是皇帝的专用车道，太子如果横穿驰道，于礼不合。结果，虽然是急召，刘骜还是往西到直城门绕路去见了皇帝，其谨慎一度至此。至少此时的刘骜怎么看将来做了皇帝都差不到哪儿去，可没承想，这家伙到了青春期后，某天心里突然产生了一种对异性前所未有的欲望。这种欲望让刘骜很困惑，然后翻翻书，发现子曰："饮食男女，人之大欲存焉。"

哦，既然这是人本身的欲望，那试一试也无妨。结果，尝试了一下后，刘骜就走上了一条不归路。

前面说过，刘骜出生后深得宣帝刘询的喜欢，不仅常将其置于左右，而且亲自为他取了个表字"太孙"。只可惜，刘询驾崩的时候刘骜才三岁，宣帝还没来得及将那套王霸结合的治国理论传给他。后来刘骜做了太子，跟着刘奭学的就是儒家思想了。依后来刘奭、刘骜父子优柔寡断的表现看，当年刘询那句"乱我家者，太子也"几乎就是一句关于王朝未来的谶语。

刘骜本来性子就软弱，又碰到了强硬的外戚势力，干脆自我麻醉，自我放飞，每天在醉生梦死的脂粉堆里寻求征服感。但让刘骜颇为尴尬的是，即便在后宫佳丽身上，他也没获得多少成就感，因为他始终没有孩子。许皇后好不容易给他生了一男一女，可惜都没能养活。后来，刘骜宠爱的班婕妤也曾生过一个儿子，奇怪的是，生下来不久也没能养活。这让刘骜十分抓狂，于是他决定乱枪打鸟，便更加疯狂地进行尝试，妃子不行就宫女，宫里不行就宫外。

最后，刘骜终于惹上了让他绝根的赵氏姐妹。

关于赵飞燕，史书的记载着实有限，甚至连她的名字都没传下来。我们只知道她出身于平民之家，家庭条件大概极差，以致赵飞燕出生后一度被抛弃。然而，在无饮食且寒冷的野外，她竟三日不死。这下惊吓住了赵飞燕的父母，以为她有神明保护，这才重新把她抱回家抚养。

长大后赵飞燕进入阳阿公主家做了歌妓，学习音乐和舞蹈。由于她体态纤瘦，舞姿轻盈，故号之“飞燕”，甚至有人传说她能在侍女手中的托盘上舞蹈。

不管怎样，赵飞燕算是才貌双全了，而她恰巧又碰到了刘骜这个喜欢到处拈花惹草的皇帝。这天，刘骜到了阳阿公主家，阳阿公主设下宴席，命歌妓们出来表演。这一表演，刘骜马上就被赵飞燕的容貌、身段和舞姿吸引了。

刘骜很是直接：“还喝什么酒呢？随朕回宫。”

这个时候，恐怕没人会在意这个新进宫的歌妓，毕竟在她之前，宫里已经有数量众多的女子有跟她类似的经历。但谁也不会想到，赵飞燕这个平民歌妓却从宫女升婕妤，由婕妤升皇后，哪怕在始终生不出儿子的情况下，她依然能死死地抓住刘骜的心。

她是怎么做到的呢？

一般的说法是，赵飞燕非常有心计，她知道自己出身平民，在朝中和后宫都没有依靠，虽然眼下自己获得了皇帝极大的恩宠，但日后不免有色衰爱弛的一天，因此，老早就开始计划找人来帮她。

找谁呢？打虎还需亲兄弟，宫里只有姐妹亲，她最放心的人当然是自己的妹妹赵合德。

一日，赵飞燕和刘骜在后宫饮酒作乐，其间刘骜对她当然是情话绵绵，不吝溢美之词。这时赵飞燕告诉刘骜，自己不过是普通姿色，她知道还有人远比她漂亮。

刘骜一听，马上来了兴趣。

“什么？还有人比爱妃漂亮，谁呀？”

“就是臣妾的妹妹呀。”

“什么都不说了，赶紧叫她进宫来给朕看看。”

对这种事情，刘骜的积极性最高，他一刻钟都不耽搁，立即派人到赵家召赵合德进宫。没想到，使者来到赵家把事情一说，赵合德想也没想就一口回绝了，理由是她没有得到姐姐的允许，不愿意进宫。

刘骜碰了一鼻子灰，反而更加兴致盎然，就跑到赵飞燕那里苦苦哀求，终于得了赵飞燕的一封亲笔信，这才召得赵合德入宫。

赵合德进宫后，刘骜一看，果然国色天香。赵飞燕体态轻盈，赵合德骨细丰盈，姐妹俩各擅胜场。从此，刘骜只流连于两姐妹之间，将往日广撒的三千宠爱集于赵家姐妹一身。终于，在鸿嘉三年（公元前18年），由于赵飞燕的构陷，刘骜废掉了那个曾深得自己宠爱的许皇后，并在两年之后立赵飞燕为皇后，赵合德为昭仪，从此赵氏姐妹完全掌控了皇帝和后宫。

然而，这只是表面现象，刘骜又不是没见过漂亮女人，端庄贤德的许皇后当年也曾受过专宠。《汉书》作者班固的姑姑班婕妤也是一位集美貌与才华于一身的女子，可为何赵氏姐妹能在这一众美女中脱颖而出，恩宠历久不衰？刘骜为何明知自己搞不好要落得个断子绝孙的下场，还对她们言听计从呢？

这个问题一直困扰着我，直到有一天我读了乔治·马丁的《冰与火之歌》才豁然开朗。“龙妈”丹妮莉丝被她哥哥嫁给“马王”卓戈时，起初两人并不幸福，在日常生活甚至夫妻生活中丹妮莉丝处处都在逆来顺受，完全是一副要隐忍终老的小媳妇姿态。但当丹妮莉丝在女仆多莉亚的指引下勇敢地转过身面对自己的丈夫后，她很快就掌握了主动权，甚至让在外强硬无比、战无不胜的丈夫对她越爱越深。

好吧，简单地说就是，刘骜这个人有点儿受虐心理：你越顺从他，他越不耐烦；你反过来抽他两鞭子，越抽他越喜欢。不管是许皇后还是班婕妤，她们大概吃的就是这个亏，而赵家姐妹明显就是抽鞭子的那类人。当然，这两姐妹里面，赵合德是更加强硬和狠毒的那一个。

虽然赵飞燕和赵合德把刘骜紧紧地拴在了她们身上，甚至禁止刘骜接近别的女人，可有一个问题是不可回避的——这两姐妹都有不孕不育症。刘骜虽钟情于二人，但为了延续刘家香火，时常免不了顶风作案。赵家姐妹的性格是蛮横而强硬的，由于自己生不出孩子，她们的心理便逐渐扭曲，见不得别的妃子生孩子。只要后宫哪个妃子怀孕被赵家姐妹知道了，第一时间就会被堕胎，即使有人侥幸逃过把孩子生了下来，事后她们也一定会弄死那个孩子。

元延二年（公元前11年）十一月，后宫许美人生下一个儿子，刘骜很高兴，一不小心在赵合德面前说漏了嘴。结果赵合德怎么表示？她立即暴怒，骂道："你平时说晚上住在皇后的宫里，既然住皇后宫里，那这个孩子是从哪里来的，难道你还想让姓许的做皇后不成！"

赵合德一边说，还一边以头撞柱，甚至从床上滚到地上，极尽泼皮耍赖之能事。她一边滚还一边死死抓着刘骜的衣衫，大呼："你放我回娘家，我不跟你过了！"

这时候身为皇帝的刘骜是怎么表示的？他只是幽幽地说："我把许美人生儿子的事情告诉你，你生那么大气干吗？真不懂道理。"说完就坐一边生闷气去了，连饭也不吃了。

结果，赵合德还不依不饶，继续说："既然你说你没错，那怎么不吃饭！你常说永远爱我，现在许美人生了儿子，你就变心了是吧？！"

赵合德对刘骜的顶撞就如同在他心里抽鞭子，刘骜一个哆嗦马上服软，张口就发誓："我说过让赵家的做皇后，就肯定不让姓许的做皇后，天底下没有比赵氏更尊贵的了，这个你放一百个心。"

为了让赵合德消气，刘骜还做了一件我们现在看起来不可思议的事情。他写了一封信，然后命手下带着信去许美人的住处，用一个竹子编制的小箱子把孩子带来。

等手下人放下箱子后，刘骜遣散了身边所有的人，独将自己和赵合德反锁在房中。随后，没有人知道屋子里发生了什么，直至一刻钟过去，刘骜才开门把箱子提出，并召来手下让他拿着箱子去找掖庭狱丞籍武。刘骜命手下传话给籍武，说箱子里有个死婴，让他找一个隐秘的地方埋了，千万别让其他人知道。

这不是赵家姐妹在宫中弄死的第一个孩子，但值得注意的是，依两人平日的表现看，这孩子极可能是赵合德逼着刘骜亲手掐死的！

亲手掐死自己唯一活着的骨肉，刘骜内心大概也崩溃了，可他还是什么都不说，什么都不做。刘骜这个人的奇怪之处就在于他那过于软弱的内心。他知不知道王家专权弄政？答案是肯定的，但他没有选择去对抗。他知不知道赵氏姐妹的种种恶行及其对皇室造成的严重后果？答案也是肯定的，但他同样无法下决心去改变。刘骜是可怜的。对外，他无法摆脱王氏外戚的控制；对内，他同样无法摆脱对赵氏姐妹的依赖。此后，不管在朝廷还是后宫，他变得更加没有兴致参与任何事情，精神也越发萎靡，整日醉生梦死。刘骜更是可恨的。正是因为他的放纵和不作为，最终将这个强极一时的王朝推向了衰败的深渊。

在强权和强势面前，刘骜选择了沉默和逃避。鲁迅先生说过："不在沉默中爆发，就在沉默中灭亡。"显然，刘骜带着他的帝国最终走向了后者。

绥和元年（公元前8年）十月，王家的第五个辅政大臣正整理衣衫准备迈向大司马的位置，正是这个人给了这个即将没落的王朝最后一击。

他就是王莽。

第三十三章

王莽：作秀与起落

从最失意到最得意的那一个：王莽的表演时刻

河平二年（公元前27年），王家的五兄弟同日被封侯，加上大司马王凤和安成侯王崇，王家的声势达到了顶峰。在这人人得意的时候，要说王家谁最失意，那这个人无疑就是王莽。

王莽的父亲叫王曼，是家里八兄弟中死得最早的一个，就因为死得早，他没能让儿子王莽享受到家族的福利。那时的王家已经权倾天下，王莽生活在这样的豪门之中，看着各个叔伯兄弟每天过着锦衣玉食、相互攀比的生活，大概不免有些羡慕嫉妒恨。

我们之前说过，王家的兄弟彼此都不怎么合得来，所以后来王凤临死前才反复跟刘骜强调他那几个兄弟都是不可委以重任的。他宁可提拔自己的堂兄弟王音，也不给自己的亲兄弟辅政的机会。因此，可以猜测，年轻的王莽没了父亲，那些叔伯没把他踩死就算烧高香了，根本别指望有人会拉他一把。

生活给你磨难的同时，肯定也给了你成功的机会。王莽想改变自己的生存环境，想出人头地，他要把那些看不起他的人都踩在脚下，可他知道要做到这些不能指望别人，只能靠自己，而自己无疑也是最可靠的。

在这种环境下，年轻的王莽完成了与其他王家子弟不一样的心理蜕变。

条件不如别人，起点也不如别人，怎样才能超过别人呢？王莽的答案是，只有走一条与众不同的路。以此为指导，王莽盯着自己身边的王家子弟，事事都和他们反着来：他们奢侈，王莽就表现得节俭；他们懒惰，王莽就表现得好学；他们高傲，王莽就表现得谦让。这样一来，王莽身边的苦难和倒霉事反而成了他表现自己的道具。王莽的父亲死后，他的哥哥也死了，于是，他无可选择地开始当家做主。对于年迈的母亲和守寡的嫂嫂，王莽每天认真地侍奉，从不敢有一丝不敬；对于哥哥留下的孤儿，王莽把他视作自己的儿子一般抚养；对待宾客、士人和那些看不起自己的叔伯，王莽同样礼数周到，让人无可挑剔。

俗话说："迎面不打笑脸人。"王莽的谦卑谨慎赢得了几乎所有人的好感，这让他成为家族中一个另类的存在——虽然王家几个侯爷之间谁也看不上谁，但他们一致认为王莽这小子还不错。

但王莽知道这还不够，他还远没有得到他想要的东西，需要继续表现自己的谨慎和谦卑。阳朔年间，王莽又抓到了表现的机会。这时，大司马王凤得了重病，在所有的兄弟都对他敬而远之并盼望他早点儿死好取而代之的时候，王莽出现在王凤身边，比亲儿子还像亲儿子地服侍王凤。每一碗汤药，王莽都要亲自尝过；每一个夜晚，王莽都在王凤身边谨慎伺候着。以至几个月下来，王莽未曾脱衣服睡过一个整觉。

王莽的野心此时其实已经露出来了，因为这一表现实在太过了，哪怕历史上最有名的孝子，和王莽一比也难分高下。所谓"反常必为妖"，王莽过头的表现恰恰证明了他所做的这一切其实都是虚假的。可王凤不这么看，病好了以后，他对王莽大加赞许。我甚至猜测，要不是还有其他人同样把王凤当老子供着，比如辈分比王莽高一辈的御史大夫王音，王凤死前推荐的大司马接班人说不定就是王莽了。

虽然王莽没有一步登天，但王凤死前还是将他托付给了太后和皇帝。之后，王莽很快就做了射声校尉。射声校尉虽说已经是俸禄两千石的高官，但它离王莽心中的那个目标还差得远。

终于取得了一点儿成绩的王莽并没有因此而放松，反而变得更加谨慎、谦卑。为了达到心里的那个目标，王莽继续着自己的作秀，他收留并供养那些生活困难的社会名士，散财广济门下宾客，这使得当时很多士人都对他有好感。

当然，上面那些事情只不过是常规操作，王莽绝不会放过任何一个可能提升自己形象的机会。比如，对于他哥哥留下的孤儿王光，王莽先是推荐他到太学的博士门下学习，之后但凡休假他就备齐酒菜亲自送去，以慰劳王光的老师和同学，让他们在饱餐之余不由得羡慕王光有他这样一位叔叔。王光长大后，王莽不仅让他和自己的儿子同日娶妻，还把婚宴规模搞得非常大，而他早已准备好了一次众目睽睽之下的现场秀。

考虑到此次的观众非常多，王莽特意在自己家里开了个极大的场子。等宾客们都落座开席后，王莽的表演正式开始。

席间，大家交杯换盏好不热闹，王莽也表现得很高兴，和各位来宾开怀畅饮。大家正吃得兴起，这时，一个下人上来报告王莽："大人，老夫人忽觉头痛。"

王莽马上作吃惊状："可曾看过大夫？"

下人回禀："已请大夫瞧过了，开了一副治头痛的方子，药已煎好，正准备给老夫人送去。"

王莽伸手做出制止的手势，自言自语道："且慢，依孝道，母亲服药须儿子先尝。"然后，他立即起身向在座宾客表示歉意，随后便快步向后堂走去。

片刻之后，王莽从后堂回到宴席上，神色如常，继续和众人把酒言欢。又过了一会儿，手下再次出来禀告："老夫人服过药之后头痛减轻，但腹中又隐痛难忍。"

王莽又起身："大夫可曾看过？"

下人说已经看过了，另开了几味药，药已煎好。

王莽再次向宾客致歉，离席去尝药。

如是再三，直到宴会结束。

脸皮超厚就是王莽比一般沽名钓誉之辈高明的地方，即便是如此矫揉造作的作秀，他做起来也十分泰然，这让他在数量庞大且不明真相的宾客中赢得了好名声。

由于大多数人都称赞王莽，太后王政君便觉得自己对那个早逝的兄弟似乎太薄情。在王家所有兄弟都封侯好几年后，王曼也终于被追认为新都哀侯，王莽则顺利地继承了新都侯的爵位。

可能有人就有疑问了：既然你说王莽的这些行为都是在作秀，难道当时就没有人看出来，千年以来只有你一人独醒？

当然不是，王莽如此沽名钓誉，标榜自己，肯定会引来一些人的不满。什么人会不满呢？当然是那些成为王莽光辉形象的陪衬的王家子弟。如果大家小时候经常被长辈数落，还经常被拿去跟某人对比，有过“你看某某某，如何如何好”的经历，大概也不难理解他们的心理。王家的这些同辈是真小人，当然看不惯王莽这个伪君子，便时刻盯着王莽，誓要戳穿他的画皮。

有一次，形象高大正直的王莽看上了一个绝色女子，就偷偷让手下把这女子买来给他做妾。结果也不知道是谁走漏了风声，人刚买回来就被王家的其他兄弟知道了，他们哈哈大笑：“平时想做道德圣人，这下露底了吧？他们于是派出人手到处宣扬王莽要纳妾的消息。”

不得不说，王家的这些兄弟头脑太简单了，也不说等王莽把生米煮成熟饭，他们就到处宣扬。可惜他们高兴得早了一点儿，王莽这时还没来得及下手，听说外面都在传他纳妾的消息，就赶紧进行了一次危机公关。王莽公开宣称：“后将军朱元子还没有儿子，我听说这个女子屁股大好生养，因此准备买来送给朱将军。”然后，王莽当天就忍痛把自己好不容易看中的女子送到了朱元子家里。

有了这次教训，王莽再也不敢松懈，毕竟他是有大志向的人，也知道小不忍则乱大谋。可光是这样还不够，因为王莽头上除去王凤外的六个叔伯是他不可逾越的障碍。好在，到了王根做大司马辅政的时候，这六个人要么死了，要么已经过过瘾了，都已不是王莽的威胁。可这时要排排坐分果果还是轮不到王莽，因为王莽还有一个强劲的对手：淳于长。

淳于长是王政君的姐姐王君侠的儿子，从其发迹之路来看，此人真是王莽的劲敌。

淳于长年轻的时候因为王政君的关系进宫做了黄门郎，但他并没什么学问和才华，也一直没什么机会表现自己。看着王政君当了太后，王家一众人鸡犬升天的样子，淳于长羡慕不已，决心要寻个机会出人头地。

可事情说起来轻巧，机会又在哪里呢？淳于长抓住的机会正巧和王莽一样：阳朔年间大司马王凤的病。

谁都知道锦上添花易，雪中送炭难。王凤虽然位极人臣，权倾天下，但面对疾病同样需要关爱，因此，此时的他就成了别人追名逐利的工具。可王凤身边已经有一个比儿子还孝顺的王莽在服侍了，淳于长还能插得进去吗？当然能。王莽替王凤尝药（现在看来，这是他的技能），淳于长就给王凤当扶手、拐杖；王莽通宵服侍，淳于长就达旦伺候。而因为表演的需要，王莽故意不搞个人卫生，以致蓬头垢面。虽然王凤看了很感动，但我认为，从常人的情感和好恶上来说，王凤可能更喜欢亲近身上闻起来没什么异味的淳于长。因此，王凤死前同样嘱咐太后和皇帝多多关照淳于长。随后，淳于长的仕途一帆风顺，很快就做到了地位比射声校尉高得多的卫尉。

永始元年（公元前16年），卫尉淳于长又做了一次政治投机。他凭借自己的外戚身份游说太后王政君，终于使王政君松口，让赵飞燕如愿做了皇后，他也因此被封为定陵侯。靠上赵飞燕这棵大树后，淳于长在刘骜面前“大见信用”，一时风光无限。在别人眼里，他俨然已是下一任大司马的不二人选。这时候，淳于长表演功力不够且智商不足的缺点就暴露出来了。他志得意满，渐渐显露出自己的本性，不但娶了多位娇妻美妾，过起声色犬马的生活，还公开向下面的官员收受贿赂，而且手越伸越长，最后竟伸到了宫里。

绥和元年（公元前8年），淳于长居然勾搭上了被废的许皇后守寡的姐姐，还堂而皇之地把她纳为小妾。许皇后被废以后，皇帝对她还不算太坏，毕竟许氏跟他除了是夫妻，多少也有些表亲关系。因此，刘骜不仅没让她住冷宫，还给了她一个“长定贵人”的封号，让她住在长定宫。可许氏心里对赵飞燕极为不服，一直想和她再较量一次，现在姐姐搭上了皇帝面前的红人淳于长，许氏就想走关系让皇帝重新宠幸自己。

这其实是一件比谋反当皇帝还难的事情。如果许氏有机会翻阅下中国帝制两千多年的历史，她就会知道，一个废后能重新得宠的概率基本为零，那她大概也就不会起这种心思了。可那时许氏或许认为事在人为，而且她很清楚现在掌权的是王家，皇帝实际上是说不上什么话的，只要王家有人提出恢复她的后位，事情就有可能办成。

许氏毕竟做了十几年皇后，现在虽然被废了，可还有万贯的家财。因此，许氏就想用钱来通神。虽说百姓常言“钱能通神”，但神也不是想见就能见的。许氏在王家没什么人脉关系，现在见着淳于长这个王家的旁亲，便只能把他当万能的真神供起来。

淳于长这人极不地道，他明知道这件事情自己根本不可能做到，但他既贪恋许氏的钱财又垂涎许氏的美色，就满口答应帮忙，而且拍着胸脯保证能让许氏和赵飞燕并立，做“左皇后”。然后，他提出需要金钱来疏通关系，并且屡次在言语上调戏许氏。许氏也许是再做皇后心切，听了淳于长的大话竟真的以为有戏，对淳于长有求必应，不仅对他逆来顺受，而且在一年的时间里前后共搭进去超过千万的钱财。其实，淳于长根本没那个能力，也不敢跟皇帝或大司马提这事。每次许氏写信来催时，他就以“陛下正在考虑”一类的借口推托。

淳于长推托了许氏，却给了王莽机会。

当时的大司马王根身体也不好，眼看着辅政的日子已没有几天了，这时最着急的无疑是王莽。王莽知道，如果王根乞骸骨，那下一任的辅政大臣必然还是在外戚中选出，而淳于长位居九卿高官，辅政的机会远比他大，自己要想夺得下一任大司马的位子，就必须把淳于长拉下来。

想把淳于长拉下来容易吗？当然不难。王莽平时如此谨慎尚且差点儿被人捉住把柄，何况形骸放浪的淳于长，岂不全身上下都是破绽？于是王莽私下买通淳于长身边的下人，很快就挖到了他与长定贵人的姐姐私通，并收受长定贵人的贿赂帮她谋求后位的大料。

得了此消息后，王莽并没有莽撞地往上捅，而是将其先隐匿了下来。不同于淳于长的狂妄自大，王莽虽知道这是可以助他扳倒淳于长的黑材料，可他还摸不清王家人尤其是大司马的意思。如果淳于长的所作所为是得到王家的默许甚至支持的，他这样贸然捅上去，不仅不会得到自己想要的结果，反而会引来淳于长的反扑。“打蛇不成反被蛇咬”的风险是一路小心翼翼走到现在的王莽所不能承受的。

出于谨慎起见，王莽决定先试探下大司马骠骑将军王根的口风。王根自出任大司马辅政以来身体一直不怎么样，常年处于半养病状态，这段时间王根又在家养病。服侍病人是王莽的拿手绝活儿，一通比亲儿子还尽责的试药、守夜流程下来，王根的病很快有了好转。这时王莽有意无意地告诉王根：“听说淳于长知道您病了非常高兴，他认为只要您一有不测，下一个辅政的就是他了，而且据说他已经开始在家里计划朝中官员的任免问题。”

王根本就对淳于长有意见，因为以前王凤养病，听说他每天都在床旁搀扶，怎么到了自己养病，他就不见人影了？而且，王根前些日子生病，大概服用了不少滋补药物，此刻病体稍愈，精气十足，一听王莽的话便很生气，问王莽："有这种事？"

王莽拱手鞠躬，不慌不忙地说："何止！他还私通长定贵人的姐姐，将之纳为小妾，并收受长定贵人的贿赂，妄言要为其谋取左皇后之位！"王莽说完便将在怀里揣了多日、早已焐得热烘烘的证据呈给了王根。

王莽的这个小心思耍得不错，原本他只有淳于长收受许氏贿赂的证据，但现在这么一说，似乎他前面说的淳于长在家中计划朝中官员任免的问题也成了板上钉钉的事实。果然，王根看了大怒，一拍桌子把手边的药碗震得颤动不已，指着王莽就责问他："既然如此，为什么不早说？！"

王莽假装很为难地回答："实在是因为不知道大人您的意思，所以不敢说。"

王根想也没想就说："你赶紧进宫把这事告诉太后！"

王莽这下摸清王家对淳于长的态度了，他马上进宫去见太后。见到太后，王莽诉说淳于长过失的重点就不同了，主要有三点：一、妄图替代大司马王根；二、私通长定贵人的姐姐并收受其贿赂；三、对王莽的母亲也就是淳于长的舅妈不敬，竟然当着舅妈的面上轿子——这于礼不合。这第三条明显是专门说给太后听的，王莽之所以没有跟王根提，是因为他估计提了也没用，而同是女人的太后对此则能感同身受。

淳于长的三条罪过条条都刺痛了王政君的心，她大概从没想过自己的外甥是这样的人，便马上给王莽拿了主意："这小子居然如此不像话，你马上去告诉陛下！"

既然能拿主意的人已经发话，王莽就没什么好顾虑的了，于是又去皇帝那里把事情说了一遍。刘骜其实也没什么主意，既不能不处罚淳于长，又不敢把他杀了，最后只好把淳于长免官，发配到封地。

事情到这里，淳于长虽然败了一阵，但还不算一败涂地。若他肯自己收拾收拾，带着那些娇妻美妾回家过平安祥和的下半生大概是不成问题的，甚至说不定哪天还能翻身。可淳于长自己作死，竟然花重金贿赂红阳侯王立的儿子王融，希望王立能在皇帝面前替他美言几句，好让他继续留在长安做官。而王立是个只认钱没原则的主，收了钱倒也实在，立即就进宫给淳于长说好话了。

淳于长大概是这几年过惯了舒坦日子，昨天自己还在做着后备大司马的美梦，今天就莫名其妙地被免职了，此时他的脑子里或许已经是一团糨糊了。找王立替他说情就是一个很好的证明，因为满朝上至皇帝下至群臣，谁都知道王立对淳于长抱有很深的成见。

当年淳于长做侍中的时候很得皇帝信任，通常负责在皇帝和太后之间传话，是宫中举足轻重的人物。王立在王家兄弟中排行第六，按他自己的理解，排行第五的王商过完大司马的瘾后就理应轮到自己了。可没承想，最后竟被排行第七的王根抢了先。这下王立就不服了。不知他依照的是什么逻辑，最后他认定应当是淳于长这个在太后和皇帝之间传话的人在背地里搞鬼，因此“怨毒”于淳于长，此后便没给过淳于长好脸色，甚至在淳于长背后也没少吐唾沫星子。

如果是别人来说情还好，这时王立主动出来给淳于长说好话，反倒不得不让刘骜怀疑，而且越想越可疑。刘骜非但没有听王立的，反而下令让有司去深究其中的隐情。官吏们一查发现，王融和淳于长私底下有过接触和交易，就要去缉拿王融。

这下王立急了。也不知他是怎么想的，情急之下，他竟在拿人的官吏上门之前逼自己的儿子王融自杀了。王立以为这下就彻底灭口了。然而，虽说这在法律上已“死无对证”，难以进一步侦查和宣判，可王立反常的举动反而引起了刘骜更大的怀疑：这是得有多大的阴谋才能让他宁愿逼死儿子？既然王立这边查不到什么，刘骜就决定从淳于长那里下手，遂命人将淳于长拿下，送往洛阳的诏狱——这是现今典型的为了有效排除和预防干扰而进行的异地审判。

到了洛阳的诏狱后，就由不得淳于长要什么花样了，况且此僚原本也非心坚口硬之辈，可能诏狱里的主审官才刚把审讯用的刑具的名称和用途罗列一遍，淳于长便招供了所有的事情，包括对长定贵人许氏的调戏。

这下谁也救不了淳于长了。刘骜平时虽然蔫，可那也得分人，一个不受王家庇护的小子居然还敢调戏自己的前妻？这次自己要是再忍，那做人也没什么意思了。经皇帝批准，淳于长被判“大逆罪”，被诛杀于狱中，他的妻子和儿女被流放合浦。而逼死自己儿子的王立也没能彻底摆脱干系，虽然他没有被定罪处罚，但还是被遣到了封地。

淳于长死，王立之国，受益最大的无疑是王莽。他不但获得了忠心正直的名声，还顺理成章地成了大司马的第一候选人。绥和元年（公元前8年）十月，大司马王根因病乞骸骨去官。临退休前，他推荐王莽做下一任的大司马。一个月以后，王莽正式接到接任大司马的诏命。

这一年王莽三十八岁，他的地位已经远超同龄人，他终于完成了从王家子弟中最失意之人到最得意之人的转变。

惊变

做了大司马后，王莽依然保持着平日的节俭和谦卑。如果说他这个时候就已经有了更大的野心，恐怕也不尽然。因为这时刘骜虽然已经做了二十五年的皇帝，可他的年纪比王莽大不了几岁，在没有前车之鉴的前提下，王莽再怎么也不太可能打他的主意。做一个不同于之前其他王家人的大司马，想办法博一个世人眼中的好名声，然后物色下一任大司马的人选，这大概就是绥和元年王莽的执政纲领。

然而，天有不测风云，王莽辅政四个月后，即绥和二年（公元前7年）三月，平时没什么疾病的刘骜跟赵合德睡了一夜，早晨醒来时还好好的，正坐在床边准备穿衣服起床，突然衣服掉落，他整个人一下子瘫在床上不能说话了——这是中风脑出血的典型表现。又过了大约十刻钟，太医宣布抢救无效，刘骜驾崩。

对于刘骜的死，我猜测有不少人想看野史的记载。诸如《西京杂记》那些我也看过，什么壮阳丹，头天晚上一次吃了十颗，然后那个什么流了一床，而当天侍寝的赵合德也因此畏罪自杀。

我认为这不太可信，任何一个皇帝的饮食起居都有专人在旁边盯着，何况是丹药一类的物品。医嘱一次一颗的玩意儿，不是他说吃十颗下人就会给他拿十颗的。所以，即便刘骜的直接死因真跟赵合德有关，那也应该是次要原因。

当然，我也没什么证据，可依照刘骜这二十几年憋屈的皇帝生涯——

外受制于外戚权臣，无一事敢做主；内不能摆脱赵氏姐妹，甚至还有可能亲手掐死了自己的儿子——来看，刘骜的内心一定是非常痛苦的。所以，他才长期沉溺于酒色，而这种内心的煎熬更加重了酒色对其身体和精神的伤害，让他长期处于崩溃的边缘。刘骜的身体是没什么大病的，但也绝谈不上健康。在这样一种亚健康状态下，又到了四十出头这么一个年纪，突发脑出血并非不可能。而且，在脑出血丧失意识的状态下，人极容易出现大小便失禁，可能正因如此他才被后来那些猎奇的人牵强附会成了和《金瓶梅》里西门庆一样的下场。

刘骜驾崩以后，朝野臣民一片哗然。刘骜做皇帝的这二十几年，虽然没做多少好事，可他也没机会做什么坏事。因此，百姓纷纷将其死归罪于赵氏姐妹，而最愤怒的莫过于太后王政君，她要彻查其中的隐秘。在太后的授意下，大司马王莽带领丞相、廷尉和御史等轮流找赵合德了解皇帝发病前后的情形，结果，赵合德因承受不了这样大的心理压力而自杀身亡。

有人又说，赵合德自杀是她心里有鬼的表现，正是她榨干了刘骜，使得他英年早逝。我的看法正好相反，如果赵合德或者赵氏姐妹确实对刘骜的死有直接的责任，比如让他长期过量服用某种丹药之类，那赵飞燕何以能摆脱干系？而且，赵氏姐妹跟西汉以前的一位妃子很像，我们之前提到过这个人，就是后来被做成人彘的戚夫人。

赵氏姐妹和戚夫人类似的地方是，她们都只依仗皇帝的宠爱。赵氏姐妹拿住了刘骜的要害，在刘骜的庇护下可以为所欲为，可一旦失去皇帝的庇护，满朝文武，她们能镇得住谁？别看赵合德平日恃宠而骄，蛮横得谁都不放在眼里，可这种狐假虎威的人往往最为胆小怕事。看着自己的靠山刘骜在自己面前突然瘫痪倒地，口吐白沫，赵合德光吓都已经被吓死了，更别提后来大臣们还反复强迫她回忆这段记忆。这种折磨是她无法承受的，因此，自杀是她唯一能做的事情。

赵合德自杀后，升级为太后的赵飞燕日子过得非常低调，再也没了往日的风光。但就是这样，大臣们也不准备放过她及其家人。首先遭殃的是赵家仅有的两个侯爷，在赵飞燕成为太后的当月，他们即被贬为庶人。五年以后，太皇太后王政君又下诏把赵飞燕由皇太后贬为孝成皇后，后又由孝成皇后贬为庶人，让她去守园——实际上就是把她当活死人一样软禁了起来。终于，赵飞燕在当上皇后十六年后又回到了自己的起点。在诏书下达的当日，赵飞燕自尽而死，十六年的黄粱一梦终于到了尽头。

当然，没了皇帝的庇护，赵飞燕和赵合德姐妹在庞大的王家面前屁都不是，王莽根本不需要为她们费心。相比之下，即将继位的定陶王就要麻烦许多。

外戚对外戚

汉成帝刘骜无后是件让太后王政君和王家抓狂的事情。虽然刘骜立了定陶王刘欣做太子，可那只是权宜之计，毕竟刘欣不是王政君的亲孙子。王政君心里或许并不乐意，她未尝没有拿刘欣暂时过渡，等刘骜有了儿子便另立太子的想法。可在赵氏姐妹的控制下，刘骜始终没有完成传承香火的任务，而刘骜的猝死也打乱了王家的计划。公元前7年，十九岁的刘欣当了皇帝，一个不可避免的问题摆在了王政君和王莽的面前——刘欣也有自己的母亲、祖母和外戚集团。

这下后宫就要乱了，赵飞燕成了太后，王政君成了太皇太后，可让刘欣将母亲丁氏和祖母傅氏置于何地呢？而且，刘欣的母亲丁氏还好说，其祖母傅氏是元帝刘奭的昭仪，此女非寻常妃子，当年就是她一手促成了刘欣做太子的事情，目的就是为了有朝一日能做主东宫。想来此人也是极有心思和计谋之辈，如今她的目的已然达到，这样的人安肯屈居别人之下？

果然，等刘欣坐稳了皇位，朝中就发生了所谓的“尊号之争”。

先出手的是太皇太后王政君。绥和二年（公元前7年）四月，安葬了刘骜后，刘欣继位，王政君下的第一道诏令就是让傅氏和丁氏到宫外居住，每十天来一次未央宫。

傅氏也不是那么好摆布的，王政君的这个诏令摆明了是要把她们两人从政治中心踢出去。可还没等傅氏有所表示，这事先引起了皇帝的不满。刘欣找来当时的丞相孔光和大司空何武，他首先问孔光：“你觉得朕的祖母定陶共王太后应当住在哪里呢？”

孔光知道傅氏性格刚强、暴躁，而且心里有很多花花肠子，如果让她住得离皇帝太近，日子久了势必会生出事端来，就建议在他处另外给傅氏造新的宫殿。这个答案显然不合刘欣的心思，他又问了何武同样的问题。

何武是个直愣的书呆子，只知按规矩行事，他说："以往太后的居所都在东宫（指在未央宫以东），可现在东宫有主了，那就让傅氏住与东宫相对的西宫。"这话合了刘欣的心思，他也不问王政君的意见，直接下诏让丁氏和傅氏住进了西宫。

过了几天，高昌侯董宏上书，提议说现在的定陶太后，就是傅氏，也应该称为帝太后，还举了当年嬴政的父亲秦庄襄王异人的例子：异人的生母是夏姬，但他后来认了华阳夫人为母，这才得了秦国的继承权。等到异人称王时，便把夏姬和华阳夫人都尊为太后。

董宏平时也就是个不显山不露水、混吃等死的角色，此时居然主动跳出来搅浑了后宫的这池水，我猜测，他大概是得了傅氏的授意才如此大胆的。董宏的提议立即遭到了大司马王莽和左将军师丹的反对，他们抓住了董宏提议中的一个大漏洞——拿亡秦的太后做比较，说这是对圣朝的大不敬，故此应当查办董宏。

刘欣虽刚当皇帝，可这不代表他不懂得朝廷的形势。以太皇太后王政君为依靠，二十多年来，王家人五任大司马，现在满朝文武除了几个自己的亲戚，其余的要么姓王，要么是王家的亲戚，要么就是王家的门生，剩下跟王家沾不上边的大概也在王家的淫威下成了斯德哥尔摩综合征患者，而自己一个刚上来做皇帝的，确实没能力对抗这样强大的势力。因此，刘欣做出裁决：把董宏贬为庶人。

刘欣的决定严重地刺激了一个人，这个人就是定陶太后傅氏。此人虽说在谋立刘欣做太子一事上表现出了一定的城府和谋略，但可惜道行不够深。她觉得自己的孙子现在是皇帝了，那么自己的优势很大，就应当做太后，为此甚至要挟刘欣一定要马上解决她的尊号问题。这让刘欣左右为难，自己初来乍到，怎么能搬得动王家这块大石呢？好在，这时王政君主动替刘欣解围，同意下诏尊已故的定陶恭王为恭皇，并以此为依据尊傅氏为恭皇太后，丁氏为恭皇后。

这下后宫就出现了四个太后：太皇太后王政君、皇太后赵飞燕、恭皇太后傅氏、恭皇后丁氏。一下出来四个难伺候的主，搞得宫女们都头大。事情表面上的起因是刘欣的母亲和祖母的身份问题，然而，深究起来又并非那么简单：这其实是一场原来的王家外戚与新来的傅家及丁家外戚的斗争。

眼下乍一看后宫局势好像是势均力敌的二对二，仔细看却是一对三——刘欣能做皇帝，本就是因为皇太后赵飞燕生不出儿子，而为了保住自己的小命，赵飞燕明显地在向傅氏靠拢，这也是她在妹妹赵合德死后仍然能活着的重要原因。

有人可能觉得，王政君这不是老了脑子糊涂了吗，给自己弄这么一个棘手的对头？其实，这才是老太太的智慧所在，她知道现在新的皇帝有新的外家，而这些外戚在未来的一段时间内必将得势。虽然在过去的二十几年王家已在朝中站稳脚跟，可现在和对方正面对抗并不合适，为今之计只有保存有生力量以图日后再做计较。尤其是在王莽试探过这个所谓的恭皇太后之后，王政君更加意识到王家现在应该隐忍退让。

绥和二年（公元前7年）七月的一天，刘欣在未央宫设宴。大人物开会吃饭最讲究的是什么？座次。谁主谁客，谁上谁下，谁左谁右，皆有礼仪，饭可以乱吃，但座位绝不能乱坐。王莽先到了未央宫，见太皇太后座位旁边多出一个用轻纱所做的帐幕，于是就问一旁的内者令："这是谁人的位子？"

内者令回答："这是恭皇太后的位子。"

王莽当时非常生气："所谓的恭皇太后，不过是一介藩妃，如何能与太皇太后并坐？！速速撤去！"

内者令不敢反驳王莽，只好把原来给傅氏准备的位子撤了，挪到一旁的偏位上去。其实，王莽心里不会不明白，内者令哪有什么资格决定位置，把恭皇太后的位子设在太皇太后旁边，绝对是傅氏自己的意思。

这边内者令平白挨了一顿骂，还没说生气呢，那边傅氏就不干了。一听说王莽挪了自己的位子，她直接拒绝出席宴会，搞得原本计划好的宴会没开成，大家只好在尴尬的气氛中草草散去。

这下傅氏就恨上王莽了，而王莽也不含糊，直接向皇帝上书乞骸骨。两个月前，王莽在王政君的授意下也曾乞骸骨，虽然刘欣非常不喜欢王家人，可那时他因为自己新继位，还不敢对王家怎么样，只好变着法子求太皇太后让王莽回来上朝。这次王莽再乞骸骨，刘欣不再客气，马上同意了他的请求，赏给他安车驷马和五百斤黄金，并保留了王莽等同于三公的待遇。

王莽隐退后，王家其他人也没能好过，王根被遣就国，王商的儿子王况被贬为庶人，王家的党羽也大多被免官。一时间，王氏在朝廷中的影响似乎销声匿迹。

对于王家的种种遭遇，所有的王家人都默默接受了。王家人是真的服了吗？我认为答案是否定的，以上种种在我看来都是在王政君主持下王家采取的退让措施，类似于丢卒保车，目的是尽量保存王家的政治有生力量。傅氏做了太后之后锋芒毕露，要处理王家的旧势力是板上钉钉的事。王莽等人若再在朝廷中待着，最后难免陷入党争之中，成为傅氏案板上的肉，任人宰割。因此，最好的做法就是暂时远离权力中心。

前两年我听说别的单位有一位内镜专家想跳槽，但因为他掌握了本专业的核心技术，单位不愿意放人，无奈之下他就故意弄出了点儿事。因为这事既构不上犯法，又让单位尴尬，他这才得以从原单位离职。王莽的心思大概也差不多，他故意在排座位这样的小事上开罪傅氏，好为自己的隐退找借口。王莽弄的这事大吗？实在不算大，远够不着砍头抄家的罪名，可它能让傅氏记恨自己。

然而，对傅氏来说，即便如此也还不算完。又过了两年，恭皇太后觉得她这个名号听起来不够响亮，既不能让人家一听就明了她到底是何方神圣，也压不住已经过了气的太皇太后王政君，就给自己换了个直抒胸臆的尊号——皇太太后。相应地，她的媳妇恭皇后丁氏的尊号也被改成了帝太后。为了展现自己皇太太后的威严，也为了试探太皇太后王政君的态度，傅氏还授意大臣把已经乞骸骨的王莽提溜出来修理了一番，理由是当年他在议尊号的时候持反对意见，因此“亏损孝道”。大臣们还说这样的人应当杀头，但看在太皇太后的面子上可把他贬为庶人了事。对于这样几近莫须有的罪名，王莽也不上书申辩，王政君也不绝食抗议，而是集体保持了沉默。当然，以这个理由就把王莽贬为庶人是不太可能的，刘欣最后给王莽的判决是“遣就国”。

总之，自绥和二年（公元前7年）之后，王家在朝廷中的势力大幅度地收缩，王家人的日子也越过越低调。相反，在皇太太后傅氏的包庇下，傅家和丁家的外戚越来越嚣张跋扈，终于引起了一个人的强烈不满。

这个人就是刘欣，而这正是王政君想要的结果。

郁闷的刘欣

建平元年（公元前6年），刘欣的第一感觉是自己是幸运的，强盛无比的王家居然就这么轻而易举地被扳倒了，这让他可以不必像当年的孝宣帝刘询那样一上来就活在权臣的阴影里。按他的理解，他现在可以直接开始大展宏图了。

他先是取消乐府，限制有钱人占有的土地数量，免除财产不足十万的穷人的赋税，后又积极进行人事调整，消除王家的影响，巩固皇权。刘欣一开始也是斗志满满，要以刘彻、刘询等先祖为榜样，做一个中兴之主。可日复一日，随着做皇帝的新鲜劲过去，刘欣才发现事情并非自己一开始想的那么简单。王家人是销声匿迹了，可想把持朝政架空皇帝的远不止王家一家，他祖母傅氏和傅家人也不比太皇太后和王家强多少。

王莽乞骸骨后，大司马一职就空缺了。对于如此重要的职务，不管哪个皇帝都会用自己最亲近和信任的外戚，刘欣准备让傅喜做大司马。傅喜其人来头不小，论辈分，他在傅家甚至比皇太太后傅氏还要高一辈。他平日里恭谨节俭，能力也非同一般，是王莽隐退后众望所归的大司马人选。

可有人不同意让傅喜辅政，这个人就是皇太太后傅氏，原因是傅喜为人正直，遇事帮理不帮亲，甚至多次在皇太太后面前提反对意见，而傅氏是准备效仿当年的吕雉从幕后走到台前指挥朝政的。

由于皇太太后的反对，刘欣只好任命自己的太傅师丹做大司马。可诏命一出，大臣们都极力反对，因为师丹并非皇帝的近亲，他做大司马主持内朝不合旧制。对此，皇太太后傅氏也不满意，因为这不利于她控制朝政，最后，傅氏只得退而求其次。一个月之后，师丹改任大司空，由傅喜出任大司马。

没想到，傅喜做了大司马后并不领皇太太后的情，依然秉持正道。建平元年，傅氏要二上尊号，傅喜拉上丞相孔光、大司空师丹一起表示反对，说这于礼不合，“恭皇太后”是天下议定的事情不能更改，况且天下从来没有上两次尊号的事。由于大臣的反对，傅氏只好暂时作罢。

又过了一年，傅氏旧事重提，还要上尊号，傅喜依旧反对。这次傅氏不干了，她先罢免了师丹杀鸡儆猴，但傅喜不为所动，依旧不同意给傅氏重新上尊号。结果，十日之后傅喜被罢免，又过了几个月，丞相孔光也被贬为庶人。

这下刘欣郁闷了。原来朝中的重臣是什么人？大司马傅喜——相比于傅家众人的奢靡、霸道，他是傅家外戚中少有的一股清流，不仅有能力且为人恭谨节俭，甚至因此遭到族中其他人的嫉恨；大司空师丹——他原来是刘欣的太傅，学问和人品在朝中都是一等一的；丞相孔光——这个更不得了，他是孔子的十四世孙，来头大，名气大。可这些人全被自己的祖母撵回家了，换上来的都是一些如朱博、赵玄之类听命于皇太太后且只想着铲除异己、睚眦必报之辈。而且，在傅氏的操作下，朝中原来的王家外戚虽然被踢出去了，可填进来的也无非是傅家和丁家的外戚，换汤不换药罢了。在这种情况下，刘欣指挥不动朝政，摆脱不了祖母的掌控，完全不知该怎么办。

刘欣不是别人，别人不知道怎么办没事，刘欣不知道怎么办问题就太大了。

气数是个很奇妙的东西，说也说不清楚，小到个体，大到社会，似乎总摆脱不了它的影响，而西汉开国至此已将近两百年，大概是气数将尽了，所以国家陷入了外戚干政的内患，岌岌可危。在这种情况下，历史把最后一次纠正机会给了刘欣。可这是个无奈的选择，面对疾病缠身的国家和社会，用傅家、丁家的外戚取代原来王家的外戚，谁都知道这不是治本的办法，甚至连标都治不了，但这是刘欣唯一能拿出来的办法。这个治法的副作用很明显，就是让皇太太后傅氏把持了朝政，原来的王家天下变成了傅家天下。

很快，刘欣便意识到做皇帝不像他之前想的那么容易，并非只要自己想做一个好皇帝就能做一个好皇帝。刘欣不是刘彻那样的雄主，也远没有刘询那般的隐忍和手腕，他那算不上坚强的精神很快便在这种重压下崩溃了。

凡事就是这样，建设总比破坏难，养成一个好的习惯或许需要很长的时间，而毁掉它往往只需要一个念头。刘欣本想做一个如世宗和中宗那般的好皇帝，然而，经过几年的努力，他发现自己一事无成。可一旦他不想做一个好皇帝了，便很快向刘盈和刘骜们靠拢。

从高皇帝刘邦开始，汉代的皇帝中不少人的性取向似乎都有一些怪异，男女不忌。从籍孺、闳孺、邓通到韩嫣，皇帝们似乎在以一种特殊的方式展现自己作为最高统治者那与众不同的把控力和征服欲。

刘欣在这方面也不例外，甚至他在某种程度上还达到了一个新的高度。

当太子的时候，刘欣就看上了一个叫董贤的娘炮。做了皇帝后，他又把董贤提为驸马都尉、侍中，其对董贤的喜爱超过以往所有皇帝对佞臣的喜爱：同吃一碗饭，同坐一辆车，同睡一张床。更让人咋舌的是，据说有一天中午，刘欣和董贤一起午睡，董贤的睡姿大概不怎么样，头枕在了刘欣的袖子上。这时刘欣要起床，可上衣的袖子被董贤压着。于是，刘欣想轻轻地把袖子抽出来，但董贤的头实在太重了，他尝试了几下都没成功。这种情况如果换作各位会怎么办？我想你们的做法和我差不多，想那么多干吗，用点儿力使劲拽出来呗！然而，刘欣的想法和我们完全不同，他怕自己力气使大了把董贤吵醒，就让人拿刀把自己的衣袖割断，让董贤继续他的美梦——这就是“断袖”一词的来历。

刘欣如此对董贤，董贤更是一刻都不离他，甚至连每五天一次的沐日，董贤都不愿意回家。为了增进董贤和自己的关系，刘欣还召董贤的妹妹进宫做了昭仪。而且，刘欣十分替董贤着想，既然他不愿意出宫，干脆就让他的妻子也进宫来住。然后，董贤的妻子也常和她小姑子一起服侍皇帝。这恐怕是历史上任何一个王朝的宫廷都难以见到的奇景：丈夫、妻子和妹妹一起陪着皇帝玩耍。

我们知道，刘欣当皇帝后，在皇太太后的粗暴干预下，傅家和丁家的外戚虽然取代了原本的王家，可干的还是原来王家干的事——干政。这个朝廷还是没刘欣什么事。原本应该还有一战之力的王家在太皇太后王政君的指挥下以不反抗、不辩解、不喊冤的态度成功地转移了刘欣的注意力，让刘欣对他的祖母和傅家不满起来，常常背地里和他祖母对着干，甚至成了朝中和傅家外戚对着干的第一人。因此，傅家虽然取代了王家，却始终没能达到当年王家的政治影响力。

可刘欣毕竟能力有限，他没能力甚至没信心改变这一切，能做到的只是使使绊子，发发牢骚，以及破罐子破摔。到了元寿元年（公元前2年），皇太太后傅氏崩，刘欣终于摆脱了禁锢在身上的枷锁，可以自己发号施令了。现在回头再看，此时傅氏外戚失去了主心骨，王氏外戚还在隐伏之中，这或许是历史老人给予西汉王朝的最后一次机会，如果这时候刘欣能及时地补充一部分有能力的官员，摆脱孝宣帝之后外戚干政的局面，历史的车轮或许就会往另一个方向驶去。可刘欣完全没有准备，他在这一年做了两个最重要的人事变动决定：一是任命董贤为大司马卫将军，二是逼死了不同意任命董贤做大司马的丞相王嘉。

虽然傅喜之后的几任大司马能力、水平皆不如人意，可董贤算什么东西，何德何能肩负此等重任？然而，刘欣并不在意这些，他不仅让董贤做了大司马，还给了董家的子弟超过傅家、丁家外戚的信任。有一次，在麒麟殿宴请众人的时候，刘欣甚至表示："我想效仿尧禅位舜的故事，大家觉得怎么样啊？"

历史老人想给刘家一个机会，可惜所托非人。而且很奇怪的是，就在第二年，也就是元寿二年（公元前1年）的六月戊午，年仅二十五岁，才做了没几年皇帝的刘欣突然驾崩于未央宫。

刘欣的死比刘骜的还要蹊跷，毕竟刘骜内心常年被摧残，又被酒色掏空了身子，可即便如此他也挺了二十几年，为何刘欣连五六年都挺不住？史书上的说法是，他刚继位就得了一种叫"痿痹"的病症，所以才英年早逝。但这个说法不一定可信，因为痿痹的症状类似于四肢肌无力或者小儿麻痹，主要影响人的运动能力，病情如果加重也有明显的渐进过程，不大可能猝死。

但这已经不重要了，从他任命董贤做大司马一事便可以预测，即便刘欣活着，他也不可能有什么作为，而已经蛰伏多年的王家早已等得饥渴难耐。

第三十四章

王莽与新朝

王莽掌权

建平二年（公元前5年）以后，王莽一直在他新都县的家里猫着，没敢有丝毫过分的举动。然而，王莽管得了自己却管不了儿子，他的二儿子王获还是给他闹了一出大事：杀人。

虽然那个年代人分三六九等，而王莽一家无疑是上等人，王获杀的则是最下等的奴仆，若换作其他权贵，这可能都不算个事，可对王莽来说就不行。本来，以他的地位和势力，要想把这事瞒过去并非难事，但王莽担心此事如果这样处理了，有朝一日定会被别人揭露出来。试想，日后那些别有用心的人若知道他的儿子曾经杀过人，会怎么样？

“哟，王莽的儿子杀过人，这么多年都没事，有权就是厉害哟！”

“王莽就是一个伪君子，平时表现得正义凛然，自己的儿子杀人了，却又是另一套标准。”

“王获随随便便就杀了一个下人，完全不当回事，根据上梁不正下梁歪的原理反推，想来王莽也……”

这种种话语都是王莽不能接受的。这么多年来，他呈现给世人的是一个“高大全”的形象，而且时间越久，他的精神压力就越大，更加怕自己的形象崩塌。他的心态也随之发生了变化，不允许任何有可能玷污他形象的事情发生。他爱惜自己的羽毛，甚至在这方面有一点儿神经质。在这种神经质的影响下，王莽做出了一件令当时所有权贵都不能理解的事情：逼自己的儿子王获自杀。

他的理由堂堂正正，毕竟杀人偿命，天经地义。但此后每到夜里，王莽总是辗转反侧难以入睡，儿子的死让他开始重新思量自己这半生的表演究竟是为了什么。之前他可以说是为了出人头地，为了荣华富贵。然而，他也曾位居一人之下万人之上，可这又怎么样呢？他依然只能小心翼翼，不敢有丝毫的行差踏错，一有事情甚至连自己的骨肉也不能保全。看来，自己以前的想法是不对的，不应该只想着做王家地位最顶尖的那个，而应该做这个天下地位最顶尖的那个。

或许就是在当时的某个夜晚，王莽开始了自己内心最重要的转变。之后，王莽在新都住了没两年，皇太太后傅氏就崩了。尽管在过去的几年里，傅家和丁家在皇太太后傅氏的支持下过足了暴发户的瘾，可与看似强横的傅氏一比，王政君无疑是更厉害的那个。因为她吃得了亏，受得了辱，还沉得住气，更重要的是，她活得也够久。我们可以想象，在之前的几年，王政君独自在皇宫里与傅氏周旋，生活是何等战战兢兢。她这个太皇太后甚至随时都有可能被皇太太后干掉，但她终于熬过来了。傅氏一死，王政君又开始掌握主动权，而她做的第一件事，就是把王莽从新都召回长安。

刘欣对此并没有意见，也没有一点儿警觉。在他看来，反正这就是一烂摊子，谁来不都一样？

王莽回到长安后还没来得及重新适应环境，转过年的六月，刘欣也驾崩了。刘欣驾崩的当天，太皇太后王政君的第一反应既不是悲痛，也不是给刘欣发丧，而是第一时间把皇帝的玉玺攥在了手里。然后，王政君召见了大司马董贤，问了董贤一个问题："陛下驾崩，这个丧事礼仪应当如何办？"

董贤的回答是一阵沉默。王政君就知道，以董贤的能力，他根本说不出什么来。她心里不由得一阵冷笑，但脸上还假装好意地说："这样吧，新都侯王莽以前做大司马的时候经办过先帝的丧事，他比较熟悉这方面的事情，我叫他来做副手协助你。"

董贤赶紧磕头，表示"那太好了"。

好什么好？董贤但凡智商稍微正常一点儿，这几个头磕完回家就该赶紧跑路了，可他竟真以为王莽回来是给他做副手的。他也不想想，自孝武帝设立大司马一职起，这个内朝首领何曾有过副手？

稳住董贤后，太皇太后王政君当天便派人驰召王莽进宫，并宣布把大司马的所有职权，包括尚书的领导权、百官的奏事权和期门羽林军的指挥权，通通划归王莽。

这边董贤还不知道发生了什么事，第二天一觉醒来便听说尚书们弹劾他，理由是大司马在皇帝病重期间居然不亲自尝药。不用说，这一听就是王莽想出的主意。董贤的第一反应是赶紧出门往皇宫跑，他想去给自己辩解，毕竟以刘欣对他的喜爱，恐怕也舍不得让他试药。

等跑到皇宫门口，董贤才知道太皇太后已经削了他的门籍，这意味着他再也不能进宫了。董贤在宫门口徘徊了许久，想找个人进宫帮他说两句话也没找到，最后只能把头上的冠和脚上的鞋都脱下来，朝着皇宫一个劲儿地磕头请罪。

董贤磕完头就又回家待着了。

然而，太皇太后不会让他安稳地待着。她马上下诏，说董贤年纪太轻，而且什么都不懂，做大司马不合众人的心意，因此免去了董贤大司马的职位。这下，这个什么都不懂的董贤终于懂了，在被免职的当天和妻子一起自杀了。

第二天王莽得到董贤自杀的消息后还不信，生怕董贤使的是金蝉脱壳的计谋，非得亲眼看看董贤的死相。可由于董家的下人害怕，当天晚上就偷偷地把董贤和他妻子埋了。王莽死不见尸总是不甘心，他让有关部门派人把董贤的尸体重新挖了出来，亲眼看到董贤真的死了才放心。

这要搁在当年那个行事小心谨慎的王莽身上，大概是不可想象的事情，而此时的王莽无疑已经完成了某种转变：一切阻碍他的人都将被铲除！

既然董贤确死无疑，王政君便让大臣们推举一个人做新的大司马。大臣们不傻，都这样了还选什么呢，就王莽了。

最后一步

王莽重新做了大司马，这时有一件事情需要他马上解决，那就是确定自己的顶头上司是谁，因为刘欣也没有儿子。

这对现在的王莽而言太容易了，因为根本没的选。当年刘奭虽然占据了最好的资源，可他的繁殖能力不怎么样，最后满打满算也就三个儿子：太子刘骜、定陶王刘康和中山王刘兴。现在不管怎么算，轮也得轮到中山王一家了，而且王莽从刘欣的教训中总结出了一条经验：上来做皇帝的，其外家越弱越好，皇帝的年纪嘛，越小越好。

这时的中山王叫刘箕子，是刘兴的儿子，虚岁也只有八九岁。看着这乳臭未干的小子，王莽恐怕会暗自得意：大事定矣！

王莽派人去中山国把刘箕子接到了长安，但在刘箕子继位前，王莽要做一件事情给所有的人提个醒，让他们别忘了从此该听谁的。

元寿二年（公元前1年）七月，根据王莽的提议，太皇太后下诏把皇太后赵飞燕贬为孝成皇后，令其退居北宫，同时令刘欣的傅皇后退居桂宫，后来又把她们贬为庶人去守园；傅家和丁家的外戚除了傅喜也都被罢官免职，迁往合浦；董贤死后被抄家，财产价值四十三万万钱，他的父亲和弟弟也被免官迁往合浦。

同时，王莽还盯上了一个最可能威胁他地位的人——红阳侯王立。虽然这时候王立因为受淳于长的牵连在长安家中赋闲，并没有在朝中担任要职，可仅凭他是太皇太后的亲弟弟，王莽就不能放心。因此，王莽找了个借口，强行把王立挤回了红阳县。

这些措施都只是针对活人的，至于死人，王莽也不准备放过。还是根据王莽的建议，已死的皇太太后傅氏被改称为定陶共王母，帝太后丁氏则被改称为丁姬——怎么抢来的就怎么还回去，死人也不例外。这还不算完，王莽每每想到自己之前的遭遇还是气不过，以致五年之后，他又寻了个蹩脚的借口继续对傅氏进行打击报复。王莽认为，傅氏和丁氏虽然已经去了尊号，但是她们下葬的时候还怀揣着有“皇太太后”和“帝太后”字样的印章，且她们的坟居然堆得跟元帝刘奭的渭陵一样高，这于礼不符，便提出要发其冢，迁其坟，毁其印。

这下，连太皇太后王政君都看不过去了。她认为死者为大，不需要再追究这些徒有虚名的东西，建议王莽就这么算了。可这时候的王莽已经不是当年那个王莽了，此时的他羽翼已丰，强硬的态度已表露无遗。最后他仍然强行让太皇太后按他的意思下诏，还发动十几万人花了大半个月时间把傅氏和丁氏的坟给铲平了——这真比挫骨扬灰好不了多少。

看了傅家、丁家和董家的遭遇，少数几个不开窍的大臣也总算明白了，虽然又来了个新皇帝，可这次天下真的在王家手中了。

反正大家这三十年也过惯了“皇帝没用权臣当道”的日子，见风使舵的本事早已炉火纯青。等王莽在活人和死人身上耍了一通威风之后，绝大多数大臣便争先恐后地投到王莽门下，王莽也火速提拔了一批自己的亲信，让他们出任朝中要职。而少数几个心怀不满、不肯依附王莽甚至对他的专政提出异议的人，很快便被他划入傅家或董家同党给消灭了，此正所谓“附顺者拔擢，忤恨者诛灭”(《汉书·王莽传》)。

那我既不反对王莽，也不支持他，独善其身行不行？答案是不行。王莽给所有人的都是一道只有两个选项的单选题，就像一枚铜钱只有正反两面，往空中一抛落下后要么是“是”，要么是“否”，要想让铜钱立起来，那是万万做不到的。也有人不愿意抛这枚铜钱做选择，比如大司空彭宣，他直接把大司空和长平侯的大印上缴朝廷，上书乞骸骨。王莽一看这老家伙居然这么不配合，第一时间就批准了彭宣的请求，还扣下了他的养老金，转手就把大司空的位子给了依附于自己的右将军王崇。

做完这些事情，时间已经到了元寿二年（公元前1年）九月，这时候王莽才让早已在长安等了两个月的刘箕子继承帝位。小皇帝虽然继位了，但以他这个年纪，是不可能从政发号施令的，于是便由太皇太后王政君临朝听政，大司马王莽摄政，百官皆服从大司马而不受丞相节制。从此，百官成了王莽的附属，而他只要瞒住太皇太后一个人，让她觉得自己是好人就可以了。

恐怕有人又有疑问了：刘箕子的母亲呢，她不能参政吗？

当然不能。有皇太太后和帝太后的例子在前，王莽怎会再让另一个王后进京？在刘箕子到长安的同时，王莽便下令禁止中山太后卫氏及其亲属进京，任凭母子分离。不管卫氏如何哭泣，王莽都权当不知，卫氏的两个弟弟也仅得了个关内侯的爵位。

这时候王莽已经清除了朝中一切可能阻碍他的力量，可以说，哪怕他在朝堂上横着走，大家也只能高呼“走得合理”。但他依然想博个好名声，每当他想做一件事情或想要得到什么奖赏时，自己从来不提，而是给底下的大臣们各种暗示，等他们猜出来后，再在上朝时提出，然后请皇帝决断。

小皇帝哪有什么决断，自然是听太皇太后的，而太皇太后自然是同意的。这时候王莽总是先推辞一番，摆出一脸“不可不可，受之有愧”的表情。

现在好了，朝堂上基本也没什么其他事了，满朝的大臣每天都在忙着做一个游戏：猜大司马今天到底想要什么。

转过年去，王莽给小皇帝定了个新的年号“元始”。元者，始也。王莽用两个重复的“始”字似乎是在宣告一个不同于以往的新时代的到来，因为对于已经权倾天下的他来说，眼下远非结束，仅仅是一个开始而已。

元始元年（公元1年）开春，在王莽的授意下，益州的地方长官不知从哪儿找来了几个谎称是赵裳氏的人，并给朝廷献上了一只白雉和两只黑雉。大臣们纳闷了：白色的雉鸡虽然少见，可毕竟就是只野鸡，而且看个头儿，这一只也就够大司马自己炖个汤什么的，他老人家到底是什么意思呢？

捉摸不出来。

王莽看大家没什么反应，就让太皇太后下诏，用蛮夷进献的白雉进献宗庙祭祀。这时朝中大臣有博学者终于后知后觉，一拍脑袋：白雉就是白凤凰啊！传说当年周公辅佐成王的时候也有赵裳氏出来献过白雉，那是千载一遇的祥瑞！原来，大司马是要把自己比作周公。

唉！糊涂啊，差点儿误了大事！

第二天，大臣们上朝前对了一下口径，上来就跟太皇太后提出，以前霍光有安定宗庙社稷的大功，所以皇帝给了他三万户的封地，还给了他等同于开国第一功臣相国萧何的待遇，现在以大司马的功绩应当“如霍光故事”。

太皇太后听得有点儿迷糊，就问大臣们：“你们都说大司马有大功，到底他是真有大功，还是因为跟我是亲戚？”

“太皇太后圣明！大司马的功绩岂止可以与霍光相比，甚至与周公相比也不逊色，那只出现于周公辅成王时的祥瑞白雉就是证明！古时圣人有言：‘臣有大功则生有美号。’因此，依臣等愚见，大司马应当被赐号曰‘安汉公’，这样才能上应古制，下顺民心。”

“好吧，就依众卿家的意思。”

这显然正合王莽的意思，可他还要装，而且他十分懂得如何收买人心，那就是“有福大家享，有难我来当”。他上书强调国家的政策不是他一人想出来的，是他和孔光、王舜、甄丰、甄邯五个人一起商量出来的，太皇太后要赏赐应该同时赏赐他们几人，而且自己实在没能力接受如此重的称号。王莽就这样一连推托了四次，最后干脆称病不上朝，甚至连太皇太后的诏书都不接。

这又是什么意思呢？大家再次陷入沉思。

这次太皇太后身边的下人首先反应了过来，他们告诉太皇太后："大司马现在就是在装病。可国家这么大，一天也少不了他啊，您应当遂了大司马的意，这样他才肯起来干活儿，国家也才有希望。"

"好吧。"太皇太后于是下诏，先封了王莽提到的四个人：孔光封为太师，王舜封为太保，甄丰封为少傅，甄邯封为乘阳侯。然后，太皇太后又单独下诏封王莽为太傅，并加封他两万八千户封邑，任命他和孔光、王舜、甄丰为辅政四大臣，同时表明大司马、太傅王莽是四大臣之首，也是三公之首，更是百官之首。

这下王莽终于肯起来上朝了，但是他只肯接受安汉公的头衔和太傅的任命，不肯接受封邑，表示要等天下百姓共同富裕了，他才敢接受如此重的封赏。

这时众人又向太皇太后请求，太皇太后于是准许王莽先不接受封邑，但他大司马的俸禄以及下人的俸禄都要翻倍。王莽还是表示不接受，并表示应当对高祖以来的功臣子孙以及各诸侯王的后代，还有现在的大臣逐一封赏，真可谓人人有份，绝不落空。太皇太后只好应允了王莽的请求。封赏这么多人，谁都说不清国库需要出多少血，可这份人情无疑又落到了王莽的头上。

这只是王莽日常表演的一部分，其他的还包括但不仅限于：每个进京的官员无论官职大小，王莽都要亲自接待以表示对对方的尊重和关心；宣布带头捐钱一百万、良田三十顷以资助贫农；但凡听说有地方受灾，王莽就在家里吃素表示哀伤，并通过周围人把他吃素的事情告诉太皇太后；为了显示天下太平，王莽还让人拿重金去贿赂当时的匈奴单于，让单于把他的名字由四个字的"囊知牙斯"改成单字"知"，以示对汉朝的向往和仰慕。

王莽的沽名钓誉大多如此，他带着整个国家陪他一起演戏。

通过种种手段，王莽在朝中营造出了一种天下在他安汉公的领导下四海升平、国泰民安的表象。元始二年（公元2年）二月，王莽给皇帝刘箕子改了个名，叫刘衎。“衎者，行喜皃”（《说文解字》），就是高兴愉快的意思。王莽的意思说白了就是，在他安汉公的领导下国泰民安——按王莽自己的说法就是“市无二贾，官无狱讼，邑无盗贼，野无饥民，道不拾遗，男女异路”——姓刘的不需要做任何事情就可坐享清福，所以非常愉快。

但说真的，刘衎名不副实，尤其是在元始三年（公元3年）之后。王莽先是把自己的女儿塞进宫里做皇后，接着又给自己安上“宰衡”的称号，并把自己的地位定在诸侯王之上。最后，在元始五年（公元5年）五月，王莽又给自己加了“九锡”。

看到王莽的种种作为，刘衎实在是愉快不起来。

所谓“九锡”，指的是皇帝赐给有特殊功勋的大臣或诸侯王的九种礼器，包括车马、衣服、乐县（定音、校音的器具）、朱户（红漆大门）、纳陛（上朝时的专用通道）、虎贲（士兵）、弓矢、斧钺、秬鬯（香酒）。这九种器具也代表了所得者的九种德行和权力，分别是车马——有道德，衣服——能安民，乐县——使民和乐，朱户——得民心，纳陛——能进善言，虎贲——能退恶，弓矢——征不义，斧钺——诛有罪，秬鬯——有孝道。

这一看就明白了，“九锡”之所以非同一般，不在于它的价值，而在于它所代表的意义。天下人谁都知道，不管哪个大臣，一旦加了“九锡”，大概就离篡权不远了。

在王莽加“九锡”七个月之后，十四岁的刘衎就驾崩了。刘衎之死是王莽心中另一个不能触碰的伤口，因为挑起这事的是王莽的大儿子王宇。

王莽的几个儿子大概都没学到王莽作秀的本事，也难以体会王莽的用心。王宇受的是儒家教育，他很正统地认为，现在的皇帝是刘衎，那最有听政资格的就是刘衎的母亲卫氏。虽然王家现在掌权，风光无限，可皇帝总有长大的一天，等他长大亲政了，能不回头算今天的旧账吗?

面对儿子王宇的质疑，王莽总是嗤之以鼻，他心里大概在想：那也得他能长大才行。

王宇没有读心术，不知道自己老爹的想法，心里觉得自己得为王家的未来打算，就私底下擅自联系了卫氏的弟弟卫宝，教他如何替自己的姐姐上书，请求进京。

对于这个要求，王莽肯定是不会同意的。一计不成，王宇和自己的老师吴章以及自己的大舅子吕宽一商量又生一计。吴章告诉王宇，他老子劝是劝不动的，但他怕鬼神，因此可以借鬼神之手来吓唬王莽。

这师徒两人的计划分两部分。第一步由吴章当众演卦推算天命，推演结果是上天希望太皇太后归政于卫氏。吴章的表演很精彩，他毕竟是当世名儒大家，光教过的弟子就不止千人，在学术上很有号召力。他这一宣布让王莽也将信将疑起来，想起老天的话语，王莽回到家心里也有些忐忑不安。

可没想到，计划的第二步却出了岔子。这一步是由王宇实施的，本来操作很简单，就是弄点儿鸡鸭狗血之类的，趁天黑泼到自家门口，替代老天来进一步恐吓震慑王莽。往自己家门口泼点儿脏水有什么难度？可就是这么简单的一件事情，王宇也没做好。他不说堂堂正正地把下人支走再行动，而是乔装打扮了一番，偷偷摸摸地行事，结果蒙着脸刚把一桶血泼到门上，就被家丁当贼子拿住了。

等下人把事情告诉王莽后，王莽再找王宇一问，事情就都明白了。

王莽气急败坏又骑虎难下，他咬牙切齿了一个晚上，最后仍然不愿放弃自己早已定下的目标，毕竟开弓没有回头箭，任何阻挡他的人都将面临同一个下场！

第二天，王莽亲自把王宇送进了大狱。在狱中，王宇大概是被逼服毒自尽了。王宇的妻子也同样被杀，而吴章则被腰斩，卫氏一族除了卫氏本人，其余全部被诛杀。就算这样，王莽还不愿意收手，他还要拉更多的人给自己的儿子垫背。王莽以自己儿媳的哥哥吕宽为突破口，罗织各种理由，把朝中几乎所有敢反对他或对他构成威胁，甚至只是不依附于他的人一网打尽。在这份被杀和被逼自杀的近千人名单中，甚至包括这样几个名字：红阳侯王立、平阿侯王仁、梁王刘立、敬武公主。

这场杀戮震惊了天下，之后再也没人敢公开对王莽表示任何不满。朝廷甚至宣布了新的规矩：天下任何官吏都不能使用和安汉公王莽相同的名字；加封安汉公为宰衡。此后哪怕是三公这样的重臣，在王莽面前说话时也要加上前缀“敢言之”——我豁出去了才敢说。

但这已经不能满足王莽了，他的眼睛在杀戮中早已嗜血，他的头脑在杀戮中早已疯狂。如果说当年二儿子的死使他决定不择手段地走上权力的顶峰，那现在大儿子的死使他更加坚定了这个决心，而且已经迫不及待。

接下来，他血红的双眼死死地盯住了最后一个人：皇帝。

元始五年（公元5年）秋，泉陵侯刘庆上书说："当年周成王年少，周公居摄行天子事，如今陛下年纪也不大，安汉公应当如周公故事。"此言一出，满朝文武皆称好。刘衎这时候已经听得懂大臣话里的意思了，他很生气却不能发作，心里大概已经恨死王莽了。十二月的某一天，刘衎在后宫很不合时宜地表露了因为母亲家的事自己对王莽的不满。刘衎的这些话马上就传到了王莽的耳朵里，王莽也没说什么，只暗地里叫手下人准备了一份既无药可救又不见血封喉的毒药。

到了十二月的腊日（每年大寒之后的第一个戌日），皇帝照例在宫中摆席宴请群臣，王莽偷偷地把毒药放到酒里，让还蒙在鼓里的刘衎喝了下去。第二天刘衎就病得起不了床了。这时王莽还要表演，他声称陛下病重，自己做臣子的愿意以身替皇帝受罪，甚至愿意以命换命，又仿效周公做策书放于金縢之中。

可不管王莽嘴上说得多好听，他心里十分明白，刘衎这次是必死无疑的。果然，到了十二月的丙午日，刘衎就不明不白地死在了未央宫。

刘衎一死，王莽更加没了顾忌，马上着手为自己取代刘氏统领天下做最后的准备。虽然成帝、哀帝和平帝三个皇帝接连没有后代，可这时候天下还有宣帝的曾孙五十三人。不过，这些人年纪都不小了，完全不符合王莽选傀儡的标准，王莽把选择范围定在了宣帝的玄孙辈子弟里。

为了掩人耳目，当然也是掩耳盗铃，王莽假意从全国召来了宣帝的玄孙辈二十三人，宣称要在这些人里进行一次小规模的海选。在进行了一通事先早已彩排好的祈祷、告祭和占卜之后，王莽宣布上天替他在这群人里找到了最合适的人选——广戚侯刘显的儿子刘婴。

在这二十三人中，刘婴之所以最合王莽的意，原因非常简单：那时他只有两岁，是宣帝玄孙辈里最小的一个。但就是这么一个小孩子，王莽也不准备让他做皇帝，毕竟把他扶上去之后再拉下来，也是要出一膀子力气的，而现在的王莽连这个力气都不想出了。

在刘衎驾崩的当月，王莽就已经找人上报朝廷，称武功郡有人在挖井的时候挖出了一块白石。石头上圆下方，长得跟大印差不多，石头上还有一行红字："告安汉公莽为皇帝。"不用说，石头肯定是事先打磨好的，字也是事先写上去的。

下面的官员把这事当作一件极重要的事报到了太皇太后那里，太皇太后王政君的第一反应是"万万不可"！这时候大臣的反应出乎王政君的意料，大家几乎没有什么反对意见。最后，在群臣的建议下，其实也可以说是胁迫下，王政君下诏以刘婴为皇太子，而王莽则行"居摄"之职，王莽在祭祀宗庙的时候称"假皇帝"，天下臣民称王莽为"摄皇帝"，而王莽所享受的礼仪待遇均与皇帝相同。

王政君这时终于有点儿弄明白王莽心里想要的是什么了。可这时候她作为一个七十几岁的老人，已经无力阻止王莽了，只希望在她有生之年，王莽不要踏出最后一步，好歹能让她在地下见到刘家的列祖列宗时保有一丝薄面。然而，朝中的大臣却不像王政君那般忧心忡忡。虽然王莽和皇帝之间还隔着薄薄的一张窗户纸，可他们似乎已经把王莽看作了帝国的统治者，早已跃跃欲试的他们一直在静待王莽的暗示，然后伸手去捅破这层窗户纸。

现在，王莽之心已经路人皆知，可朝廷的大臣就是装作不知，还使劲地给他打掩护。当然，朝廷的官员也不是都对王莽唯命是从或不敢反对，已故丞相翟方进之子，东郡太守翟义就是刘家的忠臣。居摄二年（公元7年）五月，翟义在东郡打出"替天行道诛杀王莽"的旗号，立东平王刘匡的父亲严乡侯刘信为天子，招募乡勇占据州郡，起兵讨伐王莽，而且其军队很快就发展到了十多万人。翟义的举动震惊了全国，已经两百年未经历大兵乱的社会发生了急剧的变化，甚至关中都变得不太平。随后，茂陵以西又出现了赵明、霍鸿，他们自称将军，聚众十余万直扑长安。乱军所过之处屋舍残破、百姓流离，王莽在未央宫前殿踮起脚甚至能看见城外暴乱引发的火光。

别看王莽平时在朝堂上横行无忌，一副天王老子的神气劲儿，谁不服就杀谁，可现在轮到别人要杀他，他的㞞样立马暴露无遗，更何况翟义的"天诛"二字又正中王莽内心的要害。想到叛军有可能旦夕就到城下，自己的性命有可能不保，王莽整天处于精神紧张之中，连饭都吃不下了。他第一时间派出谏议大夫桓谭等到处昭告天下，内容却并非声讨叛军，号召各地勤王，而是强调自己摄政是暂时的无奈之举，并保证等皇太子刘婴长大以后，自己一定会还政于刘家。

王莽这人还颇具阿Q精神。他在公开场合强行给自己打气：“当年周成王年幼的时候周公辅政，尚有管、蔡二人的反叛，古代圣人都还如此，我王莽斗两个宵小又怎样？！”

然而，精神胜利法终究只能忽悠别人，骗不了自己。王莽没有什么军事才能，只好任命甄邯为大将军保卫长安，命王邑等亲信八人为将，分守关口要塞，阻击翟义。就这样，王莽还觉得不安全，又命令王舜和甄丰带领大队人马在宫中日夜巡逻保护自己，而他每天只知道抱着皇太子刘婴在宗庙祷告，以寻求心理上的安慰。

这一事件充分揭露了王莽虚伪的本质和企图篡权的事实。太皇太后听说王莽因为“忧心国事”吃不下饭的时候，无奈地笑了笑，对左右的侍从说：“你们别以为我老太太什么都不懂，他这分明就是怕了。”

就这样，惶惶不可终日地过了半年后，王莽终于收到了让他稍微心安的消息：王邑击破叛军，翟义授首，刘信不知所终。

翟义手下的人虽然不少，但终究是乌合之众，与堂堂正规军是无法相比的。翟义又非将门出身，仅是凭一股血勇起事的，因此，尽管王邑等人也不以行军打仗见长，但磨蹭了半年之后，依旧将翟义打败。翟义失败后，在关中与他呼应的赵明等人也难逃一死的命运。

等到翟义和赵明等人授首，王莽终于不再抱着刘婴躲在宗庙里跪着了，回家也能安心咽下饭了。饱食一顿之后，王莽的腰杆子又挺直了，气势也上来了，而且他心里似乎也有了底——原来所谓的造反就是这么一回事啊，不过尔尔！

跟王莽一样，半年来在朝堂上不太敢吱声的大臣们这下又开始活跃起来，纷纷结合时事对王莽进行新一轮的歌功颂德，其中以监军陈崇的上书最具代表性。他说：“陛下（注意这里指的是假皇帝王莽）真是上天认可的君主，（为什么这么说呢？）因为上天认可的君主只要思考就能改变风气，只要开口就能感化万物，只要行动就能达成教化。臣陈崇伏读陛下的诏书，然后私底下推算了时间。这一算不要紧，臣发现当陛下开始思考的时候，前线的反贼就开始连续打败仗；当陛下开始起草诏书的时候，前线反贼的阵营就被击破了；陛下的诏书正式成文颁布的那天，反贼被消灭干净了。

而这时候众位将军还没来得及展现他们的锋芒，臣作为监军甚至还没来得及思考如何作战，事情就已经解决了。”

呸，恶心啊。

但王莽不觉得恶心，相反，他很开心。大臣们从中看懂了王莽的意思，此后不用王莽暗示或吩咐，从中央到地方，各级官员纷纷自发地发掘（其实就是伪造）出各种明示王莽应做皇帝的所谓祥瑞之兆，而王莽大概是入戏太深，他现在真的以为自己就是上天选定的替代刘氏的人。

到了居摄三年（公元8年），据地方官员报告，这一年又出现了几个了不得的祥瑞之兆：

广饶侯刘京报告，齐郡的临淄县有一个亭长晚上梦到有人跟他说：“我是上天派来的，目的是告诉你，现在的摄皇帝应当做真皇帝。如果你不信，我在亭里给你开一口井看看。”等到天明，亭长果然发现亭中多了一口井，而且这口井足足有一百尺深。

水井再玄，毕竟属于不动产，王莽也只能听人说说，无法亲眼见证。于是，车骑将军千人扈云和太保属臧鸿也不甘落后，纷纷上书说巴郡出了石牛，扶风郡出了石文，而这些都是祥瑞的象征。而且，当石牛和石文被送到未央宫后，突然狂风大起，一时间飞沙走石，面对面都看不见人。等风停了，地上无端地出现一块铜符锦帛，上面写着“天告帝符，献者封侯。承天命，用神令”。

王莽看了这许多的祥瑞之兆，也飘飘然起来，自以为天道民心都在自己一身，就给太皇太后上书，说：“现在出现的种种祥瑞之兆都印证了朝廷应改元的事情，《尚书·康诰》中曾提到过周公摄政称王的事情，只是孔子在修订《春秋》时用了隐晦的手法，没说继位而说摄政。这是古代先贤们定下的规矩，我不敢不遵守。所以，现在我请求侍奉神明宗庙，上奏太皇太后、孝平皇后，都自称代皇帝，此后凡是号令天下或臣民上奏言事，都不再称‘摄’字。等皇太子长大，我再把政权交还给他，就像当年的周公一样。”

笑话，给你个“摄皇帝”还不知足，不称“摄”，那称什么？！

皇帝！

王莽就差没把这两个字说出来了。

新朝

王莽不好意思说“皇帝”这两个字，可有人帮他说，还强行推了他一把。

长安的太学里有一个在读生叫哀章，此人好说大话，素来没什么德行操守。眼看自己的学习成绩也不算好，做个太学生不知什么时候才有出头之日，于是，在谁都知道王莽要做皇帝但谁都没敢说出口的时候，他决定做一次政治冒险。哀章在家里偷摸着做了两个铜匮，又在铜匮里放了两册书，一册上面写着“天帝行玺金匮图”，另一册上写着“赤帝玺某传予黄帝金策书”——这里的“某”指的无疑就是刘邦。哀章在书里说王莽是真命天子，太皇太后应当顺应天命把政权交给王莽。他还顺便写了上天派给王莽的十一个辅臣，并一一注明了这些辅臣的官职和爵位。这十一个人是王舜、平晏、刘歆、甄邯、王寻、王邑、甄丰、孙建、哀章、王兴、王盛。

做好这些准备后，哀章特意挑黄昏时分（光线不怎么好的时候），穿了一件黄衣服，把这两个铜匮拿到高庙给了仆射。仆射在夜色朦胧中接到这么一个玩意儿，不敢自己做主，马上上报给了王莽。王莽不明所以，因为他不记得自己曾叫谁做过这事。

第二天清晨，王莽来到高庙，看了铜匮里的两册书后又高兴又紧张。他高兴的是，自己想做而没敢做的事情终于有人帮他做了，虽然这个人的所作所为不是自己授意的；紧张的是，这下可就没有回旋的余地了。王莽立即决定：就在今时今日彻底捅破这层窗户纸，走出自己计划许久的最后一步。

王莽假意拜受了上天的旨意，然后也不再回家，而是拿出事先早已准备好的皇冠，让人马上召集百官。等大臣们都进了未央宫才发现，今天前殿里当头坐着的只有王莽一个人。

终于要来了。

这时候，大臣们的眼睛里流露出的不是惊诧，而是欣喜，毕竟身为群演的百官陪着王莽表演了这么久，终于盼到领劳务费的时候了。

果然，王莽宣布，虽然自己十分不乐意，但迫于天命，他只好即真天子位，改国号为“新”，并且宣布即将对国家及社会制度进行一系列改革，“改正朔，易服色，变牺牲，殊徽帜，异器制。以十二月朔癸酉为建国元年正月之朔，以鸡鸣为时。服色配德上黄，牺牲应正用白，使节之旄幡皆纯黄”(《汉书·王莽传》)。

虽然对于王莽称帝一事，大臣们没人反对，但有一件事令王莽比较尴尬，就是自己没有皇帝的玉玺。那玉玺在哪儿呢？在太皇太后王政君手里。而只要王莽手中没有玉玺，他这个皇帝就始终是名不正言不顺的。这样一来，跟太皇太后讨要玉玺便成了他最重要的事情。

王莽并不敢亲自去做这件最重要的事情，这恐怕是因为他没脸面对自己的姑姑。他于是叫自己的得力干将，也是最得太皇太后喜爱和信任的王舜去执行这个任务。

这时候，身处长乐宫的王政君已经知道了王莽在未央宫前殿的所作所为。虽然她心里清楚这是迟早的事情，但事情真的成为事实还是让她难以接受。王政君手抚着象征皇权的传国玉玺，一股悲愤之意涌上心头，此刻她的内心恐怕第一次恨自己太能活了，终究没能在王莽走出最后一步之前死掉。

许久之后，长乐宫的殿门被打开，王舜走了进来。

无须多言，王政君很清楚王舜这个时候来是为了什么：“你是替他来要玉玺的吧？！”

王舜一脸堆笑，不语，缓步向前。

“站住！”王政君流着泪厉声呵斥道，“你们王家父子宗族受着皇恩才有今天，又受了托孤的重任，不仅不思报答，还要夺人家的基业，世上哪有你们这等猪狗不如的人？！王莽不是要建立新朝吗，新朝就应该做一个新的玺印，要这个亡朝的不祥旧印干什么？！我是刘家的一个老寡妇，这个玉玺我是要带到坟墓里去的，谁也别想夺走它！”

王舜也不好反驳什么，只是陪着老太太流了一会儿泪，然后说：“事到如今，臣也没什么可说的了，但是太皇太后您想想，现在王莽要这个玉玺，难道您有办法不给他吗？”

王政君听出王舜话里有威胁之意，大怒，一下把玉玺扔到了地上，接着骂道：“我老了，也快死了，但你们兄弟一定会被灭族的！”

这时王舜已顾不得这么多了，他把玉玺捡起来后也不管王政君在背后骂什么，一溜烟就跑回去跟王莽复命。

王莽得了玉玺大喜过望，仔细一看才发现，刚才王政君扔玺时把这个无价的玉玺磕坏了一个角，但他并不在意，也不敢回去寻找，而是让人用黄金把玉玺缺损的一角补了起来。

初始元年（公元8年）十二月初一，拿着一角镶金的玉玺，王莽异常高兴，在宫里大摆宴席，宣布大赦天下，并将这一天改为始建国元年正月初一，国家也正式去掉“汉”的字号。至于原来的皇太子刘婴，王莽下策书将他改为安定公，封万户，取平原县、安德县、漯阴县、鬲县和重丘县中的百里之地为安定公国。

从这一刻起，王莽撕下了最后的伪装，让西汉成了过去式。

第三十五章

天下大乱

王莽：时代的异类

哀章的赌博成功了，他猝不及防地一脚把仍在皇位前犹豫、徘徊，不敢踏前一步的王莽踹到了龙椅上。

这一下虽然出乎王莽的意料，但他毕竟早已为此准备多时，一旦坐上龙椅，其他的事情便水到渠成。唯一不好推托的是，他自己号称是受了铜匮里上天的符命不得已才做皇帝，那现在也只好继续让上天安排好的人给自己辅政。

铜匮图书中这辅政的十一个人的封号及官爵是：太傅、左辅、骠骑将军安阳侯王舜为太师，封安新公；大司徒就德侯平晏为太傅，就新公；少阿、羲和、京兆尹、红休侯刘歆为国师，嘉新公；广汉梓潼哀章为国将，美新公；此四人是四辅臣，地位最高。太保、承阳侯甄邯为大司马，承新公；丕进侯王寻为大司徒，章新公；步兵将军成都侯王邑为大司空，隆新公；此三人为三公，地位次之。太阿、右拂、大司空、卫将军广阳侯甄丰为更始将军，广新公；京兆王兴为卫将军，奉新公；轻车将军成武侯孙建为立国将军，成新公；京兆王盛为前将军，崇新公；此四公号为四将，地位又次之。

看着这份名单，王莽有些犯难了：王舜、平晏、刘歆、甄邯、王寻、王邑、甄丰、孙建这八人本就是朝中重臣，都是自己的熟人，而哀章是替上天写图书的人，可王兴、王盛又是什么人呢？

王莽不知道。怎么办？

有人可能会说：好办，问哀章呗，这玩意儿不就是他写的吗?

不好意思，问哀章也没用，因为他也不知道。

哀章这个人还是有点儿小聪明的，知道自己一个无名小卒的名字贸然出现在一堆朝廷重臣之中很容易惹人非议，受到攻击。所谓“木秀于林，风必摧之”，同样，在一众高度差不多的树中，如果有一株特别矮，也很容易被人注意到，甚至有伐之而后快的冲动。但不写上自己又不可能，怎么办?

好办，多捏造几个大家都不知道的名字，分散天下人的注意力就行。

因此，王兴和王盛这两个名字是哀章写这份名单的时候编造的，为的就是让自己的名字在名单里不显得那么突兀。

这可就苦了王莽。他不能否认这份名单，否则自己获得的天命就会被人质疑。为了保证自己的合法性，王莽只好派人到全国四处寻找名字叫“王兴”和“王盛”的，看哪个是天选之人。可王姓历来是大姓，“兴”“盛”两字又不是什么生僻字，因此一番仔细筛查下来，尴尬的事情发生了：重名的人忒多。

这下老天可没办法选择了，作为天子的王莽只好代劳。经过自己关起门来的一番海选、斟酌后，王莽宣布一个曾经做过城门令史的王兴和一个以卖饼为生的王盛容貌与符命相符，一头雾水的两人因此一步登天。

虽然这事对王莽来说很荒唐，可他并不在意，因为他现在已经是皇帝了，时间紧，任务重，还有很多重要的事情等着他去做。

不管王莽之前用的是什么手段，他毕竟达到了自己的目的。这时候，天下的老百姓大概已对大汉的朝廷产生审美疲劳，对王莽替代刘家做皇帝这件事并没有太大的感觉，反正到头来上面不还是有个人管着吗?生活依旧是一如既往。虽然大汉皇室中也有一些如徐乡侯刘快之流出来反抗，但很快便被平息。到后来，很多刘氏子弟甚至主动上书谄谀、附和王莽。

没有大规模的反抗，没有大范围的杀戮，相比于许多后世王朝末年的腥风血雨、生灵涂炭，王莽似乎完成了一次近乎完美的改朝换代。

然而，这种相对的平静并没有维持多长时间就被打破了。原因无他，就是王莽这个人太能折腾。

尽管古代中国自秦朝以后历经朝代更迭，皇帝换了一茬又一茬，但国家的政治、学术及意识形态都相当稳定，不管上来的是姓刘的、姓李的、姓赵的、姓朱的，还是别的什么姓氏。虽然新的统治者推翻了旧的王朝，但整个国家无非新瓶装旧酒，本质其实没有大的变化。可两汉之间的王莽和他人不同，他为改变现有的社会秩序做出新的尝试，目的是建立一个他心中认为的理想国家。

当然，现在谁都知道，王莽的尝试并不成功。

说到王莽的改革，题目非常大，毕竟这不是一个单位、一个公司或者一个地方的改革，而是整个国家的改革，其方案类似现在的“××备忘录”“××白皮书”之类。如果细细论之，绝非三五十张纸能写完的，我们只能概括地说一下。

简单地说，王莽的尝试大体分五部分，包括平均社会财富、改变社会风气、修改官制、改革政治和发展学术。

不可否认，王莽一开始还是很有雄心壮志的。他的改革规模宏大，涉及社会的方方面面，可见他确实下了功夫，绝非全是脑子一热想出来的。就此，网上很多人说王莽思想前卫，甚至可能是一个来自未来的穿越者。

这当然是一句笑谈，不然作为一个后来人，王莽怎么会不知道自己的下场。

虽然王莽的改革后来失败了，但对于改革内容，我们不能一刀切，全盘否定。仔细分辨的话，改革内容其实又可以分为三大类。

第一类改革里有很多不必要的东西。在政治方面，王莽为了有别于前朝，修改了很多中央和地方官的官名：大司农改为羲和，太常改为秩宗，大鸿胪改为典乐，少府改为共工，光禄勋改为司中，太仆改为太御，卫尉改为太卫，执金吾改为奋武，太守改为大尹，都尉改为太尉，县令改为宰，等等。此外，王莽还增加了许多新的官职，如在中央新置大司马司允、大司徒司直、大司空司若，列于九卿，同时设司恭、司从、司明、司聪、司睿等五大夫，在地方设立大量副职，还按照传说的周制大封五等诸侯共796人、附庸1511人。

我们知道，行政机构要想办事高效必须简政，必须裁剪冗员，而不是反着来。王莽增加了许多官职和爵位，看似给了很多人机会，其实不然，因为他并没有把蛋糕做大。现在他又贸然请了好多人来分享，必然会导致部分人挨饿，比如他封的那些五等诸侯中就有很多人并没有得到封地，每月只能领到几千钱。

除了官名，王莽还热衷于改地名。想来他做了皇帝后可能精神、气色都非常不错，每天有花不完的精力，对改地名这事尤其热衷。其中，有些地方是换了个新的名字，有些则完全是在和汉朝对着干，如把固阳改成固阴，无锡改成有锡，曲周改为直周，东昏改为东明，诸如此类。而且王莽还乐此不疲，最后把全国几乎一半的地名都改了。

除了官名和地名，王莽还修改了很多东西，包括修改漏刻、历法、度量衡，甚至祭祀的音乐，这些事情本质上都是为了强行体现自己的新朝和前朝的不同。

当然，这些事情虽然无聊，但也可以理解。古代政权更替历来讲究焕然一新，讲究一朝天子一朝臣，现在王莽也不怎么换里面的内容，换套外衣总可以吧？

第二类改革是相对正面的，其中有一些制度是好的，起到了一定的作用。例如建立贷款制度，规定百姓因丧葬或祭祀需要可以向政府贷款，日后只需归还本金，不收利息；如果是为了从事农业、商业生产向政府贷款的，政府收取纯利润的十分之一做利息。又如，施行“五均六管”制度平抑物价；扩大太学的规模，从原来的数百人扩大到超过万人。后者对活跃整个社会的学术气氛、提高人民素质无疑是一个利好因素。奈何王莽不曾料到，天凤年间，长安的太学里走出了一个叫刘秀的年轻人。这个人我们容后再表。

最后一类是制度改革，本意是好的，最后却成为激化社会矛盾的祸首。其中首当其冲的就是王莽施行的井田制和私属制。

西汉末年，由于地方上豪强并起，田地越来越向少数人手里集中，造成富者越富、穷者越穷的景象，进而出现大量因土地被兼并而失去基本生产资料的流民。虽然是流民，但这些人也是要吃饭的。迫于生活的压力，他们要么选择卖身为奴，要么成为社会的不稳定因素。

这就是国家即将衰败的前兆，公平地说，当时的社会确实已经到了不可不变的地步。

这种情况显然和王莽口中“一夫一妻，授田百亩”的理想社会背道而驰。于是，他根据《周礼》《孟子》《诗经》等古书上记载的井田制度，于公元9年颁布了一道著名的诏令：将天下的土地改名为“王田”，奴婢曰“私属”，王田和私属均不得买卖；一个家庭中男丁不满八人的，占有的田地不能超过一井（九百亩），超过九百亩的部分要无偿分给九族邻里乡党；以前没有田地的百姓，都可以按这一制度无偿获得田地。

王莽口中的“王田”，实际上脱胎于西周的“井田”。将正方形的九百亩耕地进行两横、两竖九等分，中间一份纳税，周围八份私有，就是传说中的井田制。王莽规定全国的土地归国家所有，每家男丁在八人以下的，占有的田地不能超过九百亩，并且禁止田地买卖，目的是平均社会生产资料，实现他所谓的百姓“人人有地种，家家有余粮”的社会。

王莽将奴婢改称为“私属”，并且禁止进行私属交易，是为了杜绝普通百姓变成大户人家的奴婢，截断奴婢的来源，使得私属数量只减不增，直至消亡，最终达到增加社会劳动力的目的。因为据孝哀帝时期的不完全统计，当时国家的官奴已有数十万之多，各个地方豪强的奴婢更是不计其数。在王莽看来，这些人“游戏无事”，光吃饭不干活儿，还浪费纳税人的钱，实在要不得。

此外，王莽还进行了币制改革。改革的原因是繁体的“劉”字由“卯、金、刀”组成，这犯了王莽的忌讳，于是他便废除了通行的错刀、契刀和五铢钱，另做小钱用以流通。

我们现在回头看王莽的所谓新政，除了他自己率性而为的一些事情，其他几乎全都脱胎于周朝甚至唐虞时的古制。这很容易解释，毕竟他前半生都是努力按圣人周公的标准打造自己的，因此他熟悉周朝的制度也是必然的。然而，王莽的改革步伐过大，执行时又缺乏耐性，其政策虽不能说是朝令夕改，但每次顶多坚持三五年。

这让我想起了一个人，这个人当年满世界跑来跑去，游走在各个国家间跑官要官的时候曾有过这样的执政宣言，大意是：“只要有人让我在这个地方做三年的一把手，我就能把这个地方搞回东周去。”（苟有用我者，期月而已可也，三年有成。——《论语·子路》）这个人就是孔老夫子。可孔子并不是单纯地吹牛，后来他在鲁国做官，到了第四年鲁国的情况果真得到很大程度的改观。王莽的能力不能比肩夫子的，他的理想既不切实际，又持之不久，因此与其说王莽是从现代穿越回去的，还不如说他是孔子三千弟子中某一个不太成器的家伙穿越过去的。

当然，这依然是一个笑话。

大概没人告诉过王莽，不管什么时代，改革总是要冒风险的，因为它必然会触及原有统治阶级的利益。因此，为了减少阻力，使政策能持续实行，社会能平稳过渡，改革的步伐就不能太大，要循序渐进。如果实在着急，需要尽快看到效果，可以小步快走。但总的来说，都应尽量避免跨越式的大踏步前进。因为若短时间内变化过大，不仅原有统治阶级会反对，老百姓也无法适应，更容易增加社会的不稳定因素。

初看王莽的改革，很多确实是以为民着想为出发点的，可实行王田、私属制度触动了地主阶级的根本利益，根本不可能一蹴而就，因为在古代，能掌握国家和社会的话语权者，通常不是靠人数多、嗓门儿大获胜的。

王莽的尴尬也在于此，他并非如同其他的开国之君，推翻一个旧的腐化的王朝，重新建立起一个新的有生气的王朝。王莽推翻的仅仅是刘姓皇室，而西汉末年整个腐朽的官僚机构几乎都被沿用，国家政治上的腐败并未得到纠正，甚至由于王莽为提高自己的支持率大肆许官而愈发严重。以这样腐朽老迈、毫无生气的朝廷和百官去推动激进如斯的改革，结果可想而知。因此，王莽的理想虽然很丰满，但最后免不了会被现实狠狠地扇一记耳光。

王莽要分田地触怒了地主阶级，由于他们明里暗里的反对，王莽的新政未得到有效执行，老百姓并没有得到政策上说的土地，社会地位也没有随着奴婢买卖的取消而提高，于是老百姓也不干了。两头不讨好的王莽三年后只好宣布恢复土地和私属买卖，结果这一来一回造成了更大的社会动荡。加上他在十多年时间里毫无经济学依据反复进行的四次币制改革，钱币越改越小，面值却越改越大，使老百姓手里本就不多的钱越来越不值钱，终于引发全社会的不满。

可王莽对此仍毫不知情。而且，虽然他一再进行经济改革没让老百姓获益，国库却满得快溢出来了。于是，手里有粮心中不慌的王莽自恃财大气粗，便以为世间事无不可为。他认为现在已经是新朝，可仍有刘姓者称王称侯，周边的四夷也称诸侯王，这“违于古典”，于是便要把他们统统降级。

王莽要做什么，国内的王爷、侯爷们当然没法儿明着反对，只能任由王莽派来的人把他们的印信收走，削弱其权力。一下子，遗留下来的三十二个刘姓诸侯王都被降为公爵，一百八十一个侯爵被降为子爵，后来干脆降为平民，只留下了本就公开支持、投靠他的刘歆等寥寥数人。

王莽要降别人的级，刘家的遗老遗少们不敢反对，周边的国家却不这么好说话。

要说王莽做表面功夫的实力，那可不是盖的。就是去降人家的级，他也要做足气势。王莽大概仿照的是孔子口中“黄帝四面”的典故，他任命四人做“五威将”，每个五威将又有前帅、后帅、左帅、右帅、中帅五人做副手，并配备不同颜色且具有固定象征意义的旗帜和豪华的车马仪仗。四个五威将同时朝东、南、西、北四个方向出发，一起去降周边国家诸侯王的职。结果，走东边的到了玄菟、乐浪、高句丽和夫馀；去南边的环绕益州，贬句町王为侯；往西的至西域，尽改西域诸王为侯；向北的则抵达了匈奴王庭。

本来经过几代人的努力，汉朝与匈奴的关系已经得到改善，即便后来匈奴称臣，皇帝名义上仍把匈奴单于的地位置于诸侯王之上，发给匈奴单于的印信上的文字是“玺”。而王莽不这样，他以中国已改朝换代为借口，派一个叫王骏的做五威将去匈奴单于那里给人家换印信。

起初匈奴单于不疑有他，就把自己原来的印信给王骏，换了新印。等他回到家仔细一看，王莽给他的新印上已经把“玺”字换成了“章”字。

第二天匈奴单于找到王骏，说：“这不行，我不干，你得把原来那个还给我。”

王俊两手一摊：“不好意思，你看，原来那个昨晚给砸了。”

“不成，你们得给我再弄一个字样和原来相同的印信。”

“没门儿。”

这下可惹恼了匈奴人。始建国二年（公元10年），他们结束了汉、匈边境数十年的和平，重新开始寇略边境，杀戮边民，并在第二年攻入云中郡大杀民众。

王莽得到匈奴入寇的消息，不说及时调整，重新反思自己的民族政策，相反地，他甚至还有一丝兴奋，决定教训一下匈奴人，让他王莽的名号一举走向国外。为了打响这一炮，王莽亲自制订了一个庞大的作战计划。在这个作战计划里，王莽打算调集甲兵三十万，分十二路并出，准备给予匈奴全方位的打击。

王莽自从做了皇帝，便拥有了谜之自信。这仗还没打，他就认定匈奴必败。他已经打算好了，要给匈奴单于这个铁定的战败者换个名字。既然是战败者，“匈奴单于”这四个字就不要提了，以后就管他叫“降奴服于”。他还准备等打完仗就把匈奴的地盘分成十五份，分给这个“降奴服于”的子孙。

对于跟匈奴开战一事，王莽的亲信严尤将军表示反对。王莽心里大概对匈奴人是不屑一顾的，就跟严尤说：“我兵多。”

“可你一时也集结不起来啊。”

“我粮多。”

“可你没有足够的牲口驮运啊。”

“我钱多。”

……

严尤真不知该怎么说好了。或许在王莽看来，打仗可能只需双方把家底拉出来比一比谁人多、谁武器厉害就能出结果。严尤耐着性子仔细地给王莽分析，说如果真的要对匈奴作战，朝廷将会面临五大难处。但此时王莽根本听不进严尤的话，依旧下令着手准备进攻匈奴的事情，全国各地陆续往边境抽调军队。

可三十万大军哪是一时半会儿能在边境集结完毕的？为了加快速度，王莽下令就近向东北的高句丽征兵。虽然高句丽臣服于汉朝，可他们不愿意为王莽卖命，何况前阵子王莽刚把他们的王降为侯爵。现在王莽要征兵，高句丽人民不干了，纷纷拿起武器反抗。

这又是一个因政策失误而导致的危险信号，可王莽不这么看。他认为，对于周边的国家，哪里有反抗，哪里就要有压迫，于是便在始建国四年（公元12年）派严尤出兵高句丽。

高句丽人打仗历来不行。严尤带着队伍过去，揪着高句丽人就是一顿胖揍，很快便把他们打服了。征服高句丽后，王莽继续玩他的文字游戏，宣布将高句丽改名为下句丽，从精神到肉体对对方进行打击。

虽然这让王莽得意了一回，可高句丽的遭遇彻底激化了朝廷与周边国家的民族矛盾。结果，不只匈奴，就连西域各国和西南各民族也纷纷杀了朝廷安排在当地的官员进行反抗。

这下王莽抓瞎了，东、南、西、北都有人不服自己，都不知道打谁好。王莽虽然如他吹嘘的那样兵多粮足，但也不足以支持他多线同时作战。思来想去，王莽认为西南和西域这两个地方似乎较容易对付，于是先派平蛮将军冯茂率军平定益州，结果前后三年过去，战士死伤十之七八，无功而返。天凤三年（公元16年），王莽另遣宁始将军廉丹率军三十万入川。尽管仗着人多势众，廉丹一度镇压了句町的反抗活动，但西南各地的武装反抗从未停息。

同年，王莽派五威将王骏、西域都护李崇率军出征西域。王骏此人的智谋并不足以用兵，他本想偷袭西域诸国，没料到自己却中了人家的诈降计，几乎全军覆没，王骏本人也被焉耆伏兵袭杀。

益州和西域的军事失利让北边原本打算分十二路出击匈奴的二十多万大军三年没敢动弹。可尽管没动，那也是二十几万张吃饭的嘴啊，这一年年拖下来，得耗费多少民力和钱粮！为了应付日益扩大的无底洞似的财政开支，一向自诩为民的王莽也不得不巧立名目开征盐、酒、铁、开采、赊贷、炼铜等苛捐杂税，各级官员则趁机大肆贪污、克扣，牟取暴利。

改革失败、社会动荡、战事频发、官员腐败、民不聊生，王莽就这样自己把自己搞到了内外交困的地步。王莽想摆脱这种困境便逼迫官员，官员逼迫下属，下属逼迫百姓，百姓又能逼谁呢？只能逼自己造反。于是，官逼民反，民不得不反，全国各地开始出现大大小小的暴乱，强盗、土匪、义军或打家劫舍，或聚啸山林，或隐于湖海，改朝换代时应出现的大动荡终于来临。

面对这种局面，王莽又开始玩他那套骗人的鬼把戏。他先是让人用六百斤铜铸成一个长二尺五寸、类似北斗形状的器具，然后命人背着这一大坨东西跟在自己后面走，取的是厌胜之法，据说这样就能“厌胜众兵”。结果王莽经过观察，发现这个根本不顶用。于是，一年之后他又下诏书说自己准备像黄帝那样成仙升天，只要自己成了神仙，那凡间俗事便和他王莽无关。

王莽也不知是怎么想的，以为这样百姓就会相信，造反的人也会安心地放下兵器回家。可这又能比压胜之法强到哪里去呢？况且大家看王莽的表演已有好几十年了，国内的年轻一代都是看着他的演出长大的，谁还不知道他是怎么回事？结果只能是让别人“哈哈哈”大笑三声，然后该造反还是造反。

王莽见忽悠无效，只好来硬的。他任命自己的亲信为将，四处征讨义军。可我们知道，能和王莽尿到一壶里的都是些什么玩意儿。王莽让他们去平叛，他们却比土匪还像土匪，比强盗更像强盗。结果，大军的平叛就像小孩子玩的打地鼠一样，锤了这边那边又冒头，而且义军越剿越多，越打越强。

最终，起义军中出现了两股强大到足以撼动新朝的势力：南边的绿林军和东边的赤眉军。

赤眉与绿林

王莽建立新朝之后，没过几年国泰民安的日子就遇上了各种各样的起义、造反，不仅贵族反他，平民百姓对他也极度不满。但天下之所以大乱，究其起因，却跟“人心思汉”这四个字基本没有一毛钱的关系，完全是王莽自己瞎折腾导致的。加上他的运气也不怎么好，又碰到了连年的天灾，屋漏偏逢连夜雨，这下子百姓真的没法儿活了。

不管什么时候，老百姓从来都是处于社会最底层、最容易知足又最柔弱的群体，因为在所有阶层中他们的需求最低，也最单纯，那就是生存。一旦连这个最低需求都不能得到保障之时，再温顺的人也不得不为维护自己最基本的生存权利而拼死一搏。

天凤五年（公元18年），青州和徐州两地发生了严重的饥荒。本来朝廷朝令夕改已经让普通人的生活陷入困境，如今加上天灾，老百姓更是连饭都吃不上了。百姓们没有菜吃，可以只吃粮食；粮食不够，就吃树皮、草根；但是当草根、树皮也不够吃的时候，有些人便迫不得已只能吃人。然而，不同于吃鸡、鸭、牛、羊，人吃人的风险是很大的，你可以吃别人，别人同样可以吃你。于是，为了生存，大多老百姓不得不另寻出路。

这一年，琅邪郡人樊崇在莒县（今山东省莒县）聚集了一百多饥民揭竿而起。樊崇这人没读过书，但他长得高大、魁梧，颇有威望。为了生存，他振臂一呼就拉起百来人的队伍。他们转战泰山间，袭富豪，开粮仓，屡战屡胜，引得青、徐两州饥肠辘辘的灾民纷纷投靠，队伍很快由一百多人发展到上万人。

通常起义队伍人一多，为首的就要称王封官分等级了。可樊崇与其他人都不同，他的队伍里没有过多的官吏冗员，也没有无意义的繁文缛节，整个队伍里地位最高的樊崇自称为“三老”，然后是次一级的“从事”，接着就是众生平等的“卒史”。

这已经很难得，更难得的是，虽然樊崇手下大多是为了活命不得已造反的饥民，但军队纪律严明，他的队伍在地方上基本没有做过骚扰百姓的事情，因为樊崇约束手下使用的是最简单也最有效的办法：约法两章——杀人的偿命，伤人的接受同等伤害的惩罚（杀人者死，伤人者偿创）。

这样的队伍在当时简直是另类的存在，其战斗力与腐化败坏的朝廷军队甚至不可同日而语，兵力不足的新朝地方军根本不是樊崇的对手。在连续击败地方官府的围剿，又整合了临近几支义军之后，樊崇的队伍发展到数万人。

樊崇是个老实人，他带领百姓造反的最初目的很简单，就是为了能有口饭吃，能活下去。以这个目的为指导，义军其实最不愿意跟正规军面对面、硬碰硬地干，甚至只要保证他们有饭吃，义军可能就会放下武器，回家种地。但王莽既听不进个别大臣正确的进言，又不肯改变他的政策，终于促使农民起义往不可控制的方向发展。

等樊崇的军队达到数万人之多，这才引起朝廷的些许注意。地皇二年（公元21年），王莽派将军景尚率军去平叛。

本来官员为了迎合王莽以为的天下太平的假象，对地方上的农民起义大多采取隐瞒的态度，不怎么敢上报，偶尔有瞒不住的，也尽量假装“问题不大”。当时朝廷官员私下有个不成文的规矩：有一百个人造反的，就说有十个；有一千个人造反的，就说有一百个。依照这个规矩，樊崇已经发展到几万人的队伍大概被说成了千把人。地方上的瞒报让王莽错估了形势，他所派遣的将军景尚并非良将，带的军队人数也不足，结果造成了比之前地方瞒报造反人数更严重的危害——经此一役，打了很久小怪的樊崇连同他指挥的义军都升级了。

以前看金庸先生的武侠小说，侠客们虽然武艺高超，可以一当十，帮派也人多势众，但他们鲜有敢招惹正规军的，毕竟战场上的两军对垒和平日里百十人的械斗不可同日而语。在《天龙八部》里，即便是萧峰此等盖世英雄，到了战场上也不由得暗自心惊："这般恶斗，我生平从未见过……任你武功天下无敌，到了这千军万马之中，却也全无用处，最多也不过自保性命而已。"

一说这个有人就要反驳了：金庸先生虽然令人尊敬，但《天龙八部》毕竟是小说，小说里的事怎么做得了真？

于是在下便不得不摘录另一段文字以显示鄙人论点的正确性：

> 或问曰："平时官府面前所用花枪、花刀、花棍、花叉之法，可以用于敌否？子所教，亦有是欤？"光曰："开大阵，对大敌。比场中较艺，擒捕小贼，不同堂堂之阵千百人列队而前，勇者不得先，怯者不得后；丛枪戳来，丛枪戳去，乱刀砍来，乱杀还他，只是一齐拥进，转手皆难，焉能容得左右动跳？一人回头，大众同疑；一人转移寸步，大众亦要夺心，焉能容得或进或退？平日十分武艺，临时如用得五分出，亦可成功；用得八分，天下无敌；未有临阵用尽平日十分本事，而能从容活泼者也。"

这段文字说得很清楚，两军对垒靠的是勇气、胆量和行动的协同划一，任凭个人有如何精妙的闪转腾挪功夫，在战场上也是无法施展的，一旦用出来，只会扰乱队形，徒增麻烦而已。

这段文字我就不翻译了，大家自己体会。要说的是，这段文字取自《纪效新书》，作者乃是明朝一代名将戚继光，即文中所谓的"光"。

既然武林高手在战场上尚且如此，平民百姓就更加不济了。樊崇虽然勇敢，但他毕竟是农民出身。队伍里除了一个叫徐宣的曾经做过地方上的监狱官，勉强算得上粗通文墨，其他人跟樊崇一样，都是农民出身。这些人原本是不会打仗的，如果当时来一支大军，说不定樊崇和他的义军就一举被消灭了。可景尚带的只是一支人数并不算多的偏军，他本人又非严尤之类能征惯战的将领，能力不足以将数量明显多于自己的对手消灭。一仗仗打下来，只是让义军在战斗中学习战斗，并最终学会了战斗。起初，景尚的队伍还能和樊崇的有来有往，打个不分上下，发展到后来变成樊崇单方面碾压。到了地皇三年（公元22年）二月，樊崇彻底击败了景尚的队伍，景尚本人也被斩杀于阵前。

经过景尚“无私”的锻炼，樊崇和他的队伍终于完成了蜕变。樊崇成为一个智勇双全的将领，他的队伍成了一支真正有战斗力的队伍。这个时候回过神来的王莽再想处理掉樊崇，可就不那么容易了。

可王莽是皇帝，他无法逃避，事情再不容易也得做。地皇三年四月，王莽决定派太师王匡、新上任的更始将军廉丹率军十余万去讨伐樊崇。

然而，王莽还是低估了樊崇。如果这十万人能早一年动手，樊崇他们大概是没有还手能力的，但此时樊崇和他的队伍已经今非昔比。他们在景尚身上打出了经验，打出了气势，更打出了信心，此后即便面对比自己强大的对手，也可以一战。

虽然有了战斗力，但樊崇仍有疑惑，那就是在战场上如何进行敌我识别。

樊崇手下的兄弟们本来是赤膊上阵的，很多人手里拿的都是前一天在田里劳作的锄头、镰刀，直到后来消灭了景尚，他们才用上正规的装备。这下队伍的战斗力是提升了，可新的问题随之而来，那就是现在两方人马的装备样式与颜色都一样，一旦打起来，怎么判断谁是哪一方的？

我们知道，在冷兵器时代，两军交战大多都是贴身肉搏，在战场上拼的是勇气和反应，可真到杀得兴起的时候，两膀子抡圆便顾不得许多了，遇到亲兄弟说不准还得拼上几个来回。现在双方的装备一样，打到自己人怎么办？

樊崇虽然是个庄稼汉，但他懂得从实践中学习：与人格斗的第一条铁律就是要睁着眼睛，时刻盯住对手。那种内劲外发、罡气护体、听声辨位的功夫只存在于想象之中，阵前临敌如果闭上眼睛，下一刻你知道是你砍别人，还是别人砍你？

好，既然如此，就让手下人把自己的眉毛都涂成赤红色，颜色醒目而刺眼，鏖战的时候便不用担心发生敌我不分的情况。

因此，樊崇的队伍得了一个响当当的名头——“赤眉军”。

相比于樊崇的机智，他这次的对手王匡和廉丹就太一般了。他们的队伍不仅行动拖沓，而且除了人数比景尚的多，其他方面并不见得比景尚有优势。也不知是王莽没给够军饷，还是廉丹的脾气就是如此，他的队伍纪律极差，可谓奸淫掳掠无恶不作。当然，也不排除另一种可能：廉丹是一个战略大师，他从战略的高度出发，认为“欲消灭反贼，必先消灭反贼滋生之土壤”——于是他一路坚壁清野，认为这样即便日后战斗不能获胜，反贼也将难以生存，他廉丹终将立于不败之地。

但不管原因是什么，结果都是一样的。王匡和廉丹带领队伍一路上烧杀抢掠，还没打仗就引得百姓怨声载道。大军所过之处，老百姓纷纷传唱：“宁愿遇上赤眉，也不要遇上太师（王匡）！遇到太师还能勉强活命，碰见更始（廉丹）的话就死定了。”由此可见，与纪律严明的义军相比，王匡和廉丹反倒像是祸害天下的反贼。

王匡和廉丹的行为同样激怒了王莽，但不是因为他们的军队纪律败坏，而是王莽觉得他们浪费了太多时间，害得他耗费了许多钱粮，于是召使者拿着一封斥责廉丹的诏书，日夜兼程送到军中。廉丹打开一看，里面有几句是这样写的：“仓廪尽矣，府库空矣，可以怒矣，可以战矣！将军受国重任，不捐身于中野，无以报恩塞责！”翻译成大白话，意思大概就是“（眼下）仓库见底了，府库也空了，（将军）可以生气了吧，可以战斗了吧！将军接受朝廷的重任，不战死沙场便无以报效国家”。

王莽这人善于情感表达和肢体语言，历来不以文笔见长，却在此处以排比句式连用四个“矣”字，强烈地表达了自己心中的愤慨，还能让读者感同身受，而丝毫不觉得重复啰唆，实在是悲愤心痛之下难能可贵的超常发挥。

我不知道各位读到这句话是怎么想的，反正第一次读到它时，让我对王莽这个人有了新的认识。这个口口声声称自己是“周公转世，黄帝再生”的人，或许从始至终根本没把天下苍生和黎民百姓真正放在眼里，更别提放在心上了。如果除去所有的虚伪包装，王莽内心真正在意的有且只有他自己而已。所以，当读到这份诏书时，我读出一种莫名的喜感，因为此时我脑子里就蹦出一个字：抠！

但廉丹显然不敢这么评价，而且诏书上的意思很明确——你们费了这么多钱粮，只有两条路可走：要么胜，要么死！

既然话都已说到这份儿上，廉丹和王匡只好进军，再不能拖沓了。就这样，这支很像反贼的正规军过足了烧杀抢掠的瘾，在出发将近半年之后终于要和等待已久的很像正规军的反贼相遇了。

大概在这一年（更始三年）的十月，廉丹和王匡在无盐（今山东省东平县东南）遇到了第一支敢于和他们对抗的队伍。王匡仗着自己人多，指挥军队一顿猛冲猛打，很快就消灭了这支义军，斩杀了首领索卢恢及其手下一万多人。

打赢了一仗，王匡飘飘然起来，以为樊崇等人终究是一群乌合之众，依他所见，不过尔尔！王匡一面向朝廷上表邀功，一面准备趁胜出击，进攻盘踞在梁郡的一支赤眉军。

然而，这时廉丹和王匡在下一步行动方案上产生了意见分歧。廉丹好歹算是打过仗的人，知道行军打仗是怎么一回事，因此在军事上还算谨慎。他认为既然胜了一仗，此时军队应该休整，而不应该持续作战。而且，打赢了一仗，自己的命就算保住了，他不想奢望太多。

正在两人意见相左，无法决定的时候，王莽的嘉奖令到了，他对王匡、廉丹的初战告捷甚是满意，下令将二人封为公爵。

只消灭万把人就成了公爵，如果把樊崇灭了，岂不是要封王？这下王匡就像打了鸡血，更加迫不及待地要进军，廉丹还是死命地拦着，不让他去。最后王匡不干了："你爱在这儿待着就待着，别妨碍我封王！"

于是，王匡自己带着一队人马出了无盐县，急速往梁郡方向挺进。

本来身处义军的地盘就已经让廉丹浑身不自在，现在又分兵两处，更让他坐立不安。大家在一起，要死也有个垫背的，总强过被别人分开生吞活剥！廉丹虽然极不情愿，但没有办法，只好带着剩下的队伍跟在王匡的屁股后面往梁郡方向出发。

这边廉丹无奈赶路，那边王匡却走得兴起，一心只想着灭掉梁郡的赤眉军回去当他的诸侯王，没想到赤眉的大军已在樊崇的带领下朝他们包抄过来，双方在成昌（今山东省东平县以西）迎面撞上。

终于遇到了赤眉主力，王匡大喜过望，下令全军出击。

开始时，王匡的队伍气势汹汹地杀了过去。须臾之后，双方混战，又冲杀两轮，然后局势变成了赤眉军反冲锋，把新朝的正规军逼得连连后退。

赤眉军的战斗力之强悍，让毫无心理准备的王匡大吃一惊。

原来王匡、廉丹之前消灭的索卢恢只是地方上一支响应赤眉的队伍，并不属于赤眉军的正规战斗序列。要打李逵，结果打了李鬼，这让王匡一直错误地估计了赤眉军的作战能力。等真的和这些染红眉毛、把愤怒都画在脸上的饥民和庄稼汉交上手，王匡便后悔了：早知道在无盐待着多好！

但后悔是没有用的，他手下那些只懂得拿普通老百姓作威作福的士兵根本经不起赤眉军的连番冲击，才打了不到半天，队伍就被冲得七零八落。乱军之中，王匡的大腿被扎了好大一个窟窿，鲜血直流。情急之下，王匡死命地抱住马脖子，在手下亲兵的掩护下才逃了出来。但赤眉军可不准备放过他，一路直追。很快，王匡便和跟在自己后面的廉丹遇上了。

说到底，王匡只是王莽的亲戚，并非军旅出身，本就不是带兵打仗的料，派他来镇压起义，只是给他增加日后加官进爵的资历，所以王莽才命带过兵、打过仗的廉丹和他一起出征，给他多上一重保险。可谁知王匡自己作死，把还算可以的局势弄到无法收拾的地步。这时，王匡一身血污，已经没了走时的意气风发，见到廉丹也不说合兵一处，伺机反击，而是催促廉丹跟他逃命。

看到王匡的狼狈相，廉丹却不为所动。他刚得到前面溃败的消息，心里正不住地骂娘呢。再一看王匡身后这阵势，心知败局已定，不由得暗自绝望。可廉丹好歹是个军人，胆气到底比王匡强点儿，加上王莽在给他的诏书中已经说得很清楚，撤退就等于死亡。因此，王匡可以退，他廉丹却是没有退路的。

看着王匡的残部急匆匆地逃窜，廉丹一狠心一咬牙，下了决定：等死不如硬拼！他让手下的军吏拿着自己更始将军的印信和韨、节等，一同交给王匡，并告诉王匡："你小子可以走，我却不能走！"

于是，廉丹鼓起三分余勇，带着自己的少数亲兵逆败兵而上，与赤眉军交战，一场混战之后终因寡不敌众死于阵前。

两个主帅一死一逃，剩下的将校没了主意，士兵们更是乱作一团，跑得快的也跟着逃了，跑得慢的只好投降赤眉军。

樊崇消灭了廉丹的队伍，手下发展壮大到十几万人，成为帝国东部一股强大的军事力量。不过，赤眉军本就是为了能活口而起义的，加之当时樊崇也缺乏争天下的野心，对于王莽而言，他们暂时还构不成直接威胁。可南边的义军就不一样了。

天凤年间，南方同样面临着大规模的饥荒，由于朝廷赈灾不力，很多百姓生活难以为继。为了活命，大家只好到处寻觅所有可以食用的物品。不同于其他地区饥荒之年只能吃草根、树皮，荆州一带湖泊、沼泽众多，盛产一种叫凫茈的植物，其根茎可以食用，当地百姓于是纷纷聚集于野外，挖凫茈充饥。

可吃凫茈也有吃凫茈的难处。所谓凫茈，就是我们今天说的马蹄或者荸荠。这玩意儿虽然鲜美多汁，口感强过草根、树皮百倍，但吃多了也有问题，因为它是一味中药，有开胃解毒、消宿食、健肠脾的功效。说白了，就是越吃胃口越好，也就越饿——这在本来就没饭吃的饥荒时期同样是致命的。而且，野生的凫茈虽多，可也经不起成千上万人长期挖掘。于是，为了争夺有限的资源，饥民们不得不自发组成不同的势力进行械斗，豁出命去争夺每一寸凫茈产地的所有权。持械斗殴的风险很大，会死人，但他们别无选择，毕竟没有东西吃同样会死。

地皇元年（公元20年），随着饥荒的日益严重，这样的争夺变得越来越频繁、越来越持久，不断有人在械斗中受伤死去。本来作为饥民就已经很惨了，那些成为饥民手下的牺牲品、为了争夺一口食物而死去的人，命运更是凄惨得无以复加。好在这时新市（今湖北京山县东北）的王匡、王凤（并非前文提到的王匡、王凤）站了出来，为大家调解，制止了械斗的进一步恶化。

这王匡、王凤二人大概平时都有些豪侠的气质，在当地颇有影响力。他们凭借自己的影响实施统筹规划，给新市附近的饥民妥善分配了最低配置的食物。在当时那种年景下，大家只求能够果腹，不敢奢望温饱，现在有人能给自己提供维持生存的口粮，谁还愿意为一口粮食拼死拼活？大伙儿对王匡、王凤两人感恩戴德，新市附近的饥民心甘情愿地推举他们做了大伙儿的首领。王匡、王凤二人身边一下子集聚了好几百人，甚至连附近较为有名的为了生存而沦为亡命徒的马武、王常、成丹等人，也纷纷主动前来投靠。

这下两人不经意间成了荆州地区一股较大的势力，同时也引起了官府的注意。为避免和地方上的官兵发生冲突，两人一合计，干脆把大伙儿带到绿林山中，建一座山寨藏匿起来。

绿林山位于今湖北京山县，风景秀丽，气候宜人。虽然王匡和王凤带着队伍躲进了绿林山，试图避开官府的视线，却还是有躲不开的麻烦。这时候两人已经名声在外，各方不断有饥民上山投靠或寻求保护。短短的几个月，王匡和王凤的手下就猛增到七八千人。因为他们在绿林山上，很自然地被称为绿林军。

俗话说："人过一万，如山如海。"七八千人已经算大半座山、一大片海，铁定成了官府的眼中钉，再怎么矜持、谨慎也没有用。虽然汉代的地方官在军队指挥上一般没有多大的权力，但当时国家有一项应急制度，就是平时在各郡、诸侯国常备一些射手和骑士，情况紧急的时候，地方长官发布命令，其中骁勇、敢死之士便会闻命奔赴，谓之"奔命"。这实际上类似于现在的雇佣兵，因为这些"奔命"之所以肯主动去送死或送别人去死，并不是出于兴趣爱好，而是作为"奔命"的他们在当时有一项特权：如果对手不投降，"奔命"们对对手可以"恣意掠夺"，在承担巨大风险的同时享受巨大的获益。当然，这实在说不上是一种好制度。

地皇二年（公元21年），荆州牧启动应急制度，发"奔命"两万人围剿绿林山。面对此种刀子显然已经架到脖子上的境况，王匡、王凤避无可避。为了不被别人"奔"了自己全家老小的命，绿林军只好应战，他们主动出击，在新市附近迎击荆州地方军。

荆州牧派的这两万"奔命"可能是太急着去绿林山里抢夺了，根本没想到这群前些天连饭都还吃不饱的家伙居然真的敢抄起家伙和自己对着干。"奔命"们从思想到行动都没准备好，被七八千人的绿林军杀了个措手不及，两万人中有数千人被杀，剩下的看着眼前这群杀红眼的糙汉子也没了胆气。为了活命，他们丢下辎重掉头玩命地狂奔，真正是"奔命而来，奔命而去"。

绿林军击败了荆州牧派来的两万人，又缴获大量的辎重，战斗力更胜从前，于是也不做休整，马上由防守转为主动进攻，接连攻陷竟陵、云杜、安陆几座城池。王匡、王凤的绿林军与樊崇的赤眉军不同，他们在接收

"奔命"送来的装备后，自己也化身为"奔命"，每到一地必劫掠钱财、妇女。等他们绕几座城池转过一圈回到绿林山时，整个山寨的人口已经由出发时的七八千迅速膨胀为五万多，这下地方上更拿他们没办法了。

然而，天有不测风云，就在绿林军气势旺盛的地皇三年（公元22年），一场从天而降的瘟疫不期而至，疫情漫布整座绿林山。大概是绿林军里没有像样的军医，这场瘟疫远比荆州牧手下的"奔命"强，不出两个月绿林军就病死了一半人，整个山寨几乎就要被毁掉。

在当时的历史条件下，人们遇到大规模的流行病、传染病，一旦落后的卫生条件和简单的药物无法控制疫情，那么就只有一条活路可走——逃。于是，先是不断有逃兵出现，到了后来，连绿林军的头头儿们也待不住了，最后众将领决定整体撤出绿林山。

虽然跑是必须的，但往哪儿跑又成了问题。

在这一关键点上，绿林军内部出现了重大分歧。有人要往北走，说北边地域开阔，适合队伍发展；有人说向西走，因为西边是长安所在地，他们甚至可以继续西进，说不准还有机会过一把皇帝瘾。大家各执一词，可眼前的形势已经不容他们再争论和研究。为了活命，争执不下的绿林军最后不得不一分为二，分别往北和西两个方向逃去。往北的一支号称"新市兵"，由王匡、王凤带领，进入南阳郡；向西的一支号称"下江兵"，由王常、成丹领着挺进南郡。又有平林人（今湖北省随县）陈牧、廖湛收罗了一千多散兵，号称"平林兵"，响应当时攻击随县不力的王匡。

这时已经是地皇三年的冬天，这个冬天对王莽和他的新朝而言似乎带着一丝暖意。东边的赤眉军虽然势不可当，但他们只为有口饭吃，暂时没有西进的意思；北边数量众多的铜马义军想法和赤眉军的差不多；而有西进雄心的绿林军虽然躲过了瘟疫的灭顶之灾，可毕竟元气大伤，一时难以言勇。朝廷似乎可以稍微喘一口气了。

然而，谁也没想到，这时候南阳郡里刮起的一阵寒风将这个摇摇欲坠的新朝吹了个透心凉。

掀起这阵风的，是刘家的刘縯和刘秀两兄弟。

南阳刘家

汉孝哀帝建平、元寿年间，在汝南郡南顿县一座还算可以的宅子内，时常可以见到年纪不大的兄弟三人在堂下正襟危坐，听堂上父亲严肃地给他们讲道："孝景皇帝生长沙定王发，发生春陵节侯买，买生郁林太守外，外生巨鹿都尉回，回即汝等祖父也，切记！切记！"

堂上之人是南顿县的县令刘钦，堂下的兄弟三人是他的儿子，按长幼排序分别是长子刘缜（字伯升），次子刘仲（这个大概不是真名，仲只是说明他排行老二），小子刘秀（字文叔）。另外，刘钦还有三个女儿：刘黄、刘元、刘伯姬。刘钦提到的巨鹿都尉刘回，就是他的父亲，也就是三兄弟的祖父。以上这段话是兄弟三人懂事之后已经听得耳朵生茧的唠叨，这既是他们刘家引以为傲的族谱，也可以说是兄弟们的启蒙教育。

虽然自小被教导家里有辉煌的家族史，但这并不能给兄弟三人带来多少实际上的好处，只是能和同龄人显摆。每次和小伙伴们起争执，刘家兄弟辩不过时，最后总是面红耳赤地叫嚷"吾祖上乃长沙定王"，然后说其高祖又是谁、曾祖又是谁、祖父又是谁。此话一出，小伙伴们不再言语，刘家兄弟便得以胜利者的姿态昂首离开。可当他们走远，总能似有似无地听见有人在背后嘀咕：一代不如一代。

这话极大地刺激了刘家三兄弟的心，尤其是年纪最大的刘缜，使他很早便在心里发下宏愿：一定要光复刘家的门楣。

理想很好，可现实总会给人当头一棒：平帝元始三年（公元3年），刘钦病故。虽然父亲在世时是个县令，但南顿并非大县，县令的俸禄不过八百石左右，而他们刘氏家族少说也有好几十口人，日子过得肯定和"阔绰"二字沾不上边。但不管怎么样，刘钦毕竟是家中的顶梁柱，现在他不在了，就意味着刘家进入了最艰难的时期。

依照国人的习俗，人死后总希望能入土为安，于是兄弟三人在大哥刘缜的带领下离开南顿县，将父亲的灵柩送回了老家南阳郡蔡阳县春陵乡。这一年，兄弟中最小的刘秀虚岁只有九岁。

回到春陵老家，三兄弟都感到一种久违的熟悉感，毕竟他们以往一直跟在常年在外为官的父亲身边，没在老家正经待过多少日子，"故乡"对他们而言或许只是一个词语、一个概念而已。虽然春陵乡有很多刘家同宗同族的亲戚，他们兄弟也算不上“少小离家老大回”，可依然必须面对在春陵的家庭安置、邻里关系的处理等种种不适应。

但不管如何不适应，操办完父亲的丧事，兄弟三人都得为以后的生活做打算。传说刘秀出生的时候红光满堂，整个房间都被照亮，是三兄弟里命最好的一个，但他毕竟年纪不大，而俗话说“长兄如父”，既然父亲已不在，大哥刘縯不得不担起支撑整个家族的重任。

这时候，刘縯的年纪也不大，满打满算勉强刚二十岁，可他不愿意让刘家就此沉寂下去。眼见当时社会处于崩溃的边缘，皇帝刘衎只剩下个名号，王莽实际上已经掌握朝廷所有的权力，刘縯估计，长此以往，朝廷必然生变，于是他决心私底下为日后的天下大乱做一些准备。或许是为了让年幼的刘秀摆脱干系，也可能是实在顾不上照顾他，没等刘秀安定下来，认全老家附近的乡亲、邻居，刘縯便把他带到萧县交给叔父刘良抚养。

同哥哥刘钦一样，刘良也是个县令，大概同是受“刘氏宗亲”这个牌子的眷顾。当然，刘縯肯把刘秀寄养在叔父家，可能也是看中当时叔父家庭条件好，因为刘良这个县令当得还是蛮滋润的，毕竟他上头有人——王莽的亲信、将军严尤是刘良的故交，两人私交甚笃（日后听闻刘秀起兵时，刘良甚至还拿严尤的名头诈唬过刘縯、刘秀兄弟）。

之后刘秀便和两个哥哥分别，在叔父家住了几年。刘良对自己哥哥的这个小儿子非常不错，甚至可以说是“视同己出”，但他似乎刻意要把刘秀往寻常百姓上培养，并没教刘秀什么本事，只让他养成了爱摆弄农活儿的习惯，大概是希望刘秀能安分守己地过一生。

懵懂而美好的少年时光总是转瞬即逝，时间很快就到了始建国元年（公元9年），王莽终于忍不住宣布“顺符命，去汉号”，彻底扒掉刘家人身上的最后一块遮羞布，一时间惹得整个刘氏宗室哀号一片。当然，主要不是因为王莽篡了皇帝之位，而是因为始建国二年（公元10年）新皇帝王莽宣布夺去刘家宗亲们的爵位，将其全部划归庶民。

在这个大环境下，刘良顺理成章地丢了官。刘秀毕竟只是寄养，而非过继给叔父，以前刘良做县令时，家里人口多一个少一个，吃穿用度都不成问题，现在刘秀自己已不好意思再留下混饭吃。于是，刚进入青春期不久的刘秀再次回到了陌生的家乡春陵。

古代孩子多早熟，不比现在，好多都是三四十岁长不大的孩子。回到家里后，刘秀虽然没什么赚大钱的技能，可也知道每天起早摸黑地种地，摆弄庄稼，尽量替自己的哥哥分担家庭的负担。但刘秀的辛勤劳作并不被大哥看好，每次刘秀在地里忙活时与刘縯相遇，总免不了被大哥拿他和高皇帝刘邦那个不成器的二哥刘仲做比较，然后就是一顿奚落："你小子就是个种地的货色。"

这话要是搁寻常兄弟间，大概也就被当个笑话听，然而刘秀年纪不大，心眼儿却不小：大哥把自己比作刘仲，那谁做高皇帝？再结合刘縯近年来的所作所为，刘秀敏感地察觉，大哥莫不是有志做高皇帝那般的事情？

有了这个判断，刘秀再也坐不住了。天凤元年（公元14年），二十岁的刘秀决定去长安的太学学习。对于刘秀的动机，我们现在很难猜得到。那或许只是他自己的想法，毕竟日后如果真要做一番大事，目不识丁是绝难成大气候的；也可能是刘縯的主意，他之所以这样做，可能是为了支开刘秀，因为他已经决定要做一件大事。

刘縯的激情岁月

刘縯的大事大家都可以猜到，就是瞅准机会造反。

可造反不是说造就能造的。要造反，要做大事，首先要有相应的资源。那资源又是什么？在古代，大家的看法不一，有人说是钱，有人说是声望、地位。其实大家说得都有道理，但又都没说到点子上。两百年后，刘家最后一位成大气候的子孙刘备通观祖辈的事迹，用一句话在理论层面对此进行了深刻的总结："夫济大事，必以人为本。"

没错，要做大事，最重要的资源就是一个字——人。

刘家优秀的子孙对此都有深刻的认识，刘縯也不例外。他回到春陵，把即将倒塌的家拾掇拾掇撑起来之后，便开始四处招募宾客。

"养士"虽然兴盛于战国，但到西汉依旧盛行。刘縯仗着"汉室宗亲"的旗号在当地公开吸引各个地方的人来到他的旗下。可这并不容易，毕竟此时汉代已经走过两百多年，按二十年一代推算，怎么也过了十代人。以一辈子什么事都没干，光儿子就生了一百二十多个的中山靖王刘胜为代表，刘家宗室中碌碌无为之辈开枝散叶的能力着实不可小觑。这么多代繁衍下来，全国同刘縯这般跟刘氏宗室沾得上边的人真如过江之鲫。那在如此众多的宗室中，怎么才能让别人注意到你，肯投到你的门下？

这是刘縯遇到的第一个难题。

当然有人觉得这不是什么困难的事，因为不管在哪个年代，要吸引别人的注意力，总离不开"仗义疏财"这个法宝。如果能表现得十分豪爽、阔绰，凡事以金钱铺路，摆出一副"钱多人傻速来"的架势，事情十有八九是可以做成的。刘縯虽然深谙此道，执行起来却难见多少成效，毕竟他有他的难言之隐：囊中羞涩啊！

本来父亲就没留下多少财产，家中又无祖传的巨大产业，现在哪怕刘縯把自己的脸抽到肿得跟个猪头似的，也难充多大的胖子。史书上说，他"倾身破产，交结天下雄俊"(《后汉书·宗室四王三侯列传》)。这是有问题的，"倾身破产"是可能的，而"天下雄俊"们大概是不搭理他的，因此实际情况应该是"倾身破产，也难结交天下雄俊"。

但刘縯并没有因此而沮丧，走不了金钱路线，就走感情路线，施人以恩惠，救人于苦难，到处做仗义之事。只要能让天下人一提到南阳刘縯刘伯升，就不由得竖起大拇哥赞一声"好"，也能起到与金钱相似的作用。

这个办法虽然可行，但成效太慢，毕竟口碑什么的需要慢慢积累。尤其在凡事都靠口耳相传的古代，这事更不可能在短时间内一蹴而就。刘縯却等不了这许多时候，于是他不得不另外想些速成的法子。这个法子说出来就有些歪门邪道的意思了——招纳各地的亡命之徒。

为此，刘縯敞开自家大门，来者不拒，很快便在当地形成一股强横的宗族势力，就差没在门前扯起"替天行道"的大旗，提前演一出梁山好汉的大戏。有人可能又有疑问了：即便是亡命徒，那是说来就来的吗？天底下哪来那么多亡命徒，还都往他刘縯的怀里奔？

你别说，还真有。因为尽管严格来说当时还不是乱世，可也是乱世的前奏了。在王莽新政的不断"努力"下，越来越多的老百姓流离失所，不少人为了生存不得不铤而走险，干起杀人越货的买卖。可只要天下一天还有法律，抢劫杀人就会有人管。你杀人，自然有人来杀你。如果你杀了人，自己却又不想死，怎么办?

逃呗。于是就有了亡命徒。

王莽是个治民思想幼稚的老头儿。对于如何能让天下百姓满意这个问题，他单纯地认为，只要表现得够宽容就行了。

怎么叫够宽容呢?

简单地说就是：不管。

那如何不管呢?

四个字：大赦天下。

本来西汉一朝就热衷于大赦，到了王莽这里，似乎更是认定只要大赦天下，就能天下太平。于是乎，平均大概十八个月到二十个月，他就要玩一次大赦的把戏。

汉朝并非南北朝，并未想出十恶不赦那一套。也就是说，生活在王莽的时代，即便你杀人放火、奸淫掳掠，甚至是谋反，不管你做了什么恶心透顶还是见不得人的事情，不用等十八年后，只要找个地方躲上个一年半，大抵就能重新做人，堂而皇之地在阳光底下行走。

这下社会就乱套了。既然犯罪的风险如此低，世人便变得狂热起来：一言不合，杀之；生活无以为继，杀之；君子报仇，十年尚且不晚，何况如今只要一年半，杀之。杀完之后自然要走之，走之何处？人曰：世上有一处颇为神奇，不论出身，不问经历，来者不拒，正是英雄无觅南阳郡蔡阳县春陵乡刘伯升处，凡是走之此处者，走之走之，天大的事亦可不了了之。

结果刘縯在道上的名气越来越大，地方上的官员越来越不愿意招惹他，而官员越不愿意招惹他，来投奔他的人就越多，刘縯的名气也就越大，地方官员便更是不想管，总之就是个正反馈的循环。

于是，来刘家吃饭的人越来越多。不管是谁，只要到了春陵地界，唤一声“伯升兄”，即被视为志同道合之士，可到刘家分一杯羹。当然，这些人主要还是吃干饭的，毕竟刘縯也没安排什么事给他们做。

对于刘縯的种种行径，刘家宗族的其他人看在眼里，虽心中各有所想，表面意见却出奇地一致，那就是赞同或者默许。年轻一辈大多以刘縯为马首、做榜样，“跟着伯升有肉吃，跟着伯升好风光”已成为他们的共识。老一辈人虽然心存疑虑和不安，但刘縯让已经没落的南阳刘家重新获得社会地位确是不争的事实。有刘伯升在，就可以助刘家人震慑一方宵小，而比起日后可能出现的隐患，眼前的利益已然是事实，何乐而不为呢？

比如，若你的合法权利正要被几个穷凶极恶的汉子侵犯之时，只要及时高呼“南阳刘伯升乃吾 ×××”，大汉脸上的横肉就会瞬间变成笑容，对你又是点头又是哈腰，态度立马来个一百八十度大转弯。任谁只要体会过一次这种感觉，都难保不上瘾。

就这样，回到春陵的数年间，刘縯不事生产，整日在外忙于树立个人形象。虽然成效肉眼可见，但当门下食客达到成百上千时，一个严肃的问题摆在了刘縯面前，让他不得不为之苦恼：他养不起这么多人。

尽管来的大多是亡命之徒，既然亡命，估计对生活质量也没多大要求，一日有两顿饭吃，睡觉的时候有一席之地，想必就足够了。可即便如此，几百人吃穿住行的花销也不是破落的刘家能支撑得起的。

要解决经济问题，无上法宝无非四个字：开源节流。刘縯也并非不知道钱的重要性，可树立仗义疏财的名声和挣钱这两件事对他来说是鱼和熊掌，刘縯分身乏术，自然无法兼得。既然开源不成，刘縯只好尽量节流。起初，他的想法是省省就好，反正皮草是衣，麻草不也是衣吗？宁可自己粗茶淡饭，实在不行，就光喝凉白开，也得保证宾客的需求。可当宾客越来越多，刘縯拼命地从口袋里掏，从牙缝中挤，都没法儿多挤出一个子儿，保证宾客明天的伙食时，他不得不另寻办法。要知道这些人本就是没了活路才投到他这儿来的亡命徒，如果在这里活不下去，他们无非恢复原来亡命徒的身份而已。当然，他们在亡命的过程中会做出什么事情来，可就谁都说不准了。

这个时候情况已经很急，能用的办法其实不多，说白了无非两条路：

第一，减少宾客的数量。比如赔几句好话，连哄带骗地把一些人送走，或者趁夜黑风高，几闷棍下去随便敲晕几个，然后往野地里一丢，权当失踪人口处理。这个办法虽然简单、方便，但刘縯显然是不屑为之的，因为这事一旦做了，那他刘伯升在道上的名号也就毁了。往小了说，几年的辛苦付出白费了；往长远看，自己将来的宏图伟业也将付之东流。

既然此路不通，刘縯只好走第二条路：尽快弄一笔钱。既然是弄快钱，那无非靠坑蒙拐骗。可他刘家在舂陵巴掌大的地方也算是大家族，在这一亩三分地上，谁不认识谁呀？要刘縯去坑蒙拐骗，一来不好使，二来他自己面子上也过不去。

那诸位就问了：还有办法吗？

有，就是劫道。

于是，在某天傍晚时分，刘縯带着几个口风紧、信得过的宾客，乔装打扮一番之后，悄然离开舂陵，往南阳偏远的官道走去。

抢劫毕竟是犯禁的勾当，即便没人追查，作为心存良知的当事人，心里这关总是很难过去的。于是，一路上刘縯在心里默默地为自己辩解：自己这么做只是权宜之计，将来必十倍、百倍地报答这个社会。毕竟日后他是要做一番大事、为天下百姓出头的人，等他成了大人物，必定会给天下带来太平安康，如刘邦的故事。

咦？如高祖刘邦？对了，当年高皇帝在芒砀山落草的时候，不也曾面临如此窘境吗？然后他做了什么事情？！

一想到这里，刘縯豁然开朗，觉得自己似乎与高皇帝在精神上达成一致，原来自己今日要做之事，是自己必将通往伟大道路的一个预示罢了。

想到这里，刘縯一舒心中愧疚，昂首挺胸，大步向前迈去："今日吾取之于民，日后必将千万倍还之于民。"

尽管有些无奈，可刘縯大概还是有自己的准则和底线的，那就是不搞人命案，主要靠拳脚加恐吓。如果对方坚持反抗，拿匕首在他们手脚处肉多的地方划几道口子，吓唬吓唬就得了，尽量不杀人。一天之后，一脸兴奋的刘縯跟几个宾客怀里揣着一袋子金银细软偷偷地回到舂陵，而南阳郡守的案头则多了一桩无头公案。

对于刘縯这样的人而言，只要不涉及人命，抢劫和偷情一类的事情在某种程度上感受可能差不多：第一次做的时候内心总会按捺不住地激动、兴奋，感官上的直接刺激远大于内心良知所受的谴责；复而为之，快感减半；如是再三，习以为常。到了后来，兴致索然的刘縯对此类事情完全失去了兴趣。一来府上的库房已然充裕，节省一点儿便足以支持数年；二来这种事情做得太多，不免容易露出马脚，实在不符合自己替天行道的定位；这第三嘛，自己手下那些宾客大多数不都是干这个的能手吗？实在不行就让他们上，万一被抓了，自己可以假装不知情，顶多就是个监管不严的罪名。

这种没本钱的买卖，刘縯就这样背地里断断续续地一直从天凤年间干到地皇年间，其间虽然有几次被官府怀疑上，但最终没被拿到真凭实据。地皇二年、三年，荆州连续闹饥荒，南阳一带更是重灾区，刘縯府上的几百宾客靠清汤寡水尚能支撑，但总有几个嘴里淡出鸟来的时不时要出去打打牙祭，于是他们便自发或是经过刘縯默许，出去劫道。

虽然大家以前都是亡命徒，可能也没少做过类似的事情，但常在河边走，哪有不湿鞋的？于是，某天有人终于被官府抓了个现行。尽管宾客们仗着人多且手段强横，硬是干翻了几个吏员逃掉，可人已被周围眼尖的认了出来，就是春陵刘縯的手下！

先是扰乱社会治安，现在又暴力抗法，这下刘縯毫无疑问地被当地官府定性为地下黑恶势力。按寻常惯例，刘縯和他的宾客们只要蛰伏一段时间，再托些人情关系上下活动，然后徐图变化，事情自然会大事化小。可不巧的是，这时一些地方官员已经认定刘縯是这一切的幕后黑手，欲穷究其党羽，深挖其罪行，将之一网打尽。

要对付一个庞大的地下势力，应该怎么做？看过现代警匪片或者黑帮片的诸位或许都知道，越想让主犯授首，越是不能直捣黄龙，否则多半徒劳无功。得从主犯的身边人下手，搜集证据，削弱其势力，震慑其心神，一步步地抽丝剥茧，让其无可抵赖，无路可逃。

这个套路显然不是现代人的发明，因为两千多年前的古人已将这一套玩得很溜。现在官府要拿刘縯，就必须先从刘縯身边最亲近的人下手。依着蔡阳县长官的看法，刘縯身边的人谁最容易成为突破口？

想都不用想，就是那个爱种地的刘秀。庄稼人嘛，肯定老实巴交的，经不起吓唬，铁定就是他了。

于是乎，蔡阳县的官吏们当即准备去春陵缉拿刘秀。好在刘縯消息灵通，立刻让刘秀跑路，又通知门下宾客不管遇到什么事情，都要保持冷静。来势汹汹的官吏们显然早有准备，到了刘家不打招呼就直扑刘秀的卧室，没想到扑了个空。官吏们还不死心，又里里外外地把刘家甚至整个春陵的每一个犄角旮旯都翻了个遍，还是没见着刘秀的影子。

等官吏们消停下来，刘縯才假装惊慌失措地上前询问：“各位爷，所为何来？”

“哼！”为首的官吏显然不屑于回答问题，只用眼睛上下打量了刘縯一番，一甩手带着人离开了。

“大人慢走，有空常来！”刘縯一脸假笑地跟官吏们道别。望着他们远去的背影，刘縯收起了嬉皮笑脸，取而代之的是嘴角的一丝冷笑。同时他也意识到，自己在春陵的日子大概就要到头了！

青春作赋

这边刘縯送走了蔡阳县的官吏，那边离了春陵的刘秀正直奔新野而来。有人又有疑问了：刘秀不是去太学读书了吗，怎么又回到了春陵？

“放假了。”对于这个问题，定会有人不假思索地举手抢答。

回答“放假”的同学请坐下，你们太小看刘秀了。他要回家还用得着像你们一样苦等放假？他根本就是辍学回来的。

天凤元年（公元14年），二十岁的刘秀进入长安太学成为一名太学生。入得国家的最高等学府，是众多读书人梦寐以求的事情，是日后涉足官场、平步青云的踏板，有的人甚至十几年如一日地赖在太学不走。可刘秀的太学生身份仅维持到天凤三年（公元16年），满打满算也不过三年的时间。从以往的经历可知，刘秀不似读书的天才，因此这点儿时间实在不能算长。放到现在，读个专科十分勉强，想“三加二”升本科更是万万不能的。那究竟是什么原因导致刘秀做出辍学决定，肄业回家的呢？

有人说是因为其刘姓宗室身份让他在新朝的太学中受人排挤，混不下去了，所以回家。

这个观点显然站不住脚。因为我们知道，刘秀在短暂的太学生涯中结交了众多好友，光是能在史书上留下记载、有名有姓的就包括但不限于邓禹、严光、韩子、朱祐、刘嘉、来歙等，至于默默无闻者，更是不可计数。而且后来刘秀在太学越来越吃得开，甚至连大司马严尤、司命（相当于司隶校尉）陈崇等都对他另眼相看。既然如此，刘秀就不大可能受排挤。

于是又有人说是因为刘秀缺钱，毕竟刘秀家里的情况大家都知道，大哥刘縯为了养士，连劫道的勾当都做得出来。穷困如斯，想来也不可能在经济上给刘秀多大的支持。

诚然，刘秀来到太学之初经济上是比较困难的。当时出行，普通老百姓当然是靠自己的一双脚，而有身份的人至少要有一匹脚力。古往今来，出门有代步的脚力而非靠自己的脚力，是一个人身份、地位的象征。

说到代步工具，古代最常见的当然是马。人骑马行走于大街之上，个头儿和眼光自然会高人一等。如果你很牛，比如说是权贵或是富商，那就能坐马车，较之骑马又多了几分平稳、舒适。至于皇帝，和天下人又不一样，规格要超出许多，虽然不可能御龙，但拉车的至少得是四匹到六匹同等高度、毛色纯白且训练有素的骏马。相比于老百姓，太学生刘秀当然也是有身份的人，自然不能同百姓一般光靠两只脚在长安城的大街小巷穿梭。可腰包瘪瘪的他买不起马，怎么办？

换作其他太学生，可能会一狠心咬咬牙，觍着脸找几个朋友借三五千钱，在市场上随便找一匹毛色、体态都甚是欠佳的老马充门面，再从本来就紧巴巴的伙食费中硬挤出一点儿供马。可如此节衣缩食，时间一长便会导致自己和老马都营养不良，某天上街两者皆四肢发软，不留意间突然来个马失前蹄，连人带马齐摔个四脚朝天。等狼狈不堪地爬起来后，气急败坏地把老马拼命拽到市场出售，结果算去折旧费、养伤费、营养费、过时费等，得钱二千不到，还不够还朋友的钱，于是索性再一咬牙，钱就不还了。结果，最后既没了朋友，也没了马。

对此种寻常人的作为，刘秀当然不能苟同，他有不同的想法。思来想去，最后他决定另辟蹊径，准备忽悠同宿舍的韩子入伙，和他一起购买一匹牲口充当脚力。韩子是个实在人，他也没什么钱，把兜掏光了和刘秀的钱加在一起数一数，数目大概也就够买一匹老马，还十分勉强。韩子遂决定明天去市场看看有没有便宜可捡。

“不，”刘秀摇摇头，否决了韩子捡漏的提议，“明天你跟我去买一头驴。”

此言一出，韩子当时就要跳起来：“莫非要指驴为马，你当长安人不识驴乎？这个人你要丢便丢，我韩子堂堂太学生恕不奉陪。”

刘秀却不生气，他跟韩子解释说：“马贵驴贱。我们先买一头驴，再用剩下的钱给驴配辆车。骑驴当然见不得人，可有了车，档次不就上去了吗？然后我们有驴有车，平时无事的时候可以用驴车给人拉货，上街的时候遇到想搭顺风驴车的，我们就给他个优惠价。这样一来二去，钱不就有了吗？有了钱，我们再把车升级，这样就可以拉更多的货，载更多的人，挣更多的钱，然后我们再把车升级……"

说着说着，韩子已经被刘秀给他画的大饼绕晕乎了，糊里糊涂地就跟刘秀去买了辆驴车，结果他们还真在当时的长安引领了一股时尚潮流。

除了搞运输赚钱，刘秀还和同学朱祐一起卖过蜂蜜。朱祐的医学知识大概是家里祖传的，他懂得一些看病制药的手段，对自己所制药物的药效也很有信心，却没有人愿意买他的药，理由很简单：太苦。

自古人们皆知，良药苦口利于病，可不利于吃。于是刘秀找到朱祐，在他制的药里面加入蜂蜜再拿去出售。蜂蜜本身就有扶正、调补脾胃的功效，蜂蜜和药不仅增强了药效，还改善了口感，这样一来朱祐的药在长安大卖，两人着实赚了不少。

到了后来，原本穷酸的太学生刘秀不仅腰包充实，甚至还搬出了太学宿舍，租住到了长安的宗室聚居处、高档住宅区"尚冠里"。因此，刘秀没钱辍学一说也不能成立。

然后又有某著名作家说，刘秀是因为烧了刘秀的藏书阁，于是跑路。

这里要说明两点：第一，此处后一个"刘秀"乃是当时的国师刘歆，此公在建平元年（公元前6年）的某天突然脑子一热，将自己的名字由刘歆改成了刘秀，但为了和光武皇帝刘秀区别，历史上一般还是叫他刘歆；第二，此种说法于史无载，故不予讨论。

于是，人们讲到这段历史的时候干脆避而不谈，或笼统地归结为"因为种种原因"。这也是可以的，但显然我在这里不能简单地用"种种原因"一笔带过，毕竟大家来捧场，就是想知道原因的，这"种种原因"算哪门子原因呢？

为了尽可能地把"种种原因"讲出来，我尽量从我的角度进行分析。当然，实事求是地说，我也只是间接解读加猜测，并没有直接证据，大家姑且听之，毕竟现在谁也不能把当事人刘秀叫来问个清楚。

要研究这个问题，我们首先需要知道作为太学生，刘秀的学业如何。

答案也许出乎大多数人的意料：作为太学生，刘秀的表现并不尽如人意。

在孝武帝刘彻设立太学之初，太学规模颇小，学员只有五十人，课程仅开设五经，也就是《诗经》《尚书》《礼记》《易经》及《春秋》五本儒家经典。后来，随着太学规模越来越大，到了王莽那时候，太学生已经超过一万人，课程也从原来的五经发展到讲授《公羊传》《穀梁传》《左传》《周官》《尔雅》，等等。为了能尽快出人头地，太学生历来多是主修一本或几本经典，再辅以其他课程，毕竟技多不压身，谁知道自己会因哪门课的表现获得朝廷的青睐。可刘秀是个异类，即便是《后汉书》这样的正史，也只含糊地记载“受尚书，略通大意”。也就是说，脑子活络的刘秀在三年的太学生涯里只修了《尚书》一门课，成绩还并不是一般，而是非常一般。

偏科也偏得不怎么样的太学生刘秀，在当时的太学中大概是不怎么受老师喜爱的。教授他《尚书》的是中大夫许子威，也是当世的名儒之一，但越是名儒，越容易偏执己见，通常也越迂腐，因此他或许从未正视过自己这位学生。因为在老师看来，学生应该埋头苦读，应该皓首穷经，而不是一肚子的花花肠子。

说到皓首穷经，就不得不多说几句。

古代人写作，尤其是传世的经典，往往惜字如金，极少有废话。别的不说，单说《尚书》一书，全篇两万五千七百字，一天学一百字，节假日休息，一年学完绰绰有余。那有什么必要搞到头发都白了，才敢说自己可能通晓了其中深意？

因为这完全是后来的读书人自己作的。世上的书那么多，好好读完一本，然后再读下一本，有什么不好呢？

不好，因为这本书我读过，你读过，他也读过。怎么才能体现我和其他人不同呢？只读原文肯定是区分不出来的，于是我要一篇一篇地分析，要从竹简的表面深入进去，窥破作者的内心世界，再挖掘一些与众不同的本质来，方才显得我这个读书人与众不同。

这还是第一批读到书的人，他们挖掘起来相对容易。到了后来的读书人，因为前人已经挖掘过一轮，为了彰显自己已超越前人，只能继续深掘其中隐秘，遂把文章一段话一段话地拿出来在放大镜下阅读，充分发挥举一反三的思维，拔出萝卜带出泥般地把文章的内容引申出去，甚至恨不得对作者的灵魂进行拷问，以期从其口中逼出一个“然”字。更后来的读书人就越发困难，只好在犄角旮旯里一个字一个字地抠，一句话掰开揉碎放到嘴里使劲咀嚼，敲骨吸髓般品味一番，然后告诉世人，这个字是甜的还是咸的。

这就矫枉过正、过犹不及了。还是拿《尚书》举例子，西汉有个叫朱文公的，注解《尚书》就注了三十多万字；又有一个叫秦延君的，更是这些人中的翘楚，他光注解《尚书》中的《尧典》一文，就整出了十几万字。这些人拿着从自己脑子里倒腾出来的东西，堂而皇之地告诉大家："作者写书写到这段时是这么想的，写那句话的时候是那么认为的……"

得亏《尚书》的作者死了，不然他活过来看了也犯迷糊，不禁暗自怀疑："我当年真是这么想的吗？"

从这里我又想到，当年曾经看过韩寒的一段话，大意是说有一次他的文章被选作中学的语文阅读理解材料，有五道题，他自己拿来做，错了四道。最可笑的是，他把"作者要表达的中心思想"一题选错了。

于是我不得不暗暗地杞人忧天："假如哪天我王某人也暴得大名，会不会同样有人来深究以上几段话的深层意义？"

为此，我郑重地做以下记录：本人以上这几段话要表达的只是大家看到的字面意思，并没有什么深层的意义。

以此为证，免得我日后不记得。

但这也挡不住别人对你的其他话进行深入的解读、分析。

言归正传，刘秀显然不是那种死读书、读死书的人，更不会一直读书死。从他选择《尚书》这门课就可以看出，刘秀是一个有想法的人。因为不同于其他四经，《尚书》是一本实用性较强的书籍，里面记载的是政治文献，是治国理念和方法。尽管学习成绩不佳，但不代表他不理解所学的内容。在太学中，每逢有朝政下达，刘秀总会招集一些好友品评时事，议论得失。刘秀的意见也总能独树一帜，因此可见，刘秀是一个真正学以致用的人。

正因为如此，在太学的三年，虽然他的考试成绩不怎么样，但大概刘秀已经掌握了《尚书》中的治国精髓。古代普通人的思想是"学成文武艺，货与帝王家"，可自己哥哥在舂陵做的是什么勾当，没有人比刘秀更清楚。在这个前提下，刘秀想"货与帝王家"基本是不可能的，因此他觉得再在太学待下去也难有作为，况且还有一件事情让刘秀万分惦记。

当时刘秀的好友们都知道，刘秀有这么一句豪言壮语，也可以说是他的人生目标：“仕宦当作执金吾，娶妻当得阴丽华。”

不管在什么时代，一个人能在成功的路上走多远，大多取决于他的眼光有多远。目光短浅的人通常很难有大的成就，而一个人的眼光有多远则取决于他的见识。当年刘秀的祖上高皇帝刘邦就是见了秦始皇之后才有“大丈夫当如是也”的感慨，而从小地方来的刘秀小时候见过的最大的官，大概就是自己的父亲和叔父，那不过是俸禄八百石到一千石的小小县令。后来到了长安，虽然见识了如大司马严尤这般一等一的高官，可他们对刘秀多是给予长辈般的关爱，很难触动刘秀的内心。而真正震撼刘秀的，是他在长安见到的执金吾出巡的队伍。

不可否认，长安城里出门架子最大、规模最盛的当然是王莽。可自从天下不怎么太平后，王莽总喜欢神化自己，把自己往神仙的方向靠拢，企图以此震慑长安的百姓。比如要出巡，以前的皇帝乘坐六马豪车，周围有戒严卫队开道，路过的百姓实时下拜，顶多再高呼万岁就差不多了。可王莽硬是在这个基础上玩出了新花样，他让人将五色毛皮做成龙纹的样子披在马身上，又给马头按上三尺长的角伪装成龙的样子，车子上也装了高达八丈一尺的九重华盖，出巡时御者一边驾车还得一边高呼：“登仙咯！”玩得不亦乐乎。

当然，这是发生在地皇三年（公元22年）的事情，不在长安的刘秀是看不见的。况且王莽和他们刘家是死敌，但凡王莽出巡，刘秀虽不说退避三舍，也免不得要躲到几条街以外去，避免自己产生冲上去与之理论或是某种难以抑制的冲动。

因此，王莽的奢华刘秀寻常是见不到的，也难说对刘秀有什么视觉或是精神上的冲击。而长安城里众多达官贵人中有一人的出门排场深深地震撼了刘秀，这人便是执金吾。

执金吾即原先掌管长安城北军的中尉，官职俸禄是中两千石，并不是长安城里最大的官，可由于它是京畿地区的治安警卫（相当于中央卫戍司令），责任重大，不容有失，因此排场反倒比三公的都要壮观：但凡执金吾出巡，引导吆喝的小厮除去不算，还须前有二百骑兵开路，后有五百二十手持长戟的卫士相随，执金吾本人则在这小一千人的前呼后拥之下，每月绕长安城巡视三次，好不威风！就连以博学多才闻名的《后汉书》作者范晔也不由得感叹："众僚之中，斯最壮矣！"这恐怕是寻常人等在长安城能见到的最豪华的出巡配置了，怎么能不让刘秀这个从南阳春陵乡来的小子感到震撼呢！

当然，我私底下认为刘秀的豪言壮语是后来人附会出来的，原因很简单：王莽当了皇帝以后，已经把执金吾一职改称为"奋武"。因此，刘秀当时即便要感叹，也只能感叹"仕宦当作奋武，娶妻当得阴丽华。"

但这样就未免有失对称和押韵了。

然而，不管怎样，提到自己的理想，刘秀是郁闷的。以他当时的条件和境遇，执金吾想来是没戏的，而那阴丽华也似乎渐渐不可及。

阴丽华出身于新野，是南阳一带出了名的美人，阴家又是新野的豪族，按理不是破落的刘家可以高攀得起的，好在刘家在新野也有一门亲戚——刘秀的二姐刘元嫁给了新野人邓晨。

邓家也是高门大户，世代都有人在朝廷做到俸禄两千石的高官，邓晨的父亲邓宏此时身居豫章都尉。既然同是一地的大族，邓家和阴家交好也是必然。想来刘秀就是通过二姐夫邓晨的关系，某一次偶遇了当时大概只有十岁，还未成年的阴丽华。

我猜想，两人那一刻的相遇是短暂的，但给予刘秀内心的冲击是长久的。小女子出尘绝艳的音容笑貌在刘秀心中深深地扎了根，让他久久不能忘却。

关于这个说法，当然有人会反对：十岁的黄毛丫头，身材尚未发育，能看出什么来?

有此一问者显然未经深思熟虑，不过既然搔到我的痒处，就容我再啰唆两句。

首先必须承认，我对西方的性哲学和理论几乎一无所知。不管是弗洛伊德还是罗素，抑或是其他什么人物，我对他们的了解非常有限，对于"洛丽塔"一词更仅限于知道这是名字。但这不妨碍我的推断，毕竟两千年前的中国人同样也是不知道弗洛伊德的，因为国人在长期的实践中自有自己的一套经验。

在古代，不管是哪个国家，总是打仗的时间长，和平只能在各种战争的缝隙之中存在。打仗无疑是要死人的，尤其要死男人，可男性又是社会最主要的劳动力和生产力，这就出现了一个死循环：没有足够的劳动力支持，国家就无法打赢战争，而战争的失败往往意味着会损失更多的劳动力。为了解决这一矛盾和难题，当时统治者想出的唯一办法就是多生娃。

显然，要多生娃，女子的生育年龄当然是越早越好，这就导致结婚年龄必须更加提前。《周礼》中有记载："令男三十而娶，女二十而嫁。"注意，这里指的不是嫁娶的合适年龄，而是当时人嫁娶的年龄上限：男子三十岁，女子二十岁。同样，《礼记》也记载，男性合适的结婚年龄是二十，女性是十五。到了后来，甚至不是建议女孩子十五岁出嫁，是十五岁必须嫁人。

有人要说：那我不嫁，你能奈我何，还能逼婚不成？

当然能。你不嫁人生孩子，耽误的不仅仅是你个人，更关乎国家的前途、命运，自然由不得你。比如汉初，为了尽快恢复因连年战争而损失的人口，朝廷明文规定：女子超过十七岁不嫁人的，每年的人头税增加五倍。

又有人说了：我钱多，硬挺着行不行？

不行，尤其是在特殊时期。对于这种死硬派，统治者历来也有强硬的手段。比如那个卧薪尝胆的勾践，为了恢复人口，他曾规定：如果谁家有儿子过了二十、女儿过了十七还不成家的，那就要"罪及父母"。这还是相对委婉的，西晋时期朝廷的规定更为直接——女子十七尚未出嫁的，由当地官员替她挑选配偶强行成婚。

既然早婚早育是一项延续千年的制度，那就不能把它当作强权暴政来看待，其中必然有其可行的因素。说白了，原因就是古人很早就意识到男女之中女子较为早熟。所以，十岁的阴丽华在当时也不算太小，再过个三五年就可以出阁了。

此处还有一个旁证：古代许多青楼培养头牌，也多是在十岁左右的童女中选择。虽说"女大十八变"，十岁、八岁的女子容貌尚未完全长开，轮廓棱角却已经定型，好的只会越长越好，没有什么意外的话，断然不会让东家赔个底儿掉。

所以，二十岁不到的刘秀一见面便钟情于大概只有十岁的阴丽华，在当时并不是什么奇事，因为只要不是瞎子，一眼就能看出这是个极品美人坯子。

然而，那是十八九岁的刘秀，他可以等，可现在已经二十三四岁的他却不能再等了，因为此时阴丽华已年近十五。虽说文景两朝之后，随着全国人口的恢复，朝廷对强制女子早婚的规定早已放松，可谁能向刘秀保证阴丽华也在等他？执金吾大概是无望了，那就得守着阴丽华。自己吹的牛总不能到最后两手空空吧？

大哥刘縯的事业、学业的无趣、仕途的无望，以及心中的她，应该都是刘秀最后选择辍学的原因。

回到舂陵的刘秀大概已经通过二姐夫邓晨给阴家递过话，阴家家长阴睦的态度应该是模棱两可的，毕竟刘家不过是没落贵族。没落了就是没落了，更何况刘秀看起来平平无奇，至少在他们兄弟几人里，他比不上他大哥刘縯。因此，哪怕刘秀攀了邓家的关系，也很难让阴家动心。

刘秀平时颇得二姐夫邓晨喜爱，此时邓晨自然要为小舅子努力一把。他告诉阴睦，凡事不能只看眼前，虽然王莽时下占了汉廷，可他的所作所为并不得人心，天数尚未可知，谁也不敢保证哪天刘家人不会重新坐到那金銮殿之上。刘秀这小子现在是不怎么成器，没事就爱种地，读个书中途还辍了学，但若仔细看来，他的眉毛、胡子长得美，嘴大、鼻子高，更难得的是前额中央高高凸起。可别小看了这一点儿凸起，此处绝非先天不足或发育畸形，它在相术中有独立名词，唤作“日角”，乃贵不可言之兆。刘秀有这等相貌，一看就绝非池中之物，切不可以当作等闲之辈视之。

也亏得阴睦是个有几分见识的人物，换个寻常的暴发户，谁会理睬邓晨这些看似毫无根据的忽悠？最后，对于婚事，双方大概是各自让了一步：既不点头，也不拒绝，暂时搁置，以观后效。

得此结果，或许已经超过刘秀心里的期望了，而邓晨对刘秀的一番吹捧也绝非信口胡诌，之前的一些事情让他还是有那么一丁点儿信心的。

大概就在此前的某个时间，刘秀曾跟随刘縯来到邓晨家，那次他们来新野不是来提亲的，而是刘縯要在邓晨的引荐下去宛城结识一个叫李通的人。李通一家也是豪族，他的父亲李守早年是国师刘歆的学生，后来又做了宗室的老师（谓之“宗卿师”），一直在长安为官。年纪轻轻的李通能力也不一般，他本人先是在王莽设置来展现其大国威风的五威将军帐下做过从事，后又曾担任南郡巫县的县丞。可大概在地皇或者天凤年间，在谁都以为他前途一片光明的时候，李通却选择了回家赋闲。他不敢说原因，说了怕会让人大跌眼镜。原来他从父亲那里得了一句谶语："刘氏复兴，李氏为辅。"

虽然只有区区的八个字，但李守可是国师刘歆的学生，李通对自己老爹的本事深信不疑。可当时要是把这句话奉为准则，或是在大庭广众之下讲出来，无疑会招来杀身之祸。李通思来想去，最后决定放弃别人眼中的大好前程，随便寻了个"无意仕途"之类的由头，在众人诧异的目光中回到宛城，整日斗鸡走狗，游手好闲。

李通在宛城表面上无所事事，背地里却时刻留意着有可能需要他李氏辅助的刘家子弟。这次邓晨引来南阳刘伯升，在李通看来也是值得关注的一只潜力股，但他同样没把话说死。毕竟，第一，他爹没指名道姓地告诉他这个要复兴的"刘氏"究竟是哪个刘氏；第二，谁都知道这个天下要乱，可同样谁都不知道这个天下什么时候乱。因此，李通不敢胡乱把宝压在刘縯身上。

尽管没在李通那里达成真正意义上的联盟，但刘縯此行也并非没有收获。出了李宅，刘縯又由邓晨领着，去拜见了当时精通谶纬的高人蔡少公。

谶纬之术是当时社会上极流行的一门学问。所谓"谶纬"，即"谶"和"纬"。"谶"就是谶语，也就是预言，尤其特指上天给下界百姓的预言；"纬"是对"经"而言的，按古人的意思，在丝帛上，"经"是竖的丝，"纬"是横的丝，因此"纬"是用来解释"经书"的书。实际上，"谶"和"纬"虽然名称不同，但其内容并没有大的区别。

谶纬之术古已有之，比如史书中记载，相传秦穆公曾经连睡七天七夜，醒来以后便对身边的人说："我到老天爷那里去了，老天爷告诉我，秦国以后怎么怎么样，晋国以后怎么怎么样。"他身边的人赶紧把他的话记录下来，便成了《秦谶》。与此相同的有《赵谶》，而最早的谶语大概记载在《河图》和《洛书》之中。

但凡做"谶"或者记录"谶"的人，脑子里都有些神秘主义思想，给"谶"起的名字也多千奇百怪。东汉初年，对国家影响较为重要的"谶"有《洛书录运法》《河图括地象》《孝经援神契》《西狩获麟谶》《赤伏符》等。这些还算比较直接的，稍微用点儿力猜一下，多少能猜到与之相关的一些东西。比如"西狩获麟"，显然指的是当年孝武帝刘彻捕猎到独角兽一事；

“赤伏”应该和以火德得天下的汉朝相关。比之玄乎其玄的更是数不胜数，我再说几卷谶语的名字让大家猜一猜：《河图稽曜钩》《河图帝览嬉》《河图皇参持》《河图闿苞受》《河图帝视萌》《尚书运期授》《洛书甄曜度》《洛书灵准听》《洛书宝予命》《洛书洛罪级》《尚书考河命》。在这个“没什么奖竞猜”环节，我赌大家光从名字上根本猜不出它们到底讲的是什么内容。这跟现在流行的一些名字千奇百怪、实在难以窥见内容的小说和电视剧有异曲同工之妙。

但这些“谶”在西汉末年之前只零星存在于史书之中，几乎没有人真把它们当一回事来研究。刘向、刘歆父子在写中国历史上第一部综合性的图书分类目录《七略》时，甚至连房中术和劾鬼术都有连篇累牍的记载，却对谶纬只字不提。因此我们可以猜想，此术应是在刘歆同时期才开始大规模地出现。

事实也是这样。显然是托了王莽的福，谶纬之术在西汉末年及其后的很长一段时间里才得以盛行，毕竟王莽本人就是靠这个起家的。

想那王莽虽然借着谶纬之术篡权当了皇帝，却也差点儿因此吃亏。当年哀章在自己鼓捣出来的铜匮图书里把王莽的亲信甄丰写作更始将军、广新公，却安排在最末的“四将”中，与胡乱攒出来的王兴、王盛等人同列。甄丰当然是不满意的，他的儿子甄寻对此感同身受。为了让老爹摆脱垫底的局面，他自己做了一道符命献给王莽，说新室应当依照周公、召公的故事，立两个最重要的大臣，称之为“二伯”，并指明更始将军甄丰为右伯，太傅平晏为左伯。这时王莽可能已经有些不满了，但碍于自己也是刚得了符命做皇帝，不好意思质疑、否认符命的正确性，只好吃哑巴亏，依着甄寻符命里的意思设立右伯和左伯，让甄丰担任右伯。

这下甄寻一看：“呀，这个皇帝怎么这么好糊弄，一旦加以‘上天说’，几句假话便成了金口玉言，那我不是想要什么就可以得什么吗？”于是，贪得无厌且色胆包天的他在父亲甄丰尚未动身就任右伯的时候，紧接着又作了一道符命，说按上天的意思，汉平帝的皇后，即现在称为黄皇室主的那个女子，应当改嫁他甄寻。

这下王莽可不答应了，原因很简单：平帝的皇后便是他王莽的女儿。即便现在汉朝没了，他女儿也算贵为公主，而区区一个甄寻算什么东西，竟敢算计到他王莽头上！于是，王莽公开否认了这一符命，甚至下令抓捕甄寻。甄寻一下傻了，赶紧逃到华山里藏了起来，又在自己手臂上文了“天子”二字，企图恫吓王莽。

甄寻这种自欺欺人的做法终究没能救得了自己。一年多后，甄寻被捕杀。至于他那条文有字的手臂，则被整个砍下送入宫中。经这方面的伪专家王莽亲自鉴定，其上所书并非“天子”，乃是“一大子”，故不足虑。最后，不仅胆大妄为、不知天高地厚的甄寻被王莽干掉，连追随王莽多年的右伯甄丰也被迫自杀。

即便这样，王莽对谶纬之术仍然乐此不疲。既然皇帝热衷于谶纬之术，社会上立马涌现出一批精研此道的人物，蔡少公便是其中之一。刘缜去见蔡少公的原因也很简单，他想得到自己心里思索已久的问题的答案：“天下到底会不会乱？天命是否在吾？”

尽管平日里刘缜表面上对自己要做的勾当自信满满，可在没得到答案之前，他内心一直是忐忑的：“如果命中注定我刘缜合当为天子，此等天机泄露出去是不是会遭人算计？如果命中我不为天子，那我之前的努力到头来是否只是一场笑谈？”这种感觉就好像各位参加考试，最后查分数时的那种心情：又想知道，又怕知道。

这次，刘缜横下心来，决定解开这个谜团。

刘缜离开李通家后的某天，经朋友引荐，与邓晨、刘秀等参加了一个宴请了蔡少公的私宴。因为是朋友间的私宴，大家纷纷畅所欲言，席间或是刘缜，或是其他同道中人，跟蔡少公提出这样一个问题：当今之世，王莽之后谁人可为皇帝?

蔡少公虽是当时的谶纬名士，为人却没什么架子。因为在座的都算朋友，他也不避讳，直言道：“依老夫所知谶语而言，王莽之后刘秀当为天子。”

中国历来字少人多，重名者不计其数，但所谓近水楼台先得月，能接替皇帝的，通常都应该是皇帝身边的人。于是马上又有人问：“是不是国师刘秀啊？”

蔡少公微笑不语，一脸高深莫测的表情。

这里就可以揭晓之前的一个疑问了：为什么刘歆在建平元年（公元前6年）的时候突然给自己改名“刘秀”？联系到此公也算得上博览群书，藏书汗牛充栋，想来大概是因为当时他也看到了类似的谶语，起了当皇帝的心思，或者至少想给自己图个彩头，满足一下自己的愿望。

见蔡少公笑而不语，屋中刚才还颇为欢快的气氛突然凝固起来，大伙儿一时竟集体噤声。别人不说话是因为没想到王莽之后政权还是掌握在他的党羽手里，想来自己已没有出头之日，而刘縯沉默不语，更多则是因为失望：没想到这天下竟没自己什么事！

眼见宴会气氛突变，自己大哥脸上阴晴不定，刘秀赶紧一句话化解了众人的尴尬："你们只知道国师，这刘秀指的难道不能是我吗？"

众人听罢哄堂大笑，继续觥筹交错，兴尽方散。

别人把刘秀的话当笑话，只有邓晨深以为然。想来他可能曾私下从李通那里得知"刘氏复兴"的谶语，现在蔡少公又点明"刘秀"能当皇帝，不由得让他对自己这个小舅子高看三分：试想世上有几人能同时满足以上条件？可能潜意识里邓晨也认为国师的可能性更大，但他清楚那个刘秀不是自己能高攀上的。况且和国师相比，自己小舅子的概率虽小，却也没到可以忽略不计的地步，虽然这个时候的刘秀怎么看都找不到个皇帝样。

临到要给刘秀说媒的时候，邓晨拿这个来诈唬阴睦，大概也有拉他下水，顺便强化自己的心理暗示的意思。

就这样又拖了几年，刘秀还是没有表现出要往做皇帝那方向发展的趋势，甚至还因为刘縯变成了逃窜的嫌疑犯，这样他和阴丽华的事似乎就更加没戏了。而且，这个时候阴丽华已经是大姑娘，若再等个两三年，就成了当时人口中那"嫁不出去的老姑娘"，但刘秀的飞黄腾达在可预见的未来还不见踪影。到那时即便她真对刘秀有意，也等不下去了。

好在这个时候随着绿林和赤眉的揭竿而起，新朝终于要变天了。

起兵

刘秀急匆匆地离开春陵，跑到新野，躲在二姐夫邓晨家，阴家他暂时是没脸再去了。虽然刘秀落魄，邓晨却没有嫌弃他，反倒与他变得更加亲近，还时不时地撺掇刘秀：现在正是天要亡新朝的时候，干脆反了他王莽，起来带兄弟们响应绿林军。

怎么说天要亡新朝呢？邓晨的依据是，王莽居然下令可以在盛夏杀人。

这个理由乍一听十分牵强，甚至有些搞笑，但在当时是有道理的。

在古代，官府给人定了死罪，不是想杀就能杀的，死刑必须经过皇帝的批准，尽管绝大多数时候皇帝没什么时间审核，基本上是来者不拒，统统批准。可即便死刑批奏得了皇帝的核准，地方上也并非想什么时候执行死刑就可以什么时候执行死刑。自西周伊始，统治者就把死刑分成了“绝不待时”和“待时”两种，也就是立即执行（斩立决）和非立即执行。古人认为，春夏是万物生长的季节，秋冬是万物休眠的季节，春夏之际大地复苏，万物生长，杀人的行为与此相违背，不符合“天人一体”的思想。因此，除非是谋反一类的大罪，大多数死刑犯都得集中到特定的时间，即秋冬两季受刑，此所谓“秋后问斩”。

西汉武帝时期有一个有名的贪官、酷吏，即河内太守王温舒。他以杀人为乐，为了“多快好省”地杀人，他常让人把死刑犯的名单早早地送到长安。一旦皇帝的批示下来，送信人会迅速赶回河内郡，而王温舒则稳坐太守府，就等着立秋一过马上开始杀人。结果常常是才到十二月，河内郡已经没有一个可杀的犯人。这时王温舒丝毫不介意越俎代庖，派出衙役前往邻郡抓盗贼，抓住一批就往长安送一批名单。为了赶时间，他自己掏腰包买好马，专门给送名单的人往返长安用。即便如此，王温舒依然时常感到时不我待，十二月送上去的名单，等拿到皇帝的批复时已经立春，于是王温舒只能捶胸顿足，感叹：“嗟乎，如果冬天能再长一个月，就足够我过瘾了！”

然而，王温舒这种极端的例子毕竟只是个例。一般来说，如果你犯了死罪要被杀头，赶巧今年冬天要挨杀的人很多，一直杀到立春前一天还没轮到你，那么恭喜了，你又能多活一年。就连杀人杀到丧心病狂的王温舒，也只能等到冬天才敢行刑。王莽现在居然在大夏天就要杀人，这不是违反天理、惊诧社稷是什么？！与天对抗，这不是他要灭亡的征兆又是什么！

对于邓晨的话，刘秀听了只是笑笑，不说话。

刘秀没接邓晨的话，邓晨却还在那里叨叨不停，并越说越激奋：“以前在宛城蔡少公那里得的谶语，不是正要应验在你身上吗？！”

刘秀还是笑笑，不说话，因为他不敢。

但邓晨并不罢休，往后的几天，一有机会他就跟刘秀提起兵造反的事情。最后刘秀不堪其扰，只好以出去卖粮食给大哥刘縯买装备为借口，一个人跑宛城去了。

新朝末年，天灾人祸，老百姓连基本的生活都难以为继，洛阳以东地区的米价甚至高达每石两千钱，这几乎是十年前半匹马的价格。好在刘秀术业有专攻，大概是得了种地的精髓，在人人歉收的年份，刘秀田里的粮食不仅实现了自给自足，多少还有些富余。这次为了躲二姐夫的骚扰，刘秀秘密地回了趟家，发挥他在长安做快递运输的本行，装了粮食到宛城去贩卖。

然而，刘秀躲得了初一，躲不过十五。到了宛城，是没有邓晨在耳边聒噪了，可宛城里不是有个更热衷于“刘氏复兴”的李通吗？李通听说刘秀到了宛城，便找人去见刘秀，希望能和他见上一面，谈一谈起兵的事情。

这次刘秀还是不去，理由却和之前拒绝邓晨的不一样，因为此时刘秀内心是想和李通见面的。

想来也不难理解，就好比若经常有人在你耳边唠叨“你以后会如何如何得好”，一开始你可能不以为意，但时间一长，很难完全不想。而且，在刘秀来宛城之前，刘縯已经给他透了底儿：他不准备再等下去了，趁着现在绿林、赤眉等义军声势壮大之际，他已经联络好邓晨，准备就在近日，邓晨在新野，他在舂陵，一同起事！刘縯希望刘秀能联络宛城的李家响应他，因此，刘秀自己免不了也得有所准备。

刘秀之所以不见李通，是因为他心里害怕，毕竟前不久哥哥刘縯和李家产生了一点过节儿。

李通有一个同母异父的兄弟，叫公孙臣。此子学医，大概是自学成才的，水平如何不得而知，但颇有些能人异士的怪异脾气和秉性。某日，刘縯求医上门，我猜测大概是刘縯的心腹手下受了伤，刘縯亲自去找公孙臣替手下医治。按理说，刘、李两家也算相识，以刘縯豪阔的为人，想必不会吝啬诊金，可公孙臣不知何故拒绝为其治疗。这下可惹怒了急于表现自己爱手下如子的刘縯，一个武力强迫，一个抵死不肯，结果刘縯失手打死了公孙臣。之后，刘縯急匆匆地带着手下回了舂陵，再不敢和李家人见面。

李通也猜到了刘秀的顾忌，他嘱咐下人再三替自己表明李家已不计前嫌，又递上手书以示心迹。加之刘秀收到了哥哥刘縯已经定了起兵日期的消息，为了给哥哥增加一点儿获胜的筹码，最后刘秀一狠心，一咬牙，胸中无端生起一股堪比二百年后的美髯公的豪气，便在袖子里藏一把短刀，打着如果李家人翻脸，自己就和李通同归于尽的念头，决然地跟随李家下人前往李家，单刀赴会。

等刘秀袖藏利刃、忐忑不安地到了李府，李通却不疑有他，赶紧上前，恨不得把自己的心肝脾肺肾都掏出来表明自己全族都愿意赔上身家性命辅助刘秀复兴汉室，绝口不提公孙臣的事情。

刘秀一开始还有些怀疑，以为李通只是惺惺作态，到了后来架不住李通的拳拳盛意，终于确认李通是真的要助自己家起事的，况且李家在宛城家大业大，远不是自己破落的春陵老刘家可比的，便也激动起来。于是两人一拍即合，共约起事。

看过古装剧的朋友们大概都见过，若两个男人为了一个共同的伟大目标达成一致，一激动就要四目相接、双手相握，接下来就应该是涕泪纵横，歃血为盟，引为八拜之交。可就当刘秀握住李通的前臂，李通也握住刘秀的前臂，准备进入下一环节的档口，李通触到了刘秀袖中的一件坚硬之物——以他的经验，李通立即意识到那是一把利刃，于是眼中激动的泪水瞬间化作冷汗从背后渗出，本来正要脱口而出的赌咒盟誓瞬间被咽了回去，诧异中他不禁失声一呼："怎么是件兵器！"

这下刘秀好不尴尬，只好把短刀由袖中取出，放在一旁，随口解释道："最近官家逼得紧，以备不测之用。"

好在李通原本就堂堂正正，也不以为意。这时候两人虽然依旧激动，但被这一把短刀抢了戏，后面结拜什么的就不太好进行下去了，只好另行约为联姻——刘秀打算将妹妹刘伯姬许给李通。这让原本壮志豪情、义气冲天的气氛略显诡异。

此时，刘秀到底比李通清醒，他又问了一个关键问题："既然如此，你远在长安的父亲怎么办呢？"

此时李通一心想做一个中兴的功臣，心里大有舍小家为大家的气概，想也不想就信口胡诌："你放心，这个我早安排好了。"

既然李通这么说，刘秀便信以为真，于是两人约定了起兵的具体事项。刘秀拿着卖粮食的钱，加之李通的资助，在宛城秘密购置了一批武器、甲胄。依约定，刘秀与李通的弟弟李轶带着装备先回了舂陵，李通则联合李氏宗族和门客，准备在立秋后的某天以武力劫持前队大夫甄阜和属正梁丘赐，挟持他们的队伍造反，响应刘縯在舂陵的行动。

这时，时间是地皇三年（公元22年），刘秀二十八岁。

等刘秀带着装备回到舂陵，这才知道刘縯在舂陵的行动并不算成功。虽然已策划多时，刘家宗族中不少长辈也已预见到刘縯在将来的某一时刻大概会有犯上作乱的举动，可一旦真的事到临头，一族上下没几个人敢站出来响应和支持刘縯，几乎都作鸟兽散去。这好比当今社会，一说见义勇为，生活中、网络里到处都是高声疾呼的勇士和键盘侠，可到了直面危险的那一刻，真正敢挺身而出的从来都是少数。

当刘縯带着他的门客在全族人面前高声宣布他将起兵匡扶汉室江山之时，舂陵刘氏一族大多数人的脑子大概都"嗡"的一声一片空白，剩下的只有一个念头：跑。

根据史书记载，就在大伙儿高喊着"伯升杀我！"，准备集体跑出舂陵四散逃命的时候，却被刘秀和他拉回的一车车装备堵在了村口。看到戴着高帽子、穿着大红衣服的刘秀和他身后堆得如小山高的兵器，年长的老人们又高呼："像文叔（刘秀的字）这样忠厚的老实人也起来造反了（可见天亡新朝的时候到了）！"于是，众人稍稍安定，拿起武器加入了起兵造反的行列。

当然，依我的观点，《后汉书》的这段记载纯属扯淡，实际情况大概是这样的：在刘縯宣布起兵的时候，刘氏宗族一众人等要跑，那是人的本能反应。然而，起兵造反在那个年代是株连三族的罪过，不是说跑了就没事的。等他们稍微清醒一点儿就能想明白，不管他们愿不愿意，刘縯的举动已将全族人的性命置之死地。只要跟刘縯沾亲带故，无论是否赞同他的行为，都会被视为同党，第二天朝廷发下海捕文书通缉舂陵刘氏也是可以预见的，他们已无路可逃。而看到刘秀带回来的装备，让他们看到了获胜求生的希望。虽然这个希望在当时看起来非常渺茫，但九死一生总比十死无生强一点儿吧？众人遂认命，加入反抗新朝的队伍。

于是，在刘秀的帮助下，刘縯整合众人，得了七八千人的队伍，开始了他梦中早已无数次出现在脑袋里的造反。

以前一直是在背地里偷偷摸摸地小打小闹，这下子突然有了七八千人，刘縯的自信心膨胀起来。别人起兵造反，也就称个将军、都尉什么的，也有胆大不知死活的，上来就敢称王，可刘縯不一样，他给自己起了个与众不同的称号——柱天都部。

那“柱天都部”是什么？一般来说，如果一个大臣对国家很重要，则称为“柱国”，比如“上柱国”“柱国大将军”，意为国家的栋梁，是撑起国家的柱子。而刘縯端的了得，他要撑起的不仅仅是一个国家，而是整片天，是为“柱天”；所谓“都部”，就是都统其众，也就是说这天底下的人都归他刘縯罩着，也都归他管。从这个古往今来未曾有第二人敢用的称号可见，刘縯这人对造反的狂热程度。

至于当年蔡少公的谶语，刘縯大概是这样想的：“管他呢，我命由我不由天！”

自信满满的刘縯从李轶那里得了李通准备在宛城带一支队伍过来响应他的消息，可几天过去，本该出现的李通左等不来，右等也不来。刘縯没办法，只好派同族的刘嘉去联络附近属于绿林军序列的新市兵和平林兵。

当时绿林军正因为瘟疫闹分裂，元气尚未恢复，新市兵和平林兵的首领王匡、王凤、陈牧等人一合计，觉得南阳刘家毕竟也算宗室，号召力远比他们的要强，干脆带兵和刘縯一起行动。

一下子有了超过万人的队伍，刘縯便要小试他的牛刀，于是他们先攻破长聚，再进屠唐子乡，战绩甚是辉煌。

当然，我们说过，秦汉时期十亭为一乡，单论人口，一乡大概也就两千五百户。“聚”则是一个比“亭”高半级，又比“乡”低半级的所在。因此，长聚和唐子乡只是两个芝麻绿豆大的地方，但拿下这两个地方对整个刘縯集团仍有非比寻常的意义。在长聚，随着新野县尉被击杀，当初在太学骑驴，后来骑牛上战场的刘秀此时终于夺得他人生中的第一匹马；在唐子乡，湖阳县尉授首，刘縯队伍的装备和给养得到了很大的补充。

此刻刘秀跟随刘縯左右，在马上拔高了身形，极目远眺前方的宛城，一条直通天际的光明大道似乎正向他逐渐展开。

THE
COMPLETE HISTORY *of*
HAN DYNASTY

4

东汉开国与光武中兴

公元23年
新朝覆灭

公元127年
与西域的最后一战

上医治国
◎著◎

北京联合出版公司
Beijing United Publishing Co.,Ltd.

图书在版编目（CIP）数据

东汉开国与光武中兴 / 上医治国著. -- 北京 : 北京联合出版公司, 2023.8（2026.1 重印）
（大汉帝国全史）
ISBN 978-7-5596-6957-5

Ⅰ. ①东… Ⅱ. ①上… Ⅲ. ①中国历史—汉代—通俗读物 Ⅳ. ①K234.09

中国国家版本馆 CIP 数据核字 (2023) 第 102390 号

大汉帝国全史 东汉开国与光武中兴

作　　者：上医治国	出版监制：辛海峰　陈　江
出 品 人：赵红仕	责任编辑：高霁月
产品经理：张建鑫	特约编辑：郭　梅
封面设计：人马艺术设计・储平	美术编辑：任尚洁

北京联合出版公司出版
（北京市西城区德外大街 83 号楼 9 层　100088）
联合读创（北京）文化传媒有限公司发行
天津中印联印务有限公司印刷　新华书店经销
字数 1072 千字　710 毫米 × 1000 毫米　1/16　69.75 印张
2023 年 8 月第 1 版　2026 年 1 月第 7 次印刷
ISBN 978-7-5596-6957-5
定价：198.00 元（全五册）

目录

第三十六章

天子又换了姓

考验

刘縯本就是一个横胆的人物，胸中早怀有称霸一方的雄心，此番正式行动后接连击杀新野和湖阳两县县尉，更是有了争夺天下的信心，于是刘縯决定带着队伍去进攻棘阳。

可队伍里的新市兵和平林兵不同意刘縯的计划，他们的首领王匡、陈牧等人甚至打算偷偷干掉刘縯和他的亲属，吞并春陵兵。

按理说，双方兵合一处才短短几天，远没过蜜月期，为何就要内讧呢？说来也是无奈：分赃不均。所谓“人穷志短”，经过瘟疫及逃亡的洗礼，绿林的新市兵和平林兵已没什么家底，比骑牛上战场的刘秀强不了多少，他们觉得前面打了两场胜仗，战利品大多都被春陵兵拿了，自己没捞到多少好处，于是就想干掉刘縯，对义军的财产进行重新分配。

不过，王匡、陈牧等人的想法被刘縯事先得知。如果按其他人的想法，刘縯应该先发制人，干掉王匡、陈牧等人，兼并其众。可刘縯认为，眼下最重要的是保持义军内部的团结。于是他马上回营，通知刘秀让宗族子弟把这几天夺得的金银珠宝等战利品统统上交，又派人将其送到王匡和陈牧等人那里，并说以后战斗胜利，战利品都由新市兵和平林兵先取。

王匡他们拿了钱财，又得了保证，态度立即来了个一百八十度的大转弯，马上表示愿意听从刘縯的指挥。很快，刘縯率部攻克棘阳，又和邓晨带领的宾客会合，继续挺进，准备攻打宛城，接应原本早该出现的李通等人。

宛城是个好地方，此处陆路通达，西有宽阔的官道直通长安，北经颍川可至洛阳，南接江陵，更有水道向北可经淯水入沔水，至汉中、南郑、沔阳，向南则可通海外，其繁华程度直追长安，世人称之为“小长安”（也有说法认为，小长安又称“长安聚”，是宛城下辖的一个村落，在今河南省南阳市宛城区瓦店镇）。

刘缜要争夺天下，恢复刘姓江山，必然要进攻长安，可长安哪里是长聚、唐子乡、棘阳这些地方可比的？就是眼前的“小长安”也不容易对付，因为王莽派出的前队大夫甄阜和属正梁丘赐所率的十万精兵已到达宛城附近。

地皇三年（公元22年）十一月的一天清晨，宛城附近天气阴沉，大雾连天，雾气遮蔽了初升的太阳，刘缜带着队伍在雾中难辨方向，只好原地休整，等待正午的阳光刺破迷雾后再做打算。没承想，这时候刘缜周围突然杀声骤起，新朝的军队从四面八方拥来，猝不及防的义军完全没有准备，大伙儿或奋起反抗，或夺路而逃，很快便乱成一团。

虽然作战经验不算丰富，但刘缜到底比一般将领要强，一开始还想组织队伍抵抗，后来一看情况不对，马上下令突围。临行前他还不忘嘱咐身边的刘秀，并让手下传令下去：一旦突围成功，大家在棘阳会合。

然后就是各自逃命。

尽管跑之前表现得还算镇定，可到了真要跑的时候，那就谁也顾不上谁了，何况大雾未散，能见度极低。刘秀刚跑没几步，身边连一个认识的亲戚、朋友都见不到了，大哥刘缜更是早已不见踪影，而雾中不时传来叫喊声、惨叫声。这让刘秀心慌不已，最后也顾不得其他人，只大概辨认了方向，便猛抽坐骑屁股，没命地逃去。好在刘秀前几天刚得了马，要是还如之前那样骑牛，想必多半已命丧此地。

刘秀骑马跑出去老远，终于遇到了第一个熟人——妹妹刘伯姬。刘伯姬随大股败兵逃出之后便与众人走散，只得一个人沿路行走。虽然随时都可能被后面的追兵追上，可一个弱女子又能怎样？幸好这时刘秀从后骑马赶来，刘伯姬虽蓬头垢面，狼狈不已，完全看不出平日的风采，但所幸兄妹俩没有失之交臂。

事急从权，刘秀见到妹妹，赶紧停下让她也上马，兄妹二人同乘一匹马逃命。又跑了几里地，刘伯姬眼尖，远远望见前方路旁的人群中有一大三小四个熟悉的背影，赶忙让刘秀打马上前，果然是二姐刘元和她的三个女儿。刘秀赶紧让二姐也上马一起逃命。刘元看了看马上的刘秀和刘伯姬，再看看自己和身边的三个女儿，如此多人如果都上了马背，显然已经远远超出刘秀胯下这匹马的承受能力。于是刘元并没答应刘秀，只让他们赶紧走。

刘元不肯上马，刘秀哪里肯答应，便下马一再催促。这一耽搁，身后的喊杀声又逼近，甚至已能远远地望见道路尽头扬起的滚滚尘埃。此时刘元生出莫大的勇气，一把推开刘秀并勒令其上马，又狠狠地往马屁股上扇了一巴掌，直扇得本已有些疲惫的马儿扬蹄嘶鸣，往前方冲去。

刘秀还想勒住马，身后却传来二姐大声的嘱咐："快走，我是走不了了，你们一定要活下去！"

回头看了一眼自己的二姐，以及身后远远杀来的新朝士兵，刘秀转过头，一狠心，朝着马屁股又是狠狠的一鞭，然后再没回头看一眼。

新朝的追兵大概是被路上大股的散兵和流民拖住了，最终让刘秀和刘伯姬逃回了棘阳。此时刘縯已早一步到棘阳，并建立起防线，一边收拢残兵，一边神情紧张地等待新朝军队的进攻。

刘縯等了一日一夜，甄阜和梁丘赐那边似乎并没有继续进攻的意思，前线能退回来的人也基本退回来了。这时候刘縯和刘秀一清算，又派人出去打听，才知道不仅刘元和她的三个女儿没能逃出虎口，刘秀的二哥刘仲也死于乱军中，同宗的子弟更是死了好几十人。

更惨的还有邓晨，这个前些日子时刻鼓动刘秀起兵造反的二姐夫还没等到享受成功的果实，就先死了妻子和女儿，自家的祖坟也被新野的官吏们一把火烧了，房子更是被他们做成了粪池。

说到把别人家做成粪池，这又是王莽发明的手段。第一个享受这个待遇的是安众侯刘崇。刘崇被杀后，便有大臣建议把刘崇家掘地三丈，挖成一个大坑，再灌以污物，做成藏污纳垢的所在，用以阻塞阴阳，使之永世不得翻身。王莽觉得此法甚好，之后但凡有造反的，一旦被诛杀，造反者的家便会被如法炮制一番。

邓晨鼓动并跟随刘縯兄弟造反，不仅死了妻女，丧了宗族亲戚，家族的风水还被毁了，于是不免惹得族中幸存的老者极度不满，抱怨道："放着好好的富家日子不过，偏要跟外家人入这水深火热的汤锅之中！"

尽管如此，邓晨依旧对刘縯兄弟毫无怨言，但这并非完全出自他对刘秀的信任，而是事到如今他已无路可退，只能跟着刘氏一条路走到黑。

与之情况类似的，还有李通。刘縯欲攻宛城的一个原因是，按最初的计划，他应该得到在宛城的李通率众响应。可惜计划不如变化，刘縯在宛城没见到李通接应他的队伍。直到败退棘阳数日之后，他才见到李通本人——有且只有他一人。

原来李通送走刘秀和弟弟李轶后，一边做着劫持甄阜和梁丘赐的计划，一边派侄子李季秘密前往长安，将行动计划告知父亲李守，好让父亲早做准备。

然而，天不遂人愿，想那宛城遥望关中，与长安的直线距离并不算太远，可李季却病死于赶往长安的途中。等下人背着李季的尸体一同来到长安，李守见到尸体，又得知李通的计划，先是悲伤，后是震惊。在惊诧自己儿子的胆大妄为之余，李守顿生惶惶不可终日之感，遂有逃亡的打算。

不知怎么的，大概是李守震惊之下脑子出了点儿问题，竟无意间将消息透给平日里相好的同乡、当时身居中郎将的黄显。黄显倒是实在，并没有揭发李守，而是就局势做出了自己的分析。黄显认为逃跑不可行，因为现在关东大乱，军队将每个关卡、隘口都把守得很严，而李守“状貌非常”，身形和脸部特征异于常人，化装、易容都不顶用，如果逃亡，朝廷发下海捕文书，则李守根本不可能顺利逃往关外。

李守听了自觉有理，只恨爹娘没给自己生一张大众脸。那怎么办呢？

黄显给他出了一个自认为可行的主意：“你儿子现在不还没动手吗？你赶紧上书朝廷揭发他，然后就在家待着，以示不敢逃亡。这样一来，李通知道事情败露，恐怕就不会真的做这种大逆不道之事。事情既然没有真正发生，你和你的宗族也就能得以保全。”

李守或许自恃正直，又对自己的儿子了解不深，竟真的以为黄显之计可行，于是上书朝廷，自劾其子李通的大不道行为，随后回到家中闭门不出，以示自己有等死之意。

可王莽并不如他自己标榜的那般勤政爱民，至少远没有后世雍正皇帝那种批阅奏章到凌晨的精神头，李守的上书送上去后就被搁置在中途某个环节，王莽压根儿没看到。结果在家待了几天，李守既没有等到捉拿他的命令，也没有盼来王莽的赦书，等来的只有李通在宛城企图造反不成，最后独自逃亡的消息。

消息传到宫里，王莽要将李守关进大狱。这时，实在人黄显马上去给李守求情："陛下，李守听闻自己儿子大逆不道的事情，不敢有所隐瞒，也不敢逃亡，早已将事情上奏朝廷。臣愿意以身家性命为李守作保，与他同去宛城劝说其子，如其子真的要造反，那就让李守自杀谢罪，以报陛下大恩。"

王莽不仅缺乏成为明主的能力和水平，在大事上连拿主意的头脑和气概也没有。他听了黄显的话觉得在理，便允许黄显和李守去宛城劝说李通。可转过头来，他又接到了甄阜和梁丘赐关于李通造反的详细报告。造新朝的反，着实刺激了心里不那么自信的王莽，于是他转而大怒，马上下令将李守正法，那个愿意为李守作保的黄显也因为试图给李守开脱被视为同党，一起被斩首。李家在长安的族人、亲戚等同样被诛杀，而南阳郡守接到朝廷的命令后，将李家还未来得及逃跑的宗族共六十四人尽皆在宛城菜市口焚烧致死。

在棘阳的刘縯日子也不好过，不仅在宛城惨败，之前被他视为最大助力的邓晨和李通如今更是惨过自己，非但没能提供帮助，还差点儿成为累赘，而新市兵和平林兵则因为新朝军队的虎视眈眈又产生了"二师兄西行路上分行李散伙"的打算。

地皇三年（公元22年）十一月，对于身在棘阳的刘縯来说，真到了生死存亡之冬。

好在甄阜和梁丘赐的脑袋也不怎么灵光，他们在宛城大胜一场，不说趁机将刘縯及其同党一网打尽，而是忙着向王莽邀功请赏，等忙活完才想起反贼未除尽。于是两人一合计，要将刘縯等人彻底消灭。

甄阜和梁丘赐大概读过一些死书，面对义军残党，他们决定毕其功于一役。

那怎么才能一举成功呢？估计甄阜和梁丘赐曾在史书中读到过两百多年前两位军神项羽和韩信的事迹，遂决定效法先人，也来一个破釜沉舟，背水列阵。宛城地区河流众多，水系复杂，当时两军间隔着一条名曰"黄淳水"的河流，旁边还有一条叫"沘水"的河流经过，两人为了显示此战必胜的决心，把辎重、补给全留在黄淳水边的蓝乡，只带领十万精兵渡河。渡河之后，他们不仅沉了船，还把附近的桥也给拆了，然后在两条河之间摆开阵势，表明要和起义军决战到底，绝不后退一步。

两人这是干什么？这就是典型的“不作死就不会死”。

当年项羽为什么要破釜沉舟？韩信又为什么要背水列阵？那是因为当时他们处于弱势，要以弱胜强，就必须有决死的信心，置之死地而后生。而甄阜和梁丘赐呢？他们不仅有十万精兵，更是携大胜之势而来，比之刘縯等人，优势不可谓不大。正常情况下，他们只需要把队伍开将过来，步步为营，对着义军堂堂正正地碾压过去即可，何必如此作死呢？何况两人说要决一死战，却舍不得真的破釜沉舟，把辎重留在对岸算怎么回事？连辎重、财物这等身外之物都舍不得丢弃，又何谈在战场上拼死相搏？是不是打算一旦决战不利，就游回对岸去？

因此，甄阜和梁丘赐的决心只是伪决心。以这样的伪决心弄出来的，只能是阉割版的“破釜沉舟”，这就给了绝境中的刘縯希望。

刘縯首先联络上同为绿林军首领的王常，得到了王常及其手下五千下江兵的援助。接下来，刘縯也不准备过往后的日子了，命人把库存的所有酒肉都拿了出来，在棘阳犒赏士卒三日——这同样可以看作刘縯的破釜沉舟，不过应该算是高仿的。待士兵们个个肚皮吃得滚圆，刘縯把他们分为六队，趁夜出棘阳，绕路渡河，包围了蓝乡。蓝乡此时只有新朝军队留下的辎重物品，没什么防守力量。虽然隔河不远就是甄阜和梁丘赐的军营，黄淳水水面也不算宽阔，可他们已破釜沉舟，此时除了干着急跺脚，以及徒呼奈何之外，还能怎么办？很快，蓝乡便被攻克，十万朝廷军队的粮饷全入了刘縯的口袋。

这下刘縯就立于不败之地了。他也不着急，让队伍严阵以待，继续休整，而甄阜和梁丘赐那边已乱作一团。公元23年正月，此时离占领蓝乡已经过了差不多一个月，刘縯才下令两面夹击：他自己率军从西南方向进攻甄阜，王常的下江兵由东南方向进攻梁丘赐。

这时新朝的军队由于“破釜沉舟”的失误，十万精兵饿得已然失去战斗力。战斗进行到下午，梁丘赐在下江兵的攻击下首先败下阵来，被擒获斩首，甄阜那边此时独木难支，士兵们纷纷跳入黄淳水中逃命。最后，包括甄阜在内，被杀及溺死者达两万多人。

站在黄淳水边，刘縯终于稍稍松了一口气。他祭奠过自己已逝的二弟、二妹和宗族，转身对刘秀说：“看着吧，我一定会让王莽血债血偿！”

隐患

自从击杀甄阜和梁丘赐后，刘縯的声望越来越大，主动归附他的百姓也越来越多，其队伍很快便扩充到十多万人。与此同时，王莽又派纳言将军严尤和秩宗将军陈茂前来征讨起义军。

严尤是当时朝中的名将，更是刘家的老相识。当年预感到刘縯有起兵造反的念头后，叔父刘良曾拿严尤的名头吓唬刘縯、刘秀两兄弟：“你要是真做这种大逆不道的事情，我第一个去纳言将军那里告你！”后来，刘縯起兵当天，刘良在家里大呼小叫：“我要去纳言将军那里！”搞得四下议论纷纷，只有刘秀不以为意，第二天他还故意找刘良开玩笑：“叔父准备什么时候去严大人那儿呀？”这时刘良见刘秀一脸的神情自若，只好苦笑，说：“去什么去，我就是吓唬吓唬你们而已。”

严尤对刘家人也算不错，不仅对当年在长安求学的刘秀照顾有加，而且刘縯起兵后，严尤也未曾因此与他们公开决裂。此番严尤率兵前来，刘縯认定他不会真的和自己拼命，只要自己不认㞞，敢硬抗，严尤十有八九会主动撤兵。于是，刘縯召开誓师大会，公开焚烧军中的粮草积蓄，把煮饭的锅碗瓢盆、坛坛罐罐统统砸个稀巴烂，表明“破釜沉舟”、决一死战的决心，然后率领队伍击鼓而行，与严尤的军队会战于淯水之北。

果不其然，起义军破釜沉舟的气势震慑了新朝的将士，严尤本人也无心恋战。虽然一日交战下来新朝军队只损失三千多人，可第二天严尤就撤军了。起义军继续前进，包围了宛城。

先是折了甄阜和梁丘赐，随后严尤也战败，这下王莽紧张了，不得不正视这个之前一直不被自己放在眼里的刘縯。他不仅开出“封五万户、赏十万金、位列上公”的丰厚条件求购刘縯的首级，还下令让长安宫中的官员以及天下所有的行政机构，甚至到每一个乡、亭，都悬挂刘縯的画像——当然，这不是为了向他祷告——官员们每天起床后的第一件事情，就是朝刘𬙂的画像射箭，至少在精神上先将他万箭穿心。

这又是王莽惯用的压胜办法，但这次似乎起了一点儿作用。

手头有了十几万人，又见朝廷里数一数二的将军严尤也拿自己没辙，刘𬙂心里不免有些得意，自觉“都部”二字已不能体现自己的能力与地位。为了让广大群众更为直观地了解自己，刘𬙂改称“柱天大将军”。

刘𬙂自称什么，王莽尽管不爽，却没办法，毕竟他管不着。有些人不爽却有办法，这些人就是以王匡、陈牧为首的绿林军将领。这些人行军打仗的本领不怎么样，勾心斗角却很有一套。之前局势不利的时候，他们本打算各奔前程，是刘𬙂力排众议，倚靠个人能力绝地反击，才最终击败甄阜和梁丘赐。现在他们又开始嫌刘𬙂的能力太强、声望太高。

那怎么才能打压、遏制刘𬙂呢？王匡他们的主意是找人称帝。

这才哪儿到哪儿啊！义军只不过打了两场胜仗，一座像样的大城都还没占呢，就也敢称帝！不过，随本书一路看来的诸位兴许也不会意外，毕竟这只是封建时代农民起义军的宿命罢了。

那要立谁为皇帝呢？自然不会是刘𬙂。王匡他们早有计划：立陈牧手下的更始将军刘玄。

刘玄，字曰圣公，算起来也是刘𬙂的亲戚，按辈分他是刘𬙂的族兄。早年间，他弟弟被别人杀害，他自己不敢去报仇，便企图买凶杀人。这在当时是常见的事情——荆轲刺秦就是前朝最有名的买凶杀人案。唯一不同的是，现在买凶杀人多是一锤子买卖，双方甚至可能都不见面，而在当时，主犯常需要给凶手提供一段时间的食宿及其他生活享受。

然而，事情还没开始便出了岔子。某日，刘玄在家吃饭，并邀请了乡里负责巡查盗贼的游徼（官名）。刘玄雇请的准备替自己弟弟报仇的人大概平时就是个不服王法、视万户侯为粪土的货色，席间他多喝了几杯，也许是嫌荤菜不足，没吃过瘾，遂借着酒劲诗兴大发，一边用筷子敲台面，一边和着节拍唱道：“大清早杀了两个都尉下锅煮（朝亨两都尉）啊哈……”可他“啊哈”了几遍都想不出下一句，正没词的时候，游徼刚好进门。看到游徼迟到，此人顿时来了灵感，马上有了下句：“晚来的游徼，只配用来给汤调味（游徼后来，用调羹味）。”唱完他还颇为得意，又反复唱了两遍。

游徼也是个横人，见有人居然公开拿他寻开心，气便不打一处来，当场就以“侮辱长官、蔑视朝廷”的罪名把人拿了关进监狱。游徼不仅交代手下对其严刑拷打，还亲自上阵，握紧拳头，撸开袖子，抡圆膀子就捶，而且捶了怕不止三五百下，直到自己手麻脚酥，大汗淋漓，胳膊肘都抬不起来才算完。

什么？你说这只不过是酒后的戏言，并不能作数？还有，游徼怎么不给春陵刘家一点儿面子？

其实很简单，即便是春陵刘氏，如同刘縯这般胆边生毛、唯恐天下不乱的角色也只是少数。别看刘玄买凶杀人时似乎毫不为意，可真到面对官府的时侯，刘玄的表现就跟大多数普通人没什么区别了。此时他已然吓破了胆，早灰溜溜地跑到平林县躲风头去了。

刘玄雇请的人大概也不怎么靠得住，之前还吹嘘拿游徼来调味，结果挨了对方一顿铁拳，连带将刘玄雇他杀人的事也抖露出来。于是游徼顺藤摸瓜，马上带人去春陵，要将预备买凶杀人的刘玄缉拿归案。此时刘玄虽然跑了，他的老父刘子张却没跑。游徼将其绑了关进县里的监狱，勒令刘玄即日归案。

刘玄人虽然不怎么样，但汉代以“孝”治天下，作为刘氏宗亲的刘玄再怎么浑蛋，也不能无视自己的父亲。可他自己又没胆子回去以命换命，怎么办？刘玄思来想去，最后终于想了个不是办法的办法——诈死。

刘玄找了个信得过的人，让他向外界宣称自己在平林得急病暴毙，然后持丧回春陵，悲戚地哭号，做足了戏份。这下官府认为既然主犯已死，那此案注销，刘子张因此得以从牢里出来。但官方认证“已死”的刘玄则不能再回春陵，只好流浪在外，最后在地皇三年（公元22年）投到陈牧帐下，做了一个叫“安集掾”的小官。后来义军击败甄阜和梁丘赐，因为是汉家宗室，没什么功劳的刘玄被陈牧等人推举为更始将军。

当然，这同样只是历史的表象，这里有一件很重要的事情史书上没有交代，以往的史学家似乎也从未提及，那就是当时刘縯为什么不出面帮刘玄开脱。要知道，刘縯和刘玄是族兄弟，刘縯又是出了名的急公好义之人，手下门客有事，他尚且不会不顾，何况自家兄弟有难，刘縯岂有袖手旁观的道理？

我猜原因大概是这样的：一是刘玄和刘縯虽然是族兄弟，都是长沙定王刘发的后代，虽不是八竿子打不着的亲戚，但关系也算疏远。况且俗话说“皇帝都还有两门穷亲戚”，刘縯又如何能顾得了所有人？二是两人的关系实在算不上好，甚至私下还可能有仇，因此刘玄不愿也不敢到刘縯处寻求庇护。刘縯在舂陵起兵后，他也不屑于回来投靠。当然，也可能是刘玄此人心胸狭窄，见不得刘縯比他风光，看不惯刘縯比他气派，于是干脆和刘縯划清界限，分道扬镳。

这是一件不十分清楚但十分重要的事情。正因为两人不和，且新市、平林的绿林军和刘縯也是面和心不和，而刘縯此时势头正旺，击败了大队的官军，又自称“柱天大将军”，将来甚至有可能成为义军实际的统帅，这明显与陈牧、王匡等人的利益不符。

于是，在公元23年正月，陈牧和王匡纠集了一帮同伙，商议之后公开宣布：现在义军人数众多，番号杂乱，没有统一的指挥，这非常不好。既然天下原本是刘家的，那就应当找一个刘家的宗室出来做领导，因此决定立更始将军刘玄为帝。

陈牧等人仗着手下人多势众，事先并不和刘縯商议，仅事后找人告知了他。这着实打了刘縯一个措手不及。他赶忙召集自己的亲信将领，骑快马来到绿林军军营中，找到陈牧和王匡。虽然行事匆忙，可他在马背上仍准备好了一套说辞。

到了绿林军军营，刘縯带着人直入大帐，见陈牧、王匡等人和义军众将早已在帐中等候。刘縯开门见山地说：“大家想立一个刘姓宗室为帝，说明人心都是向着皇室的，这很好，很难得，可就目前的形势而言，我却有不同的看法。”

对于刘縯会有不同看法，在场所有人丝毫不感到意外。南阳的刘氏宗族，第一个带头造反的是刘縯，能力最大、功劳最高的也是刘縯，牺牲最多的还是刘縯。现在他们居然要选一个很多人都不知道打哪儿冒出来的刘玄做皇帝，除非刘縯不是人，只要他还是人，就得有不同看法。

可对于刘縯缜即将要说的“不同看法”，在场的只有少数人表现出期盼和好奇，更多的人则是不屑和暗自哂笑。刘縯已觉察到气氛不对，但他不得不往下说，他的看法是这样的：“现在东边还有拥兵数十万、势力更为强大的赤眉军，如果他们听说我们这里立了皇帝，恐怕也会立一个皇帝，这样天下就分裂了，不利于我们推翻王莽的霸权。而且，通观历史，率先出来挑头起兵的，比如当年的陈胜、项羽，都没有好下场。现在如果我们挑头称帝，那不是给后来人赚便宜吗？因此我们不如先称个王。如果赤眉那边选出了一个优秀的领导，我们可以去投奔他；如果他们选不出优秀的领导，那我们等灭了王莽之后再收拾他们，然后再称帝也为时不晚。”

刘縯自以为已经说得很委婉了，而且还给出一个折中方案，大家各退一步，对方应该是可以接受的。可陈牧、王匡哪里会理会刘縯说什么，要不是对刘縯的实力还有所忌惮，恐怕他一进帐就被砍死了，哪里还容他聒噪！

一开始，在场的还有几个人附和刘縯的意见。这时，只见绿林帐下一个长得膀大腰圆、名叫张印的将军，想必事先得了陈牧等人的授意，见到有人居然敢对刘縯的话点头称是，站出来一把抽出腰间的宝剑，“噌”地将剑插在地上，气势雄浑地喝道：“做事犹犹豫豫，怎么能成功！立更始将军为帝的事情今天就这么说定了，谁还有不同意见，站出来！”

张印的气势大概惊吓住了帐中众人，大伙儿只能唯唯诺诺地表示同意。即便一开始想站在刘縯一边的人，现在也只敢在心里给他以精神上的支持。

结果无人支持刘縯的意见，他自己可能是为避免起义军分裂，竟也没有拔剑相向，也作声不得，只好任由王匡、陈牧等人正式宣布将立更始将军刘玄为帝。

地皇四年（公元23年）二月辛巳日，刘玄于淯水边正式即位，称更始皇帝，恢复汉朝的国号，同时任命刘良为国三老，王匡为定国上公，王凤为成国上公，朱鲔为大司马，刘縯为大司徒，陈牧为大司空，又一口气封了一百多个列侯。

乍一看刘縯捞了个三公的高官，可这其实已经成为他最终失败的隐患。刘縯本是冲着当皇帝去的，结果被这些人合伙弄成了大臣，可见这时他们要对付刘縯的心思已经昭然若揭，那将来被人搞死也是可以预见的。刘縯不知是天生在这方面迟钝，还是对自己自信过头，竟似乎没什么警觉，也毫不在意。当了大司徒，刘縯还挺卖力，平林兵久攻不下的新野，刘縯率队一到，他们就投降了。过了两个月，刘縯又拿下宛城，刘玄这个皇帝才得以在此建都。

然而，当刘縯在军事上节节胜利之时，他在政治上却不断失利，甚至连一些原本跟随他的将领，如李通的弟弟李轶，也开始公开为刘玄呐喊助威。作为一个局外人，我回头仔细想来，刘縯虽然能力很强，却一直不具备一个作为大领袖的必要条件——必要的时候狠得下心肠。

如若能重头再来，刘縯在刘玄刚当皇帝的时候，或者之后的两三个月内，就应当和绿林军分道扬镳，自立山头。虽然少了陈牧、王匡的队伍，刘縯的军事实力会大打折扣，但以他的声望重新招兵买马应该不成问题。虽然双方分裂后刘縯有可能先得反过来和新市兵、平林兵拼个你死我活，但那也强过日后成为他人案板上的肉，任其宰割。

可惜历史永远没有“如果”，过去也永远不能再重来。

两百年来最艰难的一战

刘玄莫名其妙地成了皇帝。虽然《后汉书》对他登基时面对众人“羞愧流汗，举手不能言”的描述更似刻意的贬低和诋毁，但他本人既不擅长军事，政治也非其强项，却也是事实。一言以蔽之：刘玄绝非当皇帝的料。同时，其汉国朝廷的财政也举步维艰，一度得靠刘秀等人在昆阳、定陵、郾等地劫掠到的牛马、财物，以及数十万斛粮食勉强维持。

然而，这种强盗似的掠夺是身为国家最大守财奴的王莽所不能容忍的，更兼听闻刘玄竟然称帝，于是王莽大为恼怒，决心要将绿林军消灭干净。地皇四年（更始元年，公元23年）三月，王莽下令让司空王邑、司徒王寻将各州郡精兵四十二万组成一支“虎牙五威兵”出征；五月，至颍川郡与新败的严尤、陈茂会合。

五月，王邑、王寻麾下“旌旗辎重，千里不绝”的大军正以碾压态势向昆阳逼近。

当然，如果不仔细交代一下新朝队伍的组成，不足以体现这支大军的规模和气势，也不足以让大家体会到王莽对义军的愤恨。事实上，这支被王莽寄予厚望的大军号称“百万”并非完全是虚数。按王莽原来的计划，这支军队不仅有精兵四十二万，还有队伍绵延千里的负责后勤的民夫、奴仆和怀着成功后分一杯羹打算的所谓“私从者”，以及来自六十三个不同兵法、学术门派的弟子数百人，更有身高一丈、腰粗十围，睡觉要用鼓做枕头，吃饭要用铁做的筷子，身体重得据说三匹马都驮不动，能驱使百兽作战的奇人“巨毋霸”，带着他饲养的虎、豹、犀牛等猛兽助阵。王莽出动这样一支规模空前庞大的军队，即便在历史的这个时间点上他是个反面教材，史学家也不得不感叹“自秦、汉出师之盛，未尝有也”（《后汉书·光武帝纪》）。

简单地说，王莽这次的军事行动就是开汉两百年来规模最大的一次军事行动，而他的对手无疑将面对两百年来最艰难的一战。

面对这样一支混杂的大军，沿途的义军将领哪敢与之抗衡，于是纷纷退入昆阳城内。可昆阳只是一座小城，虽然城墙修得还算牢固，但在众人眼中也不似能经得起百万新朝军队冲击的样子。那接下来又该何去何从呢？

尽管昆阳城里有更始朝廷的成国上公王凤和廷尉、大将军王常等，可没有一个是能拿主意的人。面对城外的大军，众人毫无战斗的欲望，只想着如何才能保住自己的妻儿以及刚刚抢到还没来得及花的大笔财物。因此，大家的想法出奇地一致，就是跑，赶紧往回跑。

那跑出昆阳城之后呢？若王莽的大军继续追来，又该怎么办？

依旧没人知道。

这时，只有太常偏将军刘秀发表了不同意见：“跑是没有用的。现在宛城还没有拿下来，我们能跑到哪儿去？回到宛城脚下，既无城防，又两面受敌，那时情况更糟。况且眼下大家只有同心协力战胜强敌，才能建立一番功绩。如果失败了，各位的金银财物和老婆、孩子，不都变成别人的了吗？何必对这些东西恋恋不忘！”

虽然道理谁都懂，可众人对刘秀并不服气，也毫不客气，对他嚷嚷道：“刘将军好大的口气！”

此时在一众人中，刘秀的职务并不是最高的，也尚未展露出惊人到足以服众的天赋，故而不便与其他人争论，只是笑而不语。又过了片刻，城外探马来报，说新朝的大军已至城北，而且在描述对方的人数时用了这样一句话：“军阵数百里，不见其后。”

众人听后一片哗然，许多人刚起的一丝建功立业的念头即刻化为乌有。有人想看刘秀的笑话，马上上前一步，环顾众将，然后带着轻蔑与戏谑的表情说："现在就请刘将军为我们计划一下这个仗该怎么打。"

没想刘秀早已有了打算，既然众人都等着自己给主意，他也不客气，告诉众人说："眼下城中只有不足万人，光凭这一点儿兵力是很难获胜的，为今之计只有趁新朝的军队没有彻底包围昆阳之前派人出城，去附近招集士兵，大家里应外合才有胜利的可能。"

这是没有办法的办法，可眼下出城就是一个难题，基本等于送死。连瞎子都看得出来，一时三刻间在城里尚可苟安，如若出了城，性命将旦夕不保。

那谁去外面招兵呢？

没办法，刘秀自己出的主意最后只好自己去，而且只带了十三个人，把所有队伍都留下来给王凤他们守城。

这时候王邑的十万先锋已经到了昆阳城下。在城头的刘秀顾不得仔细观察对手强盛的阵容，急忙让人把南城门开了个小口，带着手下十三个人一股脑儿地往外冲，快马加鞭地从新朝军队阵前掠过，一刻不停地朝没人的地方跑去，将堪堪反应过来的新朝士兵稀稀拉拉射出的几支箭远远地甩在后面。

要不是新朝的大军忙着安营扎寨，没留神城里居然有人敢出来，加上刘秀的目的本就是跑，否则的话，这十四个人想冲出去是不可能的。此时留守城中的王凤等一班人在城头眺望，不禁暗自捏了一把汗，先是庆幸自己没听刘秀的，这要是跟他冲出去，说不定自己此刻已经挂了。等看到刘秀出了包围圈，有人又暗自懊悔：这厮该不会就这么跑了吧？！

有惊有险地出了昆阳后，刘秀顾不得感叹，更无暇猜测昆阳城中众人的心思。他只知道自己的时间不多了，要想战胜对手，必须尽快集合一支军队，趁对手的大队伍还未集结完毕做搏命一击，否则一旦对手的百万大军集结，那自己就真该考虑考虑逃往哪儿比较好了。

于是刘秀马不停蹄，在昆阳附近的定陵和郾两地转了一圈，费了不少唇舌，结果两地的绿林军不为所动。当然，这很好理解，毕竟以王凤等绿林军首领的做派观之，其他地方的绿林军必也是贪恋财物、苟且偷生之辈，是不可能愿意主动去昆阳城送死的。

既然是蹈利之辈，刘秀便以利诱之："各位为何只着眼于眼前这一丁点儿钱财呢？如果我们一起把新朝的军队消灭，那各位所得将超过现在万倍。倘若等他们破了昆阳再四面出击，到时候诸位怕是连命都没了，要钱又有何用？！"

一提到钱，他们终于被说动，刘秀这才忽悠到几千人马，但这跟昆阳城下黑压压的十万大军相比还是太少。可刘秀等不了了，此时已经是六月，自己已经离城半个月，昆阳时刻都有城破的风险。

实际上，起初严尤曾向王邑建议不要打昆阳，而应该绕过它直接攻击宛城外更始朝廷的大本营，一旦反贼的头目授首，昆阳将不战自降。这是一个最经济划算、成本最少的好主意，可惜王邑没有接受。他以己为鉴，回答道："当年我任虎牙将军时率军围剿反贼翟义，因没有生擒翟义，后来还被陛下责怪了。如今我手握百万之众，如不能攻必取、战必胜，请问到时候陛下会如何发落我？"

于是，王邑命令大军日夜攻城，有的用十几丈高的云车居高临下地射箭，有的推着攻城车冲击城门，有的则挖地道、掘毁城墙，天上地下日夜不停地展开立体攻势，旌鼓之声百里之外都可闻及。

城里的绿林军哪里挡得住如此猛烈的攻势？昆阳之所以还未被破城，实在是被逼无奈——王凤等人早已求降，可王邑不答应，他誓要亲自攻入城内取反贼的头颅。在此等绝境之下，王凤等人只能死扛，昆阳城里的军民就连打个水都得用盾牌遮着头脸，冒着时刻被一箭透体的风险。

六月己卯，刘秀见能集结的队伍都已基本到位，便率众重返昆阳城外。此刻远远眺望昆阳城四周，新朝军营密密麻麻，数量惊人，惊天的鼓声震耳欲聋，刚鼓起一点儿勇气的绿林将士不免心生怯意，很多人又要打退堂鼓。

这时刘秀朗声说道："别看敌人人数很多，其实都不堪一击，大家建功立业的机会到了！现在我要带头冲锋，愿意随我一起的请出列！"

刘秀等了许久才得一千多人。说实话，在此之前刘秀在战场上并没有表现出以一敌千的武力，况且他也是人，也知道害怕，也畏惧死亡。可路是自己选的，如果昆阳城破，在宛城的大哥刘縯和整个刘氏宗族必将面临灭顶之灾，因此眼下哪还能后退？

于是，刘秀也不多想，趁自己尚有勇气，带着这一千多人来到距离新朝军队四五里的地方摆开阵势，然后向对方的军营冲了过去。王邑大概是看不起义军的，思想上多少有些轻敌，见有千人居然来送死，完全没把他们当回事，一挥手命令手下四五千人前去迎战。

本来刘秀是抱着必死的决心冲向百倍于己的敌人的，没想到对方居然只出来四五千人迎战，这下刘秀的胆气更壮了，一头扎进人堆里居然连杀数十人。新朝的士兵原以为是来收割人头的，没想到对方带头的居然是个恶魔，一下子胆气就没了，纷纷掉头，生怕自己成为下一个被收割的目标。跟在刘秀后面的将士们见状也惊呆了，谁都知道平日里刘秀的胆子比较小，打仗碰到几个敌人他都得往别人身后躲，没承想现在居然如此勇猛！这下不只随同的士兵，连其他绿林将士也被刘秀的勇猛气势所感染，纷纷要求出击。大伙儿高喊着口号紧随刘秀一拥而上，很快，新朝的军队便留下数百尸体仓皇逃窜。

对于这次胜利，双方都不敢相信。王邑不信自己手下的精兵竟然打不过对面那群数量明显不如自己的庄稼汉；绿林的将领们不敢相信，阵势如此庞大、装备如此精良的官军居然经不起刘秀的冲击，更有人暗自揣测：这莫不是刘秀的回光返照？

既然大家都不服，于是刘秀决定再试一次，还是获胜；又来一次，刘秀依然获胜。

连胜几场之后，绿林军的将领服了，绿林军的气势也上来了。为了体现必胜的信心，刘秀和大伙儿商量后，把营寨往前挪了两里地。可光有气势还不行，对面那数以十万计且数量还在每天增长的官军可不是泥捏的，如果不想被拿到长安让王莽剐了，兼家里的宅基地变成粪池，就必须尽快分出胜负。

因此，立即决战势在必行！

当然，刘秀不是只懂得一味猛冲直撞的莽将，为了增加获胜的概率，刘秀在战前还耍了一把小计谋：他撒了个谎，让人写了一封信，内容大概是宛城已经被攻克，现在绿林的其余军队正在宛城集结，向昆阳开来。刘秀的计划是派人冲过官军的封锁把这封信光明正大地送进昆阳城，然后假装不经意间将书信遗失在阵前，让王邑的人拿到。

刘秀本想用疑兵之计扰乱对方的军心，没想到自己竟歪打正着，因为三天前宛城确实已经被刘縯攻克。王邑显然已经得了这个消息，现在又从信中听说攻克宛城的绿林军已经向昆阳集结，更让他对此深信不疑。这种跟在真相的后面、半真半假的谎话历来都是最难识别的。即便两路绿林军合并后人数也远不及己方的，但王邑仍对此感到十分不爽和郁闷。更巧的是，某天夜里，天空居然出现流星，而且这颗流星竟直坠入王邑的大营之中，在地面上砸出好大一个坑，吓掉不少人半条命；到了白天，大量水汽聚集，让犹如铅块的云层从天而降，仿佛摇摇欲坠的大山向人们的头顶压来，厚重的压迫感使人喘不过气来。古人都是相对无知且迷信的，晚上和白天接连出现异象，使王邑手下的士兵不得不产生不祥的预感，而这些都是刘秀想要且求之不得的。

因为之前的勇猛表现，刘秀在军队中已经有了很高的声望，不少原来对刘秀不屑的人转而支持他，开始相信眼前这支庞大的敌军是可以战胜的，但这种支持更多是在精神层面的，在行动上仍然是犹豫的。此时要决战，为了进一步鼓舞士气，促使其他绿林将士和自己并肩作战，再增加一丝获胜的希望，刘秀依然要把自己置于死地。

于是，刘秀安排好了进攻计划：让其他将士攻击官军的两翼，自己则亲帅三千敢死之士，顶着从天空飘下的细雨，由昆阳西面渡河，直插王邑的中军。

古代行军打仗，主帅必位于军营的中部，而中军也是整支队伍的精锐力量所在。直击对方中军无疑是极为冒险之举，以区区三千人渡水作战，又是有进无退的阵势，但面对强敌，刘秀有这样的信心，他也必须拿出这样的信心！

可王邑等人并没有决战的认知，而且之前的连续失利也没有让他对绿林军产生足够的警惕，只简单地将之归结为将领指挥不当。这次看到三千人居然渡水来战，王邑决定好好给全军官兵上上课，让他们知道仗不是这么打的。

于是，作为全军的主将，王邑下令让各部按兵不动，在营中睁大眼睛看清楚自己是如何与绿林的匪徒们单练的。然后，他带上王寻，两人点了约一万五千精锐士兵，摆开阵势，要把刘秀那边刚渡河的三千人消灭在河边。

其实，如果按之前几仗的情况，王邑此时应该派出超过对手十倍的兵力去阻挡刘秀，这样才有把握不被击败。虽然因为新朝平庸的军队调度能力，此刻离原本计划的百万大军依然有差距，但昆阳城下的官军怎么也有几十万。哪怕是此刻在阵前，王邑也有超过对手四五倍的兵力，怎么都不至于一败涂地。王邑错就错在他高估了自己的能力。此公本就不以带兵打仗见长，更非能冲锋陷阵的勇将，手头又有数十万大军，大可让士兵们或数千为一队，或一万为一队，前仆后继，何必亲身犯险？

本来刘秀率三千死士背水一战是没多大胜算的，可当王邑亲自前来对阵后，刘秀的胜算顿时大增，他哪里会放过这样的机会！刘秀手下的死士见了王邑和王寻二人，更是像打了鸡血似的，个个以一当十，勇不可当，呼喊着、咆哮着直扑官军阵地。

这三千死士一往无前的气势，甚至连天地都为之变色，更别提王邑手下的士兵了。结果，绿林军以一打五，反倒占据了上风，官军的防线眼看就要崩溃。更要命的是，王邑和王寻出战前曾命令其他各营士兵坚守不动，本来是要让他们好好看看自己是如何消灭绿林军的，没想到现在自己却成了快要被消灭的一方。丢人现眼暂且不说，其他将士眼看着主帅受困，一是没有主帅的命令不敢擅动，二是看着绿林死士那杀红了眼的气势，自己也不敢上去送死。于是，此时战场上出现了一幅哪怕是世界战争史上也罕见的景象：四周明明都是自己的队伍，战场上的主帅却在敌人的夹击下孤军奋战。而王邑带出去的士兵们明显也是靠不住的，先是阵型在敢死队的攻击下被冲散，然后主帅之一的王寻在乱军中被眼尖的绿林将士盯住，被人趁乱一刀砍死。

在这种危急关头，战场四周数百军营中没有接到王邑增援命令的将士却仍不敢有所动作。战场上，越下越大的雨水夹杂着血水，将大地染成红色，而王邑早已被身边血肉模糊的场面震慑，王寻那没了脑袋的身体中喷射出的血柱更是将王邑的三魂七魄冲走了大半。他只觉得整个战场上仿佛只剩自己孤身一人，如果再多停留一刻，下场便会像王寻那样，根本想不起来他还有几十万的大军在身后不远处。

最后，王邑一声喊，两腿肌肉如痉挛般夹紧马肚子，没命似的朝远处逃去。官军这边不动，昆阳城里的绿林军却动了。他们苦熬了这么多天，本已绝望，就等着城破的一天结束这无休止的煎熬，眼下居然又看到了希望，哪能不奋起余勇？于是，他们便在王凤的带领下从昆阳城里倾巢而出，夹击敌军。

腹背受敌，主帅逃命，这下战场上一万多官军便成了没头的苍蝇，四散奔窜。王邑这一跑先是使得离战场最近的军营里的士兵也跟着没命地逃跑，进而又让远处其他营中还一头雾水的官兵随之加入逃跑的洪流，最终引发了整支队伍的大溃败。

这支两百年来规模空前的大军，溃败的场景也是世所罕见：败军逃出百里开外，盔甲和死尸布满他们身后的道路，直到滍水（今河南省沙河）边。

俗话说“穷寇莫追”，刘秀却不打算放过王邑，势要将他们一网打尽。这时，前有大河，后有追兵，败军之将王邑虽不敢言勇，可为了争取渡河的时间，也不得不下死命令，叫士兵们奋力一搏，至少得坚持到他自己过河。等刘秀率众追赶至滍水，突然听见败军中鼓声骤起，紧接着虎啸狼号之声大作——巨毋霸坐在四匹马拉的车上驱赶着百兽来了。

也不知巨毋霸此人究竟是身怀异术，还是纯粹以蛮力压制，竟能驱使百兽听其号令，临阵进退也颇有章法。此时绿林将士虽然气势正盛，但那只是针对官军而言的。出于生物的本能，当真的面对虎豹熊罴的血盆大口，他们却是一点儿胆气和胜算都没有的。猛兽的一声声吼叫惊醒了绿林将士狂热的头脑，瞧着对面冲来各种猛兽，刚才还势不可当的绿林将士连人带马开始不自主地后退，眼看局势就要逆转。

然而，当真是天亡新朝，原本的大雨此时非但没有变小，反而愈发暴雨如注。乌云遮蔽了天空，大地陷入一片黑暗中，漆黑的天空被一道道闪电划破，炫目的电光如惊鸿、似蛟龙般在乌云中翻滚，一声声炸雷震天动地，滚滚而来，大自然仿佛在肆意地展示它那无与伦比的威力。

人固不如猛兽，可猛兽又哪里抵得过这天地之怒？原本正要冲上前撕咬对面那些“两脚羊”的猛兽们，被这突如其来的大自然之威所震慑，全都趴在地上瑟瑟发抖，任凭巨毋霸如何呵斥都不肯再向前一步。终于，随着又一声炸雷的响起，趴在地上的百兽内心对自然的畏惧胜过了对巨毋霸的畏惧，“轰”的一声四散逃开。

猛兽这一逃不要紧，又惊吓了拉着巨毋霸的战马，结果受惊的战马扬起前蹄，使马车重心后移，反将车上的巨毋霸掀翻在地。这个三匹马都拉不动的巨人好不容易才从地上爬起来，又经慌不择路的败兵和猛兽推搡，掉进了滍水。平日里还算平静的河水因暴雨而变得翻滚、沸腾，仿佛一条能吞噬万物的巨龙。可怜这个身高体大、百兽都畏惧的奇人巨毋霸，一头倒栽进河里，再也爬不起来了。

连巨毋霸这样的巨人都死了，其他人就更没胆量与绿林军较量了，纷纷争先恐后地渡河，生怕再晚一步，后背就得挨上绿林军将士一刀。可抢先渡河的又可能被后人踏入水中，风险并不比拖在队伍后面的小。最终，在数以万计的士兵被淹死后，尸体和杂物几乎堵塞了滍水。王邑、严尤等人弃了所有的财宝、辎重，甚至身上那有可能影响行进速度的过重盔甲，这才得以以“轻骑兵”的姿态踩着尸体过河，带着几千残兵出逃。

这一场溃败使得王莽失去了主力队伍，而王邑这个运输大队长还给绿林军送了数不清的财宝和装备。更让新朝雪上加霜的是，刘秀的胜利震动了天下，很多原来想反却不敢反的人也趁着这个机会杀了当地的地方官，扯起了起义的大旗。当世的人谁都可以看出，这场推翻王莽、恢复汉朝的风暴正日渐成型。

当然，刘縯除外。

抉择

刘縯最近心情不错，原本他的名号在地方上就挺响亮，之前平林兵攻新野县屡攻不下，新野县县宰曾公开放言：只要得到刘縯的一句保证，新野立即开城投降。平林兵没办法，只好派人去请刘縯。等刘縯往新野城外一站，报上“刘伯升”的字号，新野城门立即大开，城内官兵不战而降。眼下，刘縯攻破宛城，刘秀又大败王邑的数十万大军，兄弟二人一时似乎风头无两。

然而，“福兮祸所倚”，就在刘家兄弟名动天下，正要冲锋在前，直取长安的时候，背地里已经有人开始出阴招。

所谓的“更始皇帝”刘玄，前面我们说过，虽然他也是南阳刘氏出身，但此人和刘縯绝非一路人。当初绿林将领把他推出来做皇帝后，有能力和声望的刘縯只能做大司徒，刘秀更是只混了一个太常偏将军的职务。按刘玄自己的理解，他们内心肯定是极度不满的，眼下刘縯兄弟名声日盛，岂能不对自己进行打击报复？而且，自始至终，陈牧、王匡等人对刘縯的忌惮从未消减过，而是与日俱增。

虽然刘玄在内心未必将自己视为陈牧、王匡的平林兵、新市兵的一分子，但既然双方都是“敌人的敌人”，自然就是朋友。至少在干掉大家的敌人刘縯之前，他们还算是同盟。因此，同盟内部一合计，就定下了尽早除掉刘縯的计划。

要干掉刘縯，难吗？好像不难，毕竟名义上刘玄是皇帝，刘縯是臣子，君要臣死，臣不得不死。只要刘玄心肠够黑、脸皮够厚，随便找个莫须有的罪名就可以把刘縯剁了。

可话虽这样说，真要这么做，谁敢保证刘縯不会跟自己拼个鱼死网破？

那怎么才能以最低的成本尽可能快地干掉刘縯？很简单，趁他落单的时候行事。只要他是孤身一人，哪怕他的身手可以一敌百，又有何惧？陈牧、王匡等人在一起嘀咕了一阵，计上心来。

于是，更始朝廷刚搬进宛城不久，大概是在王匡等人的胁迫或怂恿下，刘玄宣布宴会群臣，实际是准备给刘縯摆场鸿门宴。

等绿林的各位将领到齐，宴会正式开始。既然是请客吃饭，就不得不讲究礼数，尤其更始朝廷刚刚成立，刘玄手下有一大票人需要吃饭，财政拮据得紧，他自己可能还没下面那些手握实权的将领有钱。为了讨好皇帝，席间不断有将领给刘玄献上珍宝财物，这时候有人提醒刘縯：“司徒大人，你应当表示表示。”

果然，旁人的话刚停，刘玄就问：“不知刘司徒准备了什么礼物呢？”

这下刘縯只好尴尬出列。他来的时候并没有准备礼物，况且以他的性格，打仗所得的珍宝财物，除了被平林兵和新市兵强行分走的，余下的大概也被他散于手下众人。要他马上拿出点儿像样的宝贝，着实是比拿下宛城还要困难的事情。

这时，又有人在旁边出主意了："司徒大人英勇无敌，定然有神兵利器傍身，何不献与陛下一观呢？"

"对！"不等刘縯回答，刘玄便抢先说道，"请刘司徒借宝剑一看。"

这是个何其毒的计策！在刘玄或者王匡等人的计划中，大概会有这么一条：如果刘縯敢当众在刘玄面前抽出宝剑，定会有人大喊一声"造反了！"，然后早已准备好的士兵就会将刘縯拿下，因为臣子在皇帝身边亮兵器这件事本身就可被视为谋逆。退一步讲，一旦刘縯将兵器解下，如果此时突然有人翻脸，他又将如何应付？可刘縯心胸坦荡，又看不起刘玄，竟不以为意，很爽快地解下腰间的宝剑，让侍从将它呈给刘玄观看。

见刘縯竟然不自己把剑拿上来，刘玄无奈，只好亲自抽剑观看，随口赞道："好剑！"但他斜视的目光、微微颤抖的双手和背后渗出的冷汗，都真实地暴露了他内心的紧张、焦虑和犹豫不决。

看到刘玄的犹豫，御史申屠建受陈牧等人暗示，向前一步出列，朗声道："陛下，臣有玉玦一块献与陛下。"

谁都知道，"玦"者，"决"也！如此赤裸裸的明示让整个会场的气氛陡然一变，刚才还很热闹的会场瞬间陷入一片寂静，紧张的气氛如一只巨手，握住了每个人的心脏，让他们发不出声来，甚至连空气也像要被这只无形的手攥出水来。片刻之后，众人还是沉默。

刘玄毕竟不是做大事的料，尽管对面的刘縯此时已经赤手空拳，他仍然不敢发作，甚至不敢直视刘縯的目光。刘玄就这么"欣赏"了一会儿他口中的"好剑"，也说不出它到底"好"在哪里，末了又直直地将其塞回刘縯怀里。这场鸿门宴只好草草结束。

宴会结束之后，舅舅樊宏旁观刘縯从鬼门关走了一遭，赶紧去提醒他："以前刘邦参加鸿门宴的时候，范增曾举玉玦暗示项羽，今天申屠建的所作所为岂不与范增无二？外甥，你要多多小心了！"

刘縯却自觉成竹在胸，没把舅舅的话放在心上。

刘秀也看出刘玄等人有不对的苗头，劝说道："大哥，我看现在事情不太妙，对刘玄、王匡他们，你还是小心点儿好。"

刘縯哈哈大笑："行了，行了，这事我心里有数。他们几个人不一直都是这样的吗？怕什么呢？你们先回去忙别的事吧。"

刘秀出门之后还是不放心，又转身回去，跟刘𬙂说：“李轶那家伙原来是向着我们的，可最近我发现他跟刘玄的亲信朱鲔等人走得很近，大哥要小心，我想此人以后不可以相信了。”

对于弟弟的担心，刘𬙂只是口头表示知道，并没有放在心上。然而，这次他真的自信过头了。

由于刘玄的临阵退缩，陈牧、王匡等人自觉丧失了一次干掉刘𬙂的机会，但他们不敢公然指责刘玄，毕竟失去刘玄这张牌，无论是陈牧还是王匡，面对刘𬙂都没有获胜的信心。而这次鸿门宴失败，要说刘𬙂以后对他们没有防备，那是不可能的，这就使得他们更难寻找下一次动手的机会。

可不动手是不行的，像王匡、陈牧这样的角色，若一击不中，他们肯定会时刻担心来自刘𬙂的打击和报复，哪怕刘𬙂根本没这个心思。而摆脱这种心理负担的唯一办法，就是继续想法子干掉刘𬙂，不管是两次、三次，还是无数次，直到干掉刘𬙂或者被刘𬙂干掉为止。正因如此，他们毫不停歇地继续出招了。

刘稷也是刘氏宗族之一，此人是刘𬙂的忠实追随者，更是一员勇冠三军的猛将。当时绿林众将拥立刘玄为帝，刘稷就曾公开表示不屑：“首先起兵举事的是刘伯升兄弟，他刘玄算什么东西！”对于刘稷这样的刺头，刘玄、王匡他们同样非常忌惮，也同样欲除之而后快。既然暂时除不掉刘𬙂，他们就打算先拿刘稷开刀。

刘玄于是下令封刘稷为抗威将军。这刘稷也当真抗威——不仅抗王莽、新朝的威，对于自己头上这个更始皇帝，他同样不屑一顾。当使者宣读封将的诏书时，刘稷非但不跪拜，还公开表示不受命。

王匡等人大概已料到刘稷会抗命，早已安排数千绿林士兵在外压阵。待刘稷公开表示不受命之后，受封的喜诏立即变成要命的凶诏，以“大不敬”之罪将刘稷缉拿，并要处以斩立决。

消息传到刘𬙂那里，他着急了，刘稷毕竟是他的宗亲，又是他的爱将，江湖义气颇重的他怎么能置之不理？刘𬙂没多想，也没带人，自己骑着马急匆匆地到宫里给刘稷求情。刘玄和王匡等人怎么会听刘𬙂的？他们坚决要把刘稷杀了，杀一儆百，理由也很充分：“刘稷目无圣上，不杀不足以显示陛下的威严。”

其实何止是刘稷，在刘縯眼里，刘玄哪曾有威严！既然刘玄不答应放人，刘縯便挺身相逼。按刘縯对刘玄的认知，只要自己够强硬，到头来认㞞的肯定是刘玄。然而，刘縯这次显然失算了。有王匡、陈牧在一旁挟持，又有数千士兵在背后撑腰，刘玄终于也雄起一回，不由分说，竟让士兵们一拥而上，直接把刘縯摁倒在地，然后五花大绑地捆起来，再然后……刘玄也不知道该怎么办了。

刘玄不知道该怎么办，可别人知道。这次公开和刘縯撕破脸皮，谁都明白此时矛盾已无缓和的余地。如果不想日后被报复，那么干掉刘縯就成了唯一选择。于是，刘玄的亲信朱鲔和已经投靠刘玄的李轶向刘玄建议：事已至此，择日不如撞日，立即扑杀刘縯！

随着刽子手双臂一挥，刘縯的脑袋"咣当"一声落地。可怜刘縯，千军万马都闯过来了，最后却死在了自己人手里！此时刘秀还远在父城，对此巨变事先毫无准备。当刘縯的手下快马来报时，他几乎晕厥过去。好不容易缓过一口气，悲痛中的刘秀却不得不面对人生的一个重要抉择：是起兵与更始皇帝刘玄决裂，还是请罪自保？或者离开此地另做打算？

思虑再三，刘秀最后一个人骑一匹快马匆匆赶往宛城。进城后，刘秀首先见到的是哥哥刘縯手下前来报丧的属官。刘秀只是按礼节接待了他们，甚至不曾和哥哥以前的部属有过于私密的交流。对于在昆阳的重大胜利，刘秀也只说是赖皇帝的洪福和众将士的死力，自己不过是捡了个便宜。回到宛城自家的宅子里，刘秀该吃吃该喝喝，该上班上班，该开玩笑的时候也毫不掩饰自己爽朗的笑声，正是"饮食言笑如平常"，丝毫看不出与平日有什么不同。你甚至可以怀疑，对于刘秀来说，刘縯这个人是否曾经存在于这个世上。可是，如果你看到他早上起来第一件事就是偷偷地把半夜里被泪水浸湿的枕头、被子换掉，那就另当别论了。

刘秀过度的表现让刘玄都觉得过意不去，回头又将刘秀升为破虏大将军，还封了个武信侯。刘玄这个人也是奇怪，自己占了人家的便宜，杀了人家的哥哥，这分明已经是水火难容了，他不说干脆斩草除根，反倒觉得不好意思，真不知他的脑子到底是怎么长的。

难怪刘玄最后会落得个被逼自缢的下场。从另一个角度说，这样也算是刘秀的运气吧。依通常的观点，刘秀忍辱负重，这是他的智慧——至少眼下他是安全的，可以韬光养晦，徐图良策。

当然，按我的看法，刘秀之所以选择以身犯险回到宛城，而没有选择和刘玄决裂，大概是因为在刘秀看起来，自主创业比在集体里混日子要难得多。简单地说就是，他不敢自己干，至少当时不敢。

新朝的末日

不管怎样，刘秀暂时可以在号称“小长安”的宛城里安安全全地混日子了。可在大长安的王莽，日子就不那么好混了。

在长安城里，太史、术士和近臣们都极力伪装情况良好。众人夜观天象，发觉新朝前途光明，反贼覆灭就在顷刻之间，王莽也时常拿这些话聊以自慰。可骗自己并不是那么容易的，王莽内心感觉到，自从改元“地皇”之后，他的新朝每况愈下。为了挽救自己日落西山的朝廷，王莽可谓殚精竭虑。除了有效的法子，其他法子他都试过。比如说前线将士讨贼不利，他就干脆自己熬夜看兵书，整日枕戈待旦；比如说他让人做了一卷谶语，到处宣传，大意是说“刘伯升在新皇帝的时代最多蹦跶两三年”；比如说随便抓几个人关在囚车里，囚车堂而皇之地由函谷关驶入，对关中的老百姓宣称“刘伯升等就要被砍头”；比如说我们提到过的压胜、六马登仙车等；还比如说为了避免一朝兵败身死，听从术士的话欲效法黄帝飞升成仙。

王莽要学黄帝，并不是学苦修炼丹之类。按术士们的说法，要想如黄帝一般乘龙升天，就必须像他一样“以百二十女致神仙”，说白了就是找一百二十个女子修炼房中术。

此法听起来倒是香艳，但那时王莽已经是六十好几的老头儿了。虽然他私下染了发，但这头黑发并不能掩盖他满脸的褶子，更不能让他气血衰老的身体恢复。而且，男女之间娱乐是一回事，按道家理论双修又是一回事。既然是修仙，就免不了要提气、闭关、固阳、锁精，乃至于节奏、频率都有一定的限制和规定，甚至可能还要有人从旁指点兼观摩。再联想到“一百二十”这个数字，让年轻人想想都觉得有点儿尾椎骨发麻，力不从心。对于一个即将七旬的老人，这又是何等的负担！

然而，此等难为之事，王莽似乎也咬牙硬挺过来了，可惜他通过药物硬挤出来的那点儿精血并没能为新朝续命。随着绿林军日益逼近关中，朝廷的军队节节失利，新朝的很多大臣也起了异心。

国师刘秀本来是王莽的心腹追随者，可眼下新朝一日不如一日，崩溃就在眼前，为了自保，国师便和王涉、董忠这两个同样为了自保的人联合起来，准备劫持王莽，出关向更始皇帝刘玄投降。

这对王莽的朝廷无疑是沉重的一击。事情的牵头者是王涉。

卫将军王涉也是王家子弟，他蓄养的方士西门君惠同样擅长当时最流行的天文和谶语。某天，据说皇宫上方有彗星扫过，西门君惠经过对此天象观察、分析，再结合符谶，最后得出了与蔡少公当年一致的结论：刘氏将复兴，而中兴之主的名字与国师的相同。

王涉对西门君惠的结论深信不疑，又将此事偷偷地告知自己的至交好友大司马董忠。之前两人享受着荣华富贵，自然得过且过，可现在朝廷正以肉眼可见的速度衰落，眼看不日就要被关东的义军踏平，大伙儿难免与朝廷玉石俱焚。于是两人一合计，等死不如硬拼！为了求生，他们跑去打探国师的口风，看他是否有顺应天命的意思，再看看自己有没有可能沾着国师公的王者之气逢凶化吉。

国师刘秀就是刘歆，此公同样深谙数术。他之所以改名，里面所含的心思我们之前已揣测过，至少有趋利避害的意思。可让刘歆没想到的是，自己非但没沾改名的光，反倒让一家子人跟着他倒霉。先是在始建国二年（公元10年），由于受到甄丰、甄寻案的牵连，刘歆的两个儿子被杀。到了地皇二年（公元21年），刘歆的女儿连同女婿，也就是王莽的儿子王临，因为得罪王莽而被逼自杀。至此，刘歆几乎绝后，他内心真实的想法我们不得而知，是否真有取王莽而代之的心思也无从猜测。不过，面对王涉和董忠试探性的旁敲侧击，刘歆的反应让他们有些难以琢磨，因为他不回答。

要么是，要么不是，不回答算几个意思？王涉猜测不透。又过了一段时间，王邑百万大军惨败的消息传到长安，王涉感到时不我待，干脆兵行险着，在某天一个人到刘歆家，要跟刘歆摊牌。

王涉跟着下人进里屋见刘歆，等下人们一走，王涉便“扑通”一下跪在地上，一把鼻涕一把泪地哭诉：“我之前和大人说的事，实在只是想保全两家家族众人的生命安全，大人为何不相信我？！”说完又是一阵极尽哀伤的痛哭。

经过前段时间的接触，刘歆大概能猜出王涉找他是为了什么，事先也做了准备。他让人带王涉到里屋，就是怕他在大庭广众之下嘴里蹦出什么大不道的话，可刘歆没想到王涉会给他来这么一出。思虑再三，刘歆才说出自己的顾虑：依他这几年的观察和推算，东边的乱党最终会成大事，而天命似乎不在他国师公的身上。

但王涉谋反的决心是坚定的，他表示自己愿意跟随刘歆。王涉建议，如果按刘歆的推算，天命真不在他身上，他们可以劫持王莽向南阳天子投降。

为了表明自己的态度和决心，王涉还告诉刘歆这样一则秘闻（当然，这听起来更像是王涉自己的胡乱猜测和栽赃）：“新都哀侯，也就是王莽的父亲王曼，从小身体就不好，而功显君（王曼的妻子）一向嗜酒如命，这是大家都知道的事情。试想，丈夫体弱多病，怕是久不能行人事，而妻子嗜酒，酒后必然行为放荡，因此……你懂的，他王莽极有可能就不是王家的子嗣！”

由此，王涉这般作为就有了解释：他这样做不是背祖弃宗，置家族的利益于不顾，反而是替王家、替天下除一祸害。

那王涉想要劫持皇帝，可行吗？王涉认为还是可行的，因为他领着宫廷的卫兵，董忠掌管着军中的精兵，刘歆的长子则主管皇宫中的警卫。只要三人联合起来，事先计划周详，是有很大机会一举将王莽拿下的。

既然如此，刘歆也心动了。事情虽然大，可毕竟一旦成功，他不但能保全自己的身家性命和富贵荣华，甚至他日能登大宝亦未可知。王涉见刘歆终于被说动，马上把董忠也叫来。三人一碰头，再一计划，更是觉得胜券在握，于是王涉兴奋地说：“歆哥，我们动手吧！”

刘歆却摇摇头，说：“NO!”刘歆认为，此等大事不能随随便便就行动，要等天时，而他所谓的天时，就是“太白星出现”。

既然国师公是学术届的大拿，他的话肯定是有道理的，王涉只好暂时按捺住激动的心情，回家等所谓的“太白星”出现。

可当时他们几个太激动了，王涉和董忠也没顾得上多问刘歆一句：所谓的太白星大概什么时候会出现？刘歆自己也没想过回家认真算算这事。结果，时间一天天过去，他口中的“太白星”却连影子都没有。

大多数人但凡下决心做一件事情，一开始就跟被灌了两碗心灵鸡汤似的，总有一股一往无前的气势，可如果时间长了，则不免产生一些其他的念头。董忠就是这样，见太白星左等不来，右等不来，总不能行动，在家穷极无聊的他就想：司中大赘、起武侯孙伋也掌着部分兵权，倘若能把他也拉拢过来，事情不就更有把握了吗？实在不行，多拉一个人下水也没什么不好。

董忠这个猪队友的脑子显然是“秀逗”了。造反谋逆这样的大事从来都是越少人知道越好，况且他们计划劫持的不过是王莽一个人。有用的人，一个就够了；没用的，人再多又有何益？果然，董忠把计划透给了孙伋。孙伋哪敢做这种诛三族的事情，当场脸色就变了，一颗心马上堵到了嗓子眼儿，回家后更是食不下咽。

看到孙伋的异常表现，妻子陈氏问他为什么不吃饭，脸色还这么差。孙伋拉着妻子来到里屋，遣散下人，又把门和窗户都关严实，才敢低声跟妻子说：“刘歆、王涉、董忠几位大人想造反，还想拉我一起！”

陈氏一惊，问孙伋：“你怎么打算？”

孙伋沉默了好一会儿才说：“我不知道。”

陈氏却比丈夫能拿主意，她告诉孙伋，以他们几个的能力，造反是不可能成功的，既然事情已经迫在眉睫，还不如把这事捅上去，这样才能自保。

孙伋本也没有造反的胆子，可如果事情被捅上去，那他不免要得罪国师这些人，而得罪这些人的后果也是孙伋不能承受的。陈氏看丈夫犹豫不决，干脆把事情告知自己的弟弟陈邯，让陈邯替姐夫出面，告发刘歆等人的阴谋。孙伋一看事情避不过去了，只好硬着头皮与小舅子陈邯一起进宫，把董忠之前说的话跟王莽和盘托出。

王莽拿远在宛城的绿林军没办法，可拿长安城里的人还是有办法的。他马上叫使者去召刘歆、董忠、王涉三人入宫。这时候，他们三人并不知道事情已经败露。使者到来的时候，董忠还在军营练兵，听到皇帝召见的消息，护军王咸比董忠警觉，马上告诉上司：“大人谋划的事情过去那么久还没有行动，现在皇帝的使者到来，下官恐怕计划已经暴露，不如现在就把使者杀了，然后率军进宫拼个鱼死网破。”

董忠却不敢这么做，况且事情之所以拖延，就是因为国师公让他们等太白星出现，而现在是大白天，哪里去找这颗指引大事的星星！于是，董忠没采纳护军的建议，而是跟着使者进了宫。

进宫后，董忠碰到了王涉、刘歆二人，原来他们也是受了皇帝召见。旁人看了真替他们着急，现在三个人都到齐了，可他们依旧想不到是怎么回事，还准备私底下交流密谋一番。

这时，代表王莽来质问三人的官员硒恽也到了。三人见事情败露，竟没做任何反抗，马上便认罪。既然认罪，早已接到命令的宦官们拔出刀就要把他们关押起来。董忠看事已失败，且竟是因为自己招来的孙伋，悲愤之下便想拔刀自戕。

没想到董忠一拔刀，旁边的宦官和大臣们都紧张起来，以为他要鱼死网破，杀一个够本，杀两个有赚。其中有一侍中名叫王望，赶紧高呼："大司马造反了！"本就握紧刀的一众宦官立即上前，几刀就将本打算自杀的董忠戳了几个对穿。随后，王莽下令让士兵用斩马刀将董忠的尸体剁碎，盛在竹子编成的器皿里，让术士狠狠地诅咒南阳的反贼，而刘歆和王涉也被逼自杀。

王莽虽然躲过了一劫，但自己的心腹竟背叛自己，这让本来就食不甘味、夜不能寐的王莽更加忧心忡忡，进一步发展到三餐难以下咽的地步，每天只能靠渴了喝酒、饿了吃肉质鲜美的鳆鱼（鲍鱼）度日。

当然，如果非要抬杠，也可以理解为这时候年纪快七十的王莽在长期的焦虑、抑郁影响下得了食管癌，已经到了进行性吞咽困难，稍粗硬一点儿的食物都无法咽下的地步。即便没有内忧外患，死亡对他来说也是不久之后的事情。

但这些都不重要，因为此时更始皇帝刘玄所派的定国上公王匡已进军洛阳，西屏大将军申屠建、丞相司直李松兵扣武关；新朝的名将严尤和陈茂从昆阳前线败退下来之后则投奔了在汝南起兵的前任钟武侯刘望；而刘歆此前一直等待的"太白星"也出现了，且异常明亮，发出的光亮甚至可以和夜晚的圆月相比。

已经到此种绝境，按正常人的理解，似乎应该想尽一切办法放手一搏，哪怕是为了延续一时三刻的性命。然而，王莽这个心理和生理双重绝症患者，不仅拿不出一个可行的办法，还充分显示了他的固执、偏执与神经质。在一众大臣的意见中，王莽采纳了一个叫崔发的大臣的提议：向天求救。

一日后，王莽带着群臣和许多看热闹的百姓来到长安南郊。他首先回忆了自己当年受符命当皇帝的事情，向老天爷说了一番毫无营养的祷词。当然，他说了什么内容，我并不清楚，也不重要。况且王莽的用意也不在此，他历来善于鼓动众人的情绪，又长于自欺欺人，随即大声呼喊："皇天在上，既然授命于我王莽，为什么不诛杀众贼！如果我王莽有错，那不如现在就一雷劈死我吧！"然后伏地叩首，仰天痛哭，几近气绝。

皇帝如此悲伤，臣民们不能不有所表示吧？马上，许多识眼色的大臣和老百姓也跟着哽咽流泪，更有甚者滔滔大哭，捶胸顿足，最后引得那些没哭的也不好意思干站着，于是现场哀号之声响彻天际。

至此，王莽非常满意。而且，哭过一轮之后，他心头的郁闷和烦躁也减轻了不少。他起身站定，觉得胸中一股闷气荡然无存。王莽想，大概是自己和臣民感动了上苍，于是立即下令，但凡跟着皇帝流泪的，由朝廷赐予肉粥补身，哭得确实悲伤、情感表达及肢体语言到位又粗通文墨的，由朝廷登记为侍卫（郎官）。结果，这一下子朝廷就多了五千多个郎官。

这是何等的荒谬！而且，王莽显然也知道光凭几嗓子干号不可能挡得住绿林军的千军万马。于是，他又发北军精锐数万人去抵挡绿林军，并亲自选定史熊、郭钦、王况等九人做将军。为了增加他们的气势和威风，皆以"虎"冠之，号称"九虎"。这"九虎大将"身上显然寄托了王莽最后的希望，但对他们，王莽不说给予高官厚禄，以金钱刺激其战斗欲望，反倒把九人的妻子、儿女都接到宫中，当人质软禁起来，并且下令赏赐众将士每人铜钱四千。

这又是何等的吝啬！要知道当时国库至少还有黄金六十多匮（一万斤为一匮），其他珠宝、财物更是数都数不过来！在这生死关头，竟只给每人四千钱，这事从古至今怕也就王莽做得出来！但这也正符合王莽此人的特点：视粪土为金钱，凡事均优先考虑经济成本。说白了，王莽这种人就是典型的"让我做事，可以；问我要钱，免谈"的吝啬鬼。

本来与势头正盛的起义军作战就已经很难，现在这人手四千的铜钱更是砸碎了士兵们作战的最后一点儿斗志。如果可以的话，将士们最想做的大概就是把这四千铜钱塞到王莽的脑子里。这样的绝境、这样绝望的军队，当然是不可能获胜的。“九虎大将”每人率数千人马散布在华阴回溪一带，企图聚险而守，构建一道南抵黄河、北临崤山的防线。可如此分散的兵力何以对抗一众如狼似虎的起义军将士？

很快，自号辅汉左将军、右将军的析县人邓晔、于匡，率领数万义军集中兵力攻破了其中一虎的阵地。一虎溃败，义军通过防线的缺口绕后出击，导致其他八虎的防线相继崩塌。随后，九虎中的郭钦、陈翚、成重三人退守华阴北面的京师仓，史熊、王况逃回长安后自杀，其余四虎逃亡，不知所踪。

至此，新朝军队的精锐丧失殆尽。虽然王莽还想重新组织队伍以御敌于武关之外，可这时即便他愿意散尽千金，能组织起来的也唯有毫无战斗力的囚犯和平民而已。这样的队伍根本无法进行任何抵抗，出了长安，才到渭桥附近，这群乌合之众就无敌自解，一哄而散，更有甚者直接投降义军，掉转枪头对付王莽。

时年九月，大大小小各路义军将长安城重重包围，在城外的王莽祖先、妻子等人的坟墓首先遭殃，墓穴被挖开，财物被洗劫一空，棺椁被付之一炬。面对此种灭祖的遭遇，此时王莽连悲伤、痛苦的时间都没有了，因为他即将赴先祖及妻子的后尘而去。

困守长安的王莽已经无路可逃，他的压胜无法击退城外的义军，他的表演甚至不能让他获得精神上的胜利，更别提他绞尽脑汁才凑出的守卫长安城每个城门的数百名守兵。这区区一点儿兵力根本无法对任何一座城池进行有效防守，何况是眼前这座天下第一大城市。

十月戊申，长安城东门宣平门首先被攻破，义军蜂拥而入，对长安城进行了一番抢掠。这时依然对新朝死忠的王邑、王林、王巡等人跟救火队员似的带着仅存的士兵到处抵抗逐渐逼近皇宫的义军。可对于王莽的手下来说，对方的人数实在太多了，再怎么奋力也仅能延缓对手的前进速度。第二天，皇宫的外门被攻破，捉拿王莽之声传遍皇城，战乱的火光直逼承明殿，王莽的女儿、后来改称黄皇室主的孝平皇后不忍被俘受辱，哭着对身边人说：“事到如今，我有什么脸面去见汉家的列祖列宗！”然后决然地跳入火中。

王莽却没有女儿那样的勇气，恐慌、害怕、紧张、神经质等种种负面情绪已经充塞他的头脑。此刻他依然穿着整齐，端坐于宣室前殿，腰里挂着皇帝的玉玺，手中拿着一把匕首，守着他那堆积如山、数都数不过来的金银财宝，嘴里反反复复念叨的只有一句话："天命在我这里，汉兵能把我怎么样！"

但是，此时王莽的自欺显然不可能奏效，更别提欺人。他身边的大臣、侍卫、随从等，有人唉声叹气，有人战栗欲死，有人则偷偷换了衣服准备开溜。众人就这么苦熬了一夜，到第三天清晨，守卫皇宫的士兵们已经快退到宣室前殿，大臣们赶紧架着一天没吃东西也没睡觉、嘴里仍自顾自地嘟囔着"天生德予我"的王莽出了白虎门，往渐台退去。

渐台是汉武帝时所修，是一座高二十丈的高台，平日里是皇帝、妃子们游玩、观光的好去处，但众人此时上渐台绝不是好主意，因为渐台位于建章宫太液池中，上了渐台就意味着再无路可退。义军紧随而至，王莽只好让士兵们截断通往渐台的桥梁，企图靠湖水的阻隔再晚死一时三刻。

然而，区区太液池的池水哪里阻得了众人拿下王莽领重赏的欲望？到了池边，义军将士们纷纷毫不犹豫地寻船寻木，甚至跳入水中泅渡。王邑让士兵们从渐台上往下射箭，驱散渡水的义军，可王邑手下的士兵实在有限，又早已在连日的奋战中疲惫不堪，背上箭壶中所剩的箭也寥寥无几。几阵齐射过后，刚驱散第一拨企图渡河的义军，箭矢便告罄。

等到渐台上再没有箭射下来，刚刚上岸的义军又被蜂拥而上的同伙们挤着往前冲，很快就到了渐台底下。接下来便是短兵相接，眼看着胜利在前，荣华富贵在望，义军将士更是精神抖擞，不管台上人是否有抵抗的欲望和行动，统统将其视为自己夺取胜利果实的阻碍加以消灭。随着王邑父子、王巡、王参、王揖、王盛、唐尊、赵博等大臣纷纷战死，渐台一寸寸被攻占，退到台顶的王莽身边已无一兵一卒。他手上仅有一把匕首，据说此刃是虞帝使用过的神兵利器，却也不能让他以一敌万，逃出生天。最后，王莽被首先冲到渐台台顶的商县人杜吴一刀杀死，他的首级被一个叫公宾就的校尉割去，他的尸体则被后来拥上来的义军乱刃分割成了好几十段。

地皇四年（更始元年，公元23年）十月，乱军血洗了长安城，王莽和他的新朝一样，没能留下个囫囵的尸首。

第三十七章

胜利大逃亡

生存还是灭亡

王莽的首级被公宾就得到，他却不敢居功，第一时间把头颅送给了一个叫王宪的义军首领。王宪本是弘农郡的长官，看着新朝大势已去，他赶紧投靠了义军，做了一个管几百人队伍的小头目，混在数量多如过江之鲫的各路义军之中进了长安。

不管什么时代的大众，都有一个不可避免的缺点：盲从。新朝末年，绝大多数义军队伍的首领和士兵一样，既然你造反、他造反，那我也造反；既然大家都往长安去，那我也往长安去；大家都要杀王莽，那我也要杀王莽。

可杀完王莽之后呢？下一步怎么办？很多人都不知道。当王莽在渐台被分尸后，一夜之间大家似乎都失去了目标，不知道做什么好了。于是大家挤在长安城里乱作一团。也不知王宪是幸运还是倒霉，什么都没干就从公宾就手上得了王莽的头颅，又搜到了那枚缺了一角的玉玺，一下子牛气起来，自称汉大将军。这下正如没头苍蝇的大伙儿似乎一下子长出了脑袋，既然大将军在此，那就跟他混吧。很快，在长安的几十万人纷纷投到王宪的麾下。

王宪这下仿佛真的成了大将军。相比于那些完全不知道接下来干吗的人，他还是有个人理想的，他的理想就是过一把当皇帝的瘾。于是王宪让其他义军在长安城城里、城外驻扎，单独留他自己的军队在皇宫里，又穿上王莽的龙袍，腰里别着玉玺，一屁股坐上了龙椅。光这样还不行，王宪还把王莽后宫里的妃子都纳为己用。

王宪得了几十万手下，又占了王莽的后宫，可谓爽得不得了，但这种爽仅仅维持了两天。两天后，更始皇帝的手下申屠建进了长安城，一进城便发现已经有一个王宪占了未央宫。他气不打一处来，马上带兵入宫把王宪揪了出来，然后将这个“汉大将军”以“得了玉玺不上交，淫乱宫廷，以及私用天子的仪仗”为罪名给砍了，又把玉玺等物快马加鞭送到宛城。

申屠建虽然替刘玄夺得了玉玺，可杀王宪着实给他和更始政权造成了不小的麻烦。本来各路义军自发组织起来围攻长安，很多人虽然没有具体的想法，但不可否认，大家或多或少都是抱着有朝一日能借这个机会升官发财的愿望而来的。现在依王宪的下场看，发财似乎没指望了，升棺倒是极有可能。于是乎，大伙儿赶紧团结起来，谨守各自的地盘，把申屠建拒之门外。申屠建没有办法，只好去刘玄那里报告，让他赶紧把更始朝廷搬到长安来。

刘玄已经是皇帝了，当然看不起宛城，而想在一个更大的地方建都。可他一开始想建都的地方是洛阳，并没有看上长安，因为长安城的皇宫在战乱中已基本被焚毁、破坏，只有未央宫还大体完好。最后还是众臣力劝，他才勉强答应把都城定在长安。因此，虽然申屠建请求他赶紧到长安稳定局势，刘玄的动作却慢得可以。从宛城到洛阳，再从洛阳到长安，直到第二年（公元24年）的二月，刘玄才进长安城。

关中各地的义军们也是奇怪，听说长安城终于又有了皇帝，原来剑拔弩张的情况马上缓和下来，纷纷承认刘玄的统治地位，尽管刘玄看起来不太像个皇帝。据说，上朝时刘玄曾直截了当地问了下人一个他最关心的问题：“你们今天抢得多少东西？”

无论如何，进了长安的更始皇帝刘玄看样子是坐稳了天下之主的位子。虽然各地依旧纷争不断，赤眉军战力强大，铜马人数众多，属于刘玄的天下其实有限，可这并不能阻止他展现自己的权威。既然是皇帝，那就有必要大封功臣，比起有的人分封天下时一个侯爵还拿在手里摸过来捏过去、舍不得给人的吝啬，刘玄则显得大度无比，一口气就封了二十个王。其中，刘祉为定陶王，刘庆为燕王，刘歙为元氏王，刘嘉为汉中王，刘赐为宛王，刘信为汝阴王。这几个都是姓刘的，还有不姓刘的：王匡为泚阳王，王凤为宜城王，朱鲔为胶东王，王常为邓王，申屠建为平氏王，陈牧为阴平王，卫尉大将军张印为淮阳王，执金吾、大将军廖湛为穰王，尚书胡殷为随王，柱天大将军李通为西平王，五威中郎将李轶为舞阴王，水衡大将军成丹为襄邑王，骠骑大将军宗佻为颍阴王，尹尊为郾王。

不论地盘大小，能封王大家当然是非常满意的。此时只有刘玄的亲信朱鲔头脑还算清醒，他不但表示拒绝接受封赏，还告诫刘玄："你是继承了汉朝的基业，那就应当遵守'非刘不王'的规矩，要封也只能封同姓的宗室，这样你才能及早坐稳江山。"

现在他朱鲔就是要做表率拒绝受封，以示不敢乱了祖宗的规矩。朱鲔是刘玄的心腹，既然他不愿意接受王爵，刘玄就改封他为左大司马，其他人的封赏照旧。

从表面看，通过这件事我们可以得出两个显浅的结论：一、朱鲔真是刘玄的忠臣；二、刘玄完全没有体会到朱鲔的良苦用心。

然而，我们深究一下，刘玄是真的愿意如此大规模地封王吗？我认为答案是否定的。既然刘玄自认为是刘氏宗室，那么根据刘家人的秉性和习惯，别说眼下正天下大乱，就是日后天下太平了，刘玄恐怕也不可能有如此作为。

若如此，事情更有可能是这样的：刘玄根本控制不了当时的更始政权，而更始朝廷的政令恐怕也不是出自刘玄的意愿。因此，刘玄进了长安之后，便"委政"于右大司马赵萌，日夜宴饮于后宫，但凡有劝诫者，皆无好下场，哪怕是军师将军李淑，也被关进了诏狱。很快，朝中各实权派将领纷纷各自为政，互不搭理，在自己的一亩三分地上恣意妄为，更不把刘玄放在眼里，还远未到达辉煌巅峰的更始政权已经开始走向败落。

生存还是灭亡？这对刘玄来说是一个急需解决的问题。

然而，朝廷中的这一切跟刘秀没有一毛钱关系。虽然新朝灭亡后他被提拔为司隶校尉，又被赋予在长安修缮宫殿的职责，看起来像是晋升了，可跟绿林军中动不动就封王的其他将领一比，刘秀这个司隶校尉更像是众人瓜分完剩下的。这时刘秀大概也计较不了这么多，毕竟官职是刘玄封的，由不得刘秀。因此，唯一让刘秀担心的，只有他的性命。然而，只要生活在长安一天，他这条命就由不得他自己。可他又能怎么办呢？

刘秀没有办法，甚至不客气地说，在更始政权取代新朝的最初几个月里，刘秀实际上就是在等死，直到上天派刘赐救了他一命。

公平地说，刘玄当皇帝后也做了一些事情，尤其是派人招降了赤眉军。虽然赤眉在樊崇的带领下越战越强，可他们的目的比较简单，就是能吃饱饭，过安稳的日子。既然刘姓宗室占了长安，天下重归于汉，那大家便不用再打仗了，接受招安吧。

樊崇是个实在人，觉得既然更始皇帝要招安自己，那就没什么拒绝的理由，于是打算让赤眉的士兵们要么并入绿林，要么解甲归田，不必整日在外奔波，过刀口舔血的日子。

樊崇这么想，可他手下的人不这么想。现在樊崇手下的队伍不说战必胜攻必取，至少可以横行一方，干吗要随樊崇去长安投靠刘玄，做别人手下的手下？赤眉将领的想法也是有道理的：一旦解散队伍，就失去了说话的资本，且刘玄的底细他们都还没摸清楚，谁知道他心里到底打的是什么主意？

樊崇一听，觉得在理。樊崇这个人只是实在，一点儿都不傻。论能力，论实力，他可比长安城里面那群占了便宜的绿林军强不少，自然也不甘到头来任人鱼肉。于是他把队伍留在原地，自己带了二十多个将领来到长安接受更始皇帝的招降。

赤眉军就这样暂时解决了，但更始政权还有更重要的问题急需解决。

在地理位置上，长安比邻黄河，河北诸郡虽然名义上受更始政权节制，但刘玄要控制这些地方其实力有不逮。一旦另一股势力进入，这些地方很有可能脱离更始政权的控制。对于更始政权来说，比起赤眉军，眼下河北诸郡的归属和稳定关乎长安城里一众人是否能及时行乐，因此及早平定河北诸郡成了更始政权需要解决的最紧迫问题。

更始政权的那些实权派将军大多已然得了实惠，是不肯挪窝的，派谁去呢？刘玄知道，派去的这个人除了要有能力，还必须忠诚，否则只会给自己另树一个赤眉一样的强敌。

那派谁去好呢？虽然大家在内斗时表现得相当积极、果断，可一旦对外，却没有一人敢站出来承担重任，甚至连出谋划策也兴致索然。

在众人静默的时候，大司徒刘赐缓步出列。此人也是刘家宗室，在此之前及此后并未表现出什么特别突出或异于常人的地方。此刻此刻，他却站出来向刘玄保举了一人："陛下，纵观宗室之中，唯有刘秀能担此重任。"

对于刘赐的建议，刘玄是有所犹豫的，朱鲔等人更是表示强烈反对，毕竟刘縯的头七才过了几个月。刘秀虽然看起来并不准备为自己的哥哥报仇，可把刘秀放出去，谁知道会出现什么情况？

刘赐也不知是为什么，或许是出于对刘秀、刘縯兄弟的同情，或许是出于对刘玄的失望和不满，虽然众人反对，他依然坚持自己的观点："刘縯是刘縯，刘秀是刘秀。观刘秀这几个月的表现，并无对陛下的怨恨，何况眼下朝廷正是用人之际，哥哥犯的错不应祸及兄弟。且臣斗胆，敢问陛下，除刘秀外，宗室之中尚有何人可用？"

这句话正中刘玄的命门，相比刘縯、刘秀，刘姓宗室之中确实没有出乎其类的人物。朱鲔等人虽然是刘玄的心腹，忠诚不成问题，但他们一来不是宗室，二来能力也不足独当一面。

那就刘秀吧？

刘玄左右为难，毕竟他心里有鬼又有愧，既希望能扩张地盘，又担心刘秀失去控制。最后，刘玄选择了一个他自认为可行的办法：任命破虏将军刘秀"行大司马事"，让他镇慰河北诸郡，但只给了他很少的士兵。

更始元年（公元23年）十月，刘秀带着他寥寥无几的手下出发了。

此时刘秀处境之危险和在长安其实没多大区别，而且到了河北该怎么办，前路又在何方，都是未知之数。

踏上征途，是生存，还是灭亡？

刘秀依然迷茫。

刘秀的否极泰来

刘玄确实没安什么好心，以刘秀手下那寥寥可数的几个兵将，根本不可能以武力平定河北这么大一块地盘，因此刘秀一开始只好走怀柔路线。他打着自己"汉大司马"的旗号，一个县接一个县，一座城接一座城地去安抚百姓。每到一个地方，他都要会见当地的大小官员，考察他们的业绩，还把监狱里的犯人都放了出来，同时革除新朝的各种苛政，使其恢复到汉朝的样子。

老百姓的要求很低，只希望有一个好的领导，让地方上能安居乐业，一听说大司马刘秀来了，纷纷出门相迎。刘秀手下的士兵军纪很好，基本不骚扰百姓，而百姓们送来的钱粮也都被刘秀推辞掉，这下他更得民心了。

刘秀有一个来自新野的太学同学，名叫邓禹，是当时有名的神童，十三岁便进入太学学习。此人不愧“神童”的称号，年纪轻轻的他到了太学，竟在茫茫人海中一眼认定大自己七八岁的刘秀是真正能成大事的人，在长安整日鞍前马后地跟随刘秀。据说即便后来回了家，他仍多次产生举家搬到春陵依附刘秀的打算。

后来刘玄做了更始皇帝，地方豪杰更是三番五次地向更始朝廷举荐邓禹，推他出来做官。邓禹却压根儿看不上刘玄，更不愿意为更始朝廷效力。后来被逼得烦了，邓禹干脆一个人从家里跑出来，到长安找刘秀。

到了长安邓禹才知道刘秀已经跑去河北，他便只拿着一根棍子做拐杖，又毫不停歇地跟着刘秀的足迹北上，终于在邺城追上刘秀。

刘秀见了老同学，心情还不错，笑着问他：“我现在有任免官员的权力了，你这么大老远跑来，是不是想当官啊？”

邓禹摇着头：“非也。”

“哦？”刘秀接着问，“那你所为何来？”

邓禹正色回答：“我希望能助你威加海内，而我也能有尺寸之封，将来名留青史。”

刘秀听明白了，这是劝他造刘玄的反，自立门户！

在此之前，刘秀即便有当皇帝的想法，也只是在内心深处想一想而已，否则哥哥刘縯无端被杀时，刘秀就应趁天下大乱之际自己出来做一番事业，决计不可能留在更始朝廷任人宰割。这次刘秀从长安跑出来，对于之后怎么办，他并没有长远的打算，而邓禹现在要他自己打天下。没了哥哥刘縯，这天下刘秀自己能打吗？

能！

邓禹接着给刘秀分析：“更始皇帝虽然占了关中，但天下尚不安定，赤眉、铜马之类的队伍，人数动辄以万计，长安周边的三辅地区也远不算太平。况且更始皇帝此人能力不行，手下皆是贪权图利的庸人，只知道图一时之快活而已。你虽然有功劳，有能力，在这群人中却不免被排挤、打压。因此，为今之计莫过于招募四方英雄，救民于水火，做一番高祖当年的功绩出来。”

邓禹的一番话对于刘秀如醍醐灌顶。他现在虽受命镇慰河北，可以如此少的兵力，失败了可能身死，成功了难免再步哥哥的后尘，与其如此，倒不如自己干，至少还有第三条路可以选择。这条路虽然艰险，却也还有成功的可能。

于是，刘秀把邓禹留在身边，经常和他商量各种事情，将其视为自己的心腹密友。但对于这第三条路，刘秀仍持谨慎态度，不敢一下子就上道，而是一边继续走，一边思考独立创业的可行性。

然而，刘秀的运气确实不怎么样。等进了邯郸，城里有一个人求见刘秀。来人自称是景帝的第七代孙、赵缪王刘元的儿子刘林，他同样是来劝说刘秀自立为王的。据说当时南方有童谣这样传唱：“天下能不能太平？那要看赤眉军的意思；谁能得天下？得河北者得天下！”

刘林认为，既然刘秀现在镇慰河北，就有了得天下的先机，剩下的就是对付赤眉军。至于更始皇帝刘玄，则根本不足为虑。

那赤眉军好不好对付呢？在刘林看来，赤眉军好对付得很。眼下赤眉军的主力在地势较低的河东，而黄河从地势较高的列人县北边流过，只要从此处掘开河堤，大量的黄河水携势能涌出，定能将河东变成泽国，赤眉军哪怕有百万之众，也只能成为“游鱼”。

刘林这个计策可谓丧尽天良，刘秀哪里肯从！连带着刘林这个人，他也看不上，不愿再搭理，于是干脆带着手下离了邯郸，往真定方向跑去。

刘秀没想到，他这一跑给自己跑出了天大的麻烦，使得之后一段时间内自己被迫陷入仓皇逃窜、几无容身之地的窘境。

刘林见刘秀非但不采纳自己的建议，还跑路了，心里有气，心想：“你刘秀是景帝的七世孙，我刘林也是景帝的七世孙啊，平白给你称王称霸的机会，你竟然如此待我，不如我自己干！”可他转念又想，刘玄、刘秀毕竟起兵在前，占了先机，自己在身世背景上又不强于他们，如何才能在这场角逐中胜出？莫不如另找一个人出来充门面，自己在背后做主使？

于是，刘林找到他相熟的一个朋友，即在邯郸城里算卦的王郎，宣称王郎的真实身份是成帝的儿子刘子舆，因为受到迫害不得不改名换姓，流落民间。刘林毕竟是正宗的刘姓宗室，经他的口这么一说，王郎这个平日在邯郸城街头巷尾毫不起眼的小人物，身份似乎一下变得神秘且非同寻常。此外，王郎这个名字起得也好："王"者，王室也；"郎"者，成员也。邯郸的百姓们不得不将信将疑起来。

加之王郎作为职业算卦的，哪怕没有什么真本事，嘴上却能侃。他马上对自己的身世来历进行了一通编造，声称自己的母亲是汉成帝的宫女，服侍过成帝之后生下了他。

这时候明白人就会提问："既然如此，你如何能躲过成帝的皇后，也就是赵飞燕的残杀和迫害呢？"

王郎继续编，说："苍天庇佑，王者不死啊！"他说自己一生下来不知怎么回事，突然变得全身僵硬、冰冷，就跟死了一样。就在大家都以为婴儿已经夭折的时候，天上降下两道黄光照在他身上，半天之后，他又醒转过来。后来赵飞燕想杀他，是他的母亲找了一个婴儿与之掉包，然后把他送到宫外，才保得性命。

这段经历在当时人听来既有可能又含天意，使人从将信将疑变成信了七八分。

到这里，王郎还没打算收嘴，而是继续填充自己的履历：十三岁的时候，他跟随知道自己身份的郎中李曼卿到蜀郡，十七岁时到楚国丹阳，二十岁时回到长安，后因为王莽的迫害，辗转又到了中山，随后往来于燕、赵两地，以待天时。

这一通谎话言之凿凿，实在是让人想不信都很难，况且对于当时的百姓而言，成帝的儿子要比跟他们八竿子打不着的景帝七世孙更有号召力和吸引力。

更始元年（公元23年）十二月，刘林联合赵地的豪族李育和张参，三人共立王郎为帝。

听说汉成帝的儿子出现了，赵地的百姓向邯郸蜂拥而来。须臾之间，王郎便从一个默默无闻的小子变成了一个占据邯郸城，身居赵王宫，以刘林为丞相、李育为大司马、张参为大将军，手下多达十余万的真命天子刘子舆。

当了皇帝，王郎下的第一道手谕便是派兵拓展地盘，并以十万户买刘秀的首级，逼得刘秀不得不远走蓟县。

可到了蓟县，刘秀越发倒霉。他派一个叫王霸的人在蓟县招募兵勇，准备抵抗王郎，没想到非但一个人都招不到，还被蓟县百姓一番奚落。更糟糕的是，蓟县有一个叫刘接的宗室，刘秀的徒劳无功给他提了个醒。此公经过一番考虑，决定在蓟县起兵，投靠王郎，并宣称刘子舆的使者已经到了蓟县，又派人把蓟县的城门全部把守起来。一时间，蓟县城中人心惶惶，刘秀不知真假，认定刘接是要拿他的人头去换那十万户的封邑，赶紧带着手下人拼死打破蓟县南门逃去。

跑出蓟县，刘秀更是风餐露宿，甚至路过县城都不敢进入，生怕王郎的人正在里面等着他。就这样走到饶阳，刘秀终于坚持不住了，因为饿。毕竟自从出了蓟县，一路上为了不被王郎的人发现，大伙儿既不敢也没钱进城购买食物，更不敢打劫远离城镇的人家，基本上没吃过一顿饱饭。

没办法，最后被饿急眼的刘秀决定孤注一掷，诈称自己一行是邯郸来的使者，冒险进入饶阳城，直奔城中客店。

店家听说他们是王郎的手下，自是不敢怠慢，马上报告饶阳县衙，并立即安排刘秀等人吃饭、休息。大伙儿好多天没吃过饱饭了，这下终于可以敞开肚皮吃，恨不得将每一粒米饭和每一滴汤汁都塞到嘴里。等县衙的官吏们到了客店，看到满屋的狼藉，不免心生疑虑：天子的使者吃相这般狼狈，成何体统？莫不是有诈？

领头的官吏眼珠一转，计上心来，暗中吩咐手下拿几面鼓出门，找一个没人的地方使劲地捶。待鼓声骤起，刘秀派人询问时，官吏便告知他是邯郸来的将军到了。

“邯郸的将军！”刘秀的手下听了脸色煞白，吓得差点儿跳起来，刘秀更是以上厕所为借口偷偷跑出客店，准备开溜。

但刘秀到底多长了个心眼儿，仔细一听发现，既然是王郎的军队到了，那为何只有鼓声而没有士兵和马匹的嘈杂声？他转念一想：其中是否有诈？况且如果王郎的军队真到了饶阳，自己慌慌张张地离去，肯定会被别人怀疑，如真有军队追赶，届时自己手下这么丁点儿人如何逃得脱？倒不如赌上一把，或许能骗过对方。

想罢，刘秀收拾心情，深呼吸一口，面色如常地走回店中，慢条斯理地喝了一口酒，又扯了一块肉塞到嘴里嚼着，然后才跟县衙的官吏说："劳烦尊驾请邯郸的将军进来一起喝一口吧。"

官吏看刘秀神情自若，虽然仍有疑虑，但也没法儿求证，只好支支吾吾地推托说将军没空前来。刘秀察言观色，知道他在说谎，根本没有邯郸来的将军。不过刘秀也没跟他较真，吃饱喝足后让手下将干粮打包，才从容地出门，"依邯郸天子口谕"继续上路。

刘秀有惊无险地出了饶阳，心头提着的一口气方才敢呼出来，再也没胆进任何一座城。可他们在饶阳露了行踪，之后不免一路被王郎的兵尾随追击，只好昼夜兼程地赶路。时值严冬，寒风如刀，冰霜扑面，刘秀一行人顶风冒雪地前行，以致手生冻疮、脸面破裂也不敢停歇。好不容易到了曲阳，大家实在是扛不住了，刘秀才让众人休息。可大家还没喘口气，就听说王郎的兵又赶上来了，刘秀只好带着手下继续跑路。

曲阳前方有一条大河，名曰滹沱河。如非史书谣传，此河像极《西游记》中的通天河。当刘秀一行来到河边，正苦于无船、踌躇不得渡河时，原本波涛汹涌的河面一夜之间竟然结冰，而且"冰坚可度"，且待刘秀一行人过河之后，冰面立即消融、塌陷，将追兵阻挡于河对岸。

当然，此等魔幻小说的情节，大家看了自然是不信的。要我说，更有可能是河面结冰，刘秀等人不知冰层厚薄，但追兵日近，只好做了大不了掉入龙宫的打算，冒死渡河。结果刘秀的运气非常好，冰面的结实程度堪堪能支撑他们这少数人马，等后面的人上冰面，冰层已不堪重负，碎裂瓦解。

简单地说，就是刘秀命好。

想来也是，史书上哪个成大功者不是运气爆棚的命好之辈？倘若刘秀命歹，在此不幸落入河中，在史书上大概最多能和哥哥刘缜或者其他人"合为一传"，而无《光武帝纪》一文了。

过了滹沱河，刘秀一行人又遇上了暴风雨，冬季的大雨夹杂着凛冽的寒风，冰冷透骨。为了不成为路上的冻死骨，刘秀与众人只好在路边找了一间破败不堪的空房子暂住。

四壁漏风的破房子显然不能遮挡沿着门墙缝隙到处灌进来的冷风，但比起天气的恶劣，更让人无法忍受的是内心的凄凉。还好，这时候刘秀身旁依然有对他至死不弃的追随者：主簿冯异不知从哪处墙根寻来一捆干柴，邓禹把火点起来给刘秀取暖。刘秀蜷缩在火堆旁，盯着火旁不断滴水的湿衣服，捧着冯异不知从哪里弄来的一碗麦饭难以下咽。他这样并非只因自己处境凄惨，更为身旁这些不为高官厚禄，为帮助自己成就大业的手下、兄弟和朋友感到不值。

自己的出路在哪里？

也许刘秀很多时候都是茫然无措的，毕竟一开始他只是在追随自己的哥哥刘縯起义。刘縯被杀后，他则致力于如何保住自己的性命。出了长安，虽然邓禹等人劝他自己出来单干，可他整天基本处在四处奔逃的窘境，哪里想过明天？这一夜，刘秀注定无眠。

第二天风雨停歇，浑浑噩噩的刘秀与众人继续赶路，来到下博城附近。这是一个岔路口，于是手下来问：接下来该往哪里去？

刘秀半天没说话，他自己也正要问这个问题：王郎的追兵在后，自己究竟要往哪里去？幸而，此时不知从哪里来了一个身着白衣的老汉，给刘秀指了一条明路："小伙子，努力啊，前面就是信都郡，信都是长安的门户，离此地只有八十里了！"

刘秀听了老汉的话，赶紧上马，疾驰赶赴信都。这时候整个河北大半已经落入化名"刘子舆"的王郎手中，仅有信都、和戎两城尚不肯依附。刘秀进了信都城后，一直担心孤城难守的信都太守任光欣喜若狂，马上表示愿唯大司马马首是瞻。和戎太守邳彤这时听闻刘秀到了信都，也立即赶到信都，同样表示和戎的所有将士愿意为刘秀的马前卒。

几乎是光杆司令的刘秀没想到自己一下子就有了两郡的士兵。那么，下一步该何去何从呢？

刘秀依然拿不定主意，主要是因为即便他有两郡士兵，和王郎的几十万大军比起来，依然是螳臂当车。刘秀一再询问手下，最后他的想法是收拢两郡士兵，然后缓步向长安撤退，等回到长安扩充兵源和粮草之后再徐图良策。

乍一看这是个稳妥的办法，但和戎太守邳彤表示坚决反对。他告诉刘秀："现在天下百姓的心是向着汉朝、向着刘氏的，这就是为什么更始皇帝振臂一呼，天下人会纷纷响应。而王郎不过是一个算卦的，靠着个假名沾了刘氏的光，占了燕、赵广大的地盘。假的终究是假的，只要大司马你举出汉朝的旗号，带领我们奋力一击，何愁王郎不破！如果现在回长安，不说失了占领河北诸郡的先机，堕了你大司马的威名，就说信都的士兵们，他们愿意抛妻弃子、舍家撇业，跟你去那长安吗？恐怕你离长安近一分，逃亡的士兵就会多一分。”

邳彤的一席话是最切合实际的一席话，也是真正让刘秀拨云见日的一席话。刘秀马上让手下停止一切收拾细软的行动，转而开始他的绝地反击。

刘秀或许没有意识到，正因为听了邳彤的一席话，从此刻开始，他的人生否极泰来，开始走向巅峰。

虽然日后刘秀的手下邓禹、冯异、吴汉、马援等人对整个东汉王朝的贡献更大，但在这个历史节点上，任光和邳彤无疑是上天派给刘秀的救星。

虽然刘秀在邳彤的劝说下打消了回长安的念头，可他因为手头兵力不足，又想投靠附近实力较强的以“城头子路”、力子都为首的两股义军。这时任光力排众议，劝刘秀道：“既然决定单干，何苦另投他处，受制于人？”不仅如此，任光还亲自从信都郡招募四千精兵充实队伍，又狐假虎威，到处发檄文，声称“大司马刘秀，将携城头子路、力子都的百万大军横扫一切叛逆者”。

任光的这个声势造得非常有效，刘秀一扫之前“谁都打不过”的颓势，破堂阳、贯县，降下曲阳（下曲阳为地名），力量迅速壮大，很快就发展到数万之众。

有了几万人，刘秀并没能松一口气，因为他在河北的最大对手仍然是那个实力数倍乃至十数倍于他的王郎。为了对付王郎，刘秀听从下面人的意见，决定与一个叫刘杨的人联手。

真定王刘杨是景帝的八世孙，此人眼下手中有十几万士兵，是依附王郎的一支强大力量。这时候刘秀手下虽然有几万人，但危机并未解除，只要他还在河北一天，王郎就欲将他除之而后快。刘秀如果不想继续逃命或者被干掉，就要战胜王郎，可他自己掂量了一下自己，知道这事短时间内大概是不太可能的。

“明公，”这时邓禹说，“要战胜王郎亦非不可能。”

“那计将安出？”

邓禹告诉刘秀，靠他们自己想在短时间内战胜王郎当然不可能，但如果争取到刘杨，两方联合起来就能将不可能化为可能。

可刘杨是那么容易争取的吗？

按邓禹所说，这并不难。虽然刘杨号称依附王郎，但他的立场似乎并不太坚定。或许是对王郎“刘子舆”的身份有怀疑，因此对于倾向王郎还是更始皇帝，刘杨的内心是摇摆的。只要他们能晓以利害，再揭穿王郎所谓“刘子舆”的画皮，就能把刘杨拉到自己这边。

于是，刘秀接受邓禹的建议，派出心腹刘植去和刘杨接触。刘杨这人虽然在真定是割据一方的土皇帝，可他并不是一个有雄心、想自己做一番大事的人物。他的心思大概就是依附一个能成大事的主子，继续做个王爷，成功后能安安分分地守住自己的一亩三分地。这也是为什么他会依附至少在河北实力算最强的王郎。正因为如此，刘秀比较容易在王郎这堵墙上挖刘杨这块墙脚——虽然眼下刘秀手下的军队数量不如王郎的，但只要他能在政治、才能、人品等方面表现出强于王郎的实力，刘杨就有可能倒戈。

要比较综合实力，刘秀当然有优势。首先，他是正儿八经的刘姓宗室，这在当时是世所公认的；其次，刘秀的“汉官威仪”是大家一致称道的，而刘秀的仁义道德则更为河北百姓向往。这样的人，只要在军事上给他加点儿筹码，岂止区区一个王郎，就是取天下，又有何不可？刘杨没勇气自己单干，但他的心思很活络，想得也很清楚。因此，刘植一到真定表明来意，不用他多费唇舌，在王郎和刘秀之间舍谁取谁，刘杨便有了打算。

虽然刘杨原则上同意联合刘秀，可他多长了个心眼儿。为了防备刘秀将来过河拆桥，刘杨提出需要与刘秀联姻，以确保联合的稳定性。然而，问题来了，真定王刘杨也是刘姓宗室，他的女儿或侄女也都姓刘，尽管两家在血缘关系上早已疏远，可两家姓刘的联姻，哪怕别人当面不说，背地里指不定如何看待他们呢！

没事，刘杨早有准备。他有一个外甥女，姓郭，名圣通，长得也不赖，关键是她虽然生在诸侯王家，但好礼节俭，有“母仪之德”。刘杨准备以此女为筹码，作为其与刘秀联合的稳定剂。

此等好事，如若换作其他人，恐怕早就乐得嘴角咧到后槽牙了，可对刘秀来说则是种煎熬。原因在于当年他给自己定的那个小目标：“仕宦当作执金吾，娶妻当得阴丽华。”这个在他立誓之初似遥不可及的目标，此时却已经实现。他现在是大司马，身份地位远比执金吾高出几个等级。非但如此，半年前刘秀亦已在宛城迎娶阴丽华。虽然婚后刘秀自己到了洛阳，让阴丽华回新野娘家做留守妇女，可这并不代表刘秀不爱阴丽华，反倒更可能是出于对其生命安全的考虑。刘秀娶了自己心中的女神，恩爱都还没来得及享受，哪能另纳新欢？虽然那个年代有身份者三妻四妾很正常，可想到日夜在新野巴望自己的小娇妻，新婚才半年不到的刘秀哪好意思？再说了，他即便过得了心理关再娶，那郭姑娘和阴丽华的身份如何排次？又退一步说，虽然刘杨表现得盛意拳拳，可谁知道他葫芦里卖的是什么药？一旦自己到他的地盘上迎亲，他会不会骤然发难，把自己绑了交给王郎？

刘秀这边还犹豫着，手下人却已经迫不及待，纷纷进言，希望刘秀以大局为重，舍小家为大家。况且他们既然决定留在河北，就不得不面对王郎，若今天拒绝刘杨，明天他就可能跟王郎一起来攻打他们，到时候哪里还有活路？

也对，富贵险中求，这样总强过日后被王郎所擒，或者被刘玄找个借口杀了。至于阴丽华，刘秀只能希望她能理解自己的难处，日后自己如能得登大宝，必会取得双全法，不负如来不负卿。

刘秀这时候也豁出去了，决定冒着羊入虎口的风险亲自到刘杨的地盘把亲事定下来。

等刘秀带着几个亲随到了真定，刘杨见他相貌堂堂、谈吐不凡，更是一见如故，两家马上结了亲，刘秀于是又在真定住了几日。内有新人陪伴，外有十数万大军护卫，这几日恐怕是刘秀一年多来过得最安稳的日子。

数日后，郭圣通跟随刘秀回到了军中。有了刘杨的支持，刘秀在河北地界如鱼得水，之前他向北攻取中山卢奴，现在又向南扩张到原来赵国的边界。随后，刘秀集中兵力，准备朝王郎的老巢邯郸进发。

王郎到底只是个算卦的，能力、学识有限，虽占了“刘子舆”的名头一时暴得数十万之众，占据赵国以北、辽东以西的广大地盘，但并不足以成事，也就能跟刘秀打打不对称战争。等到双方的实力相近，王郎根本不是刘秀的对手。

更始二年（公元24年）二月，王郎的军队在柏人（地名）取得了与刘秀交战的最后一场胜利——他的大将李育趁刘秀的先锋朱浮、邓禹不备，袭破汉军，并缴获其先锋队伍的辎重。

当时刘秀率大军在后，听闻先锋受挫，哪里肯罢休，只带少量亲兵赶到前线收拢败退下来的先锋队伍，要与李育再战一场。

刘秀没料到李育的动作慢得可以，当他收拢败兵杀个回马枪时，李育的队伍正押着数个时辰前刚缴获来的辎重在柏人城外晃荡。

大概是胜利让李育信心满满，认为汉军也不过如此，刚才自己只是偷袭便一下就把汉军打散，实在不过瘾，想必汉军也不服，不如摆开阵势，堂堂正正地再赢一场，证明河北乃是王郎的天下。于是，面对远远从身后冲过来的汉军，李育干脆让队伍停止入城，全体立正，向后转，在城外摆开阵势，准备和汉军再打一场。

事实证明，刘秀的军事能力确实是当时首屈一指的，比之李育要高出甚多。汉军的战斗力也远强于王郎的队伍，如非偷袭，想胜过汉军基本不可能。对阵双方几乎相同，可两番交战，结果完全相反。汉军在刘秀的指挥下几个冲锋便冲散了对方的阵型，不仅大破李育所部，把刚刚丢的辎重都抢了回来，还另外多挣了不少。丢盔弃甲的李育好不容易才躲进柏人城，把城门一关，再也不敢出来。

接下来刘秀要攻打柏人城。这时手下人跟刘秀说，柏人只是一座小城，李育困守此城不过是困兽罢了，不足为虑，莫不如乘胜追击，先克巨鹿，再取邯郸，则河北可定。

刘秀深以为然，于是大军开拔，顺利拿下了巨鹿外围的广阿。

占领了广阿，巨鹿就在眼前，只要再拿下巨鹿，邯郸便门户大开。刘秀正要一鼓作气包围巨鹿之时，手下突然来报："城外有一票人马自北而来，不知所属，怕是王郎的援军到了。"

一听这话，刘秀吓了一跳，手下众人认定是王郎的援兵到了，皆面有惧色。刘秀于是亲自点好兵马到西城楼上观望，如果来者是王郎的人马，就准备先厮杀一阵。

到了城楼上，看着城外这一票精锐骑兵，刘秀心里也发虚，但人倒架子不能倒，尽管紧张，刘秀还是依礼先报了自己的字号。没想到是虚惊一场，城外骑兵一听城楼上之人便是汉大司马刘秀，马上呼啦啦跪倒一片：

原来城外的人马竟是前来投奔刘秀的渔阳、上谷两郡突骑[1]的先锋，而这支骑兵队伍的首领就是前不久在蓟县跟刘秀失散的耿弇。

耿弇的父亲是上谷太守耿况。地皇四年（更始元年，公元23年）王莽死，而后更始立，耿况因为自己是新朝的旧臣，常怀不安之心，遂决定派出使团，让当时年仅二十一岁的耿弇带领，以进贡的名义去长安见见更始皇帝刘玄。

没想到耿弇出发不久，王郎便在一夜之间骤起，霎时河北众人慑服。于是陪耿弇一同去长安的其他官员害怕了，一起劝耿弇："别去什么长安了，邯郸不就有成帝的儿子、现成的汉朝天子吗？我们的身家全在河北，不如跟了刘子舆。再说了，所谓的更始皇帝，谁又知道到底是什么来路呢？"

可出乎众人预料的是，耿弇年纪虽轻，勇气和见识却是不凡的。他当场驳斥道："什么刘子舆，不过是一介流寇罢了，等我到了长安，把上谷、渔阳的情况告知长安的天子，然后天子发兵出太原、代郡，我再回去让父亲出动渔阳、上谷的突骑，几十天就能如摧枯拉朽般踏平邯郸。你们一遇到点儿困难和突变就作鸟兽散，这是典型的投降主义！如果你们不听我的，坚持要去邯郸，日后必将有灭族的大祸。"

虽然耿弇一脸正气凛然，可在别人眼里他则被当作黄口小儿，他的话谁人会信服？于是，其他人便真做鸟兽散，连夜投奔邯郸去了。

这下子耿弇虽然对王郎不屑，可也没办法去长安了。进退不得之际，恰好听说刘秀当时在卢奴，于是他不做他想，直投刘秀帐下做了一名小吏。

虽然一开始他并不受刘秀重视，且当时刘秀为王郎所迫，不得不东奔西走，到处流窜，如此窘境也无法重用耿弇，可只要是金子，哪怕暂时蒙尘，也总是要发光的。

等到了蓟县，刘秀召集起部下所有人，想就将来的路线问题进行讨论。其实也不用讨论什么，邯郸在西南，蓟县在东北，西边是不可能去了，那都是王郎的地盘，而从蓟县再往东就到海里了，那么只有两个选择：要么向南突围，寻路回长安；要么继续向北。

走南边是包括刘秀在内绝大多数人的选择，只有耿弇建议往北走。

1.用于冲锋陷阵的精锐骑兵。

耿弇毕竟年轻，刘秀对他多少持一点儿保留态度，更何况刘秀帐下的其他人。再说了，耿弇一个黄口小儿怎知晓天下大事？往北？怎么可能！大伙儿的事业、根基、家庭都在南边，北边有什么？往北最多跑到边境的渔阳、上谷，出了那里再往北就是茫茫草原，什么都没有！要死也得死在往南回家的路上，至少魂归故里，总强过跑到北边，死了也是孤魂野鬼！

这时，耿弇力排众议，他告诉刘秀："现在王郎的兵正从西南杀来，往南走只有死路一条。况且，即便九死一生回到长安，您的处境又跟现在有什么区别？不如向北到渔阳、上谷，渔阳太守彭宠是您的老乡，上谷太守耿况是我的父亲，两郡有骑兵万人，只要您以此为根基，何愁邯郸不破！"

尽管耿弇的一席话令人振奋，现实却让人沮丧。这边刘秀还没拿定主意，那边蓟县城里刘接已经决定起兵响应王郎，并派人把守住了四周进出的城门。这下刘秀傻眼了，以为刘接准备拿他去见王郎，哪里还顾得上什么南下、北上，慌里慌张地带着人打破南门而去，结果造成城中一片混乱，耿弇在混乱中和刘秀等人失散。

当时城中已经乱得分不清谁是谁，耿弇用胯下的马贿赂城门亭长才得以趁乱跑出蓟县。等他在城外喘过气来，已经找不到刘秀的去向。没办法，他只好自己一个人撒开腿往上谷郡跑。

虽然和刘秀走散了，可耿弇的心依然牢牢绑在刘秀身上。回到上谷，他一个劲儿地鼓动父亲耿况联合渔阳太守彭宠，出兵接应刘秀。对于儿子的要求，起初耿况是拒绝的。虽然他看不上王郎，但王郎现在占据大半个河北，而且听说他派来上谷招安的使者很快就要到城里了。如果他不从，以王郎势力之大，恐怕单凭他一个小小的上谷郡难以抗拒。

耿况拿不定主意，只好询问手下人的意见。这时，耿况的心腹寇恂给他分析了眼下的局势："现在上谷还完好无损地在我们手里，单单精锐骑兵就有一万人，我们完全有能力把握自己的命运。卑职不才，愿意亲自到东边联合渔阳太守彭宠，只要两家联手，王郎不足为惧。"

既然寇恂也是一样的看法，耿况最后一狠心，决定就依耿弇的，谁叫他是自己的儿子！

计议已定，耿况立即派寇恂到渔阳太守彭宠那儿跟他商讨投奔刘秀的事情。当时彭宠也正为这事烦恼，他的手下多愿依附王郎，只有吴汉的心思与耿弇相同，唯独对刘秀心悦诚服。最终，在耿弇和吴汉的坚持下，耿况和彭宠共发渔阳、上谷的精锐骑兵四千，步兵两千，总共六千人，由耿弇和吴汉带领，去寻找刘秀。

别看只有六千人，但其中的四千突骑无愧为天下精锐。吴汉带着他们从北一路杀来，竟斩杀王郎手下大小将领四百余人，连带士兵共斩首三万，平定涿郡、中山、巨鹿、清河、河间等郡二十二个县，先锋直抵广阿附近。

当耿弇和刘秀终于在广阿会合，刘秀非常高兴，马上任命耿况、彭宠为大将军，其余众人皆有封赏。随后，刘秀又得了刘玄所派尚书令谢躬的增援。这下不仅士气大振，刘秀更是信心爆棚，于是马上兵围巨鹿，想一举拿下它，然后直逼邯郸。

然而，刘秀所得的精骑虽是破阵冲杀的利器，在攻城中却作用不大，队伍在城前一连月余未能前进一步。这时，刘秀手下一个叫耿纯的人建议道："如此迁延日久，必然会影响军队士气，不如放弃巨鹿，转而进攻邯郸。只要拿下邯郸，巨鹿不就唾手可得吗？"

刘秀一听，觉得在理，于是留下邓满继续牵制巨鹿，自己率大军直奔邯郸。事实证明，刘秀的选择是正确的。王郎手下本就没什么像样的将才，稍微能打一点儿的李育等少数几个将领又已被他派了出去，现在邯郸城里虽然兵多，但将乏。谁都知道"兵熊熊一个，将熊熊一窝"，一个窝囊的将领，手下即便有千军，也难以取得胜利。四月，刘秀进军邯郸，很快便接连击败邯郸周围的王郎军队。仅一个月的时间，邯郸这座从战国时期开始就出名的坚城便在王郎的拙劣指挥下危如累卵。

五月，虽城仍未被破，但王郎本就没什么坚守的决心，一看刘秀都打到家门口了，便决定开城投降。一切发生得太过突然，突然得甚至连王郎自己都难以置信，毕竟四五个月之前，在旁人眼里王郎于河北似乎是不可撼动的强大力量。

王郎要投降，可他不敢亲赴前线，手下心腹也罕有敢于出面的人物，最后只好让官职不高的谏大夫杜威做代表去见刘秀。按常人的理解，王郎本来就是穷途末路才投降的，只要能活命就算阿弥陀佛了。历史上甚至有不少将领愿意以自己的性命换全城军民的安全。总的来说，就是受降方说什么，投降方只能应承什么。可王郎剑走偏锋，上来就让杜威帮他提条件：

“大司马，刘子舆确为成帝遗孤，与大司马同为宗室，还望大司马看在先帝的面子上……”

“非也。”刘秀现在胜利在望，压根儿不把王郎放在眼里。况且几个月前他被王郎追着满河北逃窜的时候，王郎怎么不说他们同为宗室？刘秀义正词严地打断杜威：“当今之世，就是成帝复生，也不能再得天下，何况是个冒牌的儿子！”

“那还请得个万户侯……”杜威还想退而求其次。

“够了！留他一条命已经算是恩典，勿复言！”刘秀懒得继续跟杜威掰扯，挥手打断杜威的话，转身背手离去，“送客！”

杜威灰溜溜地回到邯郸，把刘秀的话跟王郎一说，原本已经打算投降的王郎又犹豫了。虽然他过了半辈子普通百姓的生活，但现在要他重新过回以往的日子是他不能接受的。对普通人来说，生活水平从下往上走，无比爽快；从上往下走，比死还难——人性大多如此。而王郎过了半年呼风唤雨于一方的爽快日子，再让他拿着以往那套吃饭的家伙在邯郸城走千家过百户地给人算卦，已然是不可能的。

那不如硬拼，赢了继续吃香喝辣，输了大不了一死。王郎最后下定了死拼的决心，下令全城坚守。

可打仗不是一般的事情，光有决心是远远不够的。最重要的是要有军事能力，还要上下一心，这两样东西王郎都欠缺，而刘秀则恰好都具备。于是，在汉军一轮轮的猛攻之下，王郎死守的决心只维持了二十多天。五月甲辰日夜晚，王郎的少傅李立反水，私自打开邯郸城门，汉兵见状一拥而入，占领了邯郸城。

这时王郎大概已经入睡，好在他这些天神经一直是紧绷的，没睡过一个安稳觉，一有什么风吹草动，他就能下意识地从床上弹起来。汉兵刚入城，他就第一时间做出了逃跑的打算，但他的运气显然不好，在夜色掩护下，他刚跑到城外便被刘秀的部下王霸追上并杀死。

第二天，在邯郸城赵王府的庭院内，刘秀手下众将齐集。刘秀命人将一个个箱子扛到众人面前，问道：“众位知道箱子里是什么吗？”

“大概是王郎私藏的金银珠宝吧。”大伙儿即便嘴上不说，心里也是这么想的，“大司马想必是要奖励大家。”

刘秀不说话，只是让人把箱子打开，将里面的东西全倒在地上，竟都是竹简帛书之类，堆得跟小山一样高，目测至少有数千之多。刘秀随手拿起一件，又问众人："知道这是什么吗？"

这时人群中不少眼尖的恐怕冷汗已经从背后渗了出来，个别受伤体弱的，甚至得靠着旁人才能保持站立姿态：这是过去几个月他们和王郎私下来往的信件！这哪是奖赏，分明是罪证和催命符！

谁都以为刘秀要秋后算账，各自已经做好或冷笑看戏、幸灾乐祸，或痛哭求饶，或以死赎罪的打算，可刘秀的下一个动作让所有人万万没想到：他把手中的书简往书简堆里一丢，命人浇上火油，然后从手下那里接过一个火把。

"之前王郎势大，我尚且朝不保夕，何况众位将军！从今日起，希望各位能团结一心，至于过去的事，"刘秀将火把往浇了火油的书简堆中一扔，火焰"噌"的一下蹿起老高，"就让它过去吧，也让这些以往有其他想法的人能睡个好觉！"

刘秀这手笼络人心的计谋玩得实在是精彩。在那个动乱年代，人人自危，投靠有可能获胜的一方为自己多准备一条活路是无可厚非的事情。一个聪明的领导者要凝聚人心，必须让人心悦诚服，而非靠恫吓、威胁、抓把柄强行留人。刘秀战胜王郎，显示了其巨大的潜力和实力；他还懂得体恤人心，其将手下通敌证据付之一炬的这一把火，更是将那些内心原本并不看好他的人的怀疑和贰心烧成了灰。

远在长安的刘玄派刘秀出来本是准备让他来送死的，从未想过刘秀居然能摆平河北，甚至有了根基。这下刘玄就尴尬了，下一步怎么办？

刘玄和手下心腹们一合计，很快有了应对方案。他让人快马加鞭把一道诏令送至河北，这道诏令的内容由三个重要部分组成：一是封刘秀为萧王；二是命令刘秀马上回长安；三是将刘秀手上的人马全部遣散，同时派遣苗曾为幽州牧、韦顺为上谷太守、蔡充为渔阳太守，把刘秀在河北占据的几个重要地方全都掌控起来。

刘秀拿着这一纸诏书既不立即执行，也不表示拒绝执行，而是独处于王宫之中，大白天蜷缩在温明殿的床上一动不动。显然，他心里在做激烈的思想斗争。

但你如果认为刘秀是在考虑该不该应诏，那想法未免太过肤浅。从刘缤被杀的那一天起，刘秀便将对刘玄的仇恨隐藏在心中，从未有一刻消减过。诚然，能放下仇恨让人敬佩，以德报怨也确实伟大，但问题是刘玄还远没优秀到能让刘秀忘记仇恨甚至自身生死的程度。

既然无法放下仇恨，那双方一决雌雄终将不可避免。因此，刘秀是不可能再回长安的，尤其他现在已经有了自己的地盘和武装力量。让他犹豫的原因只有一个：他无法确定手下众人是否愿意追随他争夺天下。

但这个问题他不能逮住一个人就问“愿意跟我打天下吗”，更不能像“跟我的站左边，跟刘玄的站右边”一般叫所有人来投票站队，那样会落人口实。

该怎么办呢？刘秀想不出来，也不敢找人商量，只好躲在被窝里硬憋。

直到最后刘秀也没憋出来什么主意。不过，好在其部下倒是挺能领会领导的意思，他们商量一番之后，推举刚刚立了大功的耿弇做代表，去跟刘秀表明自己的心思。

耿弇毕竟年轻气盛，不像其他老成持重的同僚般做事有诸多顾虑。他得了众人的意见，想了想对策就迈步进了温明殿。此时刘秀依然高卧不起，只有气无力地问了一句：“所为何来啊？”

耿弇说：“最近连番大战，士卒死伤众多，特来向大王申请回上谷一带招兵。”

刘秀依然不咸不淡地说道：“现在王郎已经被我们消灭了，河北诸郡也在掌控之中，还要那么多士兵干什么？”

耿弇微微向前一步，拱手跪下，言辞却激烈了几分：“王郎是被消灭了，可这争霸天下的序幕才刚刚拉开！现在使者从长安来，要大王罢兵，这是万万不可的！天下现在还有赤眉、铜马的百万之众，而长安的刘圣公（刘玄）并非他们的对手，长安迟早将落入他人之手……”

刘秀听闻此言，翻身坐起，打断耿弇的话：“你这话大逆不道，看我砍了你的脑袋！”

耿弇毫不畏惧：“大王待我恩厚，如同父子一般，所以我才把心里话说出来。”说罢，耿弇头往上一扬，把脖子抻长露出来，做出一副视死如归的样子。

要砍头虽然大概率只是刘秀随口一说，耿弇的回答却显得颇为高明，把有可能被无限扩大的矛盾一下子局限在父子之间非常小的范围内。可此时（公元24年）刘秀不过才三十岁，而耿弇则已有二十一二岁，天底下哪有这般年纪的父子？这下刘秀被逗乐了，自己忍不住先笑了出来："我刚才就是吓唬你罢了。刚才那事怎么说？"

耿弇早有打算，他毫不迟疑地回答："现在百姓都是想念刘氏的，于是汉兵一起，天下人都欢欣鼓舞，所以王莽很快就败亡了。可现在刘玄做了天子，手下的实权派却在地方上各自为政，致使国家分崩离析，朝廷的大权落入权贵手里，导致现在的朝廷比王莽的还不如。因此，刘玄的失败也是可以预见的。大王，你的仁义世人皆知，你的能力有目共睹，只要你肯出头，天下唾手可得。江山社稷是天底下最重要的东西，大王千万不可推辞，让它落入他人之手。"

好吧，既然手下人的意思已明了，刘秀再没有别的顾虑。等下一次刘玄的使者来催他动身回长安的时候，刘秀不再沉默，直截了当地给刘玄回了一封信，大有当年垓下之战前韩信给刘邦写信的口气："虽然王郎被消灭了，但河北还远算不上太平，暗地里想打这地方主意的大有人在，因此我必须在这里守着，暂时还不能离开。"

刘玄当初让刘秀到河北，摆明了没安什么好心，可他没想到刘秀不仅绝境逢生，还越做越大。现在接到刘秀这样一封意图赤裸裸的信，刘玄大呼失策，但现在刘秀远在天边，手上要人有人，要枪有枪，自己还能拿他怎么办？即便不愿意，刘玄也不得不承认，从此刻起刘秀真如虎归山林、龙入大海，自己再难节制他。

而且，此刻刘玄已经顾不上刘秀了，只要刘秀暂时不动，他要在河北就在河北吧。眼下有一件火烧眉毛的事情让刘玄着急——赤眉的大军已然逼近关中。

第三十八章

反攻

最强的对手——赤眉

赤眉在樊崇的带领下本来已经投降，但刘玄这人在更始朝廷中大概就是个摆设，没什么实权，也没什么称王图霸的手段，对樊崇及其手下更是抠门过了头。虽然他将樊崇及跟他来长安投降的二十几个将军都封了侯，却只给名号不给封地。这下樊崇和他手下的将军们不干了：要个虚衔有个鸟用，爷在山东的时候要风得风，要雨得雨，别说区区一个侯爵，就是要称王，谁又敢说个“不”字！何苦放着大好的日子不过，在这里受人摆布！

樊崇越想越不爽，不过好在他留了后招：之前他来投降的时候，将大队伍留在原地没动。在动乱的年代，有实力就能自己做主，不需要看别人的脸色行事。于是，归降后没多久，樊崇就带着他的手下偷偷地逃出长安，回到了自己的军营中。

逃出长安，就意味着和更始朝廷撕破了脸皮。不过，见过刘玄，樊崇已摸清楚他的底细，于是干脆自己扯起旗子，也来争一争天下。

樊崇先是带着队伍进入颍川郡，然后以颍川为根据地，兵分两路，一路向南攻克宛城，一路朝西占领河南郡。刘玄治下的绿林军根本不是赤眉军的对手，与之交战，每战皆败。但此时更发愁的是樊崇，因为队伍中的士兵多是东边青、徐两州的贫民，大家潜意识里都有回家过安稳日子的心思，可现在每打赢一仗就往西靠近一点儿，而离东边的老家远一分，大家不由得愁容满面。别的军队一仗下来，打赢了，大家脸上都挂着笑，赤眉军的将士则相反，越赢脸色越难看。军营中非但看不到几分胜利的喜悦，甚至很多人到了夜晚会偷偷地哭泣，还有人干脆当了逃兵。不知情的还以为他们白天输得有多惨。

樊崇一看，这可不行啊，再这么赢下去，队伍很快就得散了。常胜之军无敌自溃，他樊某人恐怕会让后来人笑上一两千年。

为之奈何？

樊崇到底是有办法的人，既然回家的诱惑无可厚非，又难以抵挡，那要让大家不想家，就得来点儿猛料，造一个更大的诱惑出来。

也许有人要问了：对普通人来说，什么是比回家更大的诱惑？很显然，答案是封侯拜将，衣锦还乡，光宗耀祖！

于是，樊崇做了一个对更始朝廷产生重大影响的决定：在宛城和河南郡的两路大军从武关和陆浑关两个方向同时出击，直取长安！

此时绿林军内部分裂，很多手握实权的将军在地方上拥兵自重，刘玄手上并没有足以对抗赤眉军的队伍。樊崇的两路大军很快便攻破武关和陆浑关，赤眉军在弘农郡附近会合，人数达到三十万之巨。

面对如此强敌，刘玄只好命令王匡、成丹、刘均等率军在河东、弘农一带设立防线，后又命丞相李松会同朱鲔出兵讨伐赤眉军，要在弘农郡的蓩乡附近痛击赤眉军。刘玄此刻的真实想法旁人无从猜测，他的兵力并不占优势，且困守于关中，北边要面对刘秀随时而来的反击、报复，南边要抵御赤眉的大军。集合兵力聚险而守或能苟延残喘，刘玄却偏要主动出击，企图御敌于国门之外。可他所托的李松这些人，又哪里是樊崇的对手？

很快，刘玄就为他的不理智付出了代价——蓩乡一战，李松战败，三万多将士阵亡。

刘玄大概没料到，他主张打的这一战是宣布更始朝廷灭亡的一战。刘玄不仅损失了大量有生力量，而且最重要的是，经此一战，朝廷内部的人心被彻底打散。

张卬、申屠建、廖湛等大臣对几乎仅剩长安一座孤城的朝廷已不抱什么希望，打算将长安洗劫一空，带着刘玄转战回老家南阳，实在不行就到江湖中做盗贼，一样可以吃香喝辣。但刘玄毕竟名义上是天子，以他的身份，哪能像张卬这些人一样四处流窜、落草为寇？于是刘玄就没搭理张卬，而是调兵遣将据守新丰和掫城两地，抵御赤眉军的进攻。至于如何退敌，刘玄并没有主意，只能走一步是一步了。

又过了三四个月，夏天已然快要过去，关中地区的情况日渐危急。张卬、申屠建等人愈发坐立不安，时刻担心赤眉大军兵围长安，又怨刘玄不肯随他们去漂泊江湖，便与御史大夫隗嚣合谋，准备在立秋天子出猎、祭祀宗庙之际发动政变劫持刘玄。之后嘛，还是一样，回南阳或者做江洋大盗。

之前他们只不过是说说，现在真的要付诸行动了，张卬才知世上之事都是说易行难。等他一拿出具体计划，跟心腹同党们一商量，马上就有人打退堂鼓。

侍中刘能卿也知道长安城朝不保夕，一旦赤眉军攻进来，大家不免玉石俱焚，可那毕竟是明天的事情，自己躲在城里一时三刻尚能苟且。眼下一听大臣们要发动政变，如果真这么干，生死便只在旦夕之间，刘能卿顿时吓得魂飞魄散，赶紧跑到刘玄那里，把张卬等一干人的阴谋和盘托出。

刘玄听了刘能卿的密报，同样被吓得魂不附体，立马召为首的张卬、廖湛、胡殷、申屠建和隗嚣五人入宫，准备擒杀他们。然而，刘玄毕竟计虑不深，行事过于简单、直接，稍微老谋深算一点儿的大臣大概很难上当。结果，在宫里刘玄只杀了脑子比较直的申屠建一人，张卬、廖湛和胡殷觉察不妙，早一步跑了，而隗嚣则根本没来。

逃出宫的张卬等人知道事情已败露，干脆转阴谋为阳谋，纠集手下兵将在长安城公开造反，并在黄昏时分开始攻击皇宫城门。这下刘玄更抓瞎了，他自己就是一光杆司令，之前还能用皇帝的身份震慑别人，现在人家都打到皇宫门口了，别人嘴里的“皇帝”此刻又有什么用呢?

好在长安城当时够乱，到处都是鸡飞狗跳、马嘶人叫，从官员到百姓基本上谁都不知道要干什么，刘玄这才得以带着妻子、儿女和百十车的家当，趁着黎明前的黑暗逃出长安，前往新丰投奔自己的岳父赵萌。

更始政权到这一步，已经是穷途末路了。虽然一个月后刘玄在赵萌和李松的支持下曾短暂地夺回长安，可这时赤眉的三十万大军已然到达高陵（今西安市北部）。已经被窝里斗折腾得残废的更始朝廷，拿什么跟赤眉军斗？刘玄却还命令李松出城——说好听点儿叫迎敌，说不好听点儿就是去送死。结果，李松被赤眉军生擒。九月，李松的弟弟李汎为救兄长打开长安城城门投降，刚回到长信宫，在长安待了没几个十二时辰的刘玄只好再次急匆匆地逃出长安。

这一次刘玄不用再做思想争斗了。丢了长安，就相当于丢了皇帝的名号，他的心理负担一下小了很多。又过了一段时间，等赤眉军督促他二十天内投降的招降文书一出，刘玄便毫不犹豫地投降，还得封了一个长沙王。

虽然赤眉军攻入了长安，樊崇却没有做皇帝，毕竟对他来说“不识书”是致命的硬伤。对于开国皇帝，半文盲是可以接受的，可纯文盲就实在有点儿不好意思了。于是，在其他人的忽悠下，樊崇找到当年平定诸吕之乱的猛人朱虚侯刘章的后代刘盆子，让他来做皇帝，改元“建世”，又找了一个据说懂得《易经》的县看守所职员徐宣做丞相，樊崇自己则只做御史大夫。

然而，长安这个地方在当时太特殊、太显眼，赤眉军进了长安，日子并不好过。这不仅因为赤眉军本身就存在问题，还因为北边的“铜马皇帝”已经对长安虎视眈眈多时。

铜马皇帝

那么，有人就要问了：所谓北边的“铜马皇帝”，是谁呢？

还能是谁？当然是刘秀。

因为拒绝执行刘玄召他回长安的诏令，刘秀必须尽快彻底平定北方，以应对更始朝廷有可能到来的打击。当时，北方的起义军数量比东方和南方的多，巅峰时期甚至达到数百万之巨，只是各路义军之间组织比较分散，队伍间常以所在地的地名为号，外人则多统以“铜马”呼之。

但凡军队数量过多又缺乏统一、有效的组织，则必然会出现乱象。别的不说，单就“粮饷”二字就已经够让人头痛了。当然，一开始大家都是打土豪的。可当土豪打不着或者打完以后，粮从哪里来？没有人知道。但每天两顿饭则是不能省的，于是大家便去抢，抢完一个地方就换一个地方再抢。铜马义军的此等行径着实与土匪、强盗无异。如果按我的看法，他们根本配不上“义”字，只能称之为铜马军或者农民军，甚至称之“铜马贼”亦无不可。而刘秀要彻底掌控北方，消灭这些大小不一的队伍就势在必行。

既然纯比数量不可能获胜，刘秀就需要精兵良将，可精兵不易得，良将更难求。怎么办？刘秀颇为苦恼，夜里思来想去怎么也睡不着，后来一想，干脆找个明白人问一下不是更好？于是他让人去传邓禹来帮他解决难题。

邓禹大半夜被叫也是一头雾水，甚至有些忐忑，不知发生了什么事情。等到了王宫，看刘秀衣冠整齐地坐在席上等他，邓禹才稍微安下心。然后，刘秀发问："眼下需要精兵良将平定河北的铜马贼，不知兵、将从何而来？"

邓禹一听，原来是这事，心彻底放下，答道："大王，精兵良将远在天边，近在眼前啊。"

"哦？"刘秀顿时来了精神，难道自己已经有了精兵良将而不自知？"请问兵从何来？将才是谁？"

邓禹不慌不忙地回答："请问大王，前些日子大王以弱击强，得胜王郎，何人出力最多？"

刘秀不明所以，想了想说："是你咯？"

邓禹摇摇头，手往北边一指，刘秀顿时明白："你是说渔阳、上谷的突骑？"

"对！"邓禹说，"突骑是天下精锐，得之可争天下，更何况区区铜马贼？"

"可现在渔阳、上谷，乃至整个幽州，都被刘玄的人把控着，奈何？"

邓禹上前一步，低声说："眼下长安为赤眉军所迫，刘玄自顾不暇，哪里顾得上幽州，只要把苗曾等人杀了，幽州不就是大王你的了？"

刘秀深以为然："可这件事不容易做啊，帐下诸将派谁去好呢？"

邓禹胸有成竹地说："我给你推荐一个人，他还是我们的宛城老乡……不不不，真不是我，我说的是偏将军、建策侯吴汉。对，就是吴汉。别看他平时不爱说话，却是难得的大将之才。这事你让他去办，我保证一定成功。"

"好，就听你的！"刘秀这才觉得可以睡个好觉了。

第二天天一亮，刘秀便下令将偏将军吴汉破格提拔为大将军，但没给他多少兵，而是让他持节以更始朝廷使者的身份去幽州调动北地的突骑。

吴汉顶着大将军的名号出发了。可他到了幽州，派人到幽州各地传达刘秀调动兵马的命令，结果幽州十郡没有一郡响应。

这本也在大家意料之中。出发之时，刘秀对吴汉此行成事有几成把握，我们说不清楚，但他手下有不少人认定吴汉会在幽州吃瘪，早就准备好看吴汉的笑话。虽然现在幽州属于更始朝廷，而刘秀名义上是朝廷的一员，可他和刘玄之间的矛盾，当朝众人谁心里不清楚？现在的幽州牧苗曾就是刘玄派来制衡刘秀力量的人之一，他怎么会让刘秀调动地方军队扩充自己的实力，更何况是天下精锐的突骑？于是，不出预料，苗曾事先做了手脚，背地里勒令幽州治下十个郡的太守不得响应萧王的任何命令。

这下吴汉就有点儿尴尬了，自己虽不是光杆司令，可手下的人马着实不多，不可能以武力威胁别人。如果是一般的官员，遇到这种情况，无非是用自己头上的头衔来吓人，再不行就把自己背后之人的头衔搬出来吓人。如果还不行，那就没办法了。可吴汉觉得自己头上大将军的名号似乎并不怎么吓人，手中这不知是代表刘秀还是刘玄的使节更是不管什么用。那该怎么办？

若是换作其他人，第一反应恐怕是回去跟萧王从长计议，好在吴汉不是其他人。

吴汉原本是渔阳太守彭宠的手下，虽然是南阳宛城人，可他自幼家贫，只能跑到北方以贩马为生，后来得到刘玄的使者韩鸿的赏识，做了渔阳郡安乐县的县令。既然吴汉从未读过书却能被时人称为“奇士”，定然有过人之处。简单地说，就是吴汉此人天赋异禀，尤其是在军事方面。他不仅有长远的战略眼光，当渔阳太守在刘秀和王郎之间犹豫之际力主支持刘秀，而且在其后与王郎所部的战斗中更是难得地表现出勇猛和果断。

吴汉此人秉性淳厚、拙于言语，你要是把他逼急了，他甚至连话都说不利索。因此，他平日里话不多，很少发表什么高见，属于那种八竿子打不出一个屁来的角色。而古人与我们现代人在性格方面相似，话越少的人，动起手来往往越狠。说白了，他就是那种类似现代人说的“社会我吴哥，人狠话不多”之人。

一看幽州这情况，吴汉嘴上不说，心里却跟明镜似的。想都不用想，这肯定是苗曾在背后捣鬼。于是，吴汉做了个出人意料的举动：在手下的骑兵中选了二十个胆大心细的，然后带着这二十个人直奔渔阳郡而来。

吴汉刚一出发，当时在渔阳的苗曾就听说“大将军”吴汉要来，还带了人来，于是反复跟手下人确认吴汉带了多少人。

二十？苗曾心想：“老子这里现在要人有人，要枪有枪，他就是来两万人，也不能把我怎么样！来人啊，点齐兵马跟我去迎接吴大将军！”

苗曾一心要做压倒强龙的地头蛇。他带着大队人马出了渔阳城，在大路两旁列阵欢迎吴汉的到来。

当时，渔阳城外军阵宏大，车马步兵云集，若是胆小的进得阵来，不免要心惊胆寒。苗曾伫立阵前，背靠着大军扬扬得意。看着远道而来的大将军吴汉，他只是在马上假模假式地行了一礼，远没有下属见上级的恭敬。而吴汉则阴沉着脸，在离阵数十丈远的地方停下，一言不发。

苗曾之前并未接触过吴汉，更不知他是何许人也。见吴汉在阵前止步不前，苗曾便以为他是被眼前的阵势所慑，想当然地认为吴汉是个没用的废物，心里不由得又将吴汉看轻了几分。于是，苗曾干脆自己一个人打马上前，带着几分轻视和戏谑来到吴汉身边。他正准备开口说两句场面话，甚至打定主意，只要吴汉对他有稍许不满，就让自己身后的儿郎们当场操练一番，吓吓这些邯郸来的大人们，也让眼前这个大将军知道在幽州地界谁才是主人。

苗曾万万没想到，自己面前的吴汉是一个标准的狠角色。等他近前，吴汉一挥手，身后早已得到命令的二十个骑兵马上一拥而上，将苗曾团团围住。

苗曾固然占据天时地利，可在吴汉和苗曾两人之间的尺寸之地，吴汉以二十一围一，却占了绝对优势。还没反应过来的苗曾瞬间被人从后面推了一把，又被人硬生生地拽下马来。此时吴汉仍然不发一言，只将手往下一挥，做了个砍头的姿势，骑兵中便有一人拔出腰间环首刀，将苗曾的头颅砍下。在这期间，双方甚至没有一句对话。

这一突变让苗曾一方在场的其他人猝不及防，直到长官的脑袋掉到地上，鲜血从脖腔里喷出三尺多高，众人仍瞪着眼，空张着嘴，反应不过来。吴汉看到苗曾人头落地，随即拿出自己“汉大将军”的名头以及萧王的诏令，宣布接管幽州所有的队伍。

有人恐怕会觉得：这样也行?

还真行，毕竟吴汉的名头是真的，萧王的诏令也确有其事。对于底下的士兵来说，不管两方谁对谁错，既然两个都是皇帝派下来的将军，这个死了，那不听另外一个的，听谁的?

吴汉就这么杀了苗曾，着实惊吓了幽州的官吏，等他再派人去各州调集军马，各州的太守们再不敢不应了。很快，吴汉带着大队幽州突骑和步兵浩浩荡荡地回到邯郸，打了某些早已准备好看他笑话的人的脸。那些将军只好继续酸溜溜地断言："这小子现在好不容易有这么多人马，怕是不会交给大王的。至于别人，恐怕让他分出一个都不舍得吧。"

没想到吴汉心胸坦荡，毫无私心，再次打了那些想看他笑话的人的脸。

吴汉带着大队伍回到邯郸，第一件事便是见刘秀，并把所有队伍上交，然后一个人回到自己的府里。这下，那些将军再也说不出什么话来，也再不敢轻视吴汉。有了这次经历，刘秀更加信任吴汉，自己每次出征都赋予吴汉最重要的先锋位置，并将最精锐的五千突骑交到他麾下。

有了吴汉和幽州的突骑，刘秀就有了对抗数量众多的铜马军的资本，接下来要对付铜马军就简单多了。更始二年（公元24年）秋天，刘秀发动第一次大规模军事行动，在鄡县（今河北辛集市）包围了几十万铜马军。一开始铜马军企图凭借人多势众跟汉军决战，刘秀却不给他们机会，严令队伍坚壁不战，专门攻击出来抢粮的小股铜马军。铜马军在城中战又不能战，吃也没得吃，仅仅一个月的时间，数十万大军便被拖垮，结果铜马大部投降，剩下的只能漏夜突围逃窜。刘秀可不打算让他们跑，他一路追击，连续打了几场胜仗，俘虏铜马军几十万人。

这时，刘秀展现出不同于一般将领的胸襟和气魄。面对几十万俘虏，刘秀没有简单地将他们遣散回家，更没有像当年项羽那样随便挖个坑将他们都埋了。为了安抚人心，他不仅把投降的铜马军首领都封了侯，还只带少数几个随从，亲自骑马到铜马军营中巡视，安抚投降的铜马将士，做出一副一视同仁的样子。刘秀的这一举动被引为"推心置腹"，让铜马军队中从将领到士兵都大为感动，心甘情愿为他所用。当然，刘秀这么做并不完全是因为他宅心仁厚，也是因为情况使然——不同于彼时兵强马壮的项羽，这时候刘秀的实力还很弱小，不得不想尽办法扩充自己的队伍，否则他很难在之后的军事斗争中取得优势。

不论是何种原因，刘秀的作为最终让大多数人心悦诚服。于是，他去莠存良，把铜马军中的精锐士兵并入自己军中，使得他的军队一下子壮大起来。第一次有了自己的大军，刘秀终于不用像之前那样时不时就得面临到处借兵的窘境。

有人要问，那他现在可以挥师摆平铜马军了吧？

这样想未必把刘秀想得简单了。铜马军松散的组织形式当然不足以对抗纪律相对严明的汉军，但刘秀想得更多。他要彻底控制河北地区，不仅要平定铜马军，还要铲平刘玄留在河北牵制他的势力。

之前吴汉已经帮他干掉苗曾，控制幽州，但邺城仍有刘玄的亲信、尚书令谢躬和他指挥的几万大军，在刘秀的卧榻之侧枕戈待旦。为了能够酣睡，刘秀决定利用铜马军将谢躬干掉，一石二鸟。

刘秀的计划是这样的：首先攻击一支号为“青犊”的铜马军，在射犬（地名）将敌人击溃，而青犊铜马的失败可使得一旁山阳县附近的另一支号为“尤来”（这都是什么称号！）的铜马军闻风而逃。这时候，关键的地方来了，刘秀跟谢躬打包票，说青犊铜马一旦被打败，尤来铜马肯定要跑，而且肯定往隆虑山跑，请谢躬带着队伍在路上设伏，并极力奉承谢躬，“以您的威名和实力，攻击此等败逃的匪寇必定能将他们一举擒获”。

然后就是等待谢躬行动。只要谢躬的队伍一出城，刘秀便可以开始他的下一步行动。

谢躬这个人，能力应该是有的，因为刘玄不会派一个纯粹的废物来牵制刘秀。只可惜他的技能不在军事上，对于政治更是一个糊涂鬼。萧王刘秀和皇帝刘玄实际上是什么关系，刘玄派他来干吗，他一概不是很清楚，甚至不如那个被糊里糊涂砍了脑袋的苗曾。苗曾好歹还知道该听谁的、不听谁的，而谢躬在刘秀几次公开称赞他是“官吏的榜样（谢尚书，真吏也）”之后便飘飘然起来，恨不得把刘秀引为知己，甚至还把自己的队伍从极易监视刘秀的邯郸城迁出，驻扎到邺城。对于刘玄让他牵制刘秀的用意，谢躬大概也不再放在心上。这次刘秀让谢躬去截击山阳方向的铜马军，他就去了，也没想该不该打、能不能打、打不打得过。等到刘秀当真在射犬击溃青犊铜马，尤来铜马果然逃往隆虑山，谢躬便依刘秀的意思亲率队伍出击，只留下少量人马守邺城。

谢躬的队伍很顺利地在隆虑山截到了北逃的尤来铜马，可士兵上前正要追亡逐北的时候，谢躬发现情况不对：怎么眼前这帮铜马贼不像刘秀所说的败逃而来，反而个个拼命，都跟杀红了眼似的？

两军交战，但凡败逃的队伍总逃不出两个因素：一个是“败”，一个是“逃”。总之，得先打一场再跑，或者边打边跑。但尤来的铜马只是“逃”了，还未曾“败”。谢躬大概平时不爱读书，显然并未涉猎当时为数不多的基本兵家教科书。《孙子兵法》中所说的“穷寇勿迫”道理，他也没想清楚。而尤来铜马则更是气愤，想到自己打都没打就跑了，汉军居然还不放过自己，若被逼急了眼真跟他们打上一仗，指不定谁胜谁负呢！

于是，真被逼急的尤来铜马奋起余勇，不管不顾地朝谢躬的队伍发动了反冲锋。一来汉军从将军到士兵本就没有做好打硬仗的准备，二来谢躬此人的军事水平还不足以临阵应变，于是本来打算捡便宜的汉军反倒被铜马军击败，死伤数千人不说，谢躬还差点儿把自己搭进去。

但这对谢躬来说并不重要，因为不管前线是否胜利，他的败局都已注定——就在谢躬离开邺城不久，吴汉便在刘秀的授意下派人赚开邺城城门，把谢躬的老巢给端了，谢府一家老小都被关押起来。这边打了败仗的谢躬失魂落魄地往邺城赶，一边走一边还有点儿纳闷儿：为什么这群在刘秀那里不堪一击的草寇竟如此厉害，难道是自己水平不行？唉，改天得向刘秀请教请教。

一心虚心请教的谢躬带着几百人匆匆进了邺城，回到家里便被早已埋伏在一旁的汉军捉住。上次对付苗曾的时候，吴汉没能亲自动手，可能被他引为憾事，这次吴汉占据天时地利，便不需要假手于人，他亲自操刀砍下了谢躬的脑袋。

这时已临近公元24年的冬天，赤眉军开始向长安进发，更始朝廷自顾不暇。刘秀终于不用再担心刘玄的威胁，甚至他在北方已经有了很大的名气和实力。当时一些人只知道北方铜马作乱，搞不清楚刘秀的经历、背景，以为他是河北地区的铜马出身，加之眼下他已成为该地区最大的势力，便干脆称他为“铜马皇帝”。刘秀也毫不客气，反过来派邓禹率一支军队向长安逼近，想趁乱在关中分一杯羹。

真皇帝

区区一个铜马皇帝当然不是刘秀的目标，而且“铜马皇帝”这个词相当不正式，怎么看怎么像给人起的外号。如果你对刘秀有意见，只要注意语速和声调的变化，“铜马皇帝”这四个字从嘴里念叨出来甚至会有调侃的意味。

但此时刘秀还挺忙，并无暇在意这些。除了派以邓禹为首的大队人马西进入关，刘秀还下令让将军冯异领军驻守孟津，以监视洛阳，而他自己则亲自率军一路向北，继续追击其余的铜马军。

公元25年大概是刘秀苦尽甘来的一年。从这一年开始，他不但摆脱了前两年哥哥被杀、自己时常面临死亡威胁的处境，军事实力也日渐强大。不仅铜马军在汉军的强势攻击之下节节败退，就连气运和整个国家的局势也在往有利于刘秀的方向发展。总的来说，这一年的上半年刘秀的心情一直挺好。虽然年初在北平城外他由于轻兵冒进吃了败仗，队伍被打散，自己几乎被敌人包围，最危急的时候作为主帅的他甚至得和敌人短兵相接，最后全靠手下一个叫王丰的骑兵把马让给他，又赖神射手耿弇左右开弓，他才得以逃脱，可刘秀不以为意，还对身边的耿弇哈哈大笑：“今天差点儿就让一群毛贼得逞了！”

更令刘秀开心的事情还在后面。当刘秀基本剿灭铜马军，冯异又大败朱鲔的进攻之后，大伙儿开始议论一件刘秀只敢偷偷想想、未曾敢开口的事情：称帝。

第一个公开跟刘秀提这件事的是马武，他说：“现在国家的局势需要一位像萧王您这样的人出来为天下做主。虽然您一贯谦虚退让，不愿意出风头，但希望您能够把宗庙社稷的安危和黎民百姓的生死放在个人荣辱之前。”因此，马武建议刘秀先到蓟县称帝，然后再讨论征讨四方的事情。

刘秀一听此言，表现得大为惊诧，马上脱口而出：“这种大逆不道的话是谁让你说的？我要砍了他的脑袋！”

对于刘秀的反应，马武似乎早预料到了，他不紧不慢地回答：“诸将都是这个意思。”

刘秀当然不能责众，于是只好作罢。当然，不管是刘秀的手下，还是现在的我们，都可以猜到，他心里其实是同意的，但规矩谁都懂，那就是这种事情再怎么想也得假装谦让至少三次。

可并不是所有人都屑于遵守规矩。这一年的四月，蜀王公孙述毫不谦让，公开称帝。既然有人做了初一，刘秀手下的将军们便集体进言，请刘秀即皇帝位。

刘秀还是不同意。

又过了几天，将军们商议好后一起去见刘秀，继续恳求刘秀继大统，刘秀依然不同意。

但这已经是第三次了，大家来之前大概已经通过气，这次不达目的誓不罢休。既然刘秀依然作秀，将军耿纯便上前一步，干脆把话挑明，不再说天命、苍生那些大道理，而是直白的利益关系："大王，将士们背井离乡，不计生死跟着您打天下，为的是什么？无非为了有一天能够攀龙附凤，成就一番事业。现在天时在大王这里，如果您不顺天应人，恐怕会令大家失望。正所谓'时不可留，众不可逆'，如果将士们的希望落空，队伍就得散，到时候大王再想聚拢人心就难了。"

大家都把话说得这么明白了，刘秀也不好意思继续装傻，但他也只是退了一步，并没有马上答应："大家先回去吧，我再想一想。"

既然萧王是想当皇帝的，那他还在等什么呢？从萧王府出来后，大家苦苦思索。终于，刘秀的太学同学、颍川人彊华结合当时的社会实际，第一个猜透了老同学的心思：等天命，或者说等一个让人听起来他刘秀是不得不做皇帝的理由。

既然如此，彊华便有了主意。他不知从哪儿鼓捣出一篇谶纬，称《赤伏符》，其中只有寥寥十几个字："刘秀发兵捕不道，四夷云集龙斗野，四七之际火为主。"

这个把戏在当时太稀松平常了，里面虽指名道姓点出"刘秀"，最关键的一句却词句含糊，语焉不详。给《后汉书》做注的人解释说"四七二十八，从高祖至光武初起，合计二百二十八年，也就是四七之际"，又说"汉代是火德，因此称火为主"。

这未免牵强了。四七二十八，那还有前面的二百呢？况且里面提及的时间也很含糊不清。刘邦当皇帝那年是公元前202年，到公元25年，间隔应该是226年；如果按刘邦称王的公元前206年算起，间隔又变成了230年；如果两人都按“初起”算，刘邦是在秦二世元年，也就是公元前209年起兵的，而刘秀跟随哥哥造反则是在公元22年，怎么也算不出“二百二十八”之数。

有人大概会说我不识数，古人算时间按的是农历的算法。比如，我大年三十晚上十一点五十九分上厕所，初一凌晨零点零一分从厕所里出来，我在厕所里待的时间是多久呢？

两年。

因此，古人是有可能算出“二百二十八”的。

可退一步讲，就算能算出二百二十八又怎么样呢？汉代是火德没错，以“火为主”指代汉朝也说得通，但就不能有其他解释吗？比如理解为“四七之际汉朝就当终结”？

当然，我承认自己的反驳也有问题，毕竟前文已经说过谶纬这东西的本质了。若你非跟它抬杠，一定要证明它是错的，那你也错了——因为它本身就是虚假的东西。

不过，这个虚假的东西当时对刘秀来说十分重要，因为它能为刘秀当皇帝提供一个“合法性”证据。

好了，现在该有的都有了。群臣借着彊华献《赤伏符》的契机，再次恳请刘秀当皇帝，刘秀也不惺惺作态了，立即表示要顺天应人，并于公元25年六月己未日在鄗县（今河北柏乡县北）草草办了个仪式，宣布即皇帝位，十月定都洛阳。

当然，这里还有一尴尬之处，因为刘秀还有一个领导，也就是更始皇帝刘玄。虽然两人实质上已经闹翻，可刘秀似乎从未在公开场合声讨过刘玄，或表示与之决裂，在形式上仍然缺乏一纸与其彻底决裂的公告。因此，从汉代遵从的儒家思想和道德角度出发，刘秀作为臣子，在主上蒙难的时候，要做的应该是直捣黄龙，迎回旧主，而不是趁机自立。

好在不久便有人帮刘秀解决了这个难题。

人活于世，人和人之间就怕对比。没有参照物的时候，大家觉得新朝、更始、赤眉军做得都不好，可一旦有了比较就出问题了。王莽做得虽然很糟，但刘玄比他还不如，赤眉军就更差了。百姓都向往好一点儿的生活，于是在更差的赤眉军面前，刘玄反倒成了被人怀念和同情的对象，这也导致了刘玄的死亡——刘秀称帝后没几个月，“长沙王”刘玄没来得及去长沙，就被手下张印联合赤眉将军谢禄逼死在长安郊外。

好了，对赤眉军而言，威胁他们统治的刘玄死了，百姓只能接受现状，而对于已经称帝的刘秀来说，也再不会有人拿他是更始旧臣这一点做文章了。于是，刘秀大方地将此事昭告天下，并表达了自己的悲伤，又让邓禹把刘玄的尸首取回来安葬在霸陵附近。自此，刘秀便可以完全抛弃以往的身份，去开创一个新的时代。

公元25年这一年是东汉的第一年：建武元年。

第三十九章

重归一统

赤眉的覆灭

在这一年（公元25年）六月，当皇帝的不止刘秀一人。同一个月，赤眉军立刘盆子为帝，年号建世。

要仔细说，这个刘盆子颇有些意思。

公元25年年初，尽管此时赤眉军仍在攻占长安的路上，但谁都看得出来，龟缩于长安的刘玄并无力抵挡，只是在垂死挣扎而已。然而，即将取得胜利的赤眉军也有自己的难处，那就是当时人们视“汉”为天下正统，赤眉军虽人多势众，在世人眼中却属造反，是旁门左道的存在。因此，想办法改变赤眉的本质成了樊崇等人急需解决的重要问题。

按照现代人“量变产生质变”的说法，质变的产生必须有量变的积累，可赤眉军并没有足够的时间去做量的积累。既然没办法从里到外进行改变，那就先改变外表，至少让旁观者看到他们走上了正统之道。因此，樊崇走了一次捷径——找一个刘姓宗室来充当门面。至于门面背后的东西需不需要改变、能不能改变，且容后再议。

那选谁好呢？

樊崇说，因为赤眉军中多有祭祀城阳景王刘章的，应当找刘章的后人来当皇帝。

怎么选呢？

樊崇和其他将军一商议，决定依公平、公正、公开的原则进行“天选”——将三根木片制成大小一样的符，其中一符上书“上将军”三字，其余两符则空着，由候选人抓阄，抓到阄的就是未来的皇帝。赤眉军明面上的计划就是如此。

这样选出来的人就是刘盆子。

这看似天命昭昭，可根据政治上的阴谋论来讲，既然是做傀儡、充门面的，选出来的人自然是年纪越小越好，脑子越傻越好。如果这么看，当时在军中放牛的牛吏、前式侯刘萌的小儿子、年仅十四五岁的刘盆子似乎最符合条件。

当然，我也可以提出一些论据，论证这场“天选”背后有人为操控的痕迹，而刘盆子有可能是事先被樊崇等人选定的。

世上能得天命者，一般都是要成为大人物的人，不同于我等凡夫俗子。虽然他们可能一时还未有惊世骇俗之举动，但能力必然异于常人，绝非泛泛之辈。而在刘盆子身上，我们看不出其要成为大人物的天分和可能。当樊崇带领众人跪拜，宣布刘盆子将成为天子时，这个放牛娃的第一反应是“恐畏欲啼”，然后畏畏缩缩地跑回他的上级刘侠卿那里去了，真是望之不似人君。即便到了后来，刘盆子的表现也没有多大改观，而赤眉军上下对这个天选之人同样没有多少敬畏。

因此，刘盆子极有可能是被人利用，被推出来当傀儡的。

当然，为了掩人耳目，樊崇当时并没有直接去找刘盆子，也没有事先和他或者他身边的人通气，而是下令在军中寻找刘姓宗室，准备在其中选出可以当皇帝的人。条件嘛，樊崇知道，开汉二百多年，刘家开枝散叶，早不知出了多少人，因此多留了个心眼儿。为了缩小范围，减少竞争，他为刘盆子量身制定了一个比较刁钻的条件：要找当年年纪轻轻就猝死的城阳景王刘章的后代。没想到，根据如此苛刻的条件，连同刘盆子在内，竟也找到七十多人。

这下子不太好办了，樊崇只好继续缩小范围，又在其中挑选了三个据说跟刘章血缘关系最近的，他们是前西安侯刘孝、刘盆子的二哥刘茂，以及刘盆子。接下来，为了确保刘盆子能够顺利当选，樊崇没有让大家进行差额选举，而是选择了看起来更为“听天由命”的抓阄。结果，刘盆子在三人中最后一个把手伸进瓮中，却“幸运”地拿到了象征天意的符。

这跟当年王莽选皇帝的情形差不多，被选上的永远是年纪最小的，怎么看怎么可疑。

不管刘盆子被选中是出于天意还是人意，现在赤眉军有了名义上的皇帝，就可以堂而皇之地朝长安前进了。而这时长安基本上用不着赤眉军攻打，内部已经把自己折腾得差不多了。等赤眉军到达高陵，正好碰上从长安逃出来的张卬。绿林军内斗的失利让张卬愤恨不已，干脆投降樊崇，转过身来带着赤眉军攻进长安。

等赤眉的大军到达长安城下，刘玄没做过多抵抗就跑了。赤眉军很快便占领了长安，随后又接受了刘玄的投降，似乎已基本定了天下。可随着赤眉军的不断壮大和节节胜利，这支队伍同样在发生变化，原先那支纪律严明、不犯百姓的队伍逐渐消失了踪影，变得和其他起义军没什么不同。

这在古代漫长的历史中是很常见的事。为了反抗地主阶级的压迫揭竿而起的农民军，不管结局如何，只要存在时间稍微长一点儿的，最后都不可避免地变成了他们曾经最讨厌的样子。而且，随着张卬等一批绿林将领的加入，原来樊崇不怎么擅长的抢劫和内斗也被带到赤眉军中。

就这样，进了长安的赤眉政权变成了从内而外用一个“乱”字就能概括的集团：上面朝堂混乱是因为无序，下面军队混乱是因为少粮。结果，大臣在朝廷中相杀，军队在地方上劫掠。面对如此混乱的局面，“天选之人”刘盆子提出辞职不干，可樊崇等人怎么会答应？辞职失败的皇帝只能躲在宫里惊恐地哭泣，号呼不已，而整个长安则很快就变成了人间炼狱。

第二年（公元26年）正月，缺乏可持续发展计划的赤眉军在全国最富庶的长安只待了半年光景，就已基本把长安城内外的金银珠宝和粮食等搜掠一空，甚至到了没法儿再生存下去的地步。

赤眉军的将领们显然是知道长安的重要意义的，可意义再大也是对活人而言的，现在大家饭都没得吃，活都活不下去了。怎么办？

只能继续流窜，到下一个地方打秋风。

因此，正月刚过，数十万赤眉军在对长安城进行了最后一次刮地皮似的抢劫后，出长安城向西，开始了新一轮的流窜和破坏。

可赤眉军的将领大概没想明白，以长安的富庶和繁华，尚经不住他们的折腾，天底下哪里还有地方能经得住这几十万如狼似虎的流寇糟蹋？结果只能是饥则寇略，饱则弃余，到一个地方毁一个地方，然后再转移到下一个要被毁灭的地方，如此在西边流窜大半年，从没有攒下一点儿积蓄。

赤眉军的这种行径必然会导致别人的反抗，毕竟你要吃饭，别人也不是凭空吸口气就能饱的。为了活命，大家都不得不拼命，结果赤眉军在陇西接连被占据当地的军阀隗嚣所败。到了冬天，不巧又碰上大雪，曾经凶残、跋扈的赤眉军在天灾面前脆弱不堪，毫无抵抗能力，士卒和随军家属成批被冻死。面对大自然的爆锤，樊崇们终于清醒过来：天下虽大，还是长安最好。

在流窜了近一年之后，赤眉军又准备回到长安。

可要离开长安容易，要回却不是想回就能回的。当赤眉军向西出长安之后，在北边徘徊许久的邓禹便趁虚而入，占领了长安及附近地区。赤眉军要重新进入长安，必会受到邓禹所率队伍的抵抗。而按照樊崇们之前的习性，看到城里已经有军队驻守，便不愿主动进攻，这让赤眉军一时半刻之间竟不能直抵长安。

几十万饥寒交迫的赤眉军在长安郊区行进受阻，为了筹集粮饷填饱肚子，只得继续就地取食。可在乱世，寻常百姓本就难以度日，又碰到天灾之年，哪个地方会有多余的钱粮供赤眉军劫掠？

然而，人只要饿极了，终归会想出一些办法来，哪怕是不是办法的办法。

赤眉军的办法是，既然难以在活人手中抢东西，那就从不会反抗的死人身上下手。在长安的北边和东南两个方向，有数量众多的帝陵及陪葬陵。这些王侯将相任凭生前如何显赫、威武，现在终究已是深埋土里、与寻常人没什么不同的一堆死人骨头，而对付死人显然比对付活人要容易得多。

后来有人说，农民起义，发掘前朝的皇陵是一种惯例，代表着起义军与旧时代、旧统治阶级的决裂。当年项羽掘过秦始皇陵，唐朝的大多数帝陵也没逃过黄巢等人的折腾。同样，赤眉军打起了盗掘皇陵的主意——“盗掘”一词在这里显然用得不准确，因为寻常盗墓者讲究隐蔽，或单打独斗，或数人合作，昼伏夜出，在地下作业。赤眉军则反其道而行之，数十万人光天化日之下大铲破坟，将陵墓挖开之后尽取其中宝物，甚至将墓主尸体从棺椁中拉出，把尸体身上的敛服扒净后再来回搜刮几遍，没有丝毫忌讳。

这还是在陵墓中葬的皇帝或达官贵族大多是男性的前提条件下的情形，而西汉有一个统治者的身份是特殊的，那就是刘邦的妻子吕后。作为曾经统治一个时代的女性，她获得了比肩皇帝的身后待遇。这在平时自然是人世间最高的荣誉，可在此乱世则成了别人惦记、垂涎的对象。赤眉军在掘刘邦的长陵时，顺便把一旁的吕后陵盗掘一空。据说赤眉军撬开吕后的棺椁时，跟其他穿着金缕玉衣入殓的皇帝一样，吕后的尸体气色不改，“鲜活如生”。而早已在其他皇陵的盗掘中赚得盆满钵盈的一些赤眉将士饱暖思淫欲，竟然产生了一个大胆的想法，“遂污辱吕后尸”（《后汉书·刘玄刘盆子列传》）。

以上说法显然不足为信，至少有两个破绽。

其一，这并不是赤眉军第一次进长安，一年前他们就已经把长安洗劫了不知多少遍。如果要决裂，为何不在第一次到长安的时候就决裂，偏偏要养着猪，硬等到实在没米下锅了才动手？而且，赤眉军打的同样是刘家的旗号，名义上的皇帝刘盆子则是他们口中“天选”的城阳景王刘章之后，自己跟自己的祖宗怎么决裂？其二，吕雉死的时候已年逾六旬，容颜老去，肌肉松弛，如果不保养的话，皮肤上的褶子怕是不比裙子上的少。别说是具“鲜活如生”的尸体，就是个大活人，赤眉将士见了怕也是兴趣寥寥。

因此，赤眉军盗掘吕后陵墓的真相大概是这样的：他们挖开吕后墓，将吕后的尸体拖出棺椁，并将墓室中包括吕雉尸体上的敛服、口中含的珠玉等一切物件劫掠一空，然后将赤裸的尸体倒吊或者丢弃一旁，任人随意践踏。这就算“污辱”了，并非像某些人想象的那么龌龊和重口味。而赤眉军盗掘皇陵的目的只有一个，那就是钱。之所以选择皇陵下手，无非因为皇陵陪葬丰厚，而促使他们行动的，是人性的贪婪，与那些高尚的情操、想法或决心毫不沾边。

皇帝作为国家的最高统治者，不仅生前享受当时社会各方面的最好待遇，死后亦是如此。因此，每个皇帝即位之初马上开始的一件重要事情就是建造自己的陵墓，工程一直延续至皇帝本人躺进去。皇陵不仅工程浩大，而且陪葬品的价值和数量，同时期的陵墓根本无出其右者。以汉武帝的茂陵为例，作为西汉最大的一座皇陵，它的建造时间长达五十三年。在有些年份，国家赋税的三分之一都被用于茂陵的修建事项。作为一代雄主，刘彻的陪葬品具体有哪些，我们现在不得而知，但我们可以比照后世同样有大作为的皇帝，比如唐太宗李世民。据说当年他的陪葬品价值大概相当于贞观时期国家三年的赋税总和。以此类推，茂陵的陪葬品之丰富，大概是我们这些凡人的脑袋无法想象的。

既然皇陵所藏如此丰富，皇陵的地址又如此明显，为了防止某些人铤而走险，就不得不布置相应的防盗措施。正常情况下，皇陵的防盗措施概括起来通常分两大类：主动防御和被动防御。所谓主动防御，指在墓陵周围安置百姓、守陵人和数量不等的军队；而所谓被动防御，则包括设置隐秘的墓道入口、巨大而坚固的墓门，以及伏弩、暗箭、毒烟、水银、流沙等绝户机关。可再好的防盗手段也有时效性和局限性：军队和百姓会随着时代和朝代的变化而消失；入口再隐秘，总有被发现的时候；墓门再坚固，总有被挖开的一天；机关再精妙，也总有损坏耗尽的一刻。因此，有些墓主另辟蹊径，想出精神防盗术，玩起了心理游戏。比如在墓门上画个圈圈，再写上两句“盗墓者不得好死”一类恶毒的咒语，或者干脆哭穷，在墓门前另立一碑，上书“此处无银，进去无益”云云。

当然，按照《资本论》的说法，一件事只要有50%的利润，人就会铤而走险；有100%的利润，人就敢践踏一切人间法律；有300%的利润，犯任何罪行都不是问题，甚至可以冒绞首的危险。而与一般非法的挣钱行当相比，盗墓的安全系数要大不少，无非耗费点儿力气，背负点儿骂名。要是碰上众人自顾不暇的乱世，大概连骂名都不会有，简直就是无本万利的买卖。因此，不管是道德、法律、鬼神，还是其他任何事物，都不能阻挡盗墓贼对掘开墓葬发一笔天大横财的渴望。

时至公元26年，原本繁华的西汉帝陵地区已在乱世中变得破败不堪，曾经威武的护陵军队早已不见踪影。赤眉军要对付的，仅仅是一座座巨大的坟墓而已。于是，在那一年的秋天，几十万赤眉军掘开了除汉文帝的霸陵之外所有的西汉帝陵，所得财物甚巨。

按照野史的说法，单就挖开茂陵一处所得的财宝，赤眉军的几十万人就搬运了数十天，而陪葬品仍“不能减半”。当然，这可以视为文学作品里的艺术性夸张，可能是想形容下茂陵陪葬品的丰富，但显然夸张得太过了。几十万人折腾几十天，就是一座金山也给掏空了。

不管怎么样，赤眉军算是刨了他老刘家的祖坟。这时候，作为刘秀的手下，邓禹如果还不表示表示，往小了说是他消极、不作为，往大了说，刘秀的“正统”地位就该受到质疑了。于是，在长安的邓禹不得不主动出击，誓要干掉这群毫无道德的混账东西。

赤眉这支军队确实特殊，它通常不主动求战，对于战斗大多时候持一种能避则避的态度，可一旦非战不可，它又不惧战。别看赤眉军刨了刘家祖坟，汉军占据道德制高点，可邓禹并未掌握战争的主动权。他在郁夷（今陕西宝鸡县）与赤眉军交战，没承想，赤眉的几十万人凭借盗皇陵得来的横财吃撑了肚子，战斗力得到很大提升，已非一个月前食不果腹、到处流窜的流寇。况且邓禹的人马比之赤眉军不能算多，邓禹本人的准备也不足，因此战斗的结果可想而知：一战下来，汉军不仅在郁夷大败，更丢了长安，邓禹只好率败军退往云阳。

这下就尴尬了。邓禹这个人的能力是很强的，战略眼光也很准。他十三岁通诗书，后主动投奔刘秀，东征西讨，屡立战功。别的不说，单说建武元年（公元25年）正月，邓禹率部入箕关，仅用半年时间便击溃赤眉二十万大军，斩杀大将樊参、刘均，以及河东太守杨宝，平定河东郡。二十四岁的邓禹因此官拜大司徒，封万户侯。后来，刘秀想趁赤眉军和绿林军争斗之际渔翁得利，伺机占领长安，委任的大将同样是邓禹。邓禹不负使命，顶住了刘秀斥责他进兵不力的压力，取北地、上郡、安定，降河西，站稳脚跟后于建武二年（公元26年）春天，趁赤眉军西走之机不费吹灰之力占领长安。

年纪轻轻的邓禹大概是人生路太顺，有些飘飘然，可一个人不可能一辈子都不摔跤，他也必定会经受些挫折：先是队伍里有部下叛乱，后来在长安又遇上了赤眉军当年的问题——乏食。士兵没饭吃，军心就会乱，而将领要稳定军心，就必须靠打胜仗和从敌人那里缴获粮草，这也是邓禹不得不主动出击的理由之一。然而，守城之军主动出击是可以的，打赢了也无话可说，可这打败了该怎么向上面交代?

没法儿交代，只能赢回来。

退到云阳的邓禹要挣回面子，不顾新败之际军无战心的实际，执意要提兵再袭长安。结果，汉军虽出其不意地攻入长安城，但仍在之后的巷战中被赤眉军打败。

这下刘秀看不下去了，下诏召回邓禹，让偏将军冯异去云阳接替他。刘秀很给邓禹面子，诏书上也不揭他的伤疤，只是说："赤眉军没有粮草，等他们折腾完，过段时间，为了吃饭肯定要往东来，我们就在洛阳吃饱了等着这些饿货，我已经折好了荆棘藤条，准备亲自抽他们的屁股。诸位将军就不要为赤眉的事忧虑了，也不要再提进攻的事情。"

然后，刘秀还交代冯异到了云阳只需安抚好百姓，恢复生产，招降或镇压地方上扰民的豪强，使他们不再聚众造反，让百姓得到安宁就可以了。其中，刘秀说了一句很有水平和见地的话："征伐非必略地、屠城，要在平定安集之耳。"

征战的目的是换来国家的和平、百姓的安定，而不是占几座城池、杀多少人。这是何等高明的见解！对于历史上任何一个有大作为的统治者，战争历来只是手段，而不是目的。事实也一再证明，为和平而战的勇士，最后能赢得胜利，为战争而战的屠夫，终将走向灭亡。

而另一方的樊崇他们显然没有这般见识，赤眉整支军队的战略目的始终徘徊在一个较低的水平，那就是一时的糊口。他们流窜是为了吃上饭，打仗是为了吃上饭，挖坟掘墓是为了吃上饭，就连占领一座城市也不是为了自己有个栖身之地，有个发展、壮大的根基，只是为了从城里百姓口中抠出哪怕最后一口饭。这样一支没有可持续发展计划的军队怎么可能走得长久！

果然，冯异接替邓禹后，按照刘秀的指示，不到两个月的时间就稳定了军心和百姓，而包括长安城在内的三辅地区已经到了人吃人的地步。赤眉军再无法劫掠到一粒米，士卒们死的死，散的散，已经到了无以为继的地步。建武二年（公元26年）十二月，最后的二十几万赤眉军果然再弃长安，往可能有饱饭吃的东边流窜而去。

赤眉军的行动早已在刘秀的预料之中，而且刘秀也早给他们预备好了口袋，准备将他们一网打尽。

可事情到了邓禹这里，还是出了问题。

建武三年（公元27年）正月，赤眉军正沿着刘秀给他们设计好的路线往东来。之前接连战败让邓禹心里很不爽，并且大概是读了太多圣贤书，邓禹似乎认定了"在哪里跌倒，就从哪里爬起来"。尽管刘秀三令五申让各部坚守阵地，邓禹却违背军令，以大司徒的身份命令车骑将军邓弘跟他一起干。邓弘一来可能是邓禹本家，二来官职没邓禹大，只好跟着邓禹去了。邓禹得到援助，更坚持一定要从赤眉军身上拿回自信。他率所部渡过黄河，三番两次主动向赤眉军发动进攻。

这会儿邓禹已经上头，他的队伍不仅人数远少于赤眉军，状态也非常差。虽然赤眉全军已快成了饿殍，但邓禹的士兵也都面有饥色，双方士兵交战都是腿虚手软，菜鸟互啄，到头来终归是人多的占优势，于是邓禹只能一败再败。

可邓禹仍不肯回头，转身还要拉上冯异跟他一起干。

对于邓禹的要求，已经升任征西大将军的冯异是反对的，他的头脑很清醒："大司徒，我前段时间和赤眉军僵持两月，虽然已经俘获五千有余，可他们人数依然众多，现在想在一时三刻间将其击败是不可能的。而且陛下已经定好了计策，诸将按计划屯于渑池附近，与我们成东西合围之势，只要看准时机，我们和其他将军一起夹击，定能一举歼灭赤眉。"

这时的邓禹哪里听得进去冯异的话！虽然征西大将军不敢行动，他大司徒却不会退缩。于是邓禹命令邓弘继续追击，自己则率军在后接应。

汉军在湖县再次对赤眉军发动了进攻。出乎意料的是，这次他们终于获得了胜利。经过几乎一整日的奋战，赤眉将士丢盔弃甲，留下满地的辎重、车辆。汉军士兵看着一车车的粮食兴奋已极，饥饿许久的他们立即放下武器开始抢夺，甚至要当场埋锅造饭，一时间场面混乱不堪。

突然，在一片混乱中，有人发现了问题：这哪里是一车车的粮食，分明是一车车的黄土，上面覆盖了薄薄一层豆子而已！

既然这是个假象，那赤眉军的败退就是个陷阱！

很快就有人意识到了这一点，可这时已经晚了。刚才假装败退的赤眉军从四面八方冲出来，汉军措手不及，车骑将军邓弘陷入重重包围之中。

邓禹刚得到前方赤眉军败退的消息，还没来得及庆幸自己"幸好坚持了一下"，又接到了斥候的急报，顿时有些六神无主，赶紧找冯异商量对策。

冯异是坚决反对邓禹的进攻决定的，现在他大可借故推托，袖手旁观，日后甚至可以落井下石，看邓禹的笑话。可冯异是个识大体的将军，他二话没说，立即点了一票人马跟邓禹去救人。

这边邓弘拼死抵抗，那边邓禹、冯异的援军来得也快，赤眉军见讨不了好，只能稍作退却，邓弘这才得以带着为数不多的残兵堪堪活命。

冯异见已把车骑将军救下来，就整顿人马，再次跟邓禹说："大司徒，经过连番恶战，现在士卒们都很疲惫，我们应当先撤退休整，以待来日再战。"

"不！"二十五岁的年轻小伙子邓禹现在已经输红了眼，誓要压上身家性命再赌最后一把。

他就仿若那狂热的赌徒，总觉得好运就在前方等着自己，只要再坚持一下，以往输掉的就都能回本。他近似咆哮地发布命令："兵书上说'攻其不备'，赤眉军获得一点儿小胜刚刚退却，他们怎么也不会想到这个时候我们敢再次进攻！我命令，全军突击！"

将士们早已疲惫不堪，甚至伤痕累累，可在军令面前又能怎么办呢？大伙儿只好有气无力地应了声"喏"，匆匆包扎伤口，拿起刀，跨上马，继续往赤眉军撤退的方向前进。

这时候，冯异心里大概是不想理邓禹的。他们来救人的时候本就是轻兵简从，现在满打满算也不过四千人，还大多负伤见血，这样的军队怎么能打仗？可看着宛若疯子的邓禹，冯异实在不放心让他自己一个人去。

果然，不出冯异所料，邓禹带着这最后一批亡命之徒跟上去，没多久就被赤眉军发现了。邓禹也不说什么战略、战术，带着几千人直愣愣地往二十多万赤眉军的军营冲锋。

可邓禹的手下之前就不是赤眉军的对手，眼下更加不济，四千人坚持不过半天，一半亡命徒变成了无命徒，余下没死的大多被冲散。将士们的鲜血染红了大地，邓禹这才从狂热中惊醒过来。

接下来怎么办？

将士的鲜血终于浇灭了邓禹心头狂热的火焰，使他清醒过来。看着满地的尸体和四周不断缩小的包围圈，邓禹终于做出了一个这段时间来最正确的决定：

跑！

冯异这下可算被邓禹坑苦了，想跑哪那么容易！邓禹还好，他本来就是应当被召回的，现在想往哪儿跑就往哪儿跑；冯异则不一样，他的大本营在湖县（今河南灵宝市西北）附近，肩负着夹击赤眉军的任务，要跑也只能往湖县跑。

那就分头突围吧。

邓禹甚至来不及和冯异拱手告别，也顾不上手下的队伍，只带着二十四个随从，骑着马直往包围圈最薄弱的宜阳方向逃去。冯异可不像邓禹那么轻松，他要退回湖县困难重重，因为赤眉军知道他要往湖县方向撤退。最后，怕引人注意，冯异脱了将军的衣服，只带了几个随从弃马步行。

虽然步兵比骑兵隐蔽性强，可步行也有步行的劣势，那就是慢。尤其是在逃命这种讲究比别人跑得快的事情上，速度慢是致命的缺点。当然，冯异不可能不知道这一点，他既然敢弃马，就说明已经有了打算，那就是水遁。

湖县附近有一条小河，名曰回溪。尽管名字里面有个“溪”字，可它和我们常规意义上理解的小溪完全不同，绝非卷起裤腿就能蹚过去的。据说回溪河面有两丈宽，当然这不算很宽，但问题是它深达两丈五。以这个深度，除非骑的是的卢，否则绝难过河。即使过了河，也同样只能徒步，而只要冯异能顺利渡河，那长达四五里的回溪就成了隔绝赤眉军的天然屏障。

这大概就是人们所谓的临危不乱。

事情的发展正如冯异自己估计的，大冷天冒死渡过回溪后，他们身后再也看不到一个追兵。他和随从又沿着河走了好几里，最后七拐八拐才逃回湖县附近的大本营。

这边同样几乎成光杆司令的邓禹逃到宜阳，惊魂稍定的他终于彻底清醒过来，为自己之前一系列不理智的行动感到羞愧，为因此导致众多将士无谓战死感到懊悔。他没有逃避责任，而是引咎辞职，向刘秀交上了自己大司徒和梁侯的印绶。

刘秀却并不打算太过追究邓禹的责任。一来，二人少年相识，情分不同于他人；二来，现在正是用人之际，而邓禹确是可用之人，不能因为一时的失败抹杀他之前的功劳。再说了，刘秀也知道，年轻人嘛，哪有不犯错的？

有人觉得这样说不对，刘秀这时候也不过而立之年，比邓禹大不了多少，不也是年轻人吗？刘秀是年轻没错，可他年轻的是年纪。他有过风光时刻，也经历过没落；曾意气风发，也走过弯路，摔过跟头；感受过战胜百万雄师的喜悦，亦品尝过东奔西跑、朝不保夕的苦涩。因此，刘秀虽然年轻，但和二十几年来人生基本一帆风顺的邓禹相比，他的心理却异常成熟。而只有心理成熟的人才能学会取舍，懂得包容。

刘秀只是部分同意了邓禹的请求，收回了他的大司徒印绶，但保留了其梁侯的爵位，并在几个月之后重新启用他为右将军。

当然，刘秀能如此宽宏大量，还得益于前线有冯异顶着。

虽然被邓禹坑了一道，不仅队伍损失严重，还差点儿让赤眉军逃脱汉军的掌控，但这种危机最能体现冯异作为一代名将的能力。从回溪里爬出来、浑身凉透的冯异一回到军营，马上投入新的战斗。

虽然之前他在战场上跑得很狼狈，现在身体又冻得直哆嗦，可不同于邓禹的狂热，冯异的脑子依然清醒。衣服还没烤干，他就做出了几项应对赤眉军进攻的有效措施：勒令士兵紧闭营门坚守不出，收拢残卒，以及从当地大量征集民兵。

樊崇终究只是一个勇敢的将军，而非一个合格的帅才。既然赤眉军在如此困境中好不容易胜了一场，那么接下来无非两条路可走：要么继续进攻，彻底击溃一路敌军，以粉碎对手的战略意图；要么迅速将队伍转移到安全地带，休整再战。可这时候他偏偏选择了第三条路：在进攻冯异的大营稍微受挫之后，整支赤眉军立马抓瞎，不知道要干吗好，就在原地按兵不动。

这对冯异来说是好得不能再好的结果了。硬顶着赤眉军队阵前的辱骂，靠着乌龟壳般稳固的防守，冯异挡住了赤眉军的进攻，而且依靠之前和地方百姓建立的良好关系，军队的士兵得到补充，粮草得以维系。很快，随着不断收编地方武装和聚拢从战场上撤退下来的士兵，冯异的队伍又重新壮大到数万人。

这下轮到冯异进攻了。

虽然这时候赤眉军仍有二三十万，冯异只有几万人，可赤眉军攻不下汉军营寨，冯异看起来似乎也没办法消灭对手，因此双方可以视作势均力敌。兵法云：“敌则能战之。”于是冯异给赤眉军下了战帖。

这可真不是我胡诌，冯异确实下了书面的战帖。他将一封信送到樊崇面前，地点、日期都已写好，就等樊崇带着赤眉军主力前来“约期会战”。

樊崇和赤眉将士真是耿直的汉子，两军交战事关生死，可在他们眼中竟跟江湖帮派比武一般。建武三年（公元27年）闰正月，樊崇带着赤眉军主力在约定的时间来到约定的地点，果然见到汉军已经结营以待。于是，樊崇命令先头队伍一万人对汉军的前部队伍发起进攻。

当然，用脚指头想都可以猜到，冯异在军事上绝不像樊崇这般耿直和简单，他早做好了准备。当前部队伍受到赤眉军进攻时，冯异便派兵去救援，但人数很少，气势看起来也不足。樊崇一看就这么点儿人，还敢在这里充胖子要决战，于是命令赤眉全军出击，准备一举消灭汉军。

一看赤眉全军果然如他所想的杀过来，冯异赶紧把手下的士兵全都派上战场，来抵御赤眉军的冲击。由于士兵数量相差过多，冯异干脆来到一线指挥战斗，以起到稳定军心的作用。

赤眉军将士大概平时缺乏系统的军事训练，尤其这一年来，大伙儿日常忙于抢劫和到处流窜，全军上下从将军到士兵，客气点儿说叫“军事技能和战术水平都有待提高”，不客气地说，这就是一群散兵游勇，打起仗来全靠感情，没有技巧。他们在势均力敌的战斗中往往靠一鼓作气，如果不能一下子摁死对手，接下来基本上就没辙了。所以，虽然人数是汉军的数倍，但当对手拼死抵抗的时候，赤眉军人数多的优势就一点儿都显示不出来了。结果，这场战斗从早上一直打到了日头偏西。

打了半天，三板斧用完的赤眉军越打越疲惫，逐渐失去了章法和组织。看到这种情况，冯异意识到机会来了。只听他一声号令，赤眉军前后的路旁、树林里、草丛中，甚至四周不知什么地方，突然冒出许多士兵。这些士兵穿着和赤眉军一样的衣服，化着和赤眉军一样的妆，几千人呼啦啦地突然出现，一下子融入二十万赤眉大军之中。

这些人都是冯异事先安排好的。如果在平时，虽然他们化了妆，但只要对方队列整齐，想混进一个外人都很难。在一支队伍里，平时大家谁不认识谁呀？可现在战场一片混乱，敌我混在一起，自己人也已搅和成一团，队伍建制全乱了，谁也弄不清楚谁是谁，哪里分辨得出来？

几千埋伏了半天的汉军早就憋足了一口气，跟赤眉军混在一起后就开始制造混乱，又是杀人，又是装逃跑，还一个劲儿地大喊“败了，快撤！”

之类的。在胶着的战场上，一个人的后撤往往会引起周围小范围内不知情者的混乱，而小范围的混乱又会引发更大范围的恐慌。于是，赤眉全军开始了混乱的溃逃。

当然，这时候绝大多数赤眉军是“盲流”，只知道你跑、他跑，那我也跑就对了。至于为什么跑，不知道。

这种情况最是考验将帅的应变能力和稳定军心的能力，如果将帅不能及时制止骚乱，很容易引起全军的溃败。显然，赤眉军自樊崇以下几乎所有的将军都缺乏这一能力。战场一乱，他们自己最先蒙了：不是说好的要决战吗？怎么还能整这一出？结果，赤眉士兵分不清敌我，最后一哄而散，局势瞬间由均势变成一团混乱，又从一团混乱演变成一场溃败。

冯异哪里会错过这个机会？汉军一路追击溃败的赤眉军，一直追到渑池附近的崤山底下，俘获赤眉军八万人才罢休。

刘秀对冯异的这次胜利非常满意，还特地下了一封诏书对其进行嘉奖，称冯异虽然在回溪吃了亏，但是在渑池振翅高飞，可以说是“失之东隅，收之桑榆”，应该给予高规格的奖励。当然，实话说，刘秀这番话说得并不全对，因为我们知道回溪那件事基本上全赖邓禹，冯异完全是被他连累的。

到这里，明眼人都看出来了，冯异用的不正是当年韩信打赵国的戏码吗？所以说樊崇这个人对自己的定位有时候还是蛮准的，他吃的就是不识字、没文化的亏，但凡平时读过书，哪怕没事听听评书，可能在战场上也会多个心眼儿。

但樊崇基本上没机会了。崤山一败，赤眉军损失了八万多人，现在赤眉军中男女老少都算上，也不过剩下十五六万人。除去妇女、老弱和伤残的，能战之士恐怕只有十之二三，再不复当年呼风唤雨于一方的气势，樊崇只能带着这群真正的乌合之众往宜阳方向转移。

这时候才想转移似乎太晚了。何况刘秀已经亲率大军在宜阳附近严阵以待，冯异的队伍和新安来的另一支汉军也跟了过来，三支队伍把赤眉军团团围住。此刻的赤眉军完全不可能与汉军一战，甚至赤眉军的将领们远远望见汉军整肃的军容就惶恐不已，哪里敢提一个“战”字？

“那接下来怎么办？”

刘盆子无奈地问下面那群名义上的臣子们。

大伙儿可是明白得很，现在打也打不过，跑又跑不了，还能怎么办，投降呗。

现在投降还来得及吗？

当然。

樊崇等人对这一点倒是信心满满。他们之前也不是没投降过，可投降刘玄后怎么样？再说了，刘秀难道就不怕他们来一出鱼死网破？

“陛下放心，我敢保证，他们不但会答应，而且还得给官爵俸禄。”

赤眉军众人一合计，没有第二条路可走，只能投降，而且让刘盆子的大哥刘恭做使者。

刘恭可能是受了樊崇等人的感染，虽然他们打了败仗，又准备投降，可气势倒是不减。见到刘秀，他也不客套，一上来直接就问：“我弟弟刘盆子将率赤眉军百万之众投降陛下，不知陛下准备怎么安置我们？”

刘秀可不像刘玄那么好诈唬。再说了，赤眉军曾经的百万之众有八九十万已经成了游魂野鬼，还想怎么样？于是刘秀毫不客气，冷冷一笑：“最多只能保你们不死，你们自己看着办。”

刘恭见唬不住人，马上就㞞了。可他到底只是个递口信的，根本做不了主，只好灰溜溜地回去。

樊崇等人听了刘秀的反应，大概已意识到刘秀不仅打仗比刘玄厉害百倍，头脑也不像刘玄那般单纯，好忽悠。可事到如今还能怎么办呢？为了保命，赤眉军的将领们只好投降。当然，这里面有真不想再打的，也有打算先投降，准备日后再做打算的。

几天后，赤眉全军投降，刘盆子和赤眉军三十几个主要将领在丞相徐宣和御史大夫樊崇的带领下光着上身来到汉军军营，十几万赤眉军上缴的武器堆起来像座小山一样高，从陵墓里掘出的各种金银财宝更是不计其数。而在这些战利品中，对刘秀最有意义的，无疑是刘盆子献上来的传国玉玺。

得了玉玺，刘秀这个皇帝当得就名正言顺了。他心情大好，先是让手下多做了十几万人份的饭，让长期处于半饥饿状态的赤眉军吃了顿饱饭，然后第二天一早就跑到雒水（洛河）边上阅兵，而且把刘盆子、樊崇、徐宣等人都叫来观看，还半开玩笑地对他们说：“你们后悔投降吗？如果不服，我可以让你们回自己的军营，双方点齐兵马堂堂正正地决一胜负，省得有人口服心不服。”

笑话，樊崇他们又不傻，真回去又有什么用？现在他们踮着脚尖还能看到昨天投降时上缴的兵器堆成的山，回去赤手空拳的，还用得着打吗？

但刘秀话里的潜台词，有人听懂了。徐宣第一个跳出来给刘秀磕头，表示他们的投降是真心的，不但是真心的，而且期盼已久，还说能投降刘秀简直就如同“去虎口归慈母”一般欢喜，不可能再有其他的想法。

刘秀一听，很高兴，直接把刘盆子以下的赤眉将领们都放了。当然，这么做要有理由，不然有人可能会不服。于是刘秀说：“你们这些人这几年攻城破邑，屠戮无数，做的坏事多了去了，本来万死难赎其罪，但我还是决定放过你们。为什么呢？因为你们不算坏事做绝，还有三个优点：第一，你们虽横行天下，却没抛弃发妻；第二，你们选了一个刘姓宗室做皇帝；第三，别的叛贼要投降，都会杀了自己的领导，拿人头来我这里邀功，而你们竟把一个四肢齐全的刘盆子送到我面前，这足以证明你们并非不可救药。所以，我打算放了你们，而且每人赐都城洛阳的房子一栋、农田两顷。”

不得不说，刘秀的这三个理由十分牵强，怎么听都像在给他们开脱。如果这些都能算优点，那天下就没剩什么算缺点了。

但我们若顺着这些听起来蹩脚的借口深究下去，就会发现一些不一样的东西。

很显然，刘秀并非故意说得这么没水准的，他肯定还有别的心思。这个心思就是，他不能树敌太多，毕竟在实战中打天下不同于打电子游戏，敌人和困难都要多得多。如何能尽量壮大自己，瓦解敌对势力，是每个打天下的人都不得不面对和思考的问题。而作为战胜者，如何对待战败者就成了一大难题。都杀光，太残忍，这会让那些没投降或者准备投降的打消投降的念头，人为地给自己的后续任务增加难度；全放了，太仁慈，有可能他回家准备两天又开始跟你对着干，那你前一次的努力基本算白忙活。

刘秀对此非常有心得体会。他当年就是因为刘玄的犹豫、寡断才获得翻身机会，自己的前车之鉴岂能不识？樊崇当年投降刘玄又反叛的事，他岂能不知？因此，刘秀的做法是解散赤眉军，对个人可以既往不咎，但要迁往洛阳居住。

人放了，但严密监视起来。

当然了，徐宣本来就是因为略通文墨而被樊崇等人强行摁到丞相这个位置上的，跟赤眉军的其他人可能就不是一路人。现在终于能结束这一切，他是发自内心地感到欢喜。因此，徐宣最后得了善终。至于樊崇，如同之前投降刘玄一样，没过几个月他便再次反叛。可惜刘秀早已有准备，樊崇这次反叛比上次差得多，没怎么蹦跶就被汉军干掉了。

很多写历史的书上都说，建武三年（公元27年），刘秀干掉了赤眉军这个他统一天下过程中重要的对手。严格地说，这句话并不严谨，因为赤眉军后期越发像穷途末路的流寇，瓦解、消亡对他们而言只是时间问题，刘秀不过是加速了这个过程。再者，这时候刘秀所得的地盘主要在关中地区和关东的部分地方，而他的对手还有不少。在这些对手里面，隗嚣和公孙述在意义和困难程度上更胜赤眉军一筹。

因此，严谨地说，刘秀消灭赤眉军，不过是干掉了统一路上重要的对手之一。

天下二分

由于之前刘玄的不作为，更始政权从未真正主导过天下，不仅有赤眉军与之争斗，在远离长安的地方，天下各路豪杰更是纷纷而起，扯起旗子，挂上尊号，准备取而代之或者割据一方。当时，叫得出名号的有睢阳的皇帝刘永、巴蜀的皇帝公孙述、淮南王李宪、楚黎王秦丰、齐王张步、海西王董宪、关中的延岑、夷陵的田戎、号称五郡大将军的窦融和西州大将军隗嚣等。这些还是实力较大的，至于那些实力稍弱的，则多如牛毛，不可计数。

在群雄割据的年代，什么样的人才可能在乱世出头，甚至替老天爷收拾天下这个烂摊子？无疑是有能力、有实力，并且有雄心的人。光阴蹉跎，到了建武六年（公元30年），有能力、有雄心的刘秀经过三年的征战，终于基本肃清广袤的关东地区。当时，除了北边跑到匈奴那里、不成什么气候的卢芳，剩下的就是有能力、有实力、有雄心，占有大半个天下的刘秀，以及稍微有能力、有实力、有雄心，占据蜀郡的公孙述和稍微有能力、有实力，却没什么雄心，偏安于西州的隗嚣，天下局势逐渐明朗。

在这三人里面，隗嚣无疑是日子最难过的。

这么一说，好像隗嚣比其他人要差点儿，其实也不尽然。没有对比就没有伤害，一个人的优劣要看以谁为参照物。隗嚣相比于刘秀、公孙述是差点儿，可要是和同时代的其他人比起来，他却要强上不少。

隗嚣是天水郡人，年轻时便崭露头角，先是在州郡做小官，后来不知怎么得到国师刘歆的赏识，得以到长安做国师府的属官。刘歆死后，隗嚣迅速脱离即将崩溃的新朝，回到天水。等时局一乱，他马上得到家乡人的拥护，拉起队伍割据一方，但他脑子还算清醒，仍以汉臣自居。不久后，隗嚣接受了当时看起来最正统、呼声最高的更始皇帝刘玄的招安，到长安没几个月就做了御史大夫。可好景不长，不久之后，更始朝廷发生内乱，隗嚣再次跑回自己老家天水一带，拉起队伍割据地盘，随即又得刘秀器重，准许他专制凉州和朔方郡的一切事物。与之通信，刘秀不仅亲自起笔，还呼其字“季孟”，两人之间甚至采用国与国之间的礼仪。

这一切说明隗嚣这个人还是有能力的，在哪儿都混得开，不管时局如何变化，他总能找到一条适合自己的路子。按照这个思路，他本来实力也不怎么强，最适合他的方案应该是彻底向汉朝纳地称臣。以刘秀的为人和秦汉时期开国皇帝的传统，大多数功臣还是能活命的，尤其是像隗嚣这种并不缺乏情商的大臣，混个寿终正寝应该不成问题。可隗嚣或许是在外当了两天土皇帝，之前又在刘玄那里受了点儿刺激，脑子就有点儿糊涂了，坚持认为“打工不如自己做老板”，竟准备以区区两郡之地和刘秀分庭抗礼。

也不是说实力弱就不能有想法，刘秀当年还不是没兵没将，在河北一路狂奔，现在不也称了皇帝，占了大半个天下？他隗嚣好歹现在已经有了两郡之地和十几万弟兄，有点儿想法不过分吧？

可惜的是，隗嚣确实没这么大的雄心，也不想太折腾。刘秀能平定河北，关键是他有问鼎天下的想法。而且，当时整个天下都很乱，刘秀在乱糟糟的局势中一开始并不起眼，并非众矢之的，所以他才能发展壮大。同样，如果隗嚣想争夺天下，那建武三年（公元27年）到建武六年（公元30年），刘秀平定函谷关以东之前，是他浑水摸鱼扩充地盘、增强实力的最后机会。可是这三四年隗嚣做了什么呢？

答案是什么都没做，就在自己的一亩三分地里待着，甚至还在建武四年（公元28年）帮刘秀打过一次公孙述。

等时间到了建武六年（公元30年），刘秀基本肃清关东地区的异己势力，天下由非常乱变成有点儿乱之后，隗嚣就显得特别碍眼，而且以他那点儿地盘和实力，实在难以成为刘秀的对手。如果隗嚣不想争天下，他现在就该彻底倒向明眼人都看得出来的真命天子刘秀，继续做他的高官，享他的富贵，而不是接受巴蜀皇帝公孙述的册封，与刘秀对抗。

至于公孙述，他的想法一直很明确：试一下自己是否能得天下，不行就守住巴蜀这个地方至少十二年。至于十二年之后，那就多守一天赚一天。

有人会质疑我的说法，但我也没办法，因为公孙述自己对此深信不疑。

公孙述也是能力不凡，年纪轻轻便任清水县县长，因为有才能被太守委以“兼摄五县”的重任而一鸣惊人。在新朝的时候，他更是做到导江卒正（蜀郡太守）的高位。后来天下大乱，当权者自顾不暇，谁有空理巴蜀那千里之外的闭塞之地？于是公孙述趁机以千余人起兵，很快就摆平本土势力，又在绵竹击溃更始部将李宝、张忠的军队，由此威震益州。

既然没人拿他有办法，公孙述干脆在当地称王，自称蜀王，建都成都。

乱世中蜀王公孙述的日子一度十分好过，群雄忙于逐鹿中原，没人有空搭理巴蜀这个地方，让蜀地在乱世中享有一份难得的平静。这又吸引了大批从关中以及关东地区逃难而来的百姓和士族，甚至那些在关中斗争中失败的将军、统帅首选的逃亡之所也是蜀地。

在蜀地占了渔翁之利的公孙述逐渐发展到属地户口百万、甲兵数十万、积粮满仓的地步。有兵有粮，公孙述的心思就多了起来。虽然他嘴上不说，但日有所思，夜有所梦。某天晚上，公孙述做了一个梦，梦中有一神人对他说了这么一句没头没尾的话：“八厶子系，十二为期。”说完人就不见了。

一觉醒来，公孙述不得其解，便在床上干坐着苦想。整整一天下来，他顶着辘辘饥肠，终于灵光乍现：“八厶”是“公”，“子系”就是“孙”，这不就是拆字游戏嘛！至于意义，猜都可以猜到，但凡托梦，都代表着了不得的事。对于已经是蜀王的公孙述来说，什么是了不得的事？

那就只有当皇帝了！

公孙述激动得一下子从床上蹦到地上，出门就将此事告诉老婆。他老婆也很高兴：“那是大人的贵兆啊！”

公孙述却有一丝疑虑和不爽：“贵是贵，可惜后面有句‘十二为期’，十二年而已，有点儿短……”

公孙夫人倒是比公孙述想得通透：“古人云‘朝闻道，夕死可矣’，何况你有十二年的气运，有什么不知足的！”

公孙述受了夫人的鼓励，抛弃最后一丝疑虑，早于刘秀两个月，于公元25年四月在成都称帝，自称公孙皇帝。

当然，自西汉末年开始，世人多重视符谶天命，因此这件事也可能是公孙述自己一手炮制出来的，目的就是让自己称帝显得不那么突兀。反正就是个梦，他说有就有，也没什么人能证明它不存在。

但要说公孙述和隗嚣不同的地方，其实不在于公孙述敢称帝，而在于他确实有过逐鹿中原的想法和举动。得了神人的暗示，精神上受到鼓励的公孙述自定年号龙兴，企图做一个隆兴之主。

然而，现实并不如理想那般简单。蜀王要出来争夺天下，要么出陈仓道、褒斜道、子午道，入关中；要么出江关，入荆州；再不行就得入长江走水路了。在古代，要走这些路进蜀郡是很难的，而想从蜀郡里面出来显然也不容易。只要人家把路上的关口把住，将几个关键的地方一掐，你身后纵有百万雄兵，也只能徒呼奈何。建武四年（公元28年），公孙述好不容易趁乱出了一次三辅，还被隗嚣帮着冯异给顶了回去。等到建武六年（公元30年）之后，出了蜀郡，天下基本上都是刘秀的，公孙述就更加没办法了。

现实逼得公孙述变成了隗嚣，在乱世中不求成大事，只要能守住自己那点儿地盘，有老婆孩子热炕头就满足了。可这种满足是相对的，有时效性。当乱世逐渐被平定，他们再没办法也必须面对这样的事实：刘秀的对手已经很少，你不动他，他也要动你了。

建武六年，刘秀与最后的对手终于要碰头了。对阵双方，一方是刘秀，另一方是公孙述和在中间摇摆不定的墙头草隗嚣。

那隗嚣和公孙述，刘秀要先打谁呢？

其实从第三方的角度来看，刘秀强，公孙述和隗嚣弱，他们只要想抵抗，就不得不联合起来，因此打谁都一样。

但刘秀一开始的想法并不是这样的。大概是隗嚣这个人的声誉一直不错，或者是刘秀认为他是个值得争取的对象，因此刘秀最初的战略是拉拢隗嚣，打击公孙述。建武六年（公元30年）三月，刘秀给隗嚣去了一封信，明言想让他从天水郡出兵，配合汉军讨伐公孙述。

这是刘秀对隗嚣的最后一次试探，或者说是争取。

隗嚣虽占据州郡，可他长期以汉臣自居，而且多次出兵配合刘秀。建武二年（公元26年），邓禹的部将冯愔叛变，企图率部逃往天水，结果被隗嚣击溃于高平；建武四年（公元28年），公孙述曾派兵出陈仓，欲占据长安周边的三辅地区，但很快便被隗嚣和冯异击溃；后来公孙述也曾想拉拢隗嚣，在派兵出汉中以武力威胁的同时，还派人给隗嚣送去扶安王、大司空的印绶，但公孙述的这一举动引起隗嚣极大的不满：你我都割据一方，要说也是国与国之间的对等关系，怎么现在你什么都没做，我就莫名其妙地成了你的臣子呢？结果隗嚣不仅斩了公孙述的使者，并且派兵联合冯异一起击败了蜀军；到了建武五年（公元29年），隗嚣干脆打发自己的长子隗恂到洛阳做人质。

那这样看来，是否隗嚣就会安安心心地做刘秀的人呢？

非也。

仔细观察隗嚣在建武六年之前的所有行动，不难发现其实他做事有一个原则和底线，那就是维持现状，自己的一亩三分地绝对不能动，不能受威胁。虽然他不想扩张，但谁威胁到他的地盘，他就针对谁。天下大乱的时候，最能威胁他的不是强大的刘秀，而是在蜀地对其虎视眈眈的公孙述；当天下将定未定之际，最能威胁他的人就变成了占有大半个天下的刘秀。因此，隗嚣倒向公孙述也是必然。

当然，即便刘秀有这个想法，他内心大概也是存疑的，毕竟如果能把隗嚣争取过来，就不用打那么多仗了，对他和天下百姓都有莫大好处。于是刘秀才最后试探了隗嚣一次。

刘秀的这次试探对于他将以什么方式处理隗嚣无疑是有决定意义的，因为这是一次触及隗嚣底线的试探：打破现有的平衡，消灭公孙述。

果然，隗嚣马上就跳起来了。两头敲敲竹杠，可以；打破平衡，不行！

于是，隗嚣给刘秀回了一封信，说自己现在根基很差，地盘还没站稳，还有刘文伯（卢芳）在匈奴那边窥视自己，因此不能轻易动兵。而且，入蜀的栈道破败不堪，出了名地难走，加之白水关易守难攻，即便进兵也难讨得好处。

可隗嚣也不敢直接拒绝刘秀，不能说“我不去，你也别去”之类的话，这样非但不给刘秀面子，更可能把汉军引来。于是，隗嚣想了个自以为能混过去又不会让刘秀怨自己的办法。

什么办法呢？隗嚣做愤愤状，继续说：“公孙述这个人的性格出了名地严酷，这已经让蜀中臣民很不满了，我们要做的就是等，等他的罪恶积累到天怒人怨的程度，那时候我们再振臂一呼，天下人自然会群起而攻之！”

笑话！等公孙述到天地不容的地步，天知道那得等到猴年马月！而刘秀岂是那种三言两语就情绪激昂、被人牵着鼻子走的货色？隗嚣的信送到洛阳后，换来的只是刘秀的一声冷笑。刨去表面激愤的词藻和字眼，他迅速抓住了隗嚣内心的真意：维持原状。

维持原状就意味着国家分裂，国家分裂就意味着战争不能停歇，百姓就得继续受苦，刘秀这个皇帝也名不副实——这是刘秀不能忍的。不过，既然摸清楚了隗嚣想维持原状的态度，刘秀就不太可能主动进攻隗嚣，于是他决定先干掉公孙述。

建武六年（公元30年）四月，刘秀以耿弇、盖延等七位将军为先锋，自率大军在后，准备取道陇西征讨公孙述。

为了安抚隗嚣，避免不必要的麻烦，刘秀事先还派自己的表哥中郎将来歙给隗嚣送去一封信，言明自己只是借道入蜀。

刘秀大概有些低估隗嚣。他虽然只想守着自己的地盘，可唇亡齿寒的道理他也不是不懂。如果让汉军消灭了公孙述，那刘秀解决自己不过是时间问题。况且说是借道，谁知道刘秀是不是假道灭虢，准备进了陇西后再倒戈？

就事论事地说，站在隗嚣的角度上，他的顾虑不无道理。于是，隗嚣决定趁汉军不备主动进攻。

汉军要取道陇西，就得翻过陇山，隗嚣便派将军王元率军在陇山的半山坡上埋伏，并且砍断了许多树木，用来堵住行军道路。

到了陇山底下，以耿弇等为首的汉军先锋对隗嚣的行动毫无察觉，也缺乏必要的警惕，当队伍行进到半山坡时才发现道路被横七竖八的大木头堵住。一时间大伙儿还挺好奇，有趁机停下来歇脚的，有指挥人搬树木清理道路的，还有纯粹往前挤着看戏的。总之，干什么的都有，现场一团乱哄哄，好不热闹，就是没人想一下这些树木为何倒在这里，以及“伐木塞道”有何潜在的意义。

这时，天上响起一声尖锐的响声，四周突然矢下如雨。箭雨过后，早埋伏好的士兵从山上和道路两旁冲出，杀了汉军一个措手不及。好在七个将军里有一个马武挺厉害，一看情况紧急，赶紧亲自带着精兵断后，奋力杀退王元队伍的几次冲击，才确保其他汉军连滚带爬地下了陇山。

隗嚣既然先发制人，在陇山击溃了汉军先锋，迫使汉军后退，便干脆乘胜占领了陇山脚下的几座城。这下子陇山周边几个郡纷纷投靠隗嚣，隗嚣和刘秀正式撕破脸皮。

然而，这一点儿失败对刘秀来说并不算什么，况且它还帮刘秀解决了一个长期以来不知如何对付隗嚣的难题：既然和平手段已无可能，那就手底下见真章吧！

建武六年（公元30年）十二月，刘秀将之前在对付赤眉军时大放异彩的征西大将军冯异派到前线，命他进驻栒邑城（今陕西咸阳旬邑县北），又让从陇山退下来的征虏将军祭遵进驻汧县（今陕西宝鸡陇县东南），准备应对隗嚣的再次进攻。

冯异接到命令就出发了。在行军途中，他得到消息：隗嚣派行巡和王元二人率两万多人出陇山，也朝着栒邑和汧县来了。

得到这个消息后，冯异马上命令全军急行军，要在最短时间内抢先抵达栒邑。

对于冯异的这个决定，他手下的将领们纷纷表示不同意：“将军，现在敌众我寡，敌人气势又盛，这个时候恐怕不好和他们争锋，我们应该让队伍停下，找一个有利的地点安营扎寨，然后再慢慢谋划进攻的事情。”

“不对！”冯异力排众议，“如果让敌人占据栒邑，那么整个三辅地区都会受影响。我们的队伍虽然人数不多，要进攻是不够的，可用来防守则绰绰有余，所以我们应当抢先抵达栒邑，以逸待劳。”

在战场上，及时地审时度势，选择适当的方式进攻或者防守，是一个出色将领必备的条件，而冯异就是这样一位出色的将领。他总是能正确地评估战场形势和敌我力量对比，从而做出最合理的行动方案，该强则强，该㞞则㞞，而不是一味地凭自己的感觉或面子蛮干。

在冯异的坚持下，汉军日夜兼程，偃旗息鼓，秘密进入栒邑城，而这时候同样以栒邑为目的地的行巡及其队伍对此还一无所知。第二天，等行巡的队伍来到栒邑城城下时，即便看到城门紧闭，四周一片安静，也根本没意识到汉军已经在城里了。由于一路行军疲惫不堪，他们甚至没有派出斥候就开始各顾各地休息，准备等休息好了再叩开栒邑城的城门。

有过长距离行走或者奔跑经历的朋友们都有这样的经验：如果你没停下来，那咬咬牙还能坚持走一段；如果你停下后休息够了，那起来再跑也没问题；但如果你刚坐下或者躺下两分钟，就让你起来继续跑，除非有大毅力，否则是件非常痛苦的事情。又比方说我正在缓慢地“码字”，现在是凌晨，其实这时候我的精神还可以，坚持写到天亮问题不大；如果让我睡上五六个小时再起来写，精神会更好；但如果你让我现在睡下，三点再起来写——好吧，码什么字呢，今天不写就不写了。

现在城外行巡手下的将士们大概就处于我凌晨刚睡下的那种状态。这时平静的栒邑城里突然战鼓齐鸣，城头旌旗招展，须臾间城门大开，已经休息好的汉军高声呼喊着精神抖擞地冲了出来。这时候行巡队伍里的很多人一时间恐怕连站起来对阵的精神和力气都没有，根本组织不起像样的抵抗，仅仅能凭着求生的欲望迈开双腿四散奔逃，但冯异哪里会放过他们，汉军一口气追出去几十里地，大破行巡的军队。可以说，行巡手下能活下来的，大多是在意志力一项上突破了自己极限的人。

这边冯异打了胜仗，那边祭遵也打败了王元的军队，于是刘秀命令冯异继续进军。很快，北地、安定、上郡等刚投向隗嚣的地方又全部归降汉军。

刚刚赢了一场，隗嚣还没来得及品尝胜利滋味就被冯异给了当头一棒，一下子又有点儿蒙了：看来争天下、打天下也没什么意思，胜败得失来也匆匆，去也匆匆，还不如就跟以前一样，大家互不侵犯，和平共处，多好？

有了这个想法，隗嚣又给刘秀写了一封信，名为认错，态度嘛，感觉有点儿怪：“之前也不是我想打仗，是手底下的官吏和百姓听说汉军的大队伍来了，惊恐万分，我又实在制止不了，这才引发混乱。虽然不知道他们怎么打了几场胜仗，但我没忘记自己做臣子的本分，赶紧亲自去把他们都追了回来。听说过去舜被父亲责怪的时候，如果父亲用大棍子打他，他觉得受不住就会跑；如果父亲用小棍子打他，他觉得能受住，就站着挨棍子。我虽然笨，却不敢忘记君臣大义，知道自己的生死掌握在朝廷的手里。如果您让我死，我就死；让我受罚，我就受罚；但如果您能放我一马，这个恩情我至死不会忘记。”

隗嚣的这招缓兵之计用得实在不怎么样，而且这时候刘秀已没有多少耐心再跟隗嚣扯皮。他给隗嚣回了一封信："如果你现在能约束自己的行为，再派你的二儿子来朝廷做人质，那我可以保全你的爵位。我快四十（其实只有三十六岁）了，在军中也待了十年，实在是讨厌那些空话、套话和花言巧语。你如果不愿意按我说的做，那连信都不用回了。”

隗嚣到底是早年在官场如鱼得水的角色，还是有点儿小聪明的，一下子就明白了刘秀的意思。那就是刘秀已经看破了他的缓兵之计，甚至连与他虚以委蛇的心情都欠奉。

没办法，好日子到头了。

可自己怎么能对付得了刘秀呢？隗嚣思来想去，眼下只有投靠公孙述，才能暂保安全。

于是，建武六年（公元30年）十二月，隗嚣向公孙述纳表称臣。次年三月，隗嚣接受了公孙述给他的朔宁王称号。

天下进入统一前最后的二国时代。

来歙与两千勇士

尽管隗嚣占了陇山底下的一些地盘，又得了公孙述的支援，可他感受到的压力却越来越大，也越来越难以入睡。原因无他，只是因为刘秀已经公开表明自己的厌战情绪。刘秀表示厌战，不可能是要罢兵休马，放任天下分裂，只可能意味着他将尽早解决这一切。

在巨大的精神压力下，隗嚣决定主动出击，试图将命运掌握在自己手里。建武七年（公元31年）秋天，隗嚣兵分两路，自己率军三万进攻安定，另派一军进攻祭遵把守的汧县。

隗嚣虽然来势汹汹，可他的对手更厉害。防守安定、对阵隗嚣的冯异自不必说，就是守备汧县的祭遵，那也是当年在战场上被对手的弩箭从嘴巴射进去，又从一侧腮帮子出来，顶着贯通伤，满嘴鲜血依然大呼“向前！”，死战不退的猛将。要和这种对手交战，不仅要有勇有谋，还要有必胜的信念和不成功就成仁的决心。如此多的限定条件，对隗嚣及其手下来说，实在是太难了。

因此，隗嚣的进攻注定虎头蛇尾，来时汹汹，去时匆匆。当然，如果隗嚣能提前知道这是自己最后一次进攻机会的话，没准儿他还会多挣扎两下，但这已经无碍于最后的结果。

撤退后，隗嚣意识到刘秀的进攻不会太远，就开始严密布置陇山一带的防守，企图御汉军于陇山之下。

然而，刘秀接下来的行动计划展示了他超人的战略意识和对将领们的信任。

刘秀的计划分两步。建武八年（公元32年）正月初春，刘秀召来祭遵和来歙两员猛将，面授机宜。一阵嘀咕后，两人便带着几千人马出发了。刘秀这次给两人选定的目标出乎所有人的意料，是远在陇山背后的战略要地略阳城。

这是计划的第一步。

作为刘秀的表哥，来歙这次面临重重困难。因为是奇袭敌后，所以他们带的人马本就不多，而祭遵半道上还病倒了（这一病，直到第二年死之前都没缓过来）。来歙只好让部分士兵把祭遵送回去，自己带着剩下的两千多精兵继续上路。

但对来歙和他手下的两千多人来说，困难才刚刚开始。略阳，城如其名，“略”乃“战略要地”之“略”，“阳”指象山之南。从名字就可以看出，这是象山旁的一个战略要地。

事实也是如此，略阳当时是隗嚣整个西州防御体系中最为重要的一点。如果能占领略阳，则隗嚣安排在陇山一带的防御队伍就成了刘秀的瓮中之鳖，而失去略阳到陇山一带的天然屏障，也意味着隗嚣将再无险可守。

计划好是好，实际操作起来却有一大堆问题，首当其冲的就是怎么才能到达略阳。要知道，略阳离陇山前线一带足有数百里距离，难道让将士们插上翅膀飞进去？

飞进去当然不可能，但要让对手难以察觉则是可以做到的。来歙思索良久，想到一个看起来最笨却最实际的办法。他带着士兵们绕开对手的眼线，七拐八拐地来到一个十分荒僻的地方，从这里一眼望去，四周只有绵延的群山和看不清情况的灌木丛林。

“将军，前面没有路了。”手下人提醒他。

“继续前进。”来歙好像没听见一样，手往前一指。

“将军，前面没路啊，容卑职带一队人马再去附近探一条可行之路。”手下一个副将说道。

“不用，我们就从这没有路的地方穿过去。”来歙拔出腰间的环首刀，劈开面前的灌木丛，坚定地说，“弟兄们，这世上本没有路，走的人多了，也就有了路！”

既然要奇袭略阳，就不能让敌人提前发现自己的意图。如果顺着现有的通往略阳的道路走，那显然不实际。因为不管他们再怎么小心，也不可能指望通往略阳的道路上没有敌人的防守，或者心存一路上敌人不会发现自己的侥幸。于是，来歙用了最安全也是敌人最想象不到的方法：逢山开路，遇水架桥，一步一步地挖进去。

这样行军，哪怕是在今天都十分不易，放在没有导航的两千年前更是危险且艰辛。比如说队伍迷路，比如说士兵遭遇饥饿、疾病问题或遇险意外受伤，还比如说消息走漏，被对手在某地埋伏等，都可能造成队伍减员，甚至走着走着这一队人就这么消失了也不是没可能。但在非常情况下必然需要非常的手段。来歙带着这两千多人，冒着极大的风险克服重重困难，又借着一些运气，成功穿过了陇山防线。数日后，汉军出了山区，从番须、回中[1]一带径直插向略阳城下。

然后就是攻城。

对来歙及其手下而言，相对于之前和之后发生的事情，攻打略阳可以说十分轻松。他的行动完全出乎隗嚣一方所有人的预料，谁也没想到汉军

1.番须、回中皆为古道路名。

竟然会在这个时候以这样一种方式出现在略阳这个地方。略阳的守将金梁猝不及防，交战第一天就被当场斩杀，随后汉军顺利攻占略阳。

来歙在略阳的胜利不仅震惊了当时的人，也影响了后世。两百多年之后，魏国大将邓艾受来歙启发，运用类似的战术，以两千士兵偷渡阴平，攻陷成都，灭了蜀汉。

但对来歙来说，还远没到庆祝胜利的时候。奇袭略阳只是刘秀计划的一部分，接下来他的任务更加艰难：坚守略阳，牵制隗嚣的主力。

时间嘛，不知道，但肯定是越久越好。

当时选择略阳作为目标的时候，刘秀已经有了让他们长期坚守的打算。因为略阳当时是西川要地，又远离前线，城里囤积了足够多的军粮，只要能拿下略阳，守城队伍的粮草至少在一段时间里不用操心。但有粮只是防御战能成功的一个因素，要知道来歙手下即便都是精兵，满打满算也就两千多人！即便不缺粮，以没有后援、没有退路的两千多孤军守一座四面受敌的孤城，世人真不知如何能办到！

估计来歙自己心里也没底，但没有办法，都来到这儿了，人也杀了，城也占了，不继续还能怎么样？此外，来歙也没多少时间做准备。隗嚣听闻略阳陷落，大为震惊，立即做出反应：命大将王元在陇坻抵御汉军，同时派行巡把守番须口，王孟堵住鸡头道，牛邯在瓦亭驻防，将汉军的增援路线全给堵住，然后自己亲率数万人围攻略阳。

按理说来歙这就算陷入绝境了，可他并不打算就此放弃，何况他本就是带着任务来的，那就是尽量拖住隗嚣的主力，为刘秀突破陇山创造机会。只要汉军突破了陇山，就能驰援略阳，来歙和手下便会有一线生机。因此，来歙攻下略阳后做的第一件事就是派人马上抄原路返回，向刘秀报告消息，余下要做的事情就是坚持到刘秀前来解围。这个目标虽然遥远，但总归是有指望的，能多挺一天，就离希望近一分。

好在略阳城不算大，来歙把两千人平摊到城墙的各个方向后竟还有富余，于是他又组建了一支由自己带领的机动小队，准备四处救火。来歙这边刚忙完，还没来得及多喘一口气，隗嚣大军的先锋就到了略阳城下。

迅速抵达略阳附近的隗嚣并没有立即下令攻城，他做的第一件事是让士兵挖掘沟壑，穿过象山，并筑起堤坝引来附近的河水。

回头再看，隗嚣的这一举动成了影响整个略阳攻防战的最重要因素。

我们从旁人的角度很难想象隗嚣这么做的目的。按理说他以数十倍于对方的兵力围困略阳，只要不计代价不断进攻、再进攻，根本无须任何花哨战术，让来歙和手下的两千孤军身死城破只是时间问题，他却选择了这个看起来有些取巧的办法。

如果非要猜隗嚣的想法，有两种可能性。第一种可能性是来歙奇袭略阳的行动让隗嚣非常愤怒。正因为愤怒，对于在隗嚣看来已经是瓮中之鳖的汉军，他要采取最残忍的戏耍手段进行惩戒——就如同猫拿住耗子后总免不了要戏耍一番，因为它此时对老鼠有极强的掌控力。此时隗嚣自觉自己如同抓住来歙这只老鼠的猫，不信来歙能翻出自己的手掌心，因此打算引附近的河水淹没略阳城，以滚滚洪流表达自己的愤怒。

还有一种可能性，就是隗嚣此时极其冷静。《孙子兵法》中说：战争中攻城是下策，是迫不得已的办法。攻城之时，准备器械需要三个月时间，构筑供士兵攻城的土山又需要三个月的时间。如果主帅心怀忿恨，硬逼着士兵们像蝼蚁一般不计后果前仆后继地拥上城墙，那阵亡三分之一的士兵却拿不下城池也是常见的事情。

既然攻城的风险如此之大，为了一座孤城和两千敌军，不仅要搭上半年时间，还要赔上自己三分之一的大军，隗嚣自然是不乐意的，因此他要另觅途径，将攻城的风险降到最低。最后，隗嚣选的这个途径就是水淹略阳。

但隗嚣没有预料到，这一放水，局势便被冲到他意料不到的方向。

以水灌城确实是能减少攻城队伍伤亡的办法，在历史上也有成功的先例。可惜隗嚣有点儿画虎不成反类犬。要么是河流水流量不足，要么是隗嚣决堤太早，结果引来的大水虽淹入略阳，其积聚的势能转化出的动能却不足以完全冲垮城墙。

不过，这可苦了城里的汉军。士兵们一边要防御敌人的进攻，一边还得分出人手来抢救物资，兼修补被大水破坏的城墙及其他防御设施，每个人都只恨爹妈少给自己生了两只手、两只脚。来歙更是没日没夜地巡视，睡觉都不敢脱战袍，格外敏感的神经刺激着头皮，使得头发一把一把地掉。

然而，第一波洪峰过后，战场的情况就不一样了。大水使略阳城里城外成了一片泽国，城里的守军还能居高临下，城外隗嚣的人马只能在泥泞的地上艰难地挣扎前行，反而增加了他们攻城的难度。

尽管攻城的难度增加了，可汉军的防守难度并没有下降多少，他们依然得没日没夜地抵挡敌人的进攻。好在隗嚣攻城的办法本就不多，现在他们的队伍又陷在淤泥里行动不便，临车、冲车、钩车、巢车、登城车等一干攻城器械难以施展，想寻得破城之计就更难上加难了。最后，隗嚣依然不得不用自己原来最不想用也是最原始、效率最低的办法：用人堆进去。

一开始，汉军将士在城墙上居高临下，朝着底下蚁附而上的敌人毫不留情地用弓箭招呼。不管在什么时候，城市防御战必以远程武器为先，近身肉搏和巷战则是最危险也最没有办法的办法。

汉军士兵以城墙为依托，等敌人靠近了便从城头现身，往底下一通乱射，把冲在前头的敌军呼啦啦射倒一排，然后张弓搭箭再射，又倒下一排，敌人只好后撤到弓箭的射程之外。可这种情况并没有维持太长时间，在击退十数次进攻之后，将士们手中的弓箭就消耗得差不多了。

弓箭没了，敌人再来就得上去肉搏。来歙和将士们倒不是怕死，只是这离他们尽量拖住隗嚣主力的战略目标还差很远。若现在就战死，让对手夺回略阳，那所有的努力就都白费了。这时来歙急中生智，反正城里被水泡着，房子也住不了了，干脆把城里的房子全拆了，大伙儿都上城头，将拆下来的木头、石块都用作防御武器。那几十斤的木头和石块从城墙上抛下去声势颇大，“呼”的一下子就撂倒好几个人，然后在被泡软的地面上砸出一个大坑，泥浆混着血花四溅，场面甚为壮观。但来歙没心思欣赏这些，从这一年的正月占领略阳开始，他关心的只有两件事：下一拨进攻如何抵挡，以及援军什么时候来！

另一边，得到来歙占领略阳消息的刘秀第一反应是抚手大笑：“略阳是西州防线上最重要的地方，现在为我所有，那接下来要肢解隗嚣的整个防御体系就容易得多了！”

既然容易得多，那您赶紧行动啊，您表哥还在略阳城里死撑，他手下就那么点儿人，去晚了恐怕连骨灰都剩不下。

刘秀接下来却按兵不动。他手下的吴汉等将军一听说来歙竟然真的攻占了略阳，抢了头功，哪里还坐得住，点齐兵马就要打到略阳去，好分一杯羹。刘秀一把制住蠢蠢欲动的将军们，告诉他们：“大家少安毋躁，仗有你们打的，但现在还不是时候。隗嚣丢了这么重要的地方，肯定要夺回来，因此一定会派大军围城，倾尽全力进攻。如果他们长期围困而不能攻取略阳的话，士兵就会疲惫，士气必然低落，到那个时候我们再一鼓作气，一定能获得决定性的胜利。”

其实，道理谁都懂，可来歙毕竟是孤军，谁都不知道他在略阳能坚守到什么时候，刘秀指的“那个时候”又是什么时候！

时间就这么一天天过去，略阳城下，隗嚣和来歙的攻防演练已经不知上演了多少回合，城里能拆的房子一天天减少。可在陇山之外，来歙翘首以盼的援军依然毫无动静。

春去夏来，到了闰四月，估计隗嚣的大部分将士已经疲惫的刘秀终于开始行动，而且是御驾亲征。与士气被消耗得差不多的对手相比，汉军在刘秀的带领下则士气高涨，到了高平县又得到先前已经投降的窦融的支援。窦融不仅带来了自己的手下和羌族、小月氏共几万人的队伍，更有辎重数千车。当时各方军队普遍缺粮，而汉军有了窦融的增援气势更盛。别人行军打仗，推演行军布阵，用的都是沙盘，此时刘秀竟可以使用米盘了。

汉军兵精粮足，刘秀底气十足。到了陇山底下，刘秀大手一挥，全体汉军兵分几路，同时向陇山各个据点的敌军发起进攻。面对汉军如此攻势，隗嚣手下那些被几个月的持续紧张拖疲惫的将士哪里敢与之抗衡？以至于刘秀只用一封书信，便使驻守瓦亭的牛邯打开城门投降。

投降的牛邯一到刘秀那里，刘秀立即任命他为太中大夫，给予他相当的信任。牛邯的遭遇在他的同僚中引起了连锁反应，既然仗明显打不赢，高官厚禄又唾手可得，隗嚣手下的其他将军就更没斗志了，争相恐后地投降。一时之间，隗嚣手下十三员大将、十六座城池、十几万士兵全部归降刘秀。

隗嚣没想到自己经营多年的防线和相随多年的手下如此经不起考验，仓皇之间也顾不上略阳了，在汉军抵达之前便带着自己的妻子、儿女和少数亲随匆匆逃往西城。再看被围困好几个月的略阳，尽管城里士兵已疲惫至极，城里破败不堪，整座城里几乎连一间像样的房子都没有，可略阳依然牢牢地掌握在来歙手里。

随着隗嚣的溃逃，略阳防御战终于宣告结束。当刘秀率领大军出现在略阳城外时，城里的汉军一开始甚至没反应过来。要知道，他们到这儿时才是初春的正月，而现在离第一股秋风吹至已经不远了。来歙和幸存下来的士兵时隔数月之后终于第一次走出略阳，都有一种再世为人的感觉。

对于表哥的英勇表现，刘秀当然要给予充分的肯定。他不仅亲自来到城外迎接来歙，赏赐其一千匹绢帛，并在随后的庆功宴中将来歙的席位单独设在所有将军之上，以表彰他超凡的功绩。

但来歙的努力并未让刘秀在这一年与隗嚣的争斗中获得全胜。八月，颍川发生民变，刘秀不得不回师东归，留下吴汉等人继续围攻西城。然而，吴汉为了抢功，违背刘秀离开时的部署，使用大量兵力企图在短时间内攻破西城，结果非但没能成功，反而导致军粮匮乏、士兵逃亡。

这时候，王元带着公孙述的五千援兵到了西城，粮草已尽的吴汉不得已后撤，率汉军重新退出陇山。但对穷途末路的隗嚣而言，这只是回光返照。第二年，西川闹饥荒，本已疾病缠身的隗嚣很快便在饥饿与疾病中一命呼呜。

隗嚣死后，他的手下拥立他的儿子隗纯为王。这个隗纯比之隗嚣更是不如，虽然得了公孙述的协助，但他还是在建武十年（公元34年）十月因抵挡不住来歙的进攻率部投降刘秀。

建武十一年（公元35年），刘秀与公孙述之间最后的斗争开始了。

残缺的胜利

像隗嚣、公孙述这样，想以区域之地抵抗大一统的时局，本就是非常艰难的事。不论是隗嚣还是公孙述，他们手下都有明知此事不可为的明白人曾对其进行劝阻，可两人在这件事情上都表现出了明知不可而为之的固执。大概是因为人一旦体验过称王称霸这件事，实在容易上瘾，难以拒绝。

建武六年（公元30年），一个叫荆邯的骑都尉曾跟公孙述分析过当时的局势。他说："现在时运不佳，刘秀已然占有天下的五分之四。一旦隗嚣被击溃，刘秀就占据了天下的九分之八，到时候陛下（指公孙述）免不了会走王莽自溃的老路。如果陛下要保住自己的地位，现在就该行动了。一方面占据江陵，进而平定长沙以南的地区；另一方面出兵三辅，看准时机把隗嚣的地盘纳入自己手里。这样天下就会震动，陛下才有可能获得最大的利益。如果像隗嚣那样只想做周文王，偏安一隅，那是没有前途的。”

应该说荆邯的策略在当时还是有一定道理的，至少在当时的情况下不失为一个可行之策，只可惜公孙述此人任人唯亲，行事缺乏足够的魄力。他在南边出兵江陵受挫后并未坚持继续用兵，在北边既吃不下隗嚣，又不肯尽力援助隗嚣，几乎相当于坐看隗嚣被汉军消灭。等时间到了建武十一年（公元35年），公孙述再也不需要在冒险争夺天下还是固守蜀地以求暂时安宁两者之间犹豫，刘秀已经帮有选择困难症的他做了选择。从此刻开始，公孙述的日子越来越难过，因为刘秀开始反过来从南北两面同时夹击蜀地。如今，公孙述只能直面汉军的进攻、再进攻，直至被消灭，或者把刘秀消灭（这怎么看都不可能）。

但是，这一年对刘秀来说同样是艰难的一年。

刘秀进攻蜀地的策略和公孙述要出来争夺天下的计划是类似的，同样是从陇地和荆州南北两路出击，在北边打头阵的依然是来歙。

来歙确实是个不可多得的将才，尤其考虑到他还有一重皇亲国戚的身份，就更难能可贵了。这样一个有能力又不需要提防的大臣，很难不让皇帝信任和喜欢。而来歙也没有辜负刘秀的信任，在消灭隗嚣之后，他又摆平了羌人。建武十一年（公元35年）六月，来歙与盖延、马成率军从陇右进攻蜀地，大破公孙述的守将王元和环安，并占领了下辨县（今甘肃成县西北）。

下辨是连接陇右和汉中的要地，公孙述丢了下辨，汉军便可直入汉中。而如果汉中失守，蜀地的北面就门户大开，那样的话汉军想什么时候打到成都则完全看来歙的心情。因此，蜀中君臣对来歙在下辨的胜利大为震惊。不过，鉴于三年前来歙在略阳的壮举，公孙述对派大军夺回下辨并不抱希望，但如果他想在蜀地多撑一会儿，不夺回下辨又是不行的。

那怎么办？

公孙述到底鬼点子多，很快就想出了一个成本极低的办法：派刺客刺杀来歙。

严格地说，这种在战争中刺杀对方主帅以达到暂时的战略目的的办法并非不可行，但一般少有人用它，因为军队的主帅深处军营重重保护之下，不是想刺杀就能刺杀的，况且行刺就意味着己方内心已经确认自己远不如对手。除非能刺杀对方的君主，若只杀一大将，对方可再派一大将来，到时候该打不过还是打不过，而刺杀一事则难以复为之。

但公孙述到底气数未尽，其所派刺客不知出身何门何派，武功诡异卓绝，当真怀揣一把短剑夜入汉军大营，寻机一剑刺中来歙要害，然后短剑也不要了，撒手后撤，全身而退。而那来歙端的是条汉子，利刃在要害处扎了个对穿，剑刃从背后透出，他居然能强撑着一口气先招来副将盖延托付军中事务，又给刘秀手书绝笔信一封交代家事，最后才抽刃而亡。

可怜来歙，什么大场面没见过，竟在这阴沟里翻了船。

来歙遇刺后，汉军在北边的攻势被迫停滞，刘秀不得不再次启程亲征。可刘秀没想到不仅北边进军不顺利，南边的汉军同样遇到了困难。

汉军要沿长江而上进攻蜀地，就需要先破荆门再取江关，然后才能入蜀。而荆门和江关这两地都是一夫当关万夫莫开的要塞，进攻方的主帅不仅要陆战在行，还得熟悉水战。即便这样，想连取两关也是非常困难的，整个行动计划的难度系数高达五颗星。

那派谁做统帅呢？刘秀早有了选择，这个人就是岑彭。岑彭之前有很长一段时间率部在荆州一带与蜀军交战，总的来说胜多负少，按能力也确实是合适的人才。偏不巧的是，建武九年（公元33年）汉军在荆州一带打了大败仗，蜀军击败了威虏将军冯骏，攻占了巫县、夷陵及夷道一带地区，又占据了荆门山上的要塞，并且在长江江面上搭起浮桥、战楼，将许多粗大的木桩一头钉入河床（其作用类似于二战时期用以阻碍坦克行进的水泥墩子），还在一旁的山上驻扎重兵，水路一体阻断汉军入蜀的道路。自此之后，岑彭拼尽全力也只能和蜀军维持均势，多次进攻都难有寸进。

不过，现在刘秀已经解决了隗嚣，可以放开手脚和公孙述一较高下了，于是他便出手打破了南方的平衡。建武十一年（公元35年）三月，刘秀命吴汉率六万水军、五千骑兵在荆门与先前驻屯津乡的岑彭会合。刘秀了解吴汉善用骑兵，不习水战，因此下令队伍以征南大将军岑彭为主帅，全权负责战役的指挥。

这时候驻守荆门的是公孙述的大司徒任满和南郡太守程泛。得到刘秀充分信任的岑彭决心一战打破两年来双方在长江上无休止的拉锯、扯皮。

针对布满木桩、大船无法行进的江面，岑彭早已准备好两种特殊的船用来进攻。一种是武装小船，它有个名字，唤作“冒突露桡”，特点是船身小巧，顶覆木板，内有隔仓，每船可藏数人，只有船桨暴露在外，专门用来冲破江面阻碍；另一种是“直进楼船”，此船身大力沉，直进直退，船底加厚，附有铁板，可撞毁木桩而自身不损，船上还有可伸缩的塔楼，士兵可在船不靠边的情况下通过塔楼接近敌人。有了器械，还得有人，岑彭下令悬赏重金在军中招募攻击蜀军江面浮桥的敢死队。重赏之下必有勇夫，军中一员偏将鲁奇自告奋勇，要求带领敢死队冲在队伍的最前面。

闰三月，万事俱备的岑彭等来了一场大风，而且“天风狂急”，汉军趁机在长江上以数以千计的冒突露桡开路，向荆门发动进攻。

在猛烈狂风的加持之下，灵活的冒突露桡迅速向蜀军搭建在江面上的浮桥靠近，鲁奇更是一船当先，指挥手下朝着最近的浮桥冲去。就在离浮桥越来越近的时候，船身却被江面木桩上钉的铁倒钩钩住。逆流加倒钩，抵消了狂风的加持，小船在离浮桥咫尺之遥的地方受阻，无法再前进一步。

上不了浮桥，鲁奇只能在船上和对面的蜀军拼命死战。说是死战，大概也就是拼命抵挡蜀军射来的乱箭，以免战死。在此危急时刻，鲁奇突发奇想，让手下的敢死队点燃许多火把，然后他以强大的臂力加惊人的准头，带头将火把掷向江面的浮桥和战楼。

蜀军的浮桥、战楼都是木质的，为了防水可能还浸了油，这下遇上明火，再加上狂风，火势一下子便蔓延开来。本来蜀军在战楼里射箭射得还挺欢，突然之间局势大变，留在江面会被大火吞噬，跃入水中则不免喂了活鱼。面对无情的水火，蜀军将士顿时乱作一团，纷纷逃离战场，寻求一丝生机。

岑彭远远看见鲁奇真是奇人，竟立此大功，欢喜不已，马上挥军向前。汉军顺利攻入荆门要塞，一战便斩杀任满，活捉程泛。

夺取荆门后，岑彭率辅威将军臧宫、骁骑将军刘歆长驱直入，攻打要塞江关。作为应对，公孙述派出大将延岑、王元、公孙恢，并调动蜀地所有机动兵力十几万人，在广汉和资中一带建立防线，抵御汉军的进攻。到了八月，岑彭先占领黄石，然后率军日夜兼程，急行军两千里，避开蜀军从广汉到资中的防线，突然从敌人背后绕出，占领武阳，又以武阳为据点，派精锐骑兵袭取广都县。

广都是蜀郡的一个县，离成都不过数十里之遥，这下公孙述再次大为惊诧。长时间的提心吊胆让这个蜀中皇帝身心俱疲，五六十岁的他已老态尽显，不仅身体没有年轻时壮实，行走也需借助拐杖方能保持重心平稳。但这个老头儿听闻汉军已然袭取广都时，所受的惊吓让身体反应超出了年龄和身体机能的限制，他单臂一撑豁然从席子上站起，用一旁的拐杖猛戳地面，把青石板地面敲得“通通”响，然后痛心疾首地说：“他们怎么能这么迅速！”

岑彭的胜利不仅惊吓了公孙述，也让还在广汉、资中一带的蜀军乱了阵脚。这时辅威将军臧宫趁机发动攻击，在沅水（今沅江，洞庭湖支流）边上一战击溃延岑的大军。蜀军一万多人被斩首和溺毙，余下的十几万人投降汉军，蜀军大将延岑只身逃回成都。

听闻南边得了大胜，就要兵进成都，御驾亲征、抵达长安的刘秀认为大局已定，就又返回洛阳，而几乎损失掉所有机动队伍的公孙述这回再怎么用拐杖戳地面也没用了。为求活命，黔驴技穷的他只好故技重施。

可惜汉军不是圣斗士，竟然在同一招之下吃了两次亏。

建武十一年（公元35年）十月，岑彭率军向成都挺近。某日下午，队伍在一处地方安营扎寨，岑彭招来一个手下：“我们现在所在的这个地方叫什么名字？”

“将军，此地名曰‘彭亡’。”手下答道。

“彭亡！”岑彭一听这个名字，心头便涌上一种极其不舒服的感觉，寻思着是不是让队伍换个地方，但他见日已西斜，如此刻开拔，队伍无法在日落前安营。再说了，自己在千军万马中已不知出入过几回，现在若让一地名吓住，回去还不得被其他人笑话死？况且他只打算逗留一晚，想来也不会出什么事。

“明天再说吧。”岑彭最后做了决定。

然而，就在当晚，一个蜀国刺客伪装成从成都逃亡出来的奴仆悄悄地潜入大帐，以一柄短刃将岑彭刺杀。

公孙述连续刺杀汉军两员大将，虽然一时止住了汉军的攻势，对整个公孙宗族乃至成都百姓来说却并不一定就是幸事。因为除去来歙、岑彭，加上之前病死的冯异、祭遵，刘秀手底下没有重要任务又方便调动的一流武将已然所剩无几，他不得不派出大司马吴汉。

吴汉这个人论打仗是没话说的，论忠诚也是一等一的可靠，但他有个最大的毛病，就是有时候比较急躁，爱自作主张。笼统地说，就是他的性格有点儿问题。这也是刘秀最初南北夹击公孙述时没让吴汉做主将的原因之一。但现在没办法了，两路主将均被刺杀，刘秀只能调之前被岑彭留在夷陵负责建造冒突露桡的吴汉前去接替岑彭的位置。

岑彭被刺一个多月后，吴汉率三万士兵沿长江而上，到前线接管岑彭的队伍。有了主帅，又有了增援，汉军士气复振。建武十二年（公元36年）正月，吴汉大破蜀军于鱼涪津，又全歼公孙述女婿史兴的五千骑兵，进而再次占领广都，逼近成都，并派骑兵烧掉了成都城外四里的市桥示威。

刘秀非常了解吴汉的为人，知道汉军已经夺取广都之后，立即给吴汉去了一封信，再三告诫他不能急躁，并且给吴汉制订了作战计划："公孙述虽然一时失败，但他在成都还有十几万士兵，不能够轻视。大司马现在要做的事情就是坚守广都，等待蜀军前来进攻。如果他们不来，大司马可以前移军营，逼迫他们出城作战，用这样的方法来消耗他们的战斗力。等蜀军疲惫了，才能发起进攻。"

不得不说，刘秀的战略眼光堪称"决胜千里之外"。但正如刘秀担心的，大胜之际的吴汉哪里会把别人的话听在耳朵里，哪怕你是皇帝！

八月，已经在成都外围等待了半年的吴汉再也没有继续等下去的耐心了。他亲自率两万人进逼成都，把营寨扎在了离成都仅十几里的江北边，又命副将刘尚带领万余人在二十里开外的江南边驻屯，准备伺机夹攻成都。

刘秀从日常往来的军报中得知吴汉的举动，顿时吓了一大跳，急忙写下寥寥几行字，让人快马给吴汉送去，勒令他赶紧回广都："之前千叮咛万嘱咐，大司马还是乱来，你现在轻兵冒进，又和刘尚两地分隔，一旦突然发生战事，你们哪里来得及彼此照应？！如果蜀军出兵佯攻，牵制大司马，同时以重兵围攻刘尚，刘尚必然没法儿抵挡。一旦南营被破，大司马也必败无疑！所幸的是，现在公孙述还没反应过来，大司马收到信后赶紧给我回广都去。"

刘秀再次表现出超越一流将领的战略意识。然而，古代的通信速度缓慢而迟滞，即便是加急军情，要从洛阳传到广都，十天半个月恐怕也难以到达。这一来一回，公孙述的反射弧再长也该反应过来了。

果然，到了九月，吴汉还没等来刘秀的回信，先等来了蜀军的进攻。公孙述集合城里的十几万士兵发动了一次大规模攻势，以万余人牵制刘尚，同时命大司徒谢丰、执金吾袁吉领大军围攻吴汉。

亏得公孙述并未完全和刘秀想到一块儿去，没有先消灭刘尚，而是把主攻方向选在了吴汉这里。这时吴汉充分展现了他作为一员优秀将领的军事素养。与十几万蜀军激战一日，汉军虽寡不敌众，但败而不乱。到了夜里，吴汉召集部下将领，宣布了他的下一步作战计划：让士兵们多立旗帜，多生炉灶，造成营中人多势众的样子，并且闭门不战，休息三日，然后留下少量士兵大张旗鼓地守营，大队人马则趁夜渡江与刘尚会合，准备集中兵力攻蜀军不备。

以寡敌众，以弱击强，竟还敢主动进攻，吴汉真不愧沙场一员虎将！在第三日的晚上，吴汉率大部汉军从营中潜出，瞒过蜀军的侦察偷偷来到刘尚的营中。这时候，谢丰久攻北营不下，就想转换思路，从看起来相对薄弱的南营下手，于是第二天清晨谢丰留一部分兵力监视北营，自己率军进攻南营。

谢丰带着几万人来到南营前叫阵，本做好了对方不敢应战，然后自己伺机强攻的打算，没想到阵型还没摆好，汉军南营的营门便大敞四开，先是数千骑兵争先而出，后是大量步兵高喊着从里面一拥而出，而为首的一骑正是吴汉。

这该算谢丰倒霉，汉军两营联合，已经有了三万人，而蜀军因为留了部分兵力在北营附近，加之谢丰等人不如重视吴汉的北营一般在意南营的汉军，结果被吴汉打了个措手不及，不仅士兵死伤过万，连主将谢丰和袁吉也被吴汉手下的突骑斩于马下。

经此一场大败，蜀军赶紧龟缩回成都，吴汉也清醒过来，再不敢冒进，只留下刘尚继续驻屯南营，自己则迅速返回广都。

回到广都没几天，吴汉便接到了刘秀给他的加急军令。虽然已经是马后炮，但吴汉想到前几天的事情，仍然一阵阵后怕，赶紧给刘秀回了一封信。他先深刻地检讨了自己的错误，又详细地讲了现在的情况。

在一众将军里，刘秀对吴汉大概是最喜欢又放心的。首先，吴汉非常能打，其次他性格又很冲动，这种手下的忠诚通常是没有问题的。即便忠诚出了问题，能造成的危害也很小，因此刘秀对吴汉一直比对别人要宽容。这次既然他认识到了错误，刘秀便没有责罚他，反过来又去了一封信鼓励吴汉："大司马做得不错，现在你回守广都，只留刘尚在前方驻屯，这手极妙！这样一来公孙述必然不敢越过刘尚直接来攻打广都。如果他攻打刘尚，广都到成都不过五十里地，士兵们一两个时辰就可以赶到那里，正是干掉他的好机会！"

见皇帝居然不追究，还鼓励自己，这次吴汉学乖了，花了一个多月时间老老实实地在广都和成都之间和蜀军慢慢地来回磨蹭，结果八战八胜，将阵线重新推进到成都外城。这时候，辅威将军臧宫的队伍也攻克了绵竹、涪城、繁城等重地，并且斩杀了公孙述的弟弟公孙恢，在建武十二年（公元36年）十月与吴汉合围成都。

对公孙述而言，情况已经十分危急。当年他自己做的那个梦（如果真的有的话）说他可以做十二年皇帝，而至今已经足足十一年多。虽然只要撑过这一年就算打破了宿命，自己说不定还有另一番机缘，但这最后两个月公孙述看来是怎么都撑不过去了。他求助于延岑时语气中充满绝望："事情到了这地步，还能怎么办？"

延岑倒是比公孙述有骨气："大丈夫宁可死中求生，哪有坐以待毙的！现在事情危急，就不要吝惜钱财了，应当散尽千金招募死士，拼死一搏。"

公孙述也没其他办法了，况且只要他还能做皇帝，钱算什么？如果空守着钱财，到头来自己没了，那不成了王莽第二？

于是，公孙述拿出府库中的黄金和丝帛，在城中募得五千敢死队队员交予延岑。延岑便在市桥前设立军营，多树旗帜做疑兵，又把战鼓擂得震天响，引诱汉军前来，然后他率敢死队绕后埋伏，准备等汉军中计过桥后暴起截杀。

吴汉连胜之后又有点儿飘了，就没太把手下败将延岑放在眼里，见到蜀军居然敢出城，便带着队伍一股脑儿冲过市桥，要和蜀军决战。

延岑见吴汉果然中计，心里暗自欢喜。等汉军大部过桥之后，蜀军突然从背后杀出。汉军措不及防，瞬间乱作一团。但一座桥能有多宽？过了桥的士兵想往后退，没过桥的想往前挤，结果几万人被夹在桥两边进退不得，不少人被挤落水中，连一向以勇猛著称的吴汉自己也乱了手脚。慌忙之中，他为躲避乱箭不小心从马上掉下来，一头栽倒在河里。好在猛将兄的运气不错，落水的瞬间一手死拽住马尾，那受了惊的战马一路狂奔，连拖带拽，竟把吴汉带离险境。

浑身湿透、狼狈不堪的吴汉回到军营，发现战斗的失败使得全军士气低落。更要命的是，经手下盘点，吴汉得知营中只剩七天的粮草。依刚才的情况，七天显然无法击败公孙述，夺取成都。吴汉这时不免有些泄气，干脆让手下整修战船，准备悄悄撤退。

就在吴汉打算撤退的时候，汉朝的蜀郡代理太守张堪急匆匆地从后方前来。见面后他也不客气，直接阻止吴汉撤军的行动："大司马，公孙述现在只剩成都一座孤城，已经是强弩之末。我军虽然一时受挫，但军队损失不大，而且辅威将军的军队更未曾受损，此乃天亡公孙述之时，大司马应该挺住，怎么能因为一场战斗的胜负就前功尽弃呢！况且大司马一退，辅威将军独木难支，也不得不后退。如果军队后撤让公孙述重新占领重要关卡，缓过一口气来，之后再想消灭他，不知又得多费多少功夫。"

吴汉回答："道理我也知道，可现在军中缺粮，请问你有何计策？"

张堪早有准备。他告诉吴汉，他赶来之前已经开始尽力在蜀中各地筹集粮草，完全不必为此太过担心。说到消灭公孙述的计策，那更是好办，汉军只要主动示弱，引诱蜀军出城再战即可。因为汉军刚刚败了一场，现在示弱，公孙述必然不会起疑。等他倾巢而出的时候，跟之前市桥一战相比，汉军反过来成了猎人，而蜀军则成了猎物。

吴汉对此深以为然，况且他在战场上本就不是一个肯吃亏不还手的主，只要有办法，怎么也得把拽着马尾一路被拖回来的那口恶气出了。于是吴汉下令全军做出一副让外人看起来军无战心、准备撤退的样子，不仅不再每日派兵到成都城下叫阵，还故意减少炉灶的数量，就连明面上站岗放哨的士兵也表现出一副心不在焉的样子。

汉军军营的一切都仿佛在跟公孙述传达这样的消息：你再不出来，我们可就都走了！

果然，公孙述没能抵挡住诱惑。为了寻求心理支持，他先找人占了一卦，卦象显示“虏死城下”。公孙述找的人负责算卦，却不负责解卦，公孙述只得自己动手。经他自己理解，认为卦象中的“虏”指的是吴汉，于是他大为满意，更坚定了消灭汉军的决心。建武十二年（公元36年）十一月十八日，公孙述命延岑率军抵御成都咸阳门外的臧宫，他自己则亲率数万人出城鏖战，打算多送吴汉一程。

见公孙述果然上当，吴汉暗自窃喜。他先是闭营不出，等到中午时分，才命令早已埋伏好的高午、唐邯两位将军率数万精兵从两侧杀出。看着汉军士兵雄浑的气势，听着他们震天的喊杀声，哪里有半分准备撤退的意思？公孙述知道自己上当了，赶紧让人召延岑来救驾。可手下告诉他，延岑和臧宫从早上打到中午，虽然连胜三场，但汉军人多势众，双方只能维持均势，而且士兵们打了整整一上午还没吃饭，实在没力气来增援了。

一听说延岑没法儿增援，公孙述慌了，赶紧叫士兵们撤退。可双方的队伍已然白刃相交，混战在一起，哪里是想撤就能撤的？自觉性命受到威胁，公孙述不管这许多，带着自己的亲兵，掉转马头就要跑。

公孙述这一跑，手下士兵就全乱了。大家闹哄哄地挤作一团，相互推搡，想走反而走不了。这边汉军见蜀军自乱，更是不客气，吴汉下令全军突击。护军高午更是勇猛异常，提一柄长戟突入蜀军阵中，拍马向前，在成都城下追上了逃跑的公孙述。当两人距离很近之时，高午夹着马肚子大吼一声，战马平地跃起。一个冲刺，高午就势挺戟，朝公孙述背后用力一戳。这时，公孙述的亲兵已经被乱哄哄的人群挤到一旁，根本来不及援护，而公孙述自己老迈的身躯反应迟钝，显然不足以抵挡高午这雷霆万钧的一刺。结果，公孙述被长戟戳了个对穿，整个人应声栽倒在马下。

等听到公孙述一声惨叫，在旁的亲兵们才反应过来，赶忙救人的救人，护驾的护驾。几个人上前把高午挡住，又有几人合力将公孙述扛起，堪堪跑回成都。

士兵们把公孙述救回了成都，关门挡住了汉军。虽然高午那一击没有直接击中公孙述的心脏，但造成了严重的血气胸，公孙述每呼吸一次都觉得自己进气少出气多。如此重的贯通伤，哪里是他这样的老人能抗住的？在硬撑着把成都的事情交付给延岑后，公孙述当天半夜就死了，这时离他给自己定的十二年时间的目标还有三十八天。

公孙述一死，余下的人也都没了战心。还打什么打呢，谁都看得出来，再打也还是个死，不如趁早寻条活路。延岑做事十分利索，尽管自己现在是代理皇帝，他却毫不留恋，第二天天一亮便让人开门投降。

按说成都投降、蜀军缴械，事情到了这里应该算结束了，可吴汉这时候脑子又犯冲了。也不知他是怎么想的，可能是打算为自己掉入河里一事出口气。在进城后的第三天，他突然下令把公孙述的尸体挖出来枭首，传送洛阳，并将成都城里公孙述家族中的老幼尽皆屠杀，一个不留。他还将带头投降的延岑灭族，然后又纵兵在成都城里放火抢劫，把饱受战争摧残的成都变成了一座地狱。

刘秀对此大为光火，但他依然没有过于责备吴汉，反倒对同是自家宗族的刘尚发了好大一通火，哪怕刘尚对吴汉的行为基本上起不到什么影响。被骂得狗血淋头的刘尚也不敢吱声，有功无过的他只得沉默不语，做了刘秀的出气筒。

不管怎么样，建武十二年（公元36年）十一月，刘秀终于赢得大一统的最后一战，尽管这场胜利并不完美。

第四十章

崭新的开始

刘秀——最仁慈的开国皇帝

建武十三年（公元37年）四月，吴汉的军队回到了洛阳。这一年刘秀已经四十三岁，如果从他二十八岁起兵算起，已经过了整整十五年。可以说，他把人生最美好的时光几乎都花在了东征西讨的战争中。现在，国家再次统一，刘秀终于可以暂时停下来了，想必他内心早已厌倦这种生活。

和历史上其他有大作为的雄主相比，刘秀这个人大概是最不喜欢征战的，对待功臣大概也是最仁慈的，至少是之一。纵观历史，君主立国之后，为了巩固权力多会与功臣发生矛盾，以前在同一战线上的战友会不可避免地变成对手。

那有什么办法可以避免这种情况吗？

有，刘秀给我们提供了一个很好的解决方案：给予功臣们足够的奖赏和封地，让他们得以享受荣华富贵，同时让他们远离权力。在统一之初，功臣中只有高密侯邓禹、固始侯李通、胶东侯贾复还留在朝廷参与决策，其他大多数开国功臣，甚至包括建威大将军耿弇在内的将领，都被要求去职之国，不能再在朝中担任职务。而邓禹、李通、贾复三人也不是因为强有力的战功而被特殊对待的。我们知道，邓禹是刘秀的同学，而且刘秀把邓禹当成自己的张良看待；李通在追随刘秀起兵之后，做的最多的工作就是在后方看守国都、安抚百姓、修宫殿以及办学校，而且在建武十四年（公元38年）天下安定之后，李通便时常想退居二线，连年处于“乞骸骨”的状态；至于贾复，他虽是刘秀阵营中堪比吴汉、耿弇、冯异的重要将领，在本书中却鲜被提及，原因是他一直担任刘秀的侍卫长。

刘秀在政治上让功臣们远离权力，在经济上则尽量给予他们补偿。建武十三年（公元37年），刘秀大赏功臣，包括四十五个外戚在内，受封的大臣一共三百六十五人。这些人中，原来没有封邑的，刘秀给他们封邑；原来有封邑的，刘秀增加他们的封邑。以至于大的侯爷，比如李通、贾复，都食六县，邓禹则有四县（想来不是邓禹不如李、贾二人，而是他封的县人口都比较多）。而且，朝廷收到地方上献的好东西时，刘秀也常均分给各位功臣，以示自己永不忘记大家的功劳。

正因为刘秀在政治上“放逐”了大量开国功臣，才保证他们能安全终老，不致上演一出出兔死狗烹的剧目。

刘秀的宽仁不只是对帮助自己建功立业的功臣，对于那些曾经的对手，阻碍过甚至伤害过自己的人，只要对方投降，他也能做到既往不咎。

这里面最典型的例子就是朱鲔。

朱鲔这个人原本是刘玄的死忠粉，不仅直接策划和参与了杀害刘縯的事件，并且极力反对刘玄派刘秀巡抚河北。

建武元年（公元25年）七月，已经羽翼丰满的刘秀率吴汉、王梁、朱祐、万修、贾复、刘植、坚镡、侯进、冯异、祭遵、王霸等十数员猛将，携大兵二十多万围困朱鲔死守的洛阳城。

几乎所有人都认为朱鲔这次必死，不被刘秀活剐就算他有造化。朱鲔自己也是这么想的，因此尽管处于绝对劣势，他仍在苦苦支撑，并且一撑就是三个月。到了十月，洛阳东门守将倒戈，坚镡和朱祐率军从东门攻入洛阳。尽管朱鲔亲自带队，经过激烈的巷战把汉军赶了出去，可“洛阳难以再守”这一观点已经深入城中每个人的心里。

就在洛阳即将被攻破之际，刘秀的命令却让人大跌眼镜。他停止了进攻，改派岑彭去说降。

岑彭是朱鲔的老部下，大概以往两人的私人关系还不错，所以即便是在两军交战的生死时刻，朱鲔也没驳老朋友的面子。虽然不能把酒言欢，朱鲔却支开其余人，双方一人在城头，一人在城下，远距离地叙起旧来。

等说完一番虽必要实则没营养的怀旧话语，岑彭不再隐瞒来意，大声招呼：“鲔哥，投降吧！”

朱鲔此时大概已经看淡生死，回答也很直白："我也想啊，可我参与过大司徒（刘縯）被害的事情，又多次反对派萧王（刘秀）北伐，朱某自知罪孽深重，实在是不敢降！"

好了，有朱鲔这句话，岑彭的任务就算完成了。他转身回去就跟刘秀说了朱鲔的顾虑。

按理说洛阳城破只在旦夕之间，刘秀完全不用搭理朱鲔，而且既往不咎虽然高尚，恩怨分明却也不失为好汉行径。因此，在很多人看来，刘秀只需要再发动一次进攻就能攻进洛阳和朱鲔算清旧账，完全没必要和朱鲔再在嘴上扯皮。

可刘秀的豁达、大度出乎常人意料，他告诉岑彭，做大事的人是不会计较个人恩怨的，并且指着不远处的涛涛黄河水，让岑彭转告朱鲔："我刘秀对着黄河起誓，如果朱鲔能投降，非但以往的事情一笔勾销，还能保留他的官爵。"

有了刘秀的保证，朱鲔才稍微放下顾虑，毕竟说实在的，谁也不想死。况且如果刘秀要诈，自己也不过是一死，和不投降是一样的结果，干吗不赌一把呢？

结果，刘秀信守了自己的诺言，朱鲔不但保住了性命，后来还做了少府，封扶沟侯。

在刘秀的阵营里，像朱鲔这样的人并非个例。在战争中，刘秀最希望通过外交手段不战而屈人之兵。即使是在有必胜把握的时候，刘秀也希望用相对温和的方式结束战争。哪怕对待像隗嚣、公孙述这样的对手，他也没有放弃尽量争取和平的机会。

建武六年（公元30年）之后，有可能争天下的只剩下刘、隗、公孙三家，而且刘秀的赢面显然非常大。尽管这样，刘秀依然不厌其烦，一而再再而三地给隗嚣和公孙述去信，对隗嚣许诺给他"浩大之福"，告诉公孙述他可以完全不计较来歙、岑彭的事情，并且保证两家的利益，只求能尽早结束战争。依刘秀对其他人的做法，他是可以信守承诺的，只可惜无论是隗嚣还是公孙述，都选择了死磕到底。

当然，有人会觉得反正刘秀是强势的一方，以强击弱，要求别人投降无非是另一种形式的作秀。可问题是，即便刘秀不这么做，完全在战场上见真章，隗嚣和公孙述在他手上也难讨得好处。换句话说，建武六年（公元30年）之后，刘秀统一天下的大势已不可阻挡。在这种情况下他完全没必要跟隗嚣、公孙述掰扯，大可径直以强大的军事力量碾压过去，后世人写史的时候大概也不会觉得有什么不妥。在这样的优势之下，刘秀依然能向对手表达和平的意愿，这证明他内心确实有尽快结束战争、使老百姓少受罪的信念，而能有这样的信念更证明刘秀无疑有一颗仁心。

因此，当吴汉不经请示就擅作主张，抽风似的屠杀公孙家族，又纵兵劫掠成都之后，刘秀赶紧做了大量补救措施：不仅尽力抚恤成都的百姓，还妥善安置了公孙述的旧部——对于曾经劝说公孙述投降，被拒绝后忧郁而死的蜀中大臣常少、张隆，刘秀追赐他们官爵，并依礼隆重地给他们改葬；对于乌程、李育这样长期作为其对手出现却有才干的将领，刘秀则给予提拔重用。正因为如此，整个蜀地的百姓和士族才得以迅速稳定。

刘秀对功臣很好，对百姓们也不错。

考虑到经过连年的战乱和饥荒，东汉初年的人口已下降到西汉末年的十分之三，靠近边疆的一些地方由于百姓纷纷逃难甚至已成空城，刘秀只能先置太守、县令、县长等官员，然后再由这些光杆司令发挥主观能动性，招回当地的老百姓。在如此情形下，实在不可能再从百姓中榨出什么油水。刘秀只能顺水推舟，几次三番下令解放奴婢，增加劳动力，还把赋税恢复到西汉初年的三十税一。总之，如同任何一个国家建立初期的情形，休养生息、恢复人口和生产力不可避免地成了国家的首要任务。

刘秀的宽仁还体现在无论是对百姓、官员，还是对皇亲国戚，他在一定程度上的一视同仁。有一次，刘秀的姐姐湖阳公主刘黄的家奴在白天行凶杀人。虽然犯案证据确凿，但因这厮整日躲在公主府中，官府一时无法将其缉拿归案。如果是一般的圆滑官员，或许就假装“尽力了”，将案子搁置起来。可当时的洛阳县令董宣是出了名的清官和强硬派，哪里会善罢甘休？虽不能直接进府拿人，但他派手下在公主府附近日夜蹲守，终于在某天等到公主带这厮出门。得到消息的董宣马上领着一众衙役在夏门亭拦截公主的车驾。

只见当时董宣一刀在手，身先士卒，先以刀画地为牢，直接拦下马车，然后义正词严地数落湖阳公主包庇奴仆的过失，并勒令其家奴下车受死。

刘黄哪里受过这样的气，脸色立即阴沉下来。更不堪的是那个家奴，杀人时气势汹汹，待到自己被人杀上门，早被董宣吓破了胆，双腿一哆嗦，一下没站稳从车上滚了下来。董宣二话不说，提刀上前，当场格杀此恶奴。

这下再精致的妆容也无法遮掩湖阳公主颈部因暴怒而起的青筋和脸上因激动和愤怒而渗出的血色，脸色要多难看有多难看。她马上到弟弟刘秀那里告状，要求严惩这个不知好歹的董宣。

按理说刘秀应该是支持董宣的，可姐姐的面子也不能不顾。于是他让人召董宣入宫，又在殿中安排了鞭子手，准备做一回和事佬，让董宣挨几鞭子，再给湖阳公主道个歉，保全公主的面子，就这么将事情揭过。

不得不说，刘秀也是一番良苦用心，可董宣不吃这一套。他高声疾呼："抽我鞭子，行，要抽死我也无所谓，但我有一句话实在是不吐不快。"

"有话快说。"刘秀表现得声色俱厉。

董宣大声道："陛下依靠圣德中兴国家，现在却放纵家奴杀良民百姓，这难道是治理天下的办法吗？如果是这样，您也不需要抽死我，我自会一头撞死在这大殿之上。"说完，董宣甩开旁人，一头撞柱，两下就撞得血流满面。

刘秀一看董宣玩真的，赶紧叫手下的宦官把他拉住，让他给湖阳公主磕几个头，认个错就算了。毕竟嘛，公主的面子还是要给的。

可董宣并不吃这一套，这几个头他不准备磕。这下刘秀自己也下不来台了，便让几个宦官一拥而上，按脖子的按脖子，按脑袋的按脑袋，只要强行让董宣的脑袋和地面来个亲密接触，这个头就算磕了。即便这样，董宣仍不肯服软，双手垂直撑住地面，宁可冒着被掰断颈椎落个高位截瘫的风险，也要硬挺着脖子和所有人对着干，一时之间几个宦官竟拿他没办法。

就这么僵持着也不是个事儿。宦官中有一人深谙刘秀的心思，于是起身替皇帝解围："陛下，董宣的脖子太硬，只能挺着，弯不下来。"

湖阳公主还不善罢甘休："文叔，你以前是普通人的时候窝藏逃犯，官府都不敢上门搜捕。怎么现在做了天子，竟连一个小小的洛阳县令都摆不平？"

刘秀无可奈何地笑了笑："正因为是天子，才不能和从前一样啊！"

最后，刘秀还是放过了董宣，并承认他脖子硬，敕封他一个"强项令"

的称号，又赏了他三十万钱，算是对他秉公执法、不畏强权的奖励。

此外，刘秀为了提高朝廷的办事效率，在全国合并了四百个县级行政单位，大大减少了无谓的冗员。而对朝廷中真正跑腿办事的小官小吏们，刘秀也给予了充分的体恤。尤其是那些俸禄在六百石以下的官吏，他们得到的优待胜过西汉任何时期。

然政治之事，有一宽必有一紧。既然功臣、小官吏和百姓都得了萝卜，那朝中的其他大臣就不免要挨棒子。

刘秀的做法大概借鉴了当年孝宣帝刘询的王霸杂陈之道。虽然朝廷的大臣基本上都是刘秀亲自挑选并任命的，可就是这些自己选定的人，刘秀对他们依然非常严格。比如说三公之一、主管民政和财政的大司徒一职，刘秀一开始任用的是他非常信任的邓禹，但没过两年邓禹就因为与赤眉军交战失利引咎辞职，于是刘秀启用了伏湛。又过了两年，在一次祭祀活动中，河南尹和司隶校尉两人在高庙中起了争执，而伏湛就因为没有及时向在外征战的刘秀汇报这一事件被免职。随后上来的侯霸虽是光武一朝任职时间最长的大司徒，也不过干了七年，公元37年正月病死于任上。至于侯霸生前推荐的继任者阎杨，刘秀则非常看不上，三番几次刁难他，以致阎杨多次差点儿性命不保，更别说继任大司徒了。侯霸死后，接下来的大司徒韩歆、欧阳歙、戴涉等人，任职时间最长的也不超过四年，就被刘秀以各种名义杀掉。其后的蔡茂、王况、冯勤之所以没有被杀，则是因为刘秀自己把大司徒的活儿干了，只留他们充当门面而已。

刘秀对三公如此，对下面的大臣们就更不客气了。建武十六年（公元40年），因为地方上报的土地测量数值不精确，那些平日在老百姓眼里威风八面的太守，被刘秀一口气杀了十多个。可以说，刘秀对于吏治在某种程度上严厉到了苛刻的地步。

正因为刘秀能善待百姓和功臣，又能狠抓吏治，朝廷上下一改西汉末年的混乱，呈现一番风清气正的景象。而有了政治清明的基础，东汉初年全国人口和国家生产力才能在相对较短的时间里得到恢复。

在古代，判断一个国家的政体是否稳定、社会是否繁荣，有一个非常直观的指标，那就是人口数量。由于连年的战乱，全国人口由西汉顶峰时期的6000万锐减到建武十三年（公元27年）的1800万。而在刘秀去世前，全国人口已经恢复到2100万。又过了五十年，全国人口翻了一番，超过4300万，国家重新出现一派欣欣向荣的气象。

马援——马革裹尸的遗憾

刘秀优待开国的功臣们，确实让绝大多数提着脑袋为他打江山且最终活下来的功臣们享受到了胜利的果实。然而，世上之事难有绝对，哪怕英明如刘秀，也并不能保证每一个功臣都得到相应的优待，马援就是功臣中的另类。

马援是扶风茂陵人，祖上是战国时期赫赫有名的第五名将赵奢。赵奢曾大破秦军，以战功被封为“马服君”。所谓“马服”者，除了是赵国的一个地名之外，还有一种解释，为“擅长驯马、驭马”。因此，赵奢的后世子孙便以“马”为姓氏。

可能有人又要说这是胡扯，但凡在史书上是个人物，人们就免不得要往他祖上贴金，生拉硬拽些莫须有的血缘关系。但马援的身世实在不是捏造的，因为按照这个族谱推下去，马家的其他祖先可都不怎么光彩。赵奢的大儿子就是有名的“纸上谈兵”的赵括，而武帝时期异想天开、企图行刺刘彻的莽通（其实应该叫马通，“莽”姓是后人所改，猜测大概是讽刺他莽撞）则是马援的曾祖父——弑君的重罪不仅让莽通掉了脑袋，还影响了他儿子和孙子的仕途。到了他重孙这代，情况终于好转。马援或许是颇得了些祖上遗传的天赋，在边地以畜牧起家，数年间身家已至牛马羊数千头、库存粮食数万斛的地步。

暴发户马援的思想觉悟不是一般地高，他认为财富的作用在于能够用在实处，不愿做个只进不出、聚而不散的守财奴。于是他真的把钱财当作身外之物，千金之家一朝散尽，但他的名号已传遍天下。

有了大名声后，马援先被王莽破格任命为新成大尹（汉中太守），后又受到割据西州的隗嚣器重，做了绥德将军。虽然此时已然算是名重天下，但马援对时局仍时刻保持着清醒的判断。后来第一次见到刘秀，受到刘秀吹捧时，马援说了一句很有内涵的话：“如今这个时代，不但君主在挑选自己的臣子，我们这些做臣子的也在选择合适自己的主子（当今之世，非独君择臣也，臣亦择君矣）。”因此，尽管隗嚣和马援一度亲密到同塌而眠的地步，公孙述又是马援的发小儿兼故交，但马援最后还是选择了跟随更有皇帝相的刘秀。

事实证明，马援的眼光当真厉害。在刘秀手下，他的军事和政治才能都得到了充分的发挥。到建武二十年（公元44年），马援已经官居伏波将军、虎贲中郎将，官位仅在九卿之下。马援不但办事能力强，口才也非常好，尤其擅长结合历史故事以生动的语言阐述事实和道理。每次刘秀提出问题，马援随口而答，不需要过多准备也能整得跟一场脱口秀似的。皇太子、王子的侍从们平日里大概缺少精神食粮，便把马援当成了免费的说书人，一旦打听到陛下召马援询问事情，就会千方百计地把手头的事推掉，纷纷往正殿的厢房侧室里集中。人多了，不免还得前挤后靠，毫无形象地争夺有利位置，在各个角度用耳朵贴着墙偷听。尽管长期维持一个姿势偷听难度颇大，而且还不能保证听得清楚，可这些人还是乐此不疲。马援的个人魅力由此可见一斑。而且，不止下人们爱听故事，刘秀对马援的回答也非常满意。可以说，只要是马援出的主意，刘秀几乎没有一次不采纳的，他甚至时常不由自主地感叹：“伏波论兵，与我意合。”

可惜这样一个与刘秀意合的人，最终的结局却让人难以合意。

事情的起因是马援得罪了一个人：梁松。

或者说是梁松认为马援得罪了他。

梁松此人之所以得罪不起，并不是因为他的职位高，而是因为他尚主——他是刘秀的长女舞阴长公主的夫婿。这厮读过不少书，喜欢高谈阔论，人大概长得又高又帅——最后一点是我猜的，毕竟梁松的背景不算高深，而他再有钱也不会比皇家有钱，论才华在朝中也绝非顶尖者，品行更是不怎么样，要不是又高又帅，那只能证明长公主眼瞎了。

自从入赘长公主家，梁松在其他大臣面前就变得高人一等，自觉达到了只低于皇帝而高于其他大臣的另一层次。朝堂之上，只要皇帝不在，梁松便能以四十五度角仰视大殿，谁都不放在眼里。这样的梁松有一次主动去探望正在生病的马援，居然低下头先给还在床上养病的马援行了拜礼。结果马援受了梁松这一拜竟不如他人一般赶紧从床上滚下来回礼，而是继续高卧床上，这一礼受得心安理得。

马援的儿子们在一旁看着梁松由假笑变得脸色阴沉，不由得暗暗替马援捏了把汗。等梁松回去后，他们赶紧提醒父亲，语气中甚至不免有些担心和责备："父亲大人，这梁松可是陛下的女婿，朝堂之上，自王公以下没有人不忌惮他，您为何就不能给他回个礼呢？！"

马援大概平日里就看不惯梁松骄横的作为，现在好不容易得他低头，便假装没看见，不回礼，要杀杀他的威风。但他不能直说，只好假装不以为意："我和他父亲梁统是至交好友。"

要知道，按照礼法，在晚辈面前，父亲的挚友等同于父亲，他不叫你进来，做晚辈的不能进来；不叫你出去，做晚辈的不能出去；他不发问，做晚辈的不能主动搭话——这是儒家的思想。可惜梁松并非君子，与马援志不同，道不合，更不会把马援放到和自己父亲同样的高度。他自觉白给马援拜了一拜，把面子都丢到马援家地上了，便记恨上了马援，时刻准备给他点儿颜色瞧瞧。

建武二十四年（公元48年），武陵郡附近有一个叫"五溪"的少数民族部落造反，刘秀派武威将军刘尚率军去讨伐叛军。没承想，刘尚中了诱敌深入之计全军覆没。接着刘秀又派李嵩、马成两人出征，结果也吃了败仗。这下刘秀犯难了，当年和他一起征战的名将们现在大多老的老，死的死，剩下还能出征的，不过耿弇、马武、臧宫等寥寥数人。派谁去呢？

正在刘秀犹豫不决的时候，马援主动站出来请战。

刘秀看着这个已经六十二岁、头发花白的老人直摇头："老将军实在是……太老了。"

马援一看皇帝嫌他老，马上不服气起来，非要现场展示他披甲骑马的技术。刘秀拗不过他，就让人给他准备道具，只见马援身披战甲翻身上马，在皇宫周围跑了两个来回仍昂首挺胸，丝毫不露疲态。

刘秀看着这个倔强的老人，无可奈何，只好以一句"这精神老头儿（矍铄哉是翁也）"对他进行肯定和评价。

既然得到了皇帝的肯定，马援便顺理成章地成为第三次出征五溪的主帅。人到老年，冥冥中对于生死之事总有一些预感，马援也不例外。他在出征前对自己的好朋友杜愔说："我受了皇帝的厚恩，现在日子不多了，我不怕死，就怕哪天死了再不能为国效力。今天陛下准许我出征，我已得偿所愿。虽死可以瞑目，但唯一担心的是我走以后那些贵胄公子会在背后搬弄是非，这让我实在放心不下。”

人在倒霉的时候预感似乎总是异常准确。建武二十五年（公元49年）二月，马援率四万余人抵达武陵郡，正好碰上五溪人在进攻县城。马援纵兵出击，很轻易便击破了五溪人的队伍。五溪人留下两千多具尸体，余众逃入竹林才躲过一劫。

首战告捷，接下来马援打算进攻五溪人的大本营。当时，汉军面前有两条路可以选：一条要翻过壶头山，路近但难走，还有湍急的河水阻隔；另一条路则要绕道充县，路虽好走，但远。

按照副将耿舒等人的想法，大军绕远路比较安全，可马援持不同意见。他认为路远费粮，增加后勤保障难度，因此建议进军壶头山，只要占领了壶头山，就相当于扼住五溪人的咽喉，那敌人便不攻自破。

比起耿舒等人的想法，刘秀更倾向于“论兵甚合朕意”的马援的，因此同意了马援的作战方案。三月，汉军直取壶头山。

虽然汉军来势汹汹，但五溪人在自己的主场也不是毫无一战之力。他们聚险而守，竟将汉军的攻势阻挡在半山腰，两军在壶头山僵持不下。

这一僵持就出了问题。三月过后是四月，南方的梅雨季节如期而至，加之山中树木茂密的枝叶阻挡了水汽蒸发，情况变得更加严重。潮湿、闷热、蚊虫，哪一样都不是来自北方的汉军士兵们耐受得了的，随之而来的时疫更是要人命。随着战事的拖延，许多士兵纷纷染病，马援也未能幸免，这下汉军更是进退维谷。

主将生病，军队受困，战事迁延日久，那些原本不同意上壶头山的副将就有意见了。耿舒在给他哥哥耿弇的家书中满腹牢骚，说如果之前听他的走充县，虽然路远，但是大军的兵马在平地能得以施展，只要将士们奋力争先，五溪人哪里是对手？现在倒好，跟马援爬这天杀的壶头山，结果进不得进、退不得退，导致大批士兵染疾身亡，实在是让人痛心。耿舒还把马援比作西域胡商，说他带兵打仗就跟做生意一样，到一个地方停一下，到另一个地方又停一下，丝毫没有兵贵神速的意识。

耿弇的政治觉悟是高的，他得了弟弟的来信，对路线方针问题不敢轻易发表言论，直接把耿舒的家书送到了皇帝面前。虽然说走壶头山的路线是马援提出来的，可那也是刘秀亲自批示的。现在出了问题，刘秀脸上也挂不住了，一怒之下便派人去责问马援。

刘秀派去的人就是虎贲中郎将梁松。这下梁松可算等到机会了，立马带人一路不辞劳苦，径直往壶头山来，誓要教训一下那个竟敢受他一拜的马援。

然而，梁松并没得到发威的机会。等他到壶头山军营之时被告知，汉军主帅、六十二岁的老头子马援，已然被时疫夺去了性命。

按中国古人的思想，提倡“死者为大”，不管双方有什么恩怨，既然对方已经死了，不说一笑泯恩仇吧，至少总不好再跟一个死人纠缠。可梁松竟连死人都不放过。既然马援已死，那事实是什么，还不是由着他信口胡诌？于是梁松便编造了许多莫须有的罪名，硬套在马援身上，结果不知情的刘秀非但没念及马援的功劳，还剥夺了他新息侯的爵位。

“墙倒众人推”一话不是没有道理的。见马援在皇帝那里失了信任，许多人开始疏远马家，就连副将马武和于陵侯侯昱也上书证实马援在外确有贪赃枉法、中饱私囊的嫌疑——据知情者透露，当年马援平定交趾，归来时曾带了不少私货，光是个儿大饱满的明珠就足足装了一车。

马援要是泉下有知，听了这话说不准得气活过来。

这下刘秀感觉自己长期被马援的表象蒙蔽，于是更加震怒。天子震怒，臣子们便不得安生。马援的妻子甚至不敢把马援的尸体葬入马家祖坟，只能在城外另买了一块地，将灵柩草草埋葬，而马家以往那些亲戚朋友则没有一个人肯上门吊唁。

马援的妻子草葬了自己的丈夫，还是惶恐不已，最后硬着头皮进宫向皇帝请罪。这时候刘秀拿出了梁松历数马援罪责的奏折，马援的妻子才知道事情的始末。

真是冤枉！想那马援一生为国尽忠，北出塞漠，南渡江海，二十二年间何曾有过懈怠与退却！至于贪赃枉法、徇私舞弊，更是无从谈起。别的不说，就那车明珠一事，便是千古奇冤！平定交趾时，由于气候原因，马援中了瘴气，身体湿气沉重。根据中医理论，薏仁有利水消肿、健脾祛湿、轻身益气的功效，而交趾当地所产的薏仁，个头儿普遍比北方品种大数倍，马援便想将它引种到洛阳，这才收购了一车。没想到这些硕大浑圆的薏仁竟被那些自以为见多识广且别有用心的洛阳权贵认定为马援搜罗的南方异种珍珠，只是碍于当时马援深得皇帝信任，无人敢挑头站出来检举揭发而已。

可惜刘秀在这方面也是个没见过世面的家伙，况且在刘秀看来，马援夫人的说法同样是一面之词，恼怒的他并不愿意相信。后来马夫人执着地一连给刘秀上书六封，苦苦哀求，最后刘秀才算网开一面，允许马夫人将马援的灵柩迁回祖坟。

马援虽然病死了，可他在壶头山的布置依然起效了。毕竟环境是共同的，时疫是不认人的，山腰的汉军不得安生，山顶的五溪人同样也好不到哪儿去。又过了两个月，被困在山上的五溪人同样受不了疾病的折磨，只能下山和汉军决战。失了险地的五溪人根本抵挡不住汉军将士的冲击，没两个来回，五溪的叛乱就被平定了。只可惜这笔功劳被算在了梁松头上，而作为这一切的主导者，马援当时只能静静地躺在城外那口薄板棺材之中。

然而，世间的正义和公平或许会迟到，却从不会缺席。那个梁松虽一时得了便宜，在刘秀死后又做了辅政大臣，但到永平二年（公元59年）便因为以权谋私被免官；又过了两年，心怀怨恨的他以匿名信诽谤皇帝和朝廷，结果事发被杀。而在一年前，即永平三年（公元60年），皇帝册封的马皇后正是伏波将军马援的小女儿。

公平地说，刘秀虽然在马援的事情上犯了错误，但这与他在维护国家统一、善待功臣、整顿吏治、与民休息等方面的功绩相比，只能算白璧上的一丝瑕渍。瑕不能掩瑜，刘秀也无愧为一代明主。

不负天下不负卿

建武十七年（公元41年）十月辛巳，洛阳长秋宫迎来了它的第二位主人、东汉的第二位皇后，那个当年令刘秀立下重誓的阴丽华。

虽然刘秀早在更始元年（公元23年）六月便已娶阴丽华为妻，可此后数年，刘秀与他的女神始终聚少离多，刘秀在洛阳，阴丽华在新野。后来刘秀征战四方，阴丽华则留住淯阳，两人只能相望神交，但阴丽华对此毫无怨言。

建武元年（公元25年），刘秀即皇帝位。有了皇帝，就要有皇后，这时刘秀第一个想到的自然是阴丽华。按常人的想法，这当然是天大的好事，别人想争取都争取不来。若换个人，此时能做到不主动、不拒绝就已经算是有德了，可阴丽华的选择出乎所有人的意料：她不但拒绝了后位，还极力劝说刘秀立郭圣通做皇后。原因无他，只因为郭圣通已经有了儿子。

对于阴丽华的提议，刘秀起初是拒绝的，可架不住阴丽华再三劝说，一直拖到建武二年（公元26年）六月，刘秀不得已立郭圣通做皇后。

对于这个郭皇后，我们知道，她和刘秀的婚姻是政治婚姻，感情基础大概是没有的。而且，在公元26年春天，郭姑娘的政治依靠真定王刘杨因为谋反事发已经伏诛。本来和刘秀就缺乏感情的郭姑娘这下又失去了政治依靠。虽得了皇后的位置，郭姑娘却难言幸福，全赖她哥哥绵蛮侯郭况做事小心谨慎，又有礼贤下士的好名声，以及自己的儿子皇太子刘强，她才得以维持在朝廷中的地位。

显而易见，这种平衡难以持久，而且阴丽华越是不愿当皇后，刘秀的心里恐怕越是不舒服。当年自己走投无路才被迫娶了郭圣通，现在他刘秀已然贵为天子，难道还能让自己的女神受委屈吗？

因此，建武十四年（公元38年）之后，刘秀大概就不怎么搭理郭皇后了，夫妻二人的关系进入冷战期。于是，这个当年号称好礼节俭、有母仪之德的郭皇后对皇帝开始产生怨言，而这正中刘秀的下怀。建武十七年（公元41年），刘秀给郭圣通下了个“无关雎之德，而有吕、霍之风”的评价，然后废除了她的皇后位，改立阴丽华为后。

这一年，阴丽华已经三十六岁。在过往的十多年里，阴丽华和她背后的整个家族都在默默地支持刘秀的事业，却从不提回报，而此刻她还是获得了当时的女性能够得到的最大回报。

二十六年前，阴丽华与刘秀相逢时，刘秀正是情窦初开的年纪，而初恋对每一个男人都有着特殊的意义。阴丽华的美丽、谦恭、低调是让人心动的，更何况她还有足够的智慧，一直站在刘秀背后默默付出。在皇权至上、男权至上的封建时代，这无疑是最聪明的做法。她的不主动追求就是最大的追求，不主动争取就是最大的争取，这也让阴丽华在刘秀心里始终宛如当年那个十岁的新野美少女，数十年来从未改变。

“金风玉露一相逢，便胜却人间无数。”

其实，在感情的世界里，男人或许才是最不理性的动物。不管是过去、现在，还是将来，于你、于我、于他，都别无二致。

登顶

建武十三年（公元37年）以后，刘秀做着一个优秀统治者该做的一切。他的精力是如此地充沛，每天早上的朝会，他总要和群臣讨论到中午方散场，然后召公卿大臣前来讲经论理，一直到半夜才休息。等时间到了建武三十年（公元54年），国家已经初步从战争的创伤中恢复过来。此时，大臣们觉得，依刘秀勤政爱民的程度，哪怕是和三皇五帝相比也毫不逊色，可在史册上记载的七十二位封禅贤君中占一席之地，于是群臣集体建议刘秀封禅泰山。

这时候刘秀的脑子还是清醒的，他亲自下诏拒绝了大臣们的建议：“朕即位三十年，天下还算不上太平，老百姓还满肚子怨气，这个时候封禅泰山，就如同《论语》中所说：‘我骗谁呢，骗天吗？’”

可当时间又过了两年，某一天夜晚，刘秀看了一册叫《河图会昌符》的符谶，忽然之间心有所感，于是很快上了东巡的马车，并在中元元年（公元56年）二月己卯日抵达鲁地，准备登泰山举行封禅仪式。因此，有史学大家说，这才过了两年时间，刘秀的言行怎能如此前后不一？足可见史书上为了美化帝王，凭空虚构出许多言语。

我倒觉得不一定是这样。建武三十年，刘秀虽老，但身体仍然强健，精力依旧旺盛。可到了中元元年，刘秀明显感觉到自己已力不从心，生命之火已熊熊燃烧了一个甲子，已然到了风烛残年。在摇曳不定的火光中，刘秀或许已经重新审视了自己的一生：即位三十二年来，自己先是南征北战，一统之后又致力于恢复生产、整顿吏治，每日兢兢业业，不敢有丝毫懈怠，为国家和百姓带来了稳定和安宁，难道最后不值得为自己的整个人生做一个肯定的总结吗？

于是，在中元元年（公元56年）二月辛卯，刘秀登泰山以封天，下梁阴（今山东泰安市梁父山）以禅地，完成了作为一个有德之君的所有仪式。

平定天下，可称明君；娶妻丽华，永不负心。

无憾矣。

一年之后的中元二年（公元57年）二月，时年六十二岁的汉光武帝刘秀崩于南宫前殿。

第四十一章

悄然而至的盛世

复苏的社会

公元57年，皇太子刘庄即位，年号永平。这时候刘庄已经三十岁了，而国家在刘秀的治理下已然步入正轨，刘庄只需要沿着既定路线握紧方向盘，保持方向，再适当做一些微调就可以了。

虽然刘庄是以嫡长子的身份继位的，但并不是谁都服刘庄坐上皇帝位的。按理说，诸位王子中最不服的，应当是前任太子，也就是现在的东海王刘强。可事实是，刘庄继位之后，刘强马上收到一封匿名信，并听人说是自己的舅舅大鸿胪郭况亲笔所书。刘强不明所以，展开信一看，字迹倒是蛮像郭况的，可满篇都是大逆不道之言，感叹刘强无罪被废，郭后无辜受辱，实在是令人不平，因此建议刘强出来振臂一呼，夺回原本属于自己的东西。还说当年高祖刘邦不过是个亭长，先帝刘秀也没什么像样的出身，而刘强不仅是先帝的长子，更曾是太子，先人能做到的事情，刘强更能够做到。

刘强接到这样一封信惶恐不已，赶紧连信带送信人一并扣了送到御前。虽然刘庄没说什么，刘强却受了不小的惊吓，加上本来就有病在身，没过几个月竟然病死了。而刘庄接到信和送信之人，并没有下令缉拿郭况，大肆追究，而是先把事情掩盖起来，再秘密派人去调查。结果这一查发现，主犯竟然是自己的亲弟弟山阳王刘荆。

这真是奇了，也不知刘荆是怎么想的。他是皇帝刘庄的胞弟，换句话说就是诸侯王里最得势的一个，现在却鼓动前太子刘强起来造反。如果刘强造反成功，他能得到什么？最多无非还是诸侯王里的No.1，总不可能让他来继位；要是刘强造反失败，他免不了同党的罪责，玉石俱焚。因此，刘强造反对他刘荆能有什么好处？

既然没好处，那刘荆的动机就让人无法理解了。人生于世，每行一事皆有因果，就好比小时候我们经常会遇到的那个问题：你为什么读书？

当然，答案有很多，有人读书是为了考试，有人是为了赚钱，有人是为了父母，也有人是为了国家之崛起。按照这个思路，刘荆弄出这封匿名信的目的只有一个：害死刘强。那下一个问题又来了：他为什么要害死刘强？

答案是，刘荆是为了害死刘强而害死刘强的。

这句话读起来显然有些拗口。按史书记载，刘荆这个人还是有一些才能的，但是性格有问题，叫“刻急隐害”，就是苛刻、急躁、喜欢背地里阴谋害人。他单纯是为了害人而害人的，害人就是他的快乐之本，并不需要更多理由。

这个答案虽然没什么本质上的错误，但显然有些肤浅。

当刘庄知道事情是刘荆做的以后，因为两人是一母所生的亲兄弟，所以刘庄并没有责罚他，只是下令把刘荆的活动范围限定在河南宫。没想到这家伙如此不安生，虽说家门出不去了，但他听说这时候羌人正在造反，便找了很多懂天文学的到宫里给他解释星象，看看天下有没有可能大乱，一旦乱了，再看看他刘荆有没有什么机会。

这事又被刘庄知道了，于是干脆把他从山阳改封到广陵，并且让他之国。结果，在广陵，刘荆更无法无天，竟然找相师给自己看相，还公然问了这样的问题：“我长得像先帝，先帝三十岁就做了皇帝，我今年也三十了，可以起兵了吗？”

听听这叫什么话，这不是有精神病吗！

这才是刘荆的本质，毕竟精神病人行事不能以常理度之。刘庄显然也知道，有精神疾病的人无法对自己的行为负责，因此对刘荆一再宽容。但精神病人刘荆在作死的路上越走越远，最终因为诅咒皇帝被逼自杀。

刘荆这样的人，在整个皇族中并非个例。同样因谋反获罪身死的，后来还有楚王刘英、渔阳王刘平等人。他们做着不切实际的皇帝梦，却没想过国家经过二十年的发展，社会已然稳定，百姓生活安定，就连边患也只剩羌人的小打小闹。在这样和平安定的大环境下，谁愿意起来造反呢?

这无疑是刘庄的运气，而且刘庄清楚，这份运气不是白来的，是自己的父辈和开国的功臣们打下来的。作为一个明君，刘庄当然不会忘本。永平三年（公元60年）三月，刘庄命人把开国功臣的画像依排位高低按次序挂在南宫云台殿上以示奖励，并供后人瞻仰。他们是：

太傅高密侯邓禹

大司马广平侯吴汉

左将军胶东侯贾复

建威大将军好畤侯耿弇

执金吾雍奴侯寇恂

征南大将军舞阳侯岑彭

征西大将军阳夏侯冯异

建义大将军鬲侯朱祐

征虏将军颍阳侯祭遵

骠骑大将军栎阳侯景丹

虎牙大将军安平侯盖延

卫尉安成侯铫期

东郡太守东光侯耿纯

城门校尉朗陵侯臧宫

捕虏将军杨虚侯马武

骠骑将军慎侯刘隆

中山太守全椒侯马成

河南尹阜成侯王梁

琅邪太守祝阿侯陈俊

骠骑大将军参蘧侯杜茂

积弩将军昆阳侯傅俊

左曹合肥侯坚镡

上谷太守淮阳侯王霸

信都太守阿陵侯任光

豫章太守中水侯李忠

右将军槐里侯万修

太常灵寿侯邳彤

骁骑将军昌成侯刘植

这二十八个人就是后人所熟知的“云台二十八将”，但这里还有两个问题或许不为世人所熟知。

首先，这二十八张画像后面其实还有四张，他们是横野大将军山桑侯王常、大司空固始侯李通、大司空安丰侯窦融、太傅褒德侯卓茂，合计三十二人，这才是皇帝心目中最重要的中兴之臣。

这二十八将并不是人人都威名赫赫，至少景丹、傅俊、铫期、杜茂等在本书中就没出现过，而功劳和名气都远超这些人的伏波将军马援却榜上无名，实在是让人有些难以接受。

当然了，我没写不代表这些人没什么大本事、大功劳。古人写史书尚且挂一漏万，我就更不可能面面俱到了，只能顺着历史的脉络摸下去，偶尔带出的几个人物，也仅是挑其中最重要的记述。说白了就是，要写只能写典型中的典型，也就是要写也只能写那些“帅要帅到掉渣、坏要坏到入骨”的。

既然如此，和其他人相比，马援显然是更牛的，何况刘秀当年还冤枉了他。马援实在是中兴的大大功臣！这就有了第二个问题：马援为什么不能上榜呢？

这个疑问不仅我们有，当时也有人提出来，那人就是时任骠骑将军的东平王刘苍。这是个有能力且正直的人，仗着自己是皇帝刘庄的亲弟弟，他才敢发问：“为什么不把伏波将军马援的画像挂上去呢？”

刘庄笑而不语。

皇帝不回答，刘苍当然不敢追问，于是只能私底下自己寻思。最后，他得出来的结论和我们现代人的相似：几乎就在云台拜将的同时，刘庄册立了皇后，而这个皇后正是马援最小的女儿。既然女儿是皇后，马援除了功臣之外又多了一重身份，那就是外戚。以马皇后一家低调的家风和她本人谦虚、严肃的性格，作为皇后父亲的马援当然不合适出现在云台之上。

当然，说实话，这个猜测不一定准确。

但即便这猜测不准，马援名落刘植之后并非因为马皇后，那也不能否认另一个不争的事实：马皇后是一个好皇后。

马皇后当年还是小马姑娘的时候，由于马援的死以及梁松的污蔑，马家不仅家道中落，还不得不忍受京城权贵的羞辱。都说穷人的孩子早当家，家道中落对马家子女的影响也是巨大的。马姑娘小小年纪便经受了生活的考验，十岁的时候其待人接物的干练程度已经和成人无异。

又过了几年，十三岁的小马姑娘出落得亭亭玉立，在堂兄马严的帮助下被选入太子宫中，并得到侍奉皇后阴丽华的机会。这下小马姑娘时来运转，她的举止得体和知书达理为阴丽华所欣赏，她的美丽端庄更让太子刘庄倾心，结果刘庄一继位，马姑娘就变成了马贵人。永平三年（公元60年）春，大臣们建议刘庄立皇后，刘庄大概是属意马贵人的，可问题是马贵人还没生孩子，因此他不得不犹豫一下。这时，阴太后帮刘庄拿了主意："马贵人德冠后宫，正是皇后的最合适人选。"

于是，马贵人又变成了马皇后。关于马皇后，她是东汉历史上与阴丽华齐名的贤后，两人除了低调节俭、谦恭宽厚，还有一个共同的优点：有能力却不干政，而且严格执行刘秀"外戚不得封侯"的基本国策。

对于外戚和宦官横行的汉朝，这是非常难能可贵的。

刘庄虽然是个好皇帝，但也不是什么毛病都没有。他很好地继承了刘秀的基因，甚至连刘秀对大臣的严苛也学到了，而且青出于蓝胜于蓝。

刘庄虽然对百姓很好，对大臣们却算不上很好。和宽厚的马皇后相反，刘庄尤其喜欢检察大臣的过失，并认为能够发现和揭发别人的过错，哪怕是很小的一点儿错误，都是精明能干的表现。而且，他不但喜欢检察别人，对被他揪出毛病的大臣，刘庄还喜欢亲自动手施以惩戒，颇有些事必躬亲的意思。

有一次，刘庄正坐在床上翻阅奏章，身边一个叫药崧的郎官不知犯了一点儿什么小错误被他发觉，于是刘庄兴奋不已……不对，刘庄大怒，遂抄起身边一根手杖，直接往药崧身上打去。

孔子有一个有名的学生叫曾参，这家伙是出了名的孝子。有一次，他因为锄地时不小心锄歪了一株瓜苗，结果暴躁的父亲曾皙抡起大棍子朝曾参从上而下直劈下来。孔子这个被后世尊称为"宗圣"的二号弟子十分"头铁"，竟一动不动，以脑袋硬抗，以致被直接敲晕，得了轻微的脑震荡。

苏醒过来之后，曾参在家休息了好几天才能去见自己的老师。

没想到孔子知道这事后，对自己这个品学兼优的学生很是不屑，干脆闭门不见。曾参很是疑惑，便央求同学去问老师这是什么意思。孔子让学生传话，同学告诉曾参："老师说，舜帝也是大孝子，他亲爹瞽叟要打他的时候，舜是怎么做的？瞽叟拿小棍子打，他一动不动地挨打；如果瞽叟换大棒子打，舜就赶紧跑。为什么？因为舜不愿让父亲背上杀子的恶名。现在师兄竟然舍身迎候父亲盛怒下的大棒，万一师兄被打死了，师兄的父亲也不免陷于不义。这就不是孝，而是愚孝了。"

所以，《孔子家语》中明确记录了提倡"君君臣臣，父父子子"的孔子对此类事件的态度："小杖则受，大杖则走。"

这个药崧大概也是尊孔子的，眼见刘庄所用之手杖竟超过三指粗，硬挨了一下，甚疼，遂愤而起身，抱头鼠窜。刘庄没想到第一下打个结实，第二下竟然落空，十二分不甘心，遂从床上弹起，持杖急追药崧。药崧听得背后劲风又至，赶紧绕柱来了个一百八十度的急转弯，然后直接滚到床下躲了起来。

刘庄随后赶至床旁，自持身份，不能俯身钻到床底下揪药崧出来，只好用手杖一个劲儿地往床下划拉。然而，有经验的朋友都知道，棍状物贴地平放，纯以腕力驱动，力道十分有限，全无击打的快感，哪里有用胳膊抡圆了甩起来痛快？

于是乎，刘庄直起身子，大喊："给朕滚出来！"

药崧也不傻，蜷缩在床底回应皇帝："天子严肃，诸侯就惶恐，世上从未听闻有人君亲自来打郎官的！"

听罢，刘庄失笑，只好放过药崧。

从这件事来看，刘庄在管理大臣的事情上不仅着力点太过细微，而且积极过了度。但总的来说，皇帝给大臣们如此重压，也变相加强了吏治。所以，尽管有些小缺点，刘庄总体上还是个好同志，加之有和谐的后宫、干练的大臣，又没有外戚的掣肘，国家便逐渐向国泰民安的盛世方向前进。

永平七年（公元64年）正月，太后阴丽华崩了。孝顺无比的刘庄哪怕十年之后梦到自己的母亲，仍然悲从心来，夜不能寐，可见刘庄与母亲的感情之深。

由于国家承平无事，加之对父母的思念，刘庄有时候不免会胡思乱想，结果某天晚上他做了一个奇怪的梦，而这场梦又引来了一股不一样的气息，给后来中国整个社会造成了深远的影响。

有佛自远方来

此梦的具体时间已不可考，只说某日刘庄夜间突然梦到一个身形高大的金人在宫殿中飞来飞去，头上有一圈如日月般的光辉，刘庄正准备上去询问，梦却突然醒了。

人都说“日有所思，夜有所梦”，可刘庄醒来后左思右想，并不能找到梦的根源，于是只能向群臣寻求梦的解析。

虽然皇帝问得突然，但群臣中果有博闻强识之辈，马上就有一个叫傅毅的大臣回答：“在遥远的西方，他们信仰的神叫佛。当年孝武皇帝曾派骠骑将军霍去病讨伐匈奴，匈奴浑邪王率部投降，据说匈奴人上缴的战利品中就有从天竺流入匈奴的金人佛像。又据说这个佛像高丈余，曾被安放在甘泉宫。”

那为什么还要说是“据说”呢？因为可惜的是，西汉末年几经战乱之后，佛像已经流失，不可复见。而依之前的描述，傅毅认定刘庄所梦到的金人就是西方的佛。

刘庄大概是安生日子过多了，对佛教这一闻所未闻的事物产生了兴趣，就派人到处打听有关佛教的东西。当时，以丝绸之路为桥梁，自哀帝元寿元年（公元前2年）博士弟子秦景宪在大月氏国使者口中接触到佛经开始，佛教在中国上层社会已经有所传播。楚王刘英便是佛教的忠实信徒，他曾在自己的楚国建了不少供奉佛像的建筑。但由于当年只有口授的佛经，至于佛教的具体派别、教义、礼仪、法度什么的，基本上统统没有。佛是谁？从哪里来？要做什么？此灵魂三问更只能靠每个人自己想象。

这次刘庄派出去的官员从地方上收集了一些关于佛教教义的内容，刘庄看了之后对佛教也起了兴致，于是大概在永平七年（公元64年），刘庄派郎中蔡愔、博士弟子秦景等十余人出使天竺。

这可能是最早的西游记了。也不知这十几人的小团队到底走的是哪条路线，翻过几座山，跨过几条河，经历了多少磨难才最终抵达天竺。而到了天竺，蔡愔一行人抓瞎了。由于语言不通，路上请来的翻译可能也是个半吊子，一句话从汉使口中说出，再经翻译到天竺本地人耳朵里，大概跟一个韩国人和一个印度人用英语交流差不多，部分靠肢体语言，剩下的部分靠猜。幸而几经周折之后，他们遇到了摄摩腾、竺法兰两位僧人。

摄摩腾和竺法兰都是中天竺人，并且皆为得道高僧。摄摩腾善解佛教的大小乘经典，经常如苦行僧般四处游走弘法。据说当年天竺有两个附属小国，不知因何起了摩擦。古往今来，国与国之间的矛盾一旦外交手段不能解决，最后不免要诉诸武力。就在此时，摄摩腾如和平天使般出现，凭无上佛法以一己之力竟劝得两国化干戈为玉帛，挽救了万千生灵，他也因此声名大振。竺法兰更是不得了，他博学多闻，被称为天竺学者之师。更难得的是，他打小不知从哪儿接触了汉文化，竟然略通汉语。遇到摄摩腾和竺法兰，当真是蔡愔等人的运气，于是他们便邀请两位高僧前往中国宣扬佛法。

真正的高僧以弘扬佛法为己任，虽有千难万险又怎会推辞！稍作准备，两位高僧便和蔡愔踏上了东去中国的道路。

永平十年（公元67年），经历了一番艰险的旅程之后，摄摩腾和竺法兰终于抵达洛阳。随同他们到来的，还有一匹驮着佛经的白马。刘庄见果然请到了佛，很是高兴，不仅亲自接见了摄摩腾和竺法兰，还把释迦牟尼的画像挂到了清凉台和显节陵上，并在洛阳城西边的雍门外建了中国第一座寺庙“白马寺”，供两位高僧居住。

可惜摄摩腾来到洛阳后长期水土不服，没过几年，还未等到将佛法弘扬，年事已高的他就在白马寺圆寂了。虽然如此，但中国从此便算真正有了佛教，有了和尚，也有了有关和尚日常行为的一套规范。而且，摄摩腾在圆寂前已经翻译出第一部中文经书《四十二章经》——由此可见，金庸老爷子把《四十二章经》而不是其他什么《金刚经》《易筋经》《大悲咒》作为大清宝藏秘密的载体应是言之有据的，并非脑袋一热随口胡编的。

今世间教派以基督教、伊斯兰教和佛教信徒最多。基督教和伊斯兰教的传播在历史上都曾伴随着战争，比如基督教的十字军东征和伊斯兰教的圣战，只有佛教与之不同。东汉之后，历经三国、魏晋、南北朝，中国汉文化从西向东、从南向北迁移，佛教也随之传遍中国，并与本土文化融合，不仅对中华文化产生了深远的影响，还完成了与中国传统的儒、道文化的交融，形成了中国佛教，成为中华文化的一部分，而这恰恰也说明了中华传统文化的博大和包容。

在其发源地印度，佛教分为约二十个派系，而随着佛教在中国的日益昌盛，中国佛教也形成了很多流派，体系同样复杂。总体来说有八大宗派：法性宗、法相宗、天台宗、贤首宗（华严宗）、禅宗、净土宗、律宗和密宗。

鉴于本文并非讨论佛教的专业文章，显然不需要深入解释这么复杂的关系，只挑几个大家或许听过的略微说一下：

一说到和尚，大家脑子里跳出来的第一个光头百分之九十九是唐僧，而玄奘法师便是法相宗的创始人。这个法相宗可不得了，它微妙、玄通，深不可识，非专业人士难以窥其奥妙；达摩祖师也是大家熟知的，他是非常带中国特色、讲究自然之道和淡定的禅宗的祖师爷；至于信徒最多的，无疑是净土宗，这是一个提倡以观佛、念佛为手段，以前往西方阿弥陀佛极乐净土为宗旨的宗派，同时它也是最简单的佛教，简单到信徒只要念一句“阿弥陀佛”就能成佛。

其他的就不一一解释了。现代人对中国佛教派系有一个简单的总结，非常简明扼要，大意是：有钱就修密宗；没钱就修禅宗；唐僧修的法相宗跟他本人一样复杂、啰唆，没有大智慧的普通人别碰，受不了；法性宗只讲一个“空”字；传统、高贵是华严宗；修身律己是律宗；讲究义理是天台宗；至于我等凡夫俗子，要修的话当然要选只需念一句“阿弥陀佛”就完事的净土宗。

但刘庄显然是不需要知道这些的。他虽然引进了佛教，建了寺庙，还把佛像挂到了清凉台，甚至于说促进佛教西来是他一生中唯一超过父亲刘秀的功绩，刘庄也并不在意，但他本身则是不信佛的，甚至在永平十三年（公元70年）以谋反大逆之罪流放了那个崇佛的楚王刘英，并因此案里迁外连一共杀了几千人。对此，刘庄并不觉得有什么不适感，日子反而越过越安生。

分裂的匈奴

国与国之间的事情，是非对错多在于两国之间的实力对比，谁的拳头硬，谁的话就有理。得道多助、失道寡助只是偶然发生的事，至于纯以道德标准评价对错则几为笑谈。当年王莽试图集结三十万大军分十二路出击扫平匈奴的计划，最终成了笑话。之后由于中国大乱，匈奴人趁机多次侵犯边境，致使边境要塞多数被破坏，百姓流离失所。

王莽之后，更始皇帝刘玄曾派使者出使匈奴，把原先被王莽砸了的西汉匈奴王玺又给他换了回来，可这时候汉匈双方的强弱之势已变，匈奴单于已不再愿意向汉朝称臣。哪怕还是位居诸侯王之上，也不能让单于称心如意，他现在要的是和汉朝对等甚至高一等的地位。

这样的事情，刘玄能同意吗？或许他是不同意的，可他自顾尚且不暇，更奈何不了匈奴人。到了建武六年（公元30年），占据大半个天下的刘秀也向匈奴人伸出了和平的橄榄枝，但此时的匈奴单于自信满满，甚至常自比当年的冒顿单于，也想做一番类似冒顿当年的事情来，因此对刘秀的示好视若不见，还联合那个在中原混战中失败、跑到北边混日子的卢芳不停地对边境进行骚扰和劫掠。

刘秀起初也打算给匈奴人点儿颜色瞧瞧，并于建武九年（公元33年）派出了大司马吴汉。然而，以前事度之，要对付匈奴，首先要“专事”，甚至要集中全国所有的力量，而这时刘秀显然还没有这份精力，吴汉也没法儿毕其功于一役，结果匈奴越打越猖獗。刘秀只好把幽州和并州边境的百姓往居庸关、常山关以东迁徙，并在边境大量增兵，进行被动防御。

建武十三年（公元37年）刘秀完成统一之后，久厌兵旅的他多次放弃进攻匈奴的计划，在边境依旧执行以保境安民为目的的防御政策。刘秀的举动一定程度上刺激了匈奴人的欲望，上党、扶风、天水、上谷、中山等郡多次遭到匈奴骑兵的洗劫，整个北部边境没有一年能安宁。

但匈奴人的猖狂仅仅持续到建武二十二年（公元46年）。这一年匈奴连续死了两个单于，还遭逢大旱和蝗灾，致使匈奴境内“赤地数千里，草木尽枯”，人和牲口损失三分之二。

到底形势比人强，在这种情况下，新上任的蒲奴单于不得不低下头派使者到渔阳请求和亲。而匈奴的日逐王比（日逐王是爵位，比是人名）乃是乌珠留若鞮单于的长子，因为不能继承单于之位对现任的蒲奴单于产生了怨恨，想带兵投降汉朝。日逐王比的打算还没实施，便被单于派去监视他的两个骨都侯发觉，于是蒲奴单于马上派出一万骑兵去收拾日逐王。好在日逐王在单于那里也有内应，提前得知了单于的计划，干脆收了匈奴南边的八个部落四五万人自保。

建武二十四年（公元48年）春天，匈奴南边号称八部众的八个部落首领达成一致，立日逐王比为单于，又因为他的祖父呼韩邪单于曾经因为依附汉朝而使匈奴得安宁，所以建议他还用“呼韩邪”的称号。到了冬天，日逐王比接受八部众的提议，自立为呼韩邪单于。

建武二十四年十二月癸丑日对匈奴来说是个特殊的日子，这一天匈奴正式分裂为南北两部分，而且自此之后再没能真正缓过气来。

事实证明，统一、稳定永远是一个国家、一个民族强大的根源，没有稳定、统一的基础，任何事情都是无源之水、无本之木。再强大的国家，一旦陷入分裂，衰败就成了必然。

曾经强大的匈奴也没能逃过宿命的惩罚。分裂之后，以呼韩邪单于为首的南匈奴内附汉朝，不仅获得了安稳，而且产生了强大的自信。建武二十五年（公元49年），南匈奴主动出击，先生擒北匈奴的左贤王，又击败北匈奴单于主力，使北匈奴退却千里。

之后的日子里，北匈奴的处境日渐堪忧。永平八年（公元65年），北匈奴反复寇略汉朝边境，河西郡百姓的生命和财产遭受重大损失，军民只好闭门自守，甚至大白天都不敢开城门。这种情况一直持续了数年之久，到了永平十六年（公元73年），刘庄忍不住了，大发边防军，与南匈奴、羌族、鲜卑等组成联军，从酒泉、居延、高阙、平城四路出击，全面反击北匈奴。

然而，这次出击并不算成功，毕竟北匈奴人已经被打怕了，只敢对边境百姓做做样子唬人，哪里还敢和大队的汉兵正面交锋？一看汉朝这边全军突击了，北匈奴人赶紧有多远跑多远。结果，联军大部无功而返，兵出高阙的主帅祭肜和吴棠还因为没有到达指定地点涿邪山而受了处罚。只有从酒泉出发的窦固和耿忠一路人在天山追上了北匈奴的呼衍王，将士们看到终于追上敌人了，硬是跟着这些吓破胆子的匈奴人追了一路。在追逐和竞速中，千里而来的汉军奋起余勇，杀得北匈奴人只能四散逃窜，而之前窦固下令分兵出去的另一支队伍也在蒲类海（今新疆巴里坤湖）遇上并击溃了北匈奴的军队，最后经过清算共斩获北匈奴千余人。

这是整个联军行动中最大的也是唯一的收获，窦固挺高兴，对在蒲类海一役中表现出色的代理司马大加赞赏，认为他非常勇敢、能干，是个了不得的人才，并在事后向皇帝推荐他出使西域。

但或许窦固也没有想到，自己推荐的这个代理司马的能力之高远超乎他的想象，不仅完成了出使西域的任务，并于随后的三十年里在西域闯出了震古烁今的名声。

因为这个人的名字叫班超。

第四十二章

班超

The shot

我作为一个外语很差、成绩仅过毕业线的严重偏科型学生，十几年后仍能用两个英语单词作为标题，实在是已经竭尽所能。而我之所以如此做，除了灵犀一动外，还源于想弄一个噱头。1989年5月，篮球之神乔丹投出了被誉为NBA历史上第一绝杀的“the shot（那一投）”，创下篮球史上永恒经典的瞬间，完成那一投的乔丹也完成了从巨星到历史级别的超级巨星的进化。而在两千多年前的中国，已年过四十却还默默无闻的班超同样以一个投掷动作完成了自己从一个普通文员到日后“西域战神”的神奇转变。

班超，字仲升，籍贯扶风平陵，建武八年（公元32年）生人。班超出生于史学世家，他的父亲班彪、哥哥班固、妹妹班昭都是名重一时的史学家。班固和班超大概是双胞胎，两人来到世界的时间或许只差几分钟，却走了两条完全不同的伟大道路。当然，双胞胎一说是我猜的，但既然从没有人说过班固和班超是同父异母的兄弟，两人又出生在同一年，那这种事情就只能这么解释，否则班夫人很难完成这个任务。

班超在这样的家庭中成长，学问自然是大的，口才也很好，虽然不能和九岁就能写文章诗赋，后来“九流百家之言，无不穷究”的哥哥班固相比，却强出一般读书人许多。父亲班彪死后，哥哥班固在永平五年（公元62年）接替了父亲的工作，出任校书郎。班固虽应了皇帝的征召，但作为孝顺儿子，他不得不将母亲带到洛阳，班超也跟着母亲到了洛阳。

虽然一家人都到洛阳后班固既可以尽到赡养母亲的义务，也可以让老人得享天伦，但洛阳毕竟是国都，不比其他地方，一家人的生活成本很高，以班固校书郎的收入似乎不足以支持日常的生活支出。于是班超不得不也在官府谋了一份抄写文书的工作。

古代不同于科技发达的现代，机器的广泛应用让人节省了很多笔墨纸砚之间的工作，但古代政府单位的某些工作本质上则和现代是一样的，日常的公文、告示、通知、备忘录之类都要一式多份。既然活字印刷术还没发明出来，又没有打印机、复印机、传真机等，文件要一式多份，就必须用最原始的方法——抄。因此，官府中养了众多每日以抄东西为职业的低级吏员，班超就是他们中的一员。

以今天的情况论之，写作本身就是一种可以使人疯掉的职业，但其中好歹还有些创造的乐趣，而纯粹的、毫无思想的、机械性的抄写不仅无创造性，且日复一日、年复一年，几无止境，更令人崩溃。

班超在这种环境中过了十年，为的只是能用那不多的薪水分担赡养母亲的担子。

这种默默无闻的生活大概就是普通人的宿命，而那些强者显然是不甘于寂寞的，暂时的沉默只是为了日后的勃发。班超在如此沉默地生活近十年之后，毫无征兆地爆发了。

某天，班超和一众同僚在官府里如往常一般伏案抄书。抄着炒着，班超多年来的负面情绪积累到了一个临界点，他突然停下手头的工作坐直身子。静默了半晌之后，他把手中的笔往桌子上一扔，长叹一声："男子汉大丈夫就应当效法傅介子、张骞，在西域建功立业，封侯拜将，怎么能一天到晚围着支笔转呢！"

一旁低头伏案的同僚们一开始还不知道是怎么回事，等听完班超的话，先是表现出数秒的错愕，随后在最先反应过来的一人带头下，大伙儿哄堂大笑。

口出狂言，不知天命，岂不可笑？

班超却没有因为大伙儿的嘲笑而退缩或脸红，他看了看周围那些只知道抄书的俗人，不屑地对着空气来了一句："小子安知壮士志哉！"

虽然话说得牛气哄哄，但班超也不知自己口中那壮士之志何时才能实现。后来他曾经被提拔为兰台令史，可就连这薪水只有百石的小官，班超也没能保住，更何况他口中那“封侯”的远大理想，抵达的道路又在何方？

然而，对于不甘于平凡的人来说，梦想终归还是要有的。有梦想，人生才有前行的动力，才有不断尝试的勇气和坚持到底的毅力。

永平十六年（公元73年），刘庄摒弃了父亲放任西域不管的策略，决定派四路军队大举进攻北匈奴。其中，奉车都尉窦固领一路军马出酒泉郡，朝着天山一带出发。窦固是大司空窦融的侄子，而窦融和班彪不仅曾经是上下级关系，并且私交甚厚，可以说亦师亦友。大概就是走的这层关系，班超才得以在窦固的军队里获得一个代理司马的职位。

尽管可能徇了私情，但班超丝毫没有给窦固丢脸。他率领一支偏军出击伊吾，并在蒲类海遇上了北匈奴人。班超一马当先，不仅成功击溃了匈奴人，还亲自斩杀数人。

这就不禁让现代人感到奇怪了：班超作为一个读书人，而且长期从事抄写工作，长期坐着不动，既缺乏身体锻炼，又枯燥无味，精神也难以得到愉悦，除了那微薄的收入，唯一能得到的大概就只有痔疮。因此，班超应该是个标准的“手无缚鸡之力”的文人，为什么一上战场就能冲锋杀敌、建功立业呢？

人在世间，思想观念总有局限性。这个局限性来自人所处的时代背景，所以我们如果脱离时代背景，单纯地以今度古，有时候并不能完全理解不同时代的人当时的所作所为。班超也一样，他虽然当时已经年逾四十，且长期在一个固定不动的环境中工作，但他并非我们现在所谓的“死肥宅”。在当时的历史条件下，至少有两个原因使他能立即从一个文员转变为一名战士。

首先，在古代，读书大多是有钱人的事，因为当时的书很宝贵，不是谁都读得了的，也不是谁都读得起的，更不是谁都读得好的。读书识字的普通百姓只是个例，文盲则是常态，而且当时国家施行的是全民预备役制度，普通成年男性一生中总有那么一些日子要为国家服兵役。既然服过役，就怎么都得会两下子。所以，当时武夫是很多的，这些人里面若偶尔出现一些恰巧读过书的，那就是文武双全。比如先秦时期最有名的读书人孔子，“力能叩关”，是个大力士；汉初的第一武将曹参也是文官出身；到了唐代，诗仙李白不仅武功很好，还尤其擅长剑术，据现代广为流传但实际上不太靠得住的消息称，李白是剑圣裴旻的弟子，在当时号称剑术天下第二，所以他在《侠客行》里才能这样写："十步杀一人，千里不留行。事了拂衣去，深藏身与名。"——就是这么洒脱；到了宋朝，豪放派诗人辛弃疾则是以五十人就敢冲数万敌军大营，还擒获敌方将领全身而退的传奇人物。

所以，班超上来就能打仗并不是什么稀奇的事情。

其次，班超长相"燕颔虎颈"，早年更是"居家常执勤苦，不耻劳辱"（《后汉书·班梁列传》）。常执勤苦，身体必然结实，耐力出众；燕颔虎颈，即下巴短、脖子粗（具体形象各位自行脑补）。其中脖子粗一项太重要了，因为按现代科学的理解，脖子的粗细直接影响一个人的抗击打能力。如果脖子细得跟麻秆一样，是不能打架的，否则对方一拳抡脸上，脖子就会折，搞不好脑袋都得飞出去，而脖子越粗，抗击打能力就越强。如果像世界重量级拳王泰森那样，脖子比脑袋还粗，一看就知道非常抗揍。因此，班超早年的经历和他个人的长相也注定了他要吃这碗饭。

对于个人的成功，除了能力，机遇和选择历来也是极其重要的。一个人即便能力再强，倘若选错了道路或者生不逢时，最终仍不免默默无闻。好在历史终究没有埋没班超，在四十一岁这一年，他终于走上了一条适合自己的道路。

永平十六年（公元73年）春，从战场上回来还未得卸下戎装的班超，在窦固的举荐下以代理司马的身份出任即将出使西域的汉朝使团副使，从此踏上了他梦寐以求的人生道路。

初露锋芒

西域诸多小国生来就难得安稳，南边是统一的中原王朝，东边是强横的匈奴部落，在夹缝中求生存是他们长期以来生存环境的真实写照。为了能暂时活得舒服一点儿，"风往哪儿吹，就往哪儿倒"一直是西域众多小国的君主赖以生存的法则。当中原王朝陷入内乱纷争，匈奴人日渐强盛之时，他们便亲附于匈奴，而当中原王朝完成统一，国家安定、兴盛，有意愿向周边地区展示其强大之时，他们便迅速和匈奴划清界限，投向中原一方。

东汉经过三十多年的发展，国家已然稳定，而且由于匈奴内部的分裂，双方实力更是此消彼长。永平十六年（公元73年）汉军对北匈奴的大举进攻虽未获全功，却也伤了北匈奴的元气，这个时候刘庄派使团出使西域，原因不难猜测。

当然，从主使郭恂的职务（从事），以及使团除了正、副使之外只有四五十随从的规模来看，这次出使可能是刘庄的一次试探性尝试。

班超所在使团出使的重要一站是鄯善国。鄯善即曾经的楼兰，这个国家正好处于丝绸之路的要冲，地理位置十分紧要，一直是汉、匈两家争夺的热门地区。楼兰也着实可怜，全国上下不过一万四千一百人，有士兵两千九百一十二人，这意味着四个人就得养活一个士兵。如此高的军民比早已超出社会的负荷，可这区区三千不到的军队，真要和汉朝或者匈奴打起仗来，又能起多大的作用？于是历代楼兰王皆长于首鼠两端，在姓汉还是姓匈的问题上反复犹豫。公元前77年，班超崇拜的偶像，西汉勇士、外交家傅介子以金钱为诱饵刺杀楼兰王，另立亲汉的王子做王，还将楼兰改名鄯善，并在鄯善境内的伊循城中屯田驻兵。此后许多年间，鄯善大体听从西域都护府的领导，保持了丝绸之路的畅通。

可经过西汉末年的动乱以及王莽的折腾，汉朝对西域的控制力一度不复存在。刘秀统一中国后，出于稳定国内政治以及休养生息的考虑，多次拒绝了大臣及西域出兵匈奴的要求，使得西域各国不得不重新依附匈奴人。即便后来匈奴因为分裂实力变弱，也不是西域这些小国能比的。因此，这一时期西域诸国在政治和国际关系的倾向性上一直犹豫难决。能独立自主当然最好，如若不行，真到了非要做出选择的时候，是该倒向更强大但不太想管事的汉朝，还是屈服于不那么强大但紧挨着自己、随时能上门的匈奴？

西域诸国的国王没办法对这道送命题做选择，只能不去想它，两边都不得罪，做把头埋到沙子里的鸵鸟，眼不见为净，走一步是一步，得过且过。

可人不能一直当鸵鸟，总有要面对现实的一天。永平十六年，埋了几十年头的鄯善国王不得不把脑袋从沙子里拔出来，面对郭恂和班超的使团。

到达鄯善后，班超他们受到了鄯善国王极其热情的款待。鄯善国接待规格之高，对汉使之有求必应，简直超过了宾至如归的程度，但这种美好仅仅维持了很短一段时间。不久，鄯善国上下对汉使的热情便冷淡下来，不仅汉使的要求不能得到满足，甚至连汉使的日常打招呼也不是每次都能得到恰当的回应。

班超是个敏感的人，尤其这时候他已经四十多岁——往好了说，就是他的生活经验和阅历非常丰富，对事物的变化有敏锐的洞察力；往坏了说，就是班超这时候已经有种时不我待的紧迫感，时刻准备着一旦有些许可能，就要抓住机会做一番事情，哪怕冒些风险也在所不惜。

不管怎样，班超第一个察觉到了鄯善国的变化，便有意无意地跟自己的副手提了这么一句："鄯善国王最近好像不怎么待见我们了？"

"这……"副手显然不知所以，对班超的话不解其意。

"很简单，一定是匈奴那边来人了。"班超胸有成竹，"鄯善国王现在定然正左右拿不定主意，不知道该怎么办，所以才疏远了我们。"

虽说在军队里下级应当服从上级，但副手对班超的猜测显然持保留意见。

班超见状不以为意，继续说道："从这几天的种种迹象看，匈奴那边肯定来人了，这是瞎子都能看出来的事情，你还有什么好怀疑的？"

为了证明自己的猜测，班超让副手把门外的鄯善侍者招了进来。等侍者一来，班超直接来了一句："匈奴的使者来好几天了，现在还在吗？"

侍者听闻，大吃一惊，匈奴有使者到来，这本是鄯善国的大人们强烈要求一定要瞒着汉使的，班超怎么知道了？一旦上面怪罪下来，这不是要他的命吗？！

于是，惶恐不已的侍者竟直接扑通一声跪了下来，不住地磕头求饶，还把自己所知的匈奴使团的情况全都告诉了班超，包括使团的驻地、人数，以及主使叫屋赖带，副使叫比离支——最后这个信息显然没什么用，以他们的戏份和重要性，并不足以使其名字出现第二次。

这时班超显示了他的果断和决绝。为了不走漏风声，他把侍者绑起来关在里屋，又让副手将自己手下的官吏和士兵都召集过来喝酒。

大家正闲来无事，一听副使召唤，还有酒喝，哪有不去的道理？很快，大伙儿就集中到了班超的帐篷里。

班超见自他以下的三十六个汉子都已坐定，也不多说，直接让人拿出酒肉，在帐篷中开怀畅饮起来。以往朝廷指派出使西域或匈奴的使者，多从北方尤其是燕赵之地选人，只因“燕赵多壮士”，骨子里透着一种天生的豪爽，并且他们到了西域不会轻易出现水土不服的现象。而此时帐篷中的三十七人几杯酒下肚，气氛陡然一变，一股豪气油然而生，当真有一种“三杯吐然诺，五岳倒为轻”的感觉。

班超于是趁热打铁，长身而起，再敬众人一杯，说道：“我和大家来这远离家乡、危机四伏的绝域，无非是为了立大功、求富贵。现在匈奴的使者才到几天，鄯善国王就对我们怠慢了。如果再过几天，说不定鄯善人就要把我们绑了送到匈奴人面前，到时候大家必然死无葬身之地，骨头恐怕都得喂野狗！大家说，我们该怎么办？”

这本该是让人绝望的处境，但帐中这数十人已然酒精上脑，于是“眼花耳热后，意气素霓生”，竟把生死之事置之度外，纷纷表态：“现在这种绝境，我们把身家性命都交给大人你，你说怎么办，我们就怎么办！”

班超大概是其中唯一一个清醒的人，见众人上了他的船，马上把自己的计划和盘托出：“不入虎穴，焉得虎子！如今之计，只有马上趁夜对匈奴人进行火攻。现在匈奴还搞不清楚我们有多少人，只要大火一起，他们便会陷入恐慌和混乱之中，我们就可把他们一网打尽。只要消灭了这些匈奴人，鄯善国上下必然为之丧胆，再不敢与我们为敌，那我们要办的事情就成功了！”

以区区三十七人就打算袭击匈奴使团，还要震慑一个万人之国，需要何等的气魄！

这时，有士兵提出一个非常现实的问题：“这件事是不是应该先告知郭恂大人，由郭大人定夺？”

班超好不容易做局点燃了大伙儿胸中的火焰，释放了众人心中的狂热，哪里会去通知郭恂，丢失此毕其功于一役的良机。于是班超佯装大怒：“这事由我担着，大家的生死就取决于今晚！郭大人是寻常的文官，这种冒险的事情，他哪里敢去做！把事情告诉他，他必然惊恐，导致事情败露，到时候恐怕我们死了也没人知道。我班某并不怕死，可死得要有价值。如果就这么不声不响地死了，这哪里是一个壮士应该有的作为！”

所幸士兵们只是受限于法纪军规，本身并不缺乏置之死地而后生的勇气。既然副使、代理司马班超愿意出头，大伙儿更没了顾虑，按照班超的要求备足器具，天一黑就往鄯善侍从提供的匈奴使团驻地摸去。

初夜时分，埋伏在匈奴使者营地外的众人等来了一阵大风，此情此景正应了那句“月黑杀人夜，风高放火天”。班超要是不带着手下做点儿什么，怕是心里都感觉对不起老天爷。

班超在外观察了匈奴人的营地好一阵，发现匈奴人的警惕性低得可以。大概是因为身在鄯善国，又对自家实力十分自信，匈奴使者对自身的安全问题毫不担心。或许当晚匈奴人还喝了酒，反正大半夜整个营地里乌漆嘛黑一片，连个巡逻站岗的人都没有。

没有是吧？正好！

班超把众人聚在一起分成两拨，然后拿出了他早已计划好的行动方案：一拨十八人，手持短弩，腰配短刀，在匈奴人出入的必经之地左右埋伏，只要跑出来一个，就用刀箭招呼，出来一个杀一个，出来一双杀一双；另外十八人藏在营地之外，准备好锣鼓等器物，等匈奴营中起火，便大声鼓噪，扰乱匈奴人的视听，截杀逃出营地的匈奴人。

那班超做什么？肯定不能像诸葛亮一样稳坐军中，准备庆功宴。如此冒险的行动，班超自然要身先士卒。他给自己留了一项最危险的任务：放火。

计定之后，班超摸进匈奴人的营地，将引火之物置于营地四周的帐篷出入口，然后从上风口开始点火。

随着噼噼啪啪的声响，火苗开始四散蔓延，加之风助火势，浓烟滚滚，营地很快成为一片火海。此时，大多数匈奴人或是已经入睡，或是处于半梦半醒半闭眼的状态，火光虽然耀眼，喊声也算清晰，但一时间还不足以刺激大多数昏昏欲睡的匈奴人的大脑皮层。少数几个尚未入睡者察觉到不对劲，出帐篷一看，只发出一声喊，便没命地往外奔。结果跑在前面的被营门外的弩箭射杀，后面的一看也不敢跑了，可留在火海之中难道就有生路？匈奴人顿时不知所措。

等到班超带头杀了几个匈奴人，火又点燃了几顶帐篷，把里面的人烧成火人之后，余者才恍然惊醒。慌乱之下只听外面鼓声、喊杀声、惨叫声一阵响过一阵，哪里还有心情分辨真伪，分析情况，赶紧一窝蜂溜吧！

可营地四周都是火，还能往哪儿逃？不少还没完全醒过来的匈奴人就这样糊里糊涂地被烧死，偶有几个侥幸冲出来的，又一头撞到汉兵的刀口上，被结果了性命。

一时三刻之后，匈奴使团三十余人被杀，其余百多人则死于火中，班超手下的三十六人竟无一人伤亡！随着匈奴营地周围的喊杀声、惨叫声、锣鼓声渐熄，只剩噼噼啪啪的烈火还在独自燃烧，深夜重归于平静，而鄯善国君臣则集体选择性失明。

天明之后，等班超和手下带着匈奴使者及其三十多个手下的头颅去见汉军主使郭恂的时候，郭恂才知道昨晚发生了什么。他又惊又怕，脸色顿时变得煞白，没想到自己昨晚竟已在鬼门关前转了一圈。郭恂自觉以自己的胆量断不敢去想这样的事情，可班超这厮竟如此横胆，非但想了，还擅自付诸行动，真不把他郭恂的性命放在眼里！

郭恂想到此处正要发飙，进而又寻思现在事情已经发生，而且居然做成了，接下来只要能回到朝廷，这便是大功一件，想再追究班超的责任基本不可能。眼下的关键是，自己这个毫不知情、只是睡了一觉的使团正使该置于何处？

须臾之间，郭恂的脸色变了几变，但这早已落入班超眼里。班超的观察力何等敏锐？况且来之前他早已做好准备，便不等郭恂发话，上前一步，拱手对郭恂说："此事大人虽事先不知情，但下官和将士们哪里敢独占功劳？一切全赖大人平日领导有方，大家才能拼死卖命。"

一句话不但解决了郭恂的疑虑，还给他分了功劳，班超这一记势大力沉的马屁拍得郭大人十分舒坦，郭恂脸上马上见了笑容。既然班超如此识趣，不仅有见识、有担当，还不贪功，这样的好下属哪里去找？于是，郭恂马上不耻下问："我们区区数十人，在别人的地头上杀了人，鄯善人要是追究起来，为之奈何？"

班超说："好办，只要我们如此这般把架势摆足，不愁鄯善人不低头。"

既然班超已经有了主意，郭恂自己又没什么想法，那就只能按班超说的，让人把鄯善国王请到汉使营地。等鄯善国王带着人到来，班超也不客气，直接把匈奴使者的人头拿给鄯善国王看。

各位请注意，这个时候汉使中会见鄯善国王、拿主意的人已经是副使班超，郭恂早已躲到幕后去了。毕竟在自己明面上的实力不如人的时候，敢在别人的地盘上杀人，还堂而皇之地让主人家上门谢罪这事普通人想都不敢想，更做不来。在此之前，汉代有这份胆色的也就傅介子一人而已。而郭恂和傅介子除了都是男人，本质上毫无共同之处，也难怪郭恂会害怕。可郭恂没想到自己身边竟有一个立志以傅介子为榜样，且胆识、能力更胜一筹的班超。难道班超就不怕鄯善人被逼急了，拿他们的脑袋去匈奴人那里赎罪吗?

当然不怕，自从昨晚鄯善国上下在匈奴使团遇袭一事上装聋作哑，班超就拿准了鄯善国王的心思：鄯善国只想独善其身。只要班超能够表现出足够强硬的态度，并给予鄯善国一定的利益保证，不愁鄯善人不低头。

果然，不出班超所料，鄯善国王见到匈奴使者的人头之后又震惊又害怕，脸色煞白，一句话都说不出来——如果两千年前有奥斯卡奖，那鄯善国王这一刻的表现便值得一座小金人。你要说班超昨夜带人在他眼皮子底下又是杀人又是放火，连砍带烧地把匈奴使团整个连锅端了，这事鄯善国王都不知道的话，那他这个国王做得也没什么意思了。

可鄯善国王硬是能做出一副既震惊又害怕的表情，让有心人知道，匈奴使团被团灭一事他事先并不知情，然后又以毫无思想准备的沉默表现把皮球踢到班超手里，以示接下来怎么做也是汉使的意思，与鄯善国无关。

可惜鄯善国王这一系列精彩表现并不能打动班超，他既然敢杀人，也就不怕从鄯善国王手里接过这看似烫手的山芋。

班超毫不客气，大大方方地安慰鄯善国王，告诉他袭杀匈奴使者是为了给匈奴人一个教训，以儆效尤，还说汉朝不同于匈奴，对西域各国并没有吞并和奴役的意思，只想大家能和平相处，保持丝绸之路的畅通。如果鄯善国愿意真心依附汉朝，那汉朝自然能保鄯善国周全，如果鄯善国有别的打算，哼哼。

这是外交上典型的“萝卜加大棒”手段。有前一晚的雷霆行动在先，现在光是班超的这两声“哼哼”，便已消去鄯善国王的九分胆量。除了唯唯诺诺，他哪里还敢有别的打算。

鄯善国王于是马上表态，只要班大人能够确保鄯善国的安全，鄯善国不仅愿意送质子，而且全国上下以后唯大汉朝马首是瞻。

大功告成。

既然在鄯善做了件大事，又得罪了匈奴，作为主使的郭恂便不敢再继续出使，跟班超提出结束此次出使，提前回国。

班超对此也没有过多异议，毕竟自己只是个副使，没必要一再冒犯郭恂，徒结仇怨。

等郭恂和班超带着作为人质的鄯善王子顺利见到窦固，又把事情的经过一五一十地说了，窦固是又担心又高兴。他没想到班超这人年纪虽不小了，却如此大胆，行事激进。万一事情没有做成，反而捅了篓子，那该如何收场！看来得另找一个稳重的人主持出使西域的事情。

窦固不敢自己做主，更不敢有所隐瞒，将一封奏折连同鄯善王子一起送到洛阳。刘庄到底是皇帝，气度、眼光远超窦固，对班超的所作所为只有一个字的评价：爽！

既然班超热衷于出使西域，又有胆识、气魄，有吏如此，君复何求？

于是刘庄给窦固下诏："既然有班超这样能干的官吏，为何还要另派他人呢？着令提拔班超为军司马，继续出使西域。"

既然皇帝都发话了，窦固还有什么可说的？但班超好歹算跟自己家沾亲带故，依这家伙在鄯善的作为，窦固实在不放心就这么把他放到西域去，天知道班超下一个会惦记谁的项上人头？万一失手了，又怎么办？

这也是窦固跟皇帝说要换人出使西域的原因之一。可现在人换不了了，窦固只能退而求其次，就跟班超说："要不我给你多加点儿人手，怎么样？"

结果，出乎窦固的意料，班超竟然拒绝了："如果事情好办，我带手下这三十几个人就够了；如果事情不好办，再多千八百人也没什么用。而且，人多了反而不好跑路。"

好吧，窦固还能说什么呢？只能说班超的世界，寻常人不懂。

现在，班超终于可以名正言顺地实现他那像傅介子、张骞一般在西域建功立业的豪言壮志了，于是他带着和自己出生入死的三十六个手下再一次踏上了出使西域的道路。

同年（公元73年），班超来到了于窴国[1]。

于窴不同于鄯善，这是个大国，也是班超说的再多几百人也无济于事的地方。果然，于窴国王广德仗着自己人多势众，行为举止十分傲慢，并不把汉朝这几十人的使团放在眼里。可这毫不妨碍班超斩杀于窴国王十分信任的大巫，班超还用鞭子把于窴国的国相私来比的背抽了个稀烂，然后把大巫的人头和半死的私来比送至于窴国王广德面前。

这下广德也被班超这个在鄯善袭杀匈奴使者的猛将兄折服，不仅一改之前的傲慢无礼，而且思想境界立即提升。班超不是不喜欢杀西域各国的人，只喜欢杀匈奴使者吗？广德十分自觉，抢先把还留在于窴国内的匈奴使者杀了，做投靠汉朝的投名状。

于窴这个西域大国一倒向汉朝，周边其他小国便也向汉朝纳质子臣服。至此，自西汉末年开始，和汉朝隔绝了六十五年的西域诸国再次恢复和汉朝廷的往来。次年，汉军击破车师国[2]，重新在西域设置西域都护，之前一度中断的丝绸之路南道也得以恢复畅通。

十三勇士入玉门

永平年间，在西域诸国活跃的汉朝人，有勇气、有能力且不畏生死的，绝不止班超及其手下区区数十人，耿恭也是其中的杰出代表。

耿恭的出身可不一般，他是位列云台之上的建威大将军好畤侯耿弇的侄子。不同于常规意义上的官二代，作为真正的将门之后，耿恭是有真才实学的。永平十七年（公元74年）冬，他以军司马一职成为出击车师国汉军中的一员，在战斗中颇有功劳。击破车师国之后，耿恭被封为戊己校尉。

戊己校尉是汉朝西域驻军中除了都护之外的另一个要职，手下有军屯士兵数百。耿恭带着数百人屯守车师后国的王庭金蒲城，另一个同为戊己校尉的关宠则屯守车师前国柳中城，与都护陈睦一起，在车师国的地盘上

1. 古西域国名。在今新疆和田一带。

2. 古西域国名。原名姑师，汉宣帝时，分其地为车师前后两部，皆属西域都护。

成三角之势，互为依托。

此三角之势虽成，但并非就能将车师这一隅之地守得如铁桶一般。都护府设立后也就四五个月的时间，北匈奴单于便遣左谷蠡王率骑兵两万前来挑衅。汉军屯田之士虽个个悍勇，无奈人数实在太少，即便人人以一当十，也难以抵御两万骑兵的进攻。

耿恭那里的形势尤其凶险：先是他派去增援都护陈睦的三百步兵中途被匈奴的大队伍拦截，汉军将士虽死战不退，但仍寡不敌众，自司马以下三百将士全数惨遭屠戮，而后匈奴骑兵攻破车师后国，杀车师后王。

接下来，匈奴兵临金蒲城下。

耿恭手下士兵人数虽少，可气势一点儿不弱。面对匈奴人汹汹的攻势，汉军将士依靠金蒲城并不算坚固的城墙，与数十倍于己的匈奴人对拼。耿恭亲自上阵，登城搏杀，士兵们个个拼命，一时之间并未落入下风。

可这并不是办法，几百人对战两万人，光不要命那可不行。兵法有云："心战为上，兵战为下。"要战胜敌人，攻心无疑是最有效的办法，必须得让匈奴人感到恐慌，从心理上打败他们，才有可能获得胜利。话虽然没错，可要从心理上瓦解敌人，并非一朝一夕就能做到的。现在汉军处于绝对劣势，可以说什么都缺，尤其缺时间，于是耿恭不得不想点儿歪门邪道的偏招。

其实都这个时候了，困守孤城，内乏粮草，外无救兵，哪怕耿恭是巧妇，也难为无米之炊。因此，即便是偏招，大部分恐怕也只能想想而已。不过，人急拼命，狗急跳墙，最后还是让耿恭想到了一个办法。

这个办法听起来有些为正道人士所不齿：在武器上涂毒。

《后汉书》上记载，耿恭让手下用毒药浸泡箭头，然后派一个嗓门儿大的军士在城头大喊："汉军士兵的箭矢有神力加持，凡中箭者，伤口就会和寻常的不同。"

随后耿恭命人以强弩居高临下将毒箭射出，匈奴中有中箭的，回去以后发觉不仅痛感比平时明显，而且伤口异常红肿，竟然还不断地冒泡，仿佛沸腾了一般。

对于这样的异象，迷信的匈奴人闻所未闻，再一联想到之前汉军的喊话，顿时觉得真的有神明在背后支持汉人，于是心生惧意。

这里有一个说不清楚的问题：耿恭被围在金蒲城里，吃喝可能都发愁，哪里来的毒药？进而我们又可以引申出这样一个问题：古时候传说中刺客手上那见血封喉的带毒武器，涂的究竟是什么毒药？

由于科学技术的限制，古代的毒药几乎不能化学合成，绝大多数只能从动植物中提取。比如大名鼎鼎的箭毒蛙，它是一种可重复使用且无环境污染的毒药来源，人们只需要用武器在箭毒蛙的背上划一下，即可使武器沾上箭毒蛙的皮肤分泌的毒素。

可是箭毒蛙原产于中美洲及南美洲的热带雨林之中，在地球另一面的中国人是看不到的。但这也无妨，人民群众在长期的生产生活中同样发现了许多可以用于捕猎或者杀人的毒药，比如俗称“见血封喉”的箭毒木、乌头草、曼陀罗花等，从这些植物中提取的汁液就是厉害的毒药。当然，如果胆子够大，从毒蛇的毒腺中提取毒液也是一种办法。

可以上这些对于耿恭而言并无用处，因为从动植物中提取的毒性物质大多都得现做现用，难以运输和长期保存，时间一长，其毒性就会消退。对于被困在西域小小一座孤城里的汉军，临时要毒药，去哪里寻得？而且，此类毒药多是神经毒素，中毒后人可能会丧失意识，会呼吸麻痹，会口吐白沫，会四肢抽搐，伤口处却不会冒泡。

那耿恭用的是什么毒呢？难道他是隐藏的化学家，临时配置了新品种？

其实，稍微有些现代医学常识的读者，从“伤口冒泡”这四个字就不难判断，这是伤口被细菌感染的症状，而且是产气菌感染。产气菌，菌如其名，感染发作的表现之一便是会产生大量的气体，这就是感染之后伤口会冒泡的原因。

此类细菌在自然界非常常见，人和动物的肠道内就有着数量众多的产气菌。细菌加强了武器的威力，即使在战场上没被击中要害，只是破皮见血，在缺乏有效治疗手段的古代，随之而来的全身感染也能让伤者生不如死。

因此，耿恭很可能只是简单地就地取材。如果士兵中有正犯病拉肚子的，那就更好办了——这样一说，耿恭的做法似乎不但偏门，还有点儿让人吃不下饭。

这招应该不是耿恭首创的。虽然它不怎么光彩，但它无疑是一个成本低、效率高、简单易行的方法，于是顺理成章地被人学去了。后来，蒙古骑兵就很喜欢没事的时候把自己的箭插在牛马的粪堆上。从远处遥望过去，一坨粪便上插一把箭矢，仿佛在给未来的敌人上香。等到上马出征之前，把箭从粪堆里拔出来，擦干净放入箭壶，就成了最原始的生化武器，威力不可小觑。临阵之时，若被蒙古人一箭射死倒还痛快，倘若侥幸没死，后面伤口感染，能把人折腾得生不如死，实在说不上“侥幸”。

当然，实话实说，上面这段有一句是我自己想象出来随口编的，并没有依据。为了显示文章的严谨，我不得不交代清楚，免得有人觉得我在一本正经地胡诌。

我编的是“擦干净放入箭壶”这一句。

不管怎么样，耿恭的目的达到了。碰巧这时候又遇上当地一年没几次的暴风雨，漆黑的天空被闪电划破，一阵阵惊雷滚滚而来，仿佛天地的震怒，更把匈奴人的胆气削弱了八九分。

耿恭当然不会放弃这样的好时机，他决定一鼓作气，趁着大雨率全部士兵出击。此时匈奴人内心正受着神明的惩罚，在雨中疏于防备，等反应过来时，汉军的刀已经架在他们的脖子上。随后漆黑一片中四处响起喊杀声，匈奴人乱作一团，汉军以极小的代价杀伤数千人，又顺利退回城中。

待到暴雨停歇，匈奴人稳住阵脚，首领们便开始讨论撤退事宜。理由嘛，也很快就商量好了：汉兵有神明相助，真是太可怕了。

这个理由不但充分、必要，而且让人无法反驳。

其实，这个时候匈奴的人数仍是城里汉军的数十倍，而且经过连天激战，耿恭的手下不是强弩之末也差不多了。只需再等上一段时间，内无粮草，外无救援，还怕他耿恭能翻出天来？如果实在等不了，只要匈奴人悍不畏死，再填进去几千人，定能将小小一座金蒲城夷为平地。可匈奴人虽多，谁又愿意做那冲在前头填进去的，为后面的人做嫁妆？

算了吧，再为这小小的一座金蒲城和数百不要命的汉军死磕，说不准什么时候自己的小命就没了，怎么看都不划算。

于是，被汉军前一晚的突袭吓破胆的匈奴将领们心照不宣，纷纷表示同意退兵，毕竟人再强，怎能和神明相比？留下来无非徒增死伤而已。况且根据匈奴人的理解，神明不会一直待在某个地方不走，汉军也不会永远都能得到神明的眷顾。早一些撤走，来日准备好了再战，可以减少士兵的伤亡。

换一种说法，匈奴人的行为可以解释为“及时止损”。

靠着勇敢、偏招和运气，耿恭挺过了匈奴人这一轮凶猛的攻势。他在城头眺望远去的匈奴骑兵，仍心有余悸，还得担心匈奴人不知什么时候会来的下一次进攻，毕竟两万人没拿下只有几百人的一座孤城，这口气换谁都难以咽下。

因此，匈奴将再次进攻，是想都不用想的事情，只是不知道会在什么时候而已。

这时候最安全、稳妥的办法，当然是撤回汉朝境内。只要入境，匈奴哪怕再多两万人，也未必敢有什么动作。可撤退必须有皇帝的指示，逃兵是万万做不得的。想要朝廷的增援也不切实际，毕竟再多几百援军，对局势也不会产生太大影响，而如果援军数量增加到几千甚至几万，那就不得不面临补给的重重困难。

因此，耿恭只能靠现有的力量解决即将到来的问题。

可他手上就那么几百号人，进攻肯定不足。而金蒲城虽说是车师后国王庭所在，但西域诸国都缺乏坚城，金蒲城也就比四处漏风强点儿。等匈奴人缓过气再来一拨，薄弱的城墙加上匮乏的资源储备，防守十分勉强。于是耿恭不得不开始考虑另觅他处做基地，以防备匈奴的下一次进攻。

最后，经过耿恭亲自挑选，疏勒城成了汉军新的屯田据点。

果然，不出所料，五月耿恭移防疏勒城，七月匈奴的骑兵便再次出现在疏勒城外。

耿恭挑中疏勒城，除了因为此地位于天山北麓，是扼守天山南北两道的咽喉要塞，更因为城边有条山涧。谁都知道，水在大漠中太重要了，活水对于一座城的意义，比一条金脉更吸引人。

耿恭占据疏勒城，以活水为引，两个月间招募了一批当地青壮年补充队伍，这时候手下竟也有了数千人。

之前只有数百人，耿恭尚能一战，现在有了几千人，耿恭更是意气风发，干脆趁匈奴人不备，率所有士兵向匈奴的先锋队伍发动进攻。

匈奴人一时大意，没想到耿恭敢主动进攻，打头的将领一下子慌了神，先锋队伍片刻间竟被耿恭的人冲得七零八落。不过，匈奴人也不是那么容易对付的，主力队伍很快就赶到了战场。耿恭见匈奴骑兵势大，自觉不能力敌，便撤回疏勒城。

不善攻城，这似乎一直是匈奴人的顽疾。也难怪，因为匈奴人平时住的都是帐篷，顶多再围上一圈栅栏。打仗需面对面比拼技术和武力，如果寡不敌众或者技不如人，那只能认栽。而且，打仗历来讲究以自己的长处攻击对方的短处，匈奴骑兵的长处很明显，在于骑兵的机动性和战马的冲击力，短处也肉眼可见，就是后勤补给不足和缺乏攻城武器。因此，匈奴人对这种躲在城墙后面的乌龟战术大多数时候没辙。好在西域诸国大都缺补给，匈奴人便以短击短，跟城里的对手拼粮草。只要把城围结实了，在自己饿晕之前耗光对手的食物，就能迫使对手出来决战。

于是，接下来双方又回到几个月前。

这次匈奴人可是做了准备的。上次回去之后，将领和巫医们一起对汉军“神箭”留下的伤口做了研究和治疗，大概也猜到了真相：神明或许有，但绝不存在于那简化版的生化武器之上。

于是，耿恭的“神箭”就失去了震慑力。匈奴人不仅把疏勒城里三层外三层地围了个水泄不通，还把耿恭最为满意的城外那条山涧水给断了。

这下耿恭整个人都不好了。本来疏勒城依山傍水，正合国人风水宝地的标准，尤其这条难得的山涧水更是让耿恭十分满意。要知道西域很多地方用水还得实行配给制，在他这里隔三岔五竟还能跑城外泡澡，显得无比阔绰。现在匈奴人把水给断了，大伙儿先是感到浑身不对劲，过了两天，耿恭才发现问题大了：由于之前过于依赖城外的山涧水，城里竟然没有淡水储备！

以大漠的天气，指望再下几场暴雨基本上是不可能的。在被围几天后，城里平时只知道依赖地表水的胡兵们首先开始坐不住，甚至有了骚乱的迹象。耿恭只好在指挥抵御匈奴骑兵攻城的间隙召集大家开会，稳定军心：“大伙儿莫慌，我汉人不仅能取湖水、河水、池水，更有妙计能从地下取水。”

耿恭所谓的妙计，对于西域的众人还算稀奇，但对汉朝人则不算什么，十分稀松平常，就两个字——打井。

打一口井并不是件容易的事情，尤其在缺乏器械和技术的古代，打井通常是要经过谨慎考虑的。首先要选址，选中的地方必须有地下水，而且越浅越好，不然随便一挖，没水，其他活儿都白干。因此，古人总结出很多确定地下是否有水的办法，比如选择艾蒿生长的地方打井就很容易出水。其次，打井的时候一般不能挖太深，因为太深的话通风条件不好，容易缺氧，而且挖的时候还需要以木板、砖石等材料加固四壁，防止土层坍塌把人埋了。最后，即便出水了，能不能饮用还得看运气。如果不能饮用，那之前做的全都是无用功。

可耿恭现在没得选，疏勒城就这么巴掌大的一块荒漠地，哪里有什么艾蒿生长的地方。不过，既然天山有山涧，地面上有水，那地底下可能也有水，耿恭就找了个靠近山的地方开挖。

结果，耿恭越挖心越凉。一般垂直向下的坑洞超过七丈，四壁土层就有坍塌的风险。现在士兵们已经硬着头皮挖了十五丈深，就连头顶那炽热而火辣的阳光都已无法照到洞底，但大伙儿期盼已久的井水似乎依然在地底那不可及的更深处。

更要命的是，随着时间一天天过去，城里缺水的情况越来越严重。部分士兵为了活命甚至已经开始榨取马粪中那稀少且散发着恶臭，还泛着黄绿色的汁液来饮鸩止渴。

这下整支队伍都陷入绝望中，摆在耿恭面前的似乎只有两条路：要么在所有人渴死之前出城决战，或者说出城寻死；要么另想办法，立即解决水源的问题。

当然，我们可以猜测，这两条其实都是死路，耿恭哪条都不想选。他伸着头努力瞪视那十五丈深的井洞深处，希望能在某处发现一丝水的痕迹，可从地面看去，洞底几乎漆黑一片，根本什么都看不见。他又用鼻子不断地嗅着洞中散出来的空气，除了刺激鼻黏膜的干燥外，完全察觉不出一丝湿润的水汽。

不甘的耿恭同样陷入绝望，他仰头叹息："昔日贰师将军在西域也曾断水，听说他随手拔剑刺向山岩，便有泉水流出；如今圣上有德，天下承平，我等怎么会陷入此等绝境！"

接着，耿恭认真地整理了下自己身上的衣服，做出他最后的选择——向井口恭恭敬敬地拜了三拜，并为准备继续进入井洞挖掘的士兵进行了祈祷，然后下令：继续挖！即便洞塌了也不放弃！

耿恭同样只给了继续下井的士兵两条路：要么挖出水游上来，要么挖塌了活埋在井里头。总之，就是绝不回头。

耿恭绝望的坚持竟收到了奇效，随着士兵硬着头皮继续往深处挖，很快井底便开始有汩汩的水冒出，顷刻间便成了一眼小小的生命之泉。

这下城里的人都蒙了：这算什么操作？看来真的有神明在保佑他们！然后，人群中爆发出一阵高过一阵的欢呼。

最先反应过来的还是耿恭，他又观察了一会儿，发现泉水不仅流量有限，而且刚流出来的水混杂着泥土，还泛着各种不知名的物质，浑浊无比，非静置过滤不能饮用。也就是说，这口井眼下的象征意义大于实际意义。

耿恭可不想白白浪费时间，毕竟城外还有好几万虎视眈眈的匈奴人。他急中生智，命人将刚挖到的一桶桶水运到城墙上，当着匈奴骑兵的面用水搅拌泥土，修补城墙，并且毫不吝惜地在城上往城外洒水，名曰"抑尘工程"，免得等会儿匈奴骑兵到了城下，马匹践踏土地扬起过多灰尘，被匈奴的兄弟们吸入肺里，影响身体健康。

匈奴的将军们崩溃了，这下他们不得不相信汉军确有神明保佑。本来匈奴人早打听到疏勒城里没有其他水源，便以为只要他们把城外的山涧水给截了，自己硬挺着再围三五天，断了水的疏勒城人就得渴死大半，没想到却遭汉军这般侮辱！既然疏勒城里不缺水，攻又攻不进去，那还留在城外干吗，让汉人当猴耍呢？

那还能怎么办？撤呗。

看着远去的匈奴人，耿恭再次松了一口气。

可耿恭的这口气刚呼出不久，就又得龇着牙吸回来。原来匈奴人虽撤离了耿恭驻守的疏勒城，却没有就此罢休，反而带着一腔郁闷的怒火继续向其他驻屯的汉军进攻，先是击败了都护陈睦，又把关宠死死地困在柳中城，使其动弹不得。为了能生存，西域不少国家本就是没什么原则的墙头草，眼见匈奴势大，把汉朝西域都护的驻军按在地上摩擦，遂也起了歹心。龟兹[1]、焉耆[2]两国突袭都护府，袭杀了都护陈睦，接受汉军驻屯守卫的车师

1. 古西域国名。在今新疆库车。

2. 古西域国名。国都在今新疆焉耆。

国也投靠了匈奴，并加入了匈奴对疏勒城的第二次围城行动。

随着陈睦和关宠的战败，本就薄弱的三角之势仅存耿恭一支，更是独木难支。虽然无比艰难，但耿恭还是带着手下一直咬牙硬挺。可敌人越来越多，他手下本就不多的士兵却日渐减少。要不是车师后王的夫人时时给他透露匈奴人的动向，并不时派人送来补给，耿恭在疏勒城根本不可能坚持三个月之久。

稍微想一下，就会发现这里其实出现了一个关于耿恭的很大且值得关注的疑问，我们得弄清楚。

我当然知道大家的疑问在哪里。然而，非也。这里想说的并非各位心里想的，并且我可以负责地告诉大家，耿恭和车师后王的夫人并没什么私情。夫人之所以愿意冒着砍头的风险帮助耿恭，也绝非被耿恭的个人魅力所吸引，而是因为夫人的先祖是汉人，夫人身上流着炎黄的血脉。

我所指的疑问是，耿恭接二连三被包围，做了所有他能做的一切，包括不屈坚持、反击、祈祷，乃至作困兽斗，可他似乎从来不曾指望援军的出现。

这在别人看来是不正常的，尤其耿恭背后倚靠的是已经远比匈奴强大的汉朝廷。只要边境出一支偏军，就能击溃匈奴的包围，而如果来的是一支大军，甚至可以直捣匈奴王庭。若是换作他人，恐怕对援军无时无刻不翘首以盼。可在耿恭的现实里，既没有援军让他“再坚持五分钟”，他也没有歇斯底里地喊过“拉兄弟一把”。

其实，这再正常不过了，因为耿恭根本没向朝廷求援。

有人或许会认为，这是因为耿恭送不出求援的消息。

其实这种可能性不大，因为耿恭不是一直被围的。再说，车师后王的夫人既然能把消息和补给送进来，耿恭理应有无数机会可把消息传出去。而且，同样是被围，关宠的求援信息，朝廷就收到了。

因此，耿恭的想法，我们无从猜测。或许是因为他觉得远水解不了近渴，也许他觉得自己还能扛得住。况且耿恭出身将门，作为一个能力很强的将领，在他眼里，朝廷派他来这个地方是让他守住这个地方的，不是让他来求援的。因此，直到把疏勒城里能吃的都吃了，甚至开始剥铠甲和弓弩上的皮革煮了充饥，士兵仅剩几十人，耿恭依然在坚持。

当然，这其实是一种孤独且绝望的坚持。

北匈奴单于挺欣赏耿恭的坚持，有了把他纳入麾下的念头，毕竟这样能打仗又不怕死的将领，哪家都不嫌多。于是，单于派匈奴里一个有些身份的贵族做使者，带着几个人到阵前劝降。

匈奴劝降的使者当然是不敢进城的，而且汉军也不太可能放他们进去。使者一开始只敢在离城百丈之处站着，以提防耿恭的生化武器袭击，远远地便扯开嗓子喊："城中的各位听仔细了，单于说只要耿恭投降，非但既往不咎，还要封他为白屋王，并且可娶单于的女儿为妻。"

单于想让耿恭当第二个李陵，可他没想到，耿恭非但不是李陵，反倒是个比苏武还要狠的角色。耿恭看四周没有匈奴的伏兵，就在城上比画"听不见"的手势，示意使者靠前一点儿。

使者向前，相距五十丈。太远，听不见。

二十仗。还是太远，听不清。

十丈。

"哎呀，不行，最近仗打多了，每天都睡不好觉，脑袋一天到晚嗡嗡响，我自己的士兵有事都得贴着耳朵汇报。要不这样吧，我开门让你们进来，有事好商量。"

匈奴使者来到城下，见汉军没有突然发难，提着的心便放松几分，胆气也随之上来了。况且，在他看来，耿恭处于十死无生的绝境，现在单于肯给他一条活路，是人怎么会拒绝?

于是，当使者看到疏勒城城门开了一条缝，耿恭从门里招手示意他进去时，便大大方方地从门缝里挤了进去。

匈奴使者进来之后，正要上前和耿恭交涉，这时，刚才还面带微笑的耿恭一下就变脸了。随着城门嘣的一声被锁死，城里残存的不足百人的汉军士兵齐齐亮出刀刃，二话不说便把匈奴使者团团围住。

匈奴使者本想反抗一下再死，但刀还没拔出来就被一拥而上的汉军死死按倒。耿恭亲自动手，一刀下去，身首分离，快、准、狠。

虽说两国交战不斩来使，可耿恭在这种绝境也不忌讳什么了，又让人把使者的尸体绑在城头向匈奴人示威。耿恭想想可能觉得不够解气，也不能充分表达自己必死的决心，遂干脆于尸体下置一个火盆，"炙"之。

随着火苗“啪啪”燃起，城外使者的下属看到这一幕，捶胸顿足，号哭而去，耿恭则带着士兵们在城上肆意大笑，以示对匈奴人的藐视。

这时已经是永平十八年十二月，耿恭站在疏勒城头，凛冽的寒风刮在他脸上如刀割，吹起的沙尘一有机会就往他口鼻里钻，似针扎。但这都不能阻碍耿恭放声大笑，毕竟按照这个形势，如果不出意外，这将是他人生的最后一个冬天。

既然如此，为何不“壮志饥餐胡虏肉，笑谈渴饮匈奴血”？狂风、严寒、饥饿，又如何能阻止耿恭大笑？

火苗继续燃烧，哭声渐远，笑声渐息。

火苗仍然在燃烧，一股烤肉的味道传来，刺激了耿恭和剩下的几十个士兵的辘辘饥肠。他们毕竟都是吃了一段时间铠甲和弓弩皮革的人，那铠甲和弓弩上的动物皮，不说味道如何，至少时间就摆着，怎么也有几个月甚至更长的年头。按现代人的标准，得叫“僵尸肉”，即便经过水煮，口感也是又硬又柴，怎能比得上现烤的美味？

于是，画风突变。

那边，匈奴使者的手下哭丧着脸去见北匈奴单于，把使者被杀的事情一说，单于大怒，也不顾什么爱才之心，下令增兵继续围攻疏勒城，势要耿恭血债血偿。

但就是增兵了，匈奴也没能拿下不到百人防守的疏勒城。这让我们再次诧异耿恭守城水平之高，同时不得不承认：现在，北匈奴人的攻坚能力是真的不行。

双方在疏勒城又耗了一个多月，到公元76年二月，僵局终于被打破——汉朝的援军来了。

之前提到过耿恭并没有求援，那援军从何而来？答案是，耿恭虽然没有求援，但同是戊己校尉、当初被围在柳中城的关宠却已经早早地向朝廷发出求救信息。

朝廷接到关宠的求救信息后，大臣们开始了讨论。这场讨论非常激烈，讨论的核心问题是：该不该出兵？

这又是一个让旁人诧异的论题。按理说，西域都护府被攻击、都护被杀死，这是对国家主权的严重挑衅，何况本国的士兵还在敌人的包围中浴血奋战？依正常人的思维，朝廷要讨论的问题不应该是该派谁出征、派多少人出征、是单纯的解救行动还是顺便教训一下北匈奴，诸如此类吗？至于出不出兵，根本不需要讨论。出兵属于替天行道，不出兵纯属大逆不道，有什么好讨论的？

朝廷中之所以会出现如此怪异的论题，是因为在这一年（公元75年）的八月初六（壬子）汉孝明帝刘庄驾崩，太子刘炟即皇帝位。历来新老皇帝交替之时，国家的任何政策和行动都会低调一段时间，毕竟国内大丧，新帝继位，天下不稳，一切宜静不宜动。这也是司空（相当于御史大夫）第五伦等人反对出兵救援的理由。

朝廷之事历来复杂，我们不能只看一件事，只凭自己的主观感受去评定历史人物，这样不免谬之千里。比如，在这里不能因为谁反对出兵就给这个人物定性，甚至划到奸臣、坏人的范畴里。单说这个第五伦（复姓“第五”，单名一个“伦”字），此公素来以为官公正廉明、不畏权贵闻名，是当时一等一的名臣。至于第五公为何反对出兵，联系到他当时已七十岁上下，大概是老年人比较持重，自己身为司空辅佐新君，首先要考虑的就是国家的稳定。他年纪老责任重，顾虑多激动少，行事不得不谨慎。

所谓谨慎，就是宁取有把握的小利，也不取有风险的大利，哪怕日后有不良影响，只要无损现状即可。虽然关宠等人情势危急，但那毕竟只是一隅之地，还不在天子治下，说句不好听的，丢了也就丢了。不出兵，损失小且可见；万一出征失败，损失又当如何？况且，和整个国家的稳定相比，这区区几百一千人，或者说一个西域都护府，又算得了什么呢？

新皇帝刘炟初登大宝，没有当皇帝的经验，即使他感觉不妥，也不好反对大臣们的意见。这时，只有司徒（丞相）鲍昱肯站出来发表不同意见：“陛下，我们派人去西域这种危险的地方，遇到紧急情况又抛弃他们，这样的行为既涨了敌人的士气，又寒了臣子们的心。日后天下太平则好，一旦有事，敢问陛下，谁还愿意听您的驱使？”

鲍昱这是在提醒新皇帝刘炟，国家应当对他的子民做到“不抛弃、不放弃”，而且人是朝廷派出去的，现在他们遇到危险，朝廷要是撒手不管，以后谁还给朝廷卖命？做人啊，要厚道。

可见，在这件事情上，鲍昱想的比第五伦等人要多、要远。这也更符合一个年轻的新君躁动不安、急于表现的内心，而且鲍昱已经给新皇帝拟好了方案：“关宠、耿恭两人手下不过数百人，北匈奴就围攻数月不下，这正是匈奴人无能的铁证。因此，陛下不需要劳师动众，只需下令酒泉、敦煌两郡太守各派出两千精锐骑兵，匈奴必不能挡。而且，骑兵行动迅速，过程顺利的话，四十天就可以打个来回。”

刘炟听了司徒大人的计划，甚是满意，但似乎觉得不够大气，于是对鲍昱的计划稍微做了修改：发敦煌、张掖、酒泉三郡及鄯善国的胡兵共七千多人，开始拯救大兵关宠的行动。

汉军的这次行动在建初元年（公元76年）正月取得了阶段性的战果。当时摆在众人面前的是一个好消息和一个坏消息。好消息是，几路援军顺利会师柳中城，并旋即攻克车师前国王庭所在的交河城，斩敌首三千八百级，俘获人口三千、各种牲畜三万七千头，北匈奴败走，车师国投降。

坏消息是关宠战死。

失去了目标，这让援军的领军、来之前只是谒者的王蒙等人有点儿蒙圈：接下来该怎么办?

作战成功，但解救目标死亡，相当于不胜不败。要么，这就回去吧?

这时，军中一个叫范羌的人站出来表示不同意：关宠虽然死了，另一边的耿恭却还在疏勒城死战啊，将军何不拯救大兵耿恭?！

这范羌也不是别人，正是耿恭手下的军吏，之前受命去敦煌公干。

不是说耿恭不曾求援吗?

的确，范羌去敦煌不是求援去的，他的任务是做后勤运输，到敦煌领士兵们过冬的寒服，只是凑巧碰到敦煌郡的骑兵出发驰援车师，便一同跟了回来。

虽然耿恭没求援，但依范羌出来时疏勒城的局势看，眼下不会比柳中城强到哪里去。况且汉军手上正有三千俘虏，怎么也能撬开一两张嘴，要知道耿恭困守危城的消息一点儿都不困难。现在援军居然要班师回家，范羌怎么能不着急!

于是，范羌再三请求，希望移军疏勒城，解救被困的耿恭。

结果王蒙等人拒绝了。

理由很简单，倒也不全是因为怕死，而是他们现在所在的交河城离洛阳有九千一百二十里，军队一路行军走到这里，又打了一仗，已经是强弩之末，再跋涉几百里到疏勒城，恐怕到了也没战斗力了。总不能为了耿恭那几十人，把七千人的性命都留在车师?

但范羌不放弃，依然死命请求。最后，王蒙等人被他的精神所感动，虽然他们自己不愿意去，可还是分出两千骑兵，让范羌带着去疏勒城，不求破敌，只求把耿恭等人救出来就行。

范羌带着这人困马乏的两千骑兵往疏勒城出发了。他的计划是从匈奴人防守较弱的天山北麓靠近疏勒城。不巧的是，出发后不久，他们便遇上了暴风雪，有的地方积雪厚达一丈，两千人在雪中艰难地辨别方向，行军完全靠意志力在支撑。

等好不容易出了天山北麓，来到疏勒城附近，范羌知道骑兵们的体能都已到达极限，已经没什么战斗力了，也就能远远地排开阵势唬人，真打起来肯定一触即溃，于是只能等到夜里悄悄地靠近疏勒城。

夜里本就漆黑，风里夹杂的鹅毛大雪更是让能见度降到最低。疏勒城里的汉军只听见马蹄声接近，不辨敌我，还以为是匈奴趁夜偷城来了，遂大惊失色。耿恭带着所有人来到城头，准备死战。

正当耿恭带人暗伏城上，等待敌人突袭时，那边却传来一句让他们恍若隔世的天籁之音："我是范羌，朝廷派军队迎接校尉（耿恭）来了！"

城里的汉军听到这句话如沐春风，出城见到范羌和他身后的两千骑兵，简直比见到亲娘还亲，任何语言都无法准确描述他们的经历、他们的思想和信念。这群死守疏勒城半年、连耿恭在内的二十六个铁打的汉子，却在出城后的那一刻相拥而泣。大概只有一句话能概括他们每个人心中的想法：我太难了。

军队休整了一夜，第二天黎明，他们开始原路返回。

要说汉军这边来了两千人，北匈奴人完全不知道，那是不可能的。可他们也怕了，之前只有几十人，他们尚且不能胜，现在远远看过去，怎么也有两三千人，上去不是寻死吗？况且交河城那边已经传来消息，汉朝援军估计有万人之多，指不定他们在哪里埋伏呢。

那还打个屁呀。

说是这么说，可对北匈奴来说，完全什么都不做又不可能，于是只好衔尾而行，不断追赶这股汉军，同时又不敢和汉军过分接触。

汉军这两千人本已疲惫不堪，现在不仅要跑路，还要跟严寒、饥饿和疾病做斗争，根本没心思和北匈奴纠缠，只能边打边退，边退边打。可是汉军越这样，匈奴人越是心惊：这些汉人打又不拼命，跑又跑不快，分明是诱饵嘛。

算了，撤吧，别被汉军带到包围圈里去了。

建初元年（公元76年）三月，军队终于入了玉门关。此时，原来出疏勒城时的二十六人又减少了一半，连范羌在内，只剩十三人，而且个个形容枯槁，身上仅存的几缕破布已不能遮体。

这时，在敦煌迎接他们的是中郎将郑众。郑众亲自为这十三人沐浴更衣，以行动表达了自己对英雄们的敬意，并在给皇帝的上书中给予耿恭一众人以“卒全忠勇，不为大汉耻。恭之节义，古今未有”的极高评价。司徒鲍昱也认为耿恭表现出的气节超过了当年的苏武（节过苏武）。

回到洛阳后，朝廷论功行赏，耿恭拜骑都尉，范羌为共县县丞。

在最后活着回到敦煌的十三人中，除了耿恭和范羌，留有名字的还有官拜洛阳市丞的石修和雍营司马张封，其余九人则补羽林，遗憾的是，他们的名字没有在正史里流传下来。

其实，遗憾的又何止他们？那十三个活着走出疏勒城却没能回到敦煌的士卒，那些永远留在了疏勒城的战士，那些在西域浴血奋战过的人，又何曾留下过姓名？从今回溯，两千多年来，为捍卫国家荣誉、抵御侵略者而抛头颅、洒热血的英雄更是不计其数。尽管他们的事迹同样令人敬佩，他们的精神同样值得尊敬，但他们中的绝大多数又何曾留下过姓名？

让我们永远记住两千年来那些为国家默默付出的无名英雄。

威震西域

永平十八年（公元75年）年中，随着孝明帝刘庄驾崩，西域进入了多事之秋，都护陈睦被杀，关宠战死，耿恭率残部撤回敦煌，西域只剩班超，可谓真正的“孤立无援”。建初元年（公元76年），新皇帝刘炟担心班超独木难支，干脆下诏召班超回国。

此时，班超驻屯疏勒国的槃橐城，正疲于应付龟兹、姑墨[1]的进攻，忙得焦头烂额。

说到这里，不得不解释一下为什么在疏勒国的班超和在疏勒城的耿恭没有相互援助，免得大家误会。话说，东汉时，西域有疏勒国，这是一个国家，在西域南北两道的交会处；还有疏勒城，这是一座城池，位于车师国境内。疏勒城并不在疏勒国的范围之内，也就是说，疏勒国里没有疏勒城。

这样一说，大家就不会迷糊了，但随即又可能会有我多此一举，说了段废话的感觉。没错，所谓废话，就是说了等于没说，但没说绝不等于说了的话，因此上一段就是典型的废话。

班超好不容易顶住龟兹和姑墨的进攻，随即便接到新皇帝召他回京的命令。既然是皇帝的命令，哪里有商量的余地？班超只好准备动身回国。

一听班超要走，第一个不干的就是疏勒王，而且“举国忧恐”。原因很简单，在班超来之前，疏勒国曾被龟兹攻破，疏勒王被杀，换上来的国王是龟兹人兜题。后来，班超朝小道进入疏勒国，命手下田虑只身入槃橐城说降。

那田虑既然能在班超手下做事，定也是个勇敢过人的壮士。他事先得了班超“劝降能动嘴就动嘴，动嘴不行就动手”的嘱咐，又沾染了班超的一身胆气，竟在城中只身擒拿了兜题。随后，班超入城，另选原疏勒王的侄子榆勒为王，稳定了疏勒国的局面，并把槃橐城作为他在西域的根据地。

有了这段因缘，疏勒国君臣自然不肯放班超回去，可班超又非回不可。劝阻无效之后，疏勒都尉黎弇替疏勒国王把话挑明了：“大人如果弃我们而去，我们肯定会被龟兹国打击报复，甚至灭国。我实在不忍心看到这个结局。”

黎弇所说的，班超何尝不知，可他还是得走。

黎弇一看，没办法了，只能使出最后一招，他拔出刀便在自己脖子上一抹，希望能以死改变班超的决定。

班超心里已为其所动，但君命不可违。他看着黎弇的尸体，许久后默

1. 古西域国名。在今新疆温宿、阿克苏一带。

默地鞠了一躬，然后上马转身离开，留下背后疏勒君臣一片哀鸿……

出了疏勒国，踏上归途的班超进入于寘国。于寘虽然是大国，但对班超的依赖并不比疏勒国小，表现更是比疏勒国有过之而无不及。于寘国君臣痛哭流涕地表示他们早已把班超看作自己的父母，实在不能离开他。

班超也很感动，但还是准备走。于寘国一众君臣看言语不能打动班超，干脆一拥而上，死死抱住班超胯下马匹的四条腿，集体以实际行动表达自己的诉求。

这可比之前疏勒都尉黎弇自杀的做法要强多了。人家要走你就抹脖子，多少有点儿道德绑架的意思，甚至还有可能适得其反。我要是班超，如果还不走，不就得眼睁睁地看着你们继续玩命？而于寘国君臣就实际得多，一人甚至多人抱住一条马腿，这个负荷远远超过了马本身能承受的程度，让马举步维艰，这样既能达到想要的效果，又最大限度地降低了对自己的伤害。

这下班超真的动心了。他清楚自己这一走，之前多年的努力就相当于白费，朝廷将再次失去对西域和丝绸之路的控制。而且，自己的志向是什么？是在西域建功立业，是做如张骞、傅介子一般的英雄，而英雄是不会半途而废的！

就这么走了，自己甘心吗？

不甘心！

班超真的不甘心。终于，他决定留下来。反正违背上级意愿的事情，他也不是第一次做了。而且，班超知道，领导做事向来注重结果，过程什么的，在结果面前就显得不那么重要了，此所谓“将在外，君命有所不受”也。皇帝召他回去无非怕他独木难支，如果他支住了，甚至替朝廷撑起西域的一片天，那皇帝不仅不会责怪他，还得给他鼓掌叫好。

班超的决定很是大胆，因为再怎么说，他的行为都是抗旨。如果他在西域做不出什么像样的成绩，就逃不过砍头抄家的下场。因此，所有问题此时都归结于一点：在这种困难时刻，班超能不能迅速在西域做出一番成绩。

既然如此，班超就不能犹豫，况且他也没时间可浪费，至少在他抗旨的消息传到洛阳之前，自己必须马上做点儿什么。

于是，班超对于寘国那群视他如父母的君臣做出了决不放弃他们的承诺，然后掉转马头，开始向疏勒国折返。

疏勒国的情况不出班超所料，就在这一来一回的短短时间里，为了避免龟兹国的报复，疏勒国已有两座城投降龟兹，并同亲乌孙的尉头国[1]结成联盟。

这变节可真比变脸还快啊。

这一切都在班超的预料之中。班超太熟悉西域诸国这些人的心性了，所以疏勒国投靠龟兹，他并不担心，但他不担心不代表旁人不担心。

要知道，直到这个时候，班超手下依然只有原来那三十几人。况且在西域折腾这几年，即使再勇武、再小心，恐怕也难以避免出现伤亡、减员，因此现在班超的手下可能还不到三十六人。这区区三十几个人，如何才能震慑西域五十几个国家？

班超早计划好了，他有随时为国捐躯的觉悟。后来，班超在建初三年（公元78年）给皇帝的上书中表明了自己的心志："实愿从谷吉效命绝域，庶几张骞弃身旷野。"而且，班超不是蛮干，他深谙以最少代价换取最大战果的办法："以夷狄攻夷狄，计之善者也。"（《后汉书·班超传》）

班超先带着手下化装潜入城中，捕杀了反叛投降的人。疏勒国臣民一看班超回来了，马上和龟兹划清界限。随后，班超率疏勒国的士兵对尉头国发动突袭，击杀尉头国六百余人，迅速稳定了疏勒国及周边地区，以行动向新皇帝证明，有他班超在，西域没什么可担心的。

到了建初三年，班超率疏勒、康居[2]、拘弥[3]、于窴四国联军一万人，对姑墨发动了进攻。联军很轻松便取得了胜利，攻破姑墨石城，歼敌七百。

此役后，班超经过自己在西域的经营，用行动向皇帝证明了自己在西域的能力，估计皇帝不会再翻两年前自己抗旨的旧账了。于是，班超信心大增，上书皇帝，说明目前鄯善、于窴、拘弥、莎车[4]、疏勒、月氏、乌孙、康居等国已表示愿意归附汉朝，剩下算是障碍的，只有龟兹而已，其余小国皆不值一提。因此，班超准备打通葱岭讨伐龟兹，进而荡平西域，希望

---

1. 古西域国名。约在今新疆阿合奇县西哈拉奇一带。
2. 古西域国名。约在今巴尔喀什湖和咸海之间。
3. 古西域国名。位于今新疆于田县里雅河东古拘弥城遗址一带。
4. 古西域国名。位于今新疆莎车县一带。

得到朝廷的增援。

班超请求增援了，这个率三十六人在西域坚持了五年的班超居然请求支援了！

这个消息在朝廷激起了不小的波澜。皇帝刘炟人还算不错，尽管两年前班超曾抗旨，但观其今日的所作所为，这旨抗得有理，抗得有利，抗得有节。刘炟非但不打算跟班超算旧账，还觉得“爱卿所言甚是”，于是下诏招募敢于去西域的勇士。

可世上如班超者可谓凤毛麟角，哪怕整体水平次于班超的勇士也不多见。选来选去，军中仅有与班超志同道合的徐幹自告奋勇，愿意去西域辅佐班超。

那就没得选了。建初五年（公元80年），皇帝封徐幹为假司马，率千人赴西域增援班超。

有人或许又会觉得，这“千人”能顶个屁用?

非也，顶不顶用，那得看是谁用。如果是我等，自然多多益善，带多少人都不嫌多。可是对班超来说，带三十六个人就可以立足西域，如给他一千人，搞好了甚至够他把西域翻过来。而且，班超早就计划好了一切：莎车、疏勒两国之间田地肥广，足够一两千人屯田，实现自给自足，不需要朝廷过多的后勤支持。

得了徐幹的支援，班超却没有如他上书时说的，直接去踏平龟兹。因为他说龟兹是唯一障碍的时候是建初三年，等增援到的时候已经是建初五年。西域那地方，很多小国夹在大国之间常常朝不保夕，人心更是朝秦暮楚。何况汉朝的这次增援来得也忒慢了，导致有些国家做出了错误的判断，认为汉朝并不愿出兵西域，于是莎车国投降了龟兹，疏勒国都尉番辰也投靠了龟兹，把班超压制在槃橐城。

现在班超得了徐幹的增援，终于有足够的力量反击。他首先消灭番辰，重新整合了西域诸国，然后准备向龟兹进攻。

就在这个时候，班超犯了个不大不小的失误。他再次向皇帝上书，说龟兹旁边有一大国叫乌孙，有骑兵十万，当年武帝时期它曾与汉朝和亲，到了宣帝时又曾出兵助汉朝攻击匈奴。而且，他已经联系上乌孙，因此建议朝廷和乌孙结盟，双方一起夹击龟兹。

也不知道班超是怎么想的，上次求援，前后就拖了将近两年时间，最后虽然等来了增援，却也错失了进攻的良机。现在他有兵有将，却准备等朝廷先派人去和乌孙搞关系。都说“人不能在同一个地方摔倒两次”，班超显然不信这个邪，偏要亲身尝试，结果差点儿摔个马趴。

之所以说这是班超的失误，是因为从后来的事得知，班超自己就能摆平龟兹。而且，班超在建初五年（公元80年）上疏，但到建初八年（公元83年），朝廷出使乌孙的使者才到西域。来得迟也就算了，来的这个叫李邑的使者还是个没胆的腌臜货。到了于寘国，听说龟兹正在攻打疏勒国，也就是听说而已，人还没见着，李邑便已吓得半死，再不敢前进半步。

可一直留在原地不动不是个事儿啊，为了掩饰自己的怯懦，李邑总得干点儿什么。人虽是高级灵长类动物，但归根结底还是“动物”，同样适用生物学上“恐惧导致攻击”的原理。思来想去，内心恐惧的李邑决定向班超发动攻击。

李邑这是什么逻辑？我猜想是这样的：在他看来，虽然是皇帝让他出使的，可他李邑惹不起皇帝啊，而如果没有班超出的馊主意，皇帝就不会派他出使，他李邑也就不会来到西域这水深火热的危险之地。虽然这个时候皇帝已经给了班超“假鼓吹麾幢”，等同于朝中大将的待遇，但这并不妨碍李邑往班超身上泼脏水。

李邑为了掩饰自己的胆怯，给皇帝上书一封“告发”班超，想着至少也要把皇帝的注意力从自己身上引开。李邑说，来到西域后，发现班超很有问题，不仅坐拥娇妻，还生了儿子，准备在这山高皇帝远的西域做一辈子土皇帝。

班超不知怎么的，很快得了消息，之后每次见到李邑，心里都是万马奔腾，嘴边总有一句话不知当讲不当讲。虽然班超在西域确实有了小儿子，但他在中原时早已娶妻生子，因此顶多算纳妾，怎么算坐拥娇妻呢？不过，这都是次要的，现在重要的是，班超要消除皇帝对自己有可能产生的怀疑，于是他只能忍痛休妾明志。

李邑这个人是刘炟自己选的，可见他选人的眼光不行，但好歹刘炟的脑子还是清醒的。他马上下诏斥责李邑：“如果班超如你所说，他手下那一千思归之士会答应，还和他同心戮力？你这分明是瞎扯！”

然后，皇帝给足了班超面子，下诏命令李邑必须听班超节度，至于是去是留，全听班超的意思。

班超拿到皇帝的诏书，在感叹“陛下圣明”的同时，多少会后悔自己之前过早地做出休妾的决定，后悔自己不够镇定，对皇帝信心不足，也对不起陪他在西域吃苦多年的这个女子。如果等等皇帝的诏书，班超大概就不需要休妾明志。

唉，草率了。

班超毕竟有大将风度，没有趁机给李邑穿小鞋。既然李邑没胆留在西域，班超就让他把乌孙侍子送回了洛阳。

选了李邑这么个货色出使，皇帝刘炟大概也挺不好意思的，赶紧又给班超派去八百人增援，让他继续讨伐龟兹的计划。

这时候班超手上有了差不多两千人，实力之强可谓史无前例。可时间已经来到元和元年（公元84年），西域的情况与建初五年（公元80年）时相比又发生了变化，班超不得不先摆平那些降而复叛的国家。

事实证明，只要班超有足够的力量，汉朝并不需要乌孙的协助便可以摆平西域。元和三年（公元86年），班超斩杀诈降的前疏勒王忠；章和元年（公元87年），趁着北匈奴大乱，班超率于窴等国联军两万五千人进攻莎车国，假装撤退声东击西，破莎车，逼退前来救援的龟兹联军五万人。

一时间，西域诸国大震，但这相比于三年后班超面临的考验还不算什么。

永元二年（公元90年），一支神秘大军出现在西域。这支队伍来历之神秘，数量之庞大，装备之精良，都是之前数十年前所未见的。这样一支军队的出现不可能不引起班超的注意，更何况他们也未曾想隐瞒行踪，因为他们的目标就是班超。

班超很快就得到了消息，根据情报显示，这支军队至少有七万人，来自月氏，为首的将领是“副王谢”（名“谢”，“副王”为其头衔）。因为班超之前拒绝了月氏提出的和亲要求，让他们丢了颜面，所以大军此来目的只有一个：干掉班超，教训一下汉朝。

作为后来人，我们知道，当时班超的情报是有偏差的。这支军队并不是来自月氏，而是来自月氏的贵霜部落在公元1世纪上半叶建立的贵霜帝国。这个贵霜帝国在旁人眼里自然是极了不起的，被认为是当时欧亚四大强国之一，鼎盛时期拥有人口1380万、士兵二十多万，疆域辽阔，包括中亚、阿富汗和印度半岛西北部，形成连亘中亚和北印度的庞大帝国，国都在布路沙布罗（今巴基斯坦白沙瓦）。

公元90年前后，贵霜帝国日渐强盛。当时贵霜帝国主政的是他们的第三任君主、自称“伟大救世主”的阎膏珍，而此次军队的统兵大将则是阎膏珍最为信任和得力的副手“副王谢”。

一个人有自信当然是好事，但如阎膏珍这般以“救世主”自居，还冠以“伟大”二字的，就不免过于自负，给人一种没见过世面的井底蛙的感觉。这也解释了为什么贵霜敢主动跟汉朝提和亲，且被拒绝后竟然敢出兵报复。虽然史料上对“副王谢”没有过多记载，但物以类聚，作为自信到自大地步的阎膏珍的亲信，这个“副王谢”是什么样的人，我们大概也有了轮廓。因此，他日后的表现，大家也能猜到一二。

自认为是救世主的阎膏珍在公元88年左右派使者到西域，跟班超表达了想跟汉朝和亲、迎娶汉朝公主的要求。

章和二年（公元88年）正月，孝章帝刘炟驾崩。这个时候朝廷怎么可能谈和亲？更何况贵霜对于汉朝来说只不过是一个远在万里之外的国家，两国间流通的除了狮子、长颈鹿，就是通过丝绸之路进行贸易的玉石。问题是，玉石这玩意儿又不是刚需，况且双方的交易量也不算大，这笔买卖实在可有可无。因此，贵霜之于汉朝，属于大年三十的凉菜——有它过年，没它也过年。现在贵霜人拿着这碟凉菜进来，竟要主人家配一桌阔绰大气的硬菜，试问有谁会答应？于是，班超没有请示皇帝便果断地一口回绝了贵霜的和亲要求。

这下没赚到便宜的贵霜人不干了，要展现实力，用拳头表明自己配得上一顿大餐。

阎膏珍大概平时在中亚那边打小国打出了优越感，没打过什么大仗、硬仗，更没发动过大规模的远征，也选择性地遗忘了月氏人当年是被匈奴人赶到中亚去的，而匈奴又已经被汉朝干趴下的事实。现在阎膏珍脑子一热就要来跟汉朝干架，这不相当于孙子打爷爷，那还能不被教训？

虽然贵霜帝国在亚欧四大强国中居于末席，在西域他国眼里也足够强大，可跟四大强国之首的东汉王朝相比，就差得太远了。当年的漠北决战，武帝刘彻倾全国之力，也不过将十万大军推进两三千里，后勤便已力竭。现在贵霜人居然远涉万里而来，只要汉朝的将领脑子没进水，贵霜人的结局便已经注定。

虽然班超没搞明白对手的来历，但这无碍大局，谁来不是打？再说，班超的脑子不仅没进水，还清醒得很。他十分淡定地看着这支远道而来的大军，安抚手下那些被敌军人数惊呆的士兵，然后一句话点中了要害："月氏人虽多，但他们跨越葱岭从几千里外的地方过来，后勤怎么保障得了？我们只要把附近所有的粮食都收了，然后据城而守，坚持一段时间，月氏人就得饿肚子，到时候他们不投降就得饿死。前后不过几十天的事，有什么好紧张的。"

当然，我私底下揣测，班超心里可能还是有点儿紧张的，毕竟贵霜人是他招惹来的。万一没打赢，他即便能逃命，皇帝那边也不好交代。但从另一方面讲，适度的紧张可以提高人的兴奋性，保持头脑清醒和提高反应能力。这都有利于班超指挥这场战斗，况且他已经找到了致胜的关键点，剩下的只是执行计划而已。

接下来的事情就相对简单和乏味了。班超让手下们出去坚壁清野，把附近国家的粮食都收了藏起来，然后就是闭门不出。

副王谢带着七万人一开始志得意满，但经过万里的跋涉后，他们出发时的那股子锐气已经差不多全丢在路上了。等他们已经半死不活，终于要和汉军对阵时，副王谢的精神头又上来了，甚至有种现代人网恋"奔现"的感觉：之前听闻班超如何如何厉害，结果都是传闻而已，真人不过如此，就是个见光死的货色，竟连对阵的勇气都没有！

"来人！传令下去，休息一夜，明日与敌军决战！"副王谢带着队伍列阵城下，班超不为所动。

"来人！传令下去，明日再战。"

情况依旧，班超岿然不动。

"明日再战。"

…………

副王谢显然没班超那么好的耐心，几天后贵霜人开始强攻。

要知道，在攻城战中，人多并不算什么太大的优势，毕竟战线只有那么长，一次能上来的人就那么多。只要守城的士兵不慌乱，能有效杀伤前几拨攻城队伍，剩下的队伍大概率得回去休整。如果守城的队伍事先有准备，在物资储备方面做足功夫，即便人数只有进攻方的十几分之一，甚至几十分之一，守个一年半载也不是不可能。因此，别看班超只有两千人，守住小小一座城还是绰绰有余的。

在弩箭和落石的招呼下，贵霜的攻城队伍很快就支持不住了。副王谢只能黑着脸下令："明日再战。"

可明日的情况就会比今日强吗？在连续受挫之后，副王谢有了重大发现：军队的粮食快吃完了！

没粮怎么办？

去抢啊！——这是贵霜人一路走来百试百灵的解决办法。

他们去了，可把附近都翻了个遍，就是找不到粮食。

断粮对于军队而言是个非常严重的问题，若解决不了，队伍不是会溃散就是会哗变，这下副王谢的脸更黑了。

大帐中，黑脸的副王谢来回踱着步，看着身旁西域诸国的地图，现在贵霜周围的国家几乎都倾向汉朝。最后，副王谢做了一个之前他十分不屑的决定：派使者携带大量金银珠宝向龟兹求援。

贵霜军粮少，这不出班超的预料；副王谢向龟兹人求援，这更是早在班超的计划之中。因此，班超早已派数百人在通往龟兹的必经之路上埋伏好，等贵霜的使者路过，二话不说便劈头盖脸地一阵掩杀，不仅贵霜人一个没逃掉，其携带的金银珠宝也被汉军全数打包带走。

这边副王谢又等了两天，还在纳闷儿派去的人怎么没消息，难不成龟兹人敢不给他面子？班超不紧不慢地让手下把贵霜使者的人头展示给副王谢看。

副王谢这才知道自己的想法早被班超预料到了，不由得大惊失色，加上又被班超拖了两天，军中已经开始断粮，想再做其他计划已然来不及了。

为之奈何？

这时候，副王谢没有丝毫犹豫，马上做了一个决定。他的这个决定非常符合一个自以为是又狂妄自大的人受挫之后的反应：派使者向班超请罪认错，而且态度还很诚恳，要求也非常实在——什么金银细软、武器装备，都是身外之物，不要了，只要能活着回去就好（愿得生归）。

班超本就不想跟副王谢死磕，毕竟人家有七万人，逼急了被他反咬一口，自己也不好受。于是班超做出绝不追击的保证，让副王谢安心地带着他的人返回月氏国。

班超在城头以胜利者的姿态目送副王谢及其手下狼狈地离去。从始至终，他都没有弄明白和他对阵的并不是月氏，而是更为强大的贵霜帝国。

但这又怎么样呢？

班超以两千人扛住了贵霜七万远征军的进攻，而且赢得极其轻松。这个战绩让西域诸国大为震惊，龟兹、姑墨、温宿[1]这几个原本打算继续对抗班超的国家自觉实力远不能和贵霜相比，与其等着班超上门羞辱，不如趁早投降算了。反正在西域诸国人眼里，败给一个强者又不是什么丢脸的事，何苦非得多挨顿板子？识时务者为俊杰嘛！

永元三年（公元91年），龟兹、姑墨、温宿三国向班超投降，班超也因功接到了皇帝任命他做西域都护的委任状。

随后，班超将战线前移，把他的都护府设在龟兹国的它乾城，又让已经升为都护长史的徐幹屯守疏勒国，准备向西域不服王法的最后三个国家——焉耆、危须[2]、尉犁[3]——发动最后的进攻。

焉耆三国绝非有自信或是死硬之辈，只是因为之前曾袭杀前任都护陈睦，惧怕汉朝的报复，因而实在不敢投降。可班超不打算放过他们，永元六年（公元94年）七月，班超率龟兹、鄯善等八国联军七万多人进攻三国中最强的焉耆，开始拔西域版图上的最后三颗钉子。

班超可以以两千人对抗贵霜的七万人，不代表焉耆也可以以几千人对抗班超的七万人，即便焉耆是三国中最强的一个。

大军开拔之后，先到尉犁地界驻扎下来。这时候班超给三国发去最后通牒："都护大人亲自前来，是为了镇抚尉犁、焉耆、危须三国。如果三国有悔改之心，国王当亲来迎接，完事就可以回去。"

1. 古西域国名。在今新疆乌什县一带。

2. 古西域国名。在今新疆和硕县一带。

3. 古西域国名。在今新疆库尔勒境内。

三国中的危须国早在建初二年（公元77年）就已经被班超灭过一次，后来虽然悄咪咪地复国了，但心理阴影是难以消除的，危须国王这次没等班超的大军到来便抢先一步跑路。焉耆国王同样不愿意和班超对战，就假模假式地带着宝物去和班超见了一面。虽然双方见了面，也不疼不痒地说了一堆废话，可焉耆国王有个原则：见面，可以；给点儿东西，也行；但班超不能带军队入焉耆国境。

这不是准备糊弄过关吗？班超可不会轻易上当。等焉耆国王一离开，班超的大军便继续向焉耆前进。

焉耆之所以敢糊弄班超，全仗着入焉耆的必经之路上有条河，而河上只有唯一一座可通过的桥，叫“苇桥”。国王回到焉耆，马上派人把苇桥拆了，以为这样一来班超的联军将无可奈何。

这点儿小困难怎么能难倒班超？过河走桥当然最快最省事，可谁说过河就一定要走桥？既然没桥可走，班超便派手下沿河上下游寻觅，很快便找到一处水浅的所在，然后全军冒着齐腰深的河水武装渡河，于七月的最后一天出现在离焉耆王城二十里的地方。

这下焉耆王彻底蒙了，以为班超乃神兵天降，怎么办？

接下来有两条路给他选：上策是趁联军还没彻底包围王城，集体逃亡，这样虽然狼狈且艰难，但至少短期内能保命；下策是出城投降，这样做的优点是相对容易，而且投降只输一半——把自己的性命交给班超，虽然有些人可能会死，但被赶尽杀绝的可能性不大。

当然，还有一条路，就是拒绝投降，拼死抵抗。

这是下下策，依双方的实力对比，这明显就是条死路，焉耆国上下集体玉碎的可能性大于百分之九十，根本不能考虑。

最后，经过一夜的思考，焉耆国相等数十人选择了逃亡之路，焉耆王和尉犁王则带着部分手下投降班超。

至此，自从张骞凿通西域以来，汉朝第一次实现了对整个西域的控制。班超在第二年（公元95年）因功被封为定远侯。

班超在西域能成功，他自己卓绝的个人能力无疑是重要原因，但同样不可忽视的是他背后有东汉王朝这个当时世界第一的强大国家做后盾。当时的汉朝，人口、经济、文化、科技、军事各个方面均处于世界第一的水平。正因为汉朝的强大，才能对西域诸国产生足够的威慑力，所以班超才能无往而不利。

只有国家强大，才能给个人一个更大、更高的展示自我能力的平台，古往今来皆如是。

被遗忘的英雄

在班超的努力下，汉朝第一次取得了对西域诸国几乎完整的控制权。这已经是前所未有的成就，班超却还不满足。他想让汉朝的影响力跨过西域，继续往西延伸，传到世人口中的世界另一强国——大秦，也就是我们今天说的罗马帝国。与此同时，朝廷也有联合大秦的意愿，希望两家合作，东西夹击，彻底消灭北匈奴。

这个时候班超已经六十五岁，况且他身为西域都护，有镇守西域的重任，是不可能亲自出马的。永元九年（公元97年），班超组织了一支使团，并派自己的一个得力助手率领使团出使大秦。

这个得力助手名叫甘英。

甘英虽然不是最初跟随班超出使西域的三十六人之一，但他跟随班超多年，班超对他的能力应该很有信心，因此才将这个重要的任务交给他。

甘英的使团从龟兹出发，越过葱岭，经过大宛和大月氏，进入安息帝国，最后一行人抵达安息旁一个叫条支[1]的国家。

条支是个临海的国家，这里距离汉朝的洛阳有足足两万五千里远。据甘英一路上得来的信息，从条支的港口坐船过海可以到达大秦。

这里的“海”，大概率是现在的波斯湾。作为第一个抵达波斯湾的中国人，自小生长在内陆的甘英站在条支的海边，眼前一望无际的碧蓝之水给予他的不仅仅是视觉的冲击，还有神秘和未知。

从未有过航海经历的甘英不得不向港口的船员请教，结果问到一个来自安息的船员。这个船员得知汉朝使者要到大秦之后，跟甘英说：“海是非

1.古西域国名。在今伊朗西南部布什尔港附近一带。

常宽广的，要从这里坐船到大秦，一路顺风的话需要三个月时间；如果风向不对，那得两年。所以，入海的船上都得准备三年的粮食，而且海中还有能蛊惑心智、诱人自杀的海妖。”

甘英不知道这完全是安息船员的夸大其词。根据现代的测量结果，波斯湾两端最宽的地方不过相距三百三十八公里，顺风的话，不出十天就能打个来回。甘英听了船员的话，低头沉思了一会儿，做出了一个重大的决定：停止前进，返程。

这是一个谜一样的决定。

安息船员之所以夸大困难诓骗甘英，大概是出于维护自己国家安全考虑，毕竟安息处于大秦和汉朝两个超级大国之间，一旦两个国家形成联盟，那夹在中间的安息帝国，生存将愈发困难。

这是可以理解的，也是说得通的，但甘英的决定就让后人难以猜测了。

甘英的使命是出使大秦，为什么他会在没有遭受重大人员损失或者不可抗因素的前提下选择放弃任务？

这个问题史学界历来有诸多说法：有说是因为安息的内乱；有说是因为甘英不懂航海，受了船员的欺骗；有说是因为甘英胆小，被安息船员的话吓到了；更有甚者，说吓到甘英的不是航海的艰难，而是安息船员口中的海妖。

这就太扯淡了。

甘英是班超的副手，作为跟随班超闯荡西域且得到班超肯定的手下，甘英最不缺乏的大概就是知难而上的勇气和坚韧不拔的毅力。不管前路如何艰难，他或许会迷茫，但绝不会胆怯，不然绝不可能从龟兹走到条支。而且，如果甘英畏惧入海，实在不行，他可以沿着波斯湾前进，多花点儿时间同样能到对岸，何至于掉头就走呢？

其实，若清楚甘英的性格和经历，再结合朝廷派他出使的初衷，就不难猜测他返程的原因——如果不是死亡，就只有一个原因能让甘英放弃，那就是甘英觉得大秦和汉朝相距太远，已经远到失去了两家联合的战略意义。

甘英大概是信了船员的话，以为从这里到大秦，走水路还得好几个月。要知道，条支距洛阳两万五千里，距龟兹也有一万九千里。要是从条支到大秦走水路顺风还得三个月，那两地间的距离至少在两万里以上，这个距离实在太远了。这么远的距离，最多也就是通商，基本不能实现两国朝廷间良好的沟通，更别说夹击匈奴了。

既然失去了军事上深入合作的价值，那就不需要再前进了。险不是不可以冒，但前提是要有价值。冒无谓的险，那只是莽夫所为，算不得勇敢。

甘英还算顺利地回到了西域。这次出使行程共三万八千多里，虽然没有到达大秦，但甘英对所过地区的习俗、物产、地形、气候以及各城镇之间的距离做了详细的记录，为后人留下了丰富的第一手材料，并且传达了汉朝与各国沟通交流的愿望。中国使者的到来引起了红海彼岸其他国家的关注，诸如莫恰（今也门木哈）和阿杜利（今埃塞俄比亚马萨瓦港附近）率先表达了与中国缔结盟约的愿望。公元100年，他们派使者来到东汉首都洛阳，向汉和帝进献礼物。

但汉朝和大秦的故事远没有结束。公元166年，罗马皇帝马可·奥勒留派遣使者自埃及出发，经由印度洋、太平洋，到达汉朝辖下的日南郡，然后北赴洛阳，开创了中国、罗马两大帝国直接通使的纪录。至此，班超半个多世纪前的愿望终于得以实现。

当然，现在有人考证，大秦其实并不是指罗马帝国，而是指波斯帝国。所谓的海，也不是波斯湾，而是里海。我并不擅长历史考据，也无暇去核对当时班超想去的大秦究竟是罗马还是波斯，更不知道当时甘英到底是到了波斯湾还是里海，因为这些都不应当成为妨碍甘英在人们心中作为一个传播中华文明和中国文化的英雄而存在。

终止的征途

永元十二年（公元100年），六十八岁的班超或许自觉身体已经快支持不住了，就给朝廷上书乞骸骨。他也知道自己这么一去，朝廷恐怕一时半会儿招不到合适的人选，所以担心皇帝不批准，便在上书中主动退让，甚至说得还有些让人觉得心酸和可怜："臣不望到酒泉郡，但愿生入玉门关。"

班超让他在西域出生的儿子班勇把上书连同安息帝国给朝廷进贡的狮子和鸵鸟带到洛阳，没有别的目的，就是想在自己活着的时候，让这个从小生长在西域的小儿子亲眼看看自己的祖国（及臣生在，令勇目见中土）。

班勇回到中原之后，肯定得投奔亲戚。这时候他的大伯班固已经死于政治斗争，班勇只能去找姑姑班昭。班超的妹妹班昭在长兄班固死后，承担了《汉书》的后续写作，是历史上少有的以文才著称的女子。她这也是第一次见到自己的侄子班勇，姑侄见面，一番唏嘘感叹自不必说。

然后就是等待。

从永元十二年（公元100年）一直到永元十四年（公元102年），他们经历了漫长而煎熬的等待，只等皇帝下达召回定远侯班超的诏书，可皇帝似乎没有召回班超的意思。

也是，班超这种自带体系、不需要过多支持、即插即用的人才上哪儿找去？皇帝的意思大概是能拖一天算一天吧。

可班超的家人们等不了了。永元十四年，班昭明知犯忌讳，也不得不冒着风险给皇帝上书，请求让班超退休回家。班昭的上书言辞哀切，提到班超在西域奋斗了整整三十载，现在已经过了古稀之年，头发早已花白，不仅老眼昏花，耳朵也不好使了。她还说，当初出征的人中，以班超的年纪最大，现在其他三十六人都已陆续去世，只有班超一人还活着，却也是一身的病痛，可能还得了帕金森之类的疾病，平时双手总不受控制地抖动，甚至腿脚都不利索了，也就拄着拐杖能勉强走几步。

小时候看小说，总会好奇书中那些叱咤风云的英雄为何许多人在功成名就之后就不见了踪影，除了战死的那些，难道真是“美人自古如名将，不许人间见白头”？后来长大了才渐渐明白，不写未必不是作者的善意。那种英雄迟暮的悲凉，对人物本身也好，对读者也好，感觉实在太糟了。

在班昭这个文学大家的笔下，班超年老力衰的形象更是入木三分，皇帝刘肇看了也不由得抹眼泪，于是很快便下诏召回班超。

永元十四年八月，班超终于回到了离开三十一年的洛阳。

三十一年过去，物是人非，哥哥班固早已死在狱中，妹妹班昭也已两鬓斑白，就连皇帝也已经换成了派他出使西域的明帝刘庄的孙子。一切对于班超来说仿佛都是陌生的。

但班超已经不用去熟悉、适应这一切，他真的如自己和妹妹在上书中所说疾病缠身，实际情况甚至更严重，是心中落叶归根的执念让他强撑着一口气回到了洛阳。至于皇帝封他的射声校尉，给他的赏赐，对于班超来说根本毫无意义了。

等班超真的踏上洛阳的土地，他的心愿已经实现，这口气一泄，所有的痼疾新病便开始爆发，班超的身体很快就垮了下来。

回到洛阳一个月后，班超病重不治，追随他熟悉的那一切而去了。

班超离开西域的时候，新任的西域都护是时任戊己校尉的任尚。班超临走前，任尚照例向班超请教如何才能治理好西域。班超的回答言简意赅："肯在塞外的吏员和士兵，都是些犯过罪的人，西域诸国人则都是些怀有鸟兽之心、难养易败的蛮夷。任大人您性情过于严厉、急躁，希望您以后做事尽量从简。如果底下人有什么小的过失，不必太在意，大人您只要把握好大的方向就行了。"

正所谓"大道至简"，真正的真理说起来都非常简单，并不需要长篇累牍，侃侃而谈。班超在处理西域诸国关系的时候，非常注意的一点就是恩威并施。当年进攻焉耆国的时候，虽然焉耆和尉犁投降了，班超依然将焉耆王和尉犁王的人头砍下来祭了之前被他们袭杀的都护陈睦，接着纵兵抄掠，斩首五千多人，又在焉耆待了半年，这才完全震慑住焉耆人。

班超知道，只有这样"萝卜加大棒"轮番招呼，才能震慑住难养易败的西域人。但班超的金玉良言显然进不了任尚的耳朵，而且以他的智商也很难理解班超口中的大道理。或许班超看到他的继任者是任尚，就已经预料到西域的将来，但他已经难以再做些什么了。

任尚听完班超的建议不但表示不屑，出门还跟手下表示"我以为班超有什么奇思妙策，现在听来也平平无奇，真是见面不如闻名"，结果任尚满打满算在西域也就待了五六年时间，便把班超经营三十年的威望消耗殆尽。延平元年（公元106年），西域多国反叛，频繁围攻驻守疏勒国的都护任尚，任尚同样频繁地向朝廷求援。一年以后，朝廷被任尚的求援扰得不胜其烦，且国内两年间接连死了两个皇帝，国家内政处于动荡边缘，已无暇再顾及其他，于是干脆把任尚召回。又过了大半年，接任都护的段禧虽然在龟兹勉强击退了围攻的西域联军，但这时候西域各国已经没几个肯听命于汉朝，处于众叛之中的西域都护府成了名副其实的一片飞地。朝廷的大臣和掌权的邓太后一商量，干脆取消了西域都护这一职务，撤回所有驻军，计划放弃西域。

班超半生的努力在一群猪队友的操作下很快就化为流水，让旁人看着着实可惜。虽然官员的无能是一方面原因，但这里面更深层的原因在于朝廷本身，因为只有政局稳定、国力强盛，国家才会致力于向周边国家展示威力，也才会对其他国家有震慑力。如果一个国家内政不稳、国力衰退，则不免要将本可张开的翅膀收缩起来。

此时的汉朝正处于动荡的前期，在经历了明、章、和三帝之后，本来稳定、祥和的朝廷仿佛突然之间变得不安起来，而西域的失守在暗潮涌动的朝局面前则显得不那么重要了。

第四十三章

黑暗前的光明

外戚归来

让我们稍稍把时间回拨，看看班超在西域奋斗的三十年间，东汉朝廷为何会从逐渐强盛到一步步走向衰退。

自刘秀之后，他的子孙为人都还不错，儿子刘庄是个好皇帝，孙子刘炟是个好皇帝，曾孙刘肇同样是个好皇帝。但他们这些“好皇帝”都是一般意义上的好皇帝，大家把其他朝代“好皇帝”的标志特征，或者做的好事随便安插几件在他们身上，基本上不会有违和感。换句话说，他们的“好”没什么鲜明的特点。

如果非要找一个突出的共同点，也有，那就是短命：孝明帝刘庄驾崩的时候四十八岁，孝章帝刘炟三十二岁，孝和帝刘肇二十七岁。这让活到六十二岁的刘秀在子孙面前显得非常长寿。

任何朝代都一样，皇帝一旦短命，历史就不得不把另一个人由幕后推到台前，这个人就是太后。

西汉是外戚和宦官搞坏的，对于这一点，刘秀有充分的认识。因此，他改变了西汉以前的制度，把日常和皇帝最亲近的宦官全换成了没有生育能力的太监，并且规定“外戚不能封侯”。刘秀的运气也不错，他的阴皇后和儿媳马皇后都是贤淑守礼的好皇后，外戚的势力在东汉初年并没有膨胀。

但好运也就到此为止。东汉初年，朝廷有个叫窦融的大臣。此公虽有大功于朝廷，但可惜教子无方，膝下子孙都以行为怪诞、行事放纵且不守法律而闻名。他的长孙窦勋就是因为犯法最后死在了洛阳的大狱里。建初二年（公元77年），窦融的曾孙女，也就是窦勋的女儿入宫。这个女人大概是有些手段的，加之受家庭因素影响，与其他彬彬守礼的妃子不同，她做事比常人心思活络，并且很会拉拢人。这让她在众多妃子中显得与众不同，很快就吸引了皇帝的注意力。这就解释了为什么刚进掖庭的窦氏会在第二年三月被立为皇后，而这个女人颠覆了东汉初年外戚的良好形象。

窦皇后虽然拿捏住了皇帝，但在太后那里，最被看重的是宋贵人和梁贵人。此二女情同姐妹，并且都生了儿子。建初四年（公元79年）四月，马太后预感自己时日无多，可能为了给两位贵人一个依靠，便授意皇帝立太子。这两年窦皇后虽然使尽了办法，但无奈肚子始终不见动静，刘炟只好立宋贵人的儿子刘庆做太子。

这对窦皇后来说是个危险的信号，让她十分恐慌和不爽。不过，她窦家什么勾当没做过，哪里是区区两个只依仗马太后的小妮子斗得过的？很快窦皇后便有了应对的计策。她把梁贵人的儿子刘肇过继给自己做养子，同时联合自己的兄弟及自己的母亲沘阳公主轮番以各种虚妄的事情污蔑宋贵人，挑拨皇帝和太子之间的关系。

这种无端的构陷在建初四年六月马太后驾崩后变得更加频繁和明目张胆，而失去太后庇护的两位贵人根本无法与皇后对抗，更何况皇帝也站在皇后那一边。终于，建初七年（公元82年），在皇后的怂恿下，皇帝废太子刘庆为清河王，改立窦皇后的养子刘肇做太子，宋贵人被逼自杀，不久之后新太子的生母梁贵人也在忧郁和惊恐中死去。

由此可见，这窦家的子孙可不是善茬儿，窦皇后如此，她的几个兄弟也不遑多让。

窦宪是窦皇后的哥哥，作为窦家这一辈的长子，他的骄横在同辈中也位居第一。自从妹妹当上皇后，窦宪很快就做了侍中、虎贲中郎将，他的嚣张跋扈便有了更大的施展空间。

甚至说，有一段时间窦宪上街，但凡目力所及，不管人或物，只要他看上眼的，必占为己有。

“嗯，不错，这个是窦家的了。”

窦宪不仅对寻常官员、百姓如此，哪怕他看上的是沁水公主的沁园，也照拿不误。这沁水公主刘致当年可是深得孝明帝刘庄喜爱的女儿，刘庄特地命人在沁河北岸建造了一座幽静、别致的沁园给她做嫁妆，而后世唯一有根可寻的词牌名《沁园春》即源自此园。

然而，窦宪并不把刘致放在眼里，更不把死了的刘庄当回事，直接通过朝廷低价强买，以巧取豪夺的方式接收了沁园。自己的嫁妆被抢，刘致甚至连跟皇帝告状都不敢。后来，刘炟自己路过沁园时发现了异样，好一通刨根问底才知道事情的原委。

得知真相后，刘炟大怒，不仅把窦宪臭骂了一顿，勒令他把沁园还给沁水公主，还把窦宪比作马上要被丢掉的“死鸟”和“臭老鼠”。这下窦宪总算知道怕了，回到家里连门都不敢出，明面上也再不敢做那些不法的勾当。后来经过窦皇后的苦苦哀求，窦宪虽没有被进一步处罚，但就此失去了皇帝的信任。

经此一事，看样子只要刘炟还在，窦宪是很难出头了。可章和二年（公元88年）正月，三十二岁的刘炟驾崩，十岁的太子刘肇继位，窦皇后变成了窦太后。主政的窦太后上来就做了两件大事：一件是把原来收归国有的盐铁交易下放给私人，用来取得氏族和地主对窦家的支持；另一件便是马上提拔重用自己的兄弟，窦宪任侍中，管理朝廷机密，窦笃任虎贲中郎将，窦景、窦瓌做了中常侍。

没有皇帝压着，夹着尾巴做了一段时间人的窦宪马上嚣张起来，立即派人去刺杀曾经审理自己父亲案件的谒者韩纡。

可这时候韩纡已经死了，怎么办？如伍子胥那般挖坟鞭尸吗？不，折腾死人丝毫不能减轻窦宪的恨意。虽然韩纡死了，可他还有个儿子活着。窦宪认为，既然韩纡弄死了他老子，那他就要弄死韩纡的儿子，父债子偿。于是，窦宪命刺客刺杀了韩纡的儿子，还拿着韩纡儿子的人头到父亲的坟头祭奠。然后，“仇子祭天，法力无边”的窦宪又把屠刀伸向了新得宠于太后的都乡侯刘畅。

于公于私，刘畅和窦宪都没什么矛盾。窦宪要杀刘畅的原因很简单，就是怕刘畅得宠后会分走自己的权力。这时候别说同样做侍中的刘畅，换作其他人，谁又能想到自己闭门家中坐，照样祸从天上来？况且，刘畅即使有所警觉，也不会想到窦宪竟如此胆大，敢在京城买凶杀人。不查之下，他竟在皇宫边上卫兵的住所中被刺客一击得手。

宿卫皇宫的臣子被杀，这可不是小事。能杀皇帝的侍卫，同样能杀皇帝，这直接让人联想到皇宫里皇帝和太后的生命安全问题，这样的案子不被彻查是不可能的。窦宪对此也有所准备。刺客杀了刘畅后，窦宪就宣称刘畅的死是他的弟弟利侯刘刚所为，还派人缉拿拷问刘刚，企图把罪名坐实，蒙混过关。

刘畅毕竟是宗室，且新得太后宠信，而此事又直接关系皇帝及太后的生命安全，因此窦太后那里可不是那么好糊弄过去的。窦太后明显信不过窦宪的一面之词，于是派人去查，结果一下子就查到了窦宪头上。

真相被揭开之后，群臣一片哗然，就连窦太后也在愤怒之余慌了。刺杀皇族宗室，那是多大的罪责？即便窦太后一手遮天，恐怕也抵挡不住大臣和宗室的压力。窦太后遂赶紧把窦宪关到皇宫的内宫，生怕他再待在外面就会被人以同样的方式杀掉。

这个窦宪杀人时天不怕地不怕，轮到自己要被杀时，立马知道活着的可贵了。但一直留在皇宫不是办法，走出皇宫又怕被杀，怎么办？正好这时候南匈奴单于上书，向朝廷请兵北伐。窦宪和窦太后一合计，既然留下来不是办法，那么要走就走远一点儿，干脆借戴罪立功的名义去打匈奴。

在朝廷大臣眼中，国家刚刚死了皇帝，北伐这种事是不可以商量的，更何况是让窦宪带兵，那就更不能商量了。三公、九卿全持反对意见，更有袁安、任隗、鲁恭等人冒死力谏，可架不住时下在朝廷拍板做决定的是窦太后。她不管大臣们同不同意，拿过皇帝的玉玺往早已拟好的圣旨上一摁，就把事情定了下来。

身穿崭新的车骑将军官服，手执车骑将军系着紫色绶带的金印，窦宪堂而皇之地走出皇宫。不知道的人还以为他刚刚立了什么大功，绝看不出这是身负两条人命的罪犯。

永元元年（公元89年）夏六月，车骑将军窦宪与副将执金吾耿秉，率骑兵一万六千配合南单于的三万骑兵分三路出击，大队伍在涿邪山（今蒙古国境内曼达勒戈壁附近一带）集合。

窦宪到了涿邪山一看，没有北匈奴人，但不要紧，南匈奴的斥候已经找到北匈奴的踪迹，就在稽落山附近。这时候窦宪展现出了和他果断、急躁的性格相符的作战特点。不等主力完全集结，他马上命手下带着南匈奴的一万多精锐骑兵出击，终于在稽落山下抓住了北匈奴的主力。

在经历了西汉时期汉朝的连年打击和内部的南北分裂之后，北匈奴的军事能力日渐衰退，已经失去了跟汉朝进行大规模会战的能力。此时的匈奴和汉朝，就像两个根本不在同一个重量级的拳手，匈奴人无法承受汉朝的任何一记重击。之前汉朝君臣之所以不愿意讨伐匈奴，实在是因为汉军大队伍很难找到匈奴人决战。尽管汉朝这个重量级拳王在场上无敌，奈何对手根本不上场，只在场下游荡、耍嘴炮。拳王空有雷霆一击，又能如何？

不过，这次有南匈奴参加就不一样了。南匈奴也是匈奴，北匈奴有什么想法，能跑哪里去，南匈奴人都能想到——即便想不到，靠猜也能猜出来。

于是，场下的南匈奴把北匈奴逼到死角，然后招呼台上的拳王下场，揪住北匈奴往死里揍。

当双方的军队相遇，结果已经基本成了定局。北匈奴人很快就在联军的攻击下溃败，北匈奴单于见机带着随从一溜烟便跑没影了，其余跑得慢的不免被联军一路追击。一直追到私渠比鞮海（在今蒙古国境内）边上，汉军才收兵。

是役联军共歼灭北匈奴骑兵一万三千人，俘获牛、马、羊、骆驼等各类牲口百余万头。而且，由于单于主力的失败，致使北匈奴八十一个部落共计二十多万人投降汉朝。这可是北匈奴百年来遭受的前所未有的毁灭性打击，得意扬扬的窦宪带着副将耿秉登上燕然山，极目远眺，似乎有一种比肩当年霍去病封狼居胥山的感觉。窦宪不禁张口欲作赋一首，可惜自己胸无点墨，空张了半天嘴，灌了满嘴西北风也憋不出一个字来，只好让随军出征的班固上前，即兴作《封燕然山铭》一文做纪念。

永元元年（公元89年）七月，窦宪派军司马吴汜、梁讽带着少量兵马和大批的金银找寻北匈奴单于，打算劝其投降，窦宪则率大队伍班师回朝。

窦宪班师的时候，汉军大胜的消息早已传回朝中，皇帝——其实是窦太后——大喜过望，早早便派人拿着大将军的印信在五原郡截住归来的汉军，当场拜窦宪为大将军，如当年卫青故事，并封他为武阳侯，食邑两万户。

如果大家从这儿往前翻几页，就当记得刘秀定下的“外戚不得封侯”的规矩。窦太后这个孙媳妇根本不把爷爷刘秀放在眼里，明目张胆地封自己的哥哥为侯，而且毫不掩饰，一上来就是个两万户侯。

经历可以一定程度上改变一个人，即使骄横、自大如窦宪也不例外。尽管窦宪因为有功在身越发狂妄，可他现在已将精力都放在北匈奴身上，毕竟欺负几个人哪有欺负一个国家来得爽快？只要能让他继续打匈奴人，其他的事情窦宪眼下都不怎么在意。

于是，可能是为了安抚、稳定朝中大臣，避免引起太多人反对，窦宪接受了大将军的职务，却推辞了武阳侯的爵位。

既然窦宪不愿意要爵位，窦太后就给他更高的政治地位。在朝中，大将军一职本在三公之下，可如今窦宪得势，那些本来看他不爽的，或者准备问他罪责的大臣，都不得不低下头。因为窦太后借朝廷之名，破格把大将军的地位提高到三公之上，在整个朝堂中仅次于名义上地位最高的太傅。

但如果简单地认为窦太后这样就满足了，那未免小瞧她。第二年，皇帝的诏书又下来了，上半部分内容还是一样：因为去年窦宪立下军功，要给他封冠军侯，食邑依然是两万户。所不同的是，诏书还有下半部分，这次窦太后不仅要给窦宪封侯，还要给他的弟弟窦笃、窦景、窦瓌封侯，食邑一律为六千户。

当然，说是皇帝的诏令，可谁不知道那就是太后的懿旨。

“什么？世祖有遗训，‘外戚不得封侯’？可早在西汉时便有‘舅氏旧典，并蒙爵土’的惯例，哀家不过是遵循古制罢了。”

这叫什么理由！要说古制，再往上高皇帝当年还有“非功不侯”的规定，你怎么不遵守？！就算窦宪有功，可窦笃、窦景、窦瓌有什么功劳，凭什么封侯？难道就凭他们骄横放纵、穷奢极欲、纸醉金迷、欺男霸女、强取豪夺、草菅人命？

但那时没人敢反对，更没人敢拿上面这段话反问窦太后。

于是，除了窦宪，窦家的几个兄弟很顺利地当了侯爷。窦太后算是开心了一回，丝毫不介意刘秀是否会掀开棺材板来教训她。

一门三侯爷，加上大将军窦宪这个实际的朝中第一重臣，窦家的风光已经可与当年西汉的霍家或者王家相比了。大概全国上下除了皇帝，任何人见了窦家人都避之唯恐不及。这下窦太后爽快了，可她想不到的是，自己以破坏刘秀定下的规矩的方式所换来的爽快只是暂时的。

虽说在不守规矩的人眼中，规矩本就是用来破坏的，而且破坏规矩也确实能让人占一时的先机，但这其实是种短视且有害的行为。破坏规矩的人虽能得一时的好处，然而挣脱规矩、束缚之后，同样会失去规矩的保护，将来必定会遭到其他人的打击和伤害。而且，这些打击和伤害往往比可以预见的要大，因为能伤害他们的人同样也是不守规矩的。

至于窦宪，他现在可没兴趣争这些虚名。再次拒绝冠军侯的爵位后，窦宪干脆远离朝廷，亲自带兵驻守武威郡，准备找机会再干匈奴一下。

福祸相依

窦宪班师后不久，他之前派出的梁讽便找到了北匈奴单于，并且说服他仿照南匈奴投靠汉朝。对于梁讽的要求，本来北匈奴单于是同意的，毕竟他想不同意也不行，因为拒绝的后果必然是接着挨揍。这点儿头脑北匈奴单于还是有的。

可北匈奴单于带着人走到私渠海边时，汉朝的大队伍已经回去。没见到大将军窦宪，北匈奴单于心里起疑，担心自己到了边境就会被宰，于是临时改变主意，派弟弟代表自己去洛阳侍奉皇帝。

窦宪一看北匈奴单于没亲自来，感觉对方没诚意，便把人又送回塞外。

这就好比求对方办事，托人给对方送礼，对方什么也没说，还把礼送了回来，不免让人忐忑不安。本来单于就是因为怕才让弟弟去的，可现在弟弟被送回来，北匈奴单于反而更加害怕了，似乎看见汉军明天就要来进攻似的。这种发自内心的害怕让北匈奴单于几天睡不好觉，最后一咬牙，又派亲信到边塞给窦宪递消息，表示自己愿意入朝见皇帝，但有个条件：让汉朝派正式的使者来塞外护送，至少得保证他个人的人身安全。

好吧，要求也不算过分。窦宪于是派梁讽和中护军班固为使，到草原迎接北匈奴单于。

可南匈奴人的动作比窦宪的还快。

眼见北匈奴不行了，南匈奴单于便要痛打落水狗，想把北匈奴的残余力量并到自己这一边，遂趁北匈奴单于靠近边塞的机会，对北匈奴发动突然袭击。

自从匈奴南北分裂之后，南匈奴得到了相对稳定的生存环境，人口和实力得到一定程度的增长，而北匈奴不仅被汉军追打，还被北方新兴的鲜卑族连续暴揍，在反复折腾中每况愈下。到了这时，不说无法与汉朝抗衡，就是单独对付南匈奴，北匈奴也力有不逮。

因此，当南匈奴抓住机会之后，北匈奴的结果可想而知。南匈奴发动一次突袭便彻底击溃北匈奴的主力，北匈奴单于负伤远遁，再不敢出现在汉朝边境。

南匈奴的这次行动让来迎接北匈奴单于的班固等人扑了个空。没办法，他们只好继续往北走。北匈奴人大概是被打怕了，现在别说见汉朝使者，可能远远地看到穿着汉朝衣服的人，就会立马如隐士般躲藏起来。这可苦了班固一行人，找不着北匈奴人，他们只能一直往前走，最后走到私渠海附近，还是没遇到北匈奴的人马。

寻隐者不遇的班固到这里也死心了，只能掉头回去跟窦宪复命。得到回复的窦宪却并不沮丧，因为夏天的时候他曾派副校尉阎盘突袭北匈奴，阎盘只带了两千多骑兵就夺回了被北匈奴人占领的伊吾地，现在北匈奴又被南匈奴击败，这证明北匈奴气数已尽。既然北匈奴已衰弱至斯，窦宪认为，那就没有安抚的必要了，干脆毕其功于一役，彻底解决问题。

永元三年（公元91年）二月，窦宪不知从哪儿得到了关于北匈奴单于的可靠消息，他立即行动，派右校尉耿夔、司马任尚、赵博等将领率精锐骑兵对其发动突击。汉军以出其不意的速度像脱弦的利箭般穿过边境，直扑草原深处，并很快在金微山（今阿尔泰山）下围住了北匈奴的主力。

北匈奴人这两年接连受到重创，正如一只待舔舐伤口的野兽需要休息，因此警觉性比平时低，以致汉军骑兵围上来时北匈奴人竟毫不知情。一脸蒙圈的北匈奴单于望着四周的汉军骑兵简直欲哭无泪，估计不禁要想："我也没想打仗啊，投降都不给机会吗？！"

可惜耿夔等人并未给北匈奴人说话的机会，大伙儿提刀就往上冲——出来时大将军把话说得很明白，这次进攻北匈奴，目的只有一个：灭之。

陷于绝境的北匈奴单于心如死灰，看着身边的士兵一片片地倒下，只好绝望地提起刀反抗。虽然最后可能都得死，但马上就死和反抗一下再死，明显后者更划算。

事实证明，哪怕是在绝境中，敢于反抗和斗争的人也有可能避免最坏的结局。身陷重围的北匈奴单于也不例外，一番死斗之下，他竟然奇迹般地冲出了汉军的包围圈。汉军将士想追赶，却始终没能追上。

永元三年（公元91年）的这一战是历史上中原王朝和匈奴的最后一次大规模交战，北匈奴主力大部分被歼灭，北匈奴单于在乱军中逃走，“不知所在”(《后汉书·窦融列传》)。

金微山之役结束了汉、匈之间长达两百多年的纷争，汉朝获得了最终的胜利。作为指挥这一战的大将军，窦宪自然志得意满，因此变得目空一切。朝廷的大臣哪怕心里对窦宪的为人嗤之以鼻，表面上也不得不装出一副毕恭毕敬的样子。于是，满朝之中，耿夔、任尚这样的武将成了窦宪的狗腿子，班固、傅毅之类的文臣成了窦宪的笔杆子，副手邓叠、女婿郭举、亲家郭璜成了窦宪的心腹，其他窦家子弟则充斥朝廷各个角落。

甚至当时地方上新任命的刺史、郡守、县令，离开洛阳之前也几乎都到窦宪府上拜过码头。这些人不图别的，单就图混个脸熟。可窦大将军哪有这么多闲工夫理睬他们？于是，很多人只能干等，有时候光排队就得排几十天。大臣中偶有几个不服的，比如尚书仆射郅寿、乐恢之徒，不过发了几句牢骚，说了些不利于大将军的直言，便被逼自杀。这下朝中哪里还有人敢对窦家人吱声？

朝堂的大臣尚且如此，地方上的百姓便更遭殃。本来窦家人已经够横行霸道，这次窦宪灭了北匈奴，威名更盛，窦家人便更嚣张跋扈，其中执金吾窦景尤其不像话。执金吾这个官职前面介绍过了，负责京城治安，出巡排场在百官中排第一。窦景做了执金吾，自己如豺狼，手下的奴仆则似野狗，到了洛阳街上便到处乱咬，欺压百姓、强抢民女、夺人财物的事情每天都在上演。为了避免和窦景起冲突，一旦窦景家的奴才出现在街头，整条街的商贩和百姓都纷纷闭门谢客，前一刻还热闹非凡的街道瞬间清场。大伙儿防窦景家人比防强盗、马贼还夸张，而地方上的官吏对此只能集体噤声。

即便窦景这么过分，窦太后知道后也不过是免了他的官，并没有其他惩罚，而且还让他以特殊身份参加早朝。至于其他窦氏子孙，大概在窦太后眼中，和窦景相比，他们的行为举止还算克制，故暂不予理睬。这里面只有年纪最小的窦瓌读书最多，在窦家还算像点儿样。看着家人的行为都这么出格，而自己又没法儿纠正，窦瓌干脆选择眼不见心不乱，自顾自地跑到颍川做太守去了。

大家都能看出来，按常理说，一个家族不像话到这种程度，也就意味着他们快完蛋了。作为窦家两个核心人物之一的窦宪这时候还将兵在外，做着他成为千古名将的美梦。能在这个历史节点上以主角的身份完成击败匈奴的使命，是窦宪的福。他兀自沉浸其中，正准备对北匈奴的残余力量进行清洗，丝毫察觉不到窦家的灭顶之灾正悄然来临。

可大臣、百姓都不敢言语，还有谁能对付窦家？

大家或许忘了，除了大臣和百姓，国家还有一个人，不仅敢说话，而且天生应当反对窦家。这个人就是皇帝。

小皇帝刘肇继位的时候只有十岁，到永元四年（公元92年）也不过虚岁十四的光景，放到现在妥妥地“还是个孩子”。但与常人不同，早年生母的遭遇和这几年自己当傀儡皇帝的经历，让这个孩子相当早熟。经过学习，刘肇以古鉴今，知道窦家如果想继续掌权，一个未及弱冠、任人摆布的小皇帝就显得非常重要，而随着自己年纪越来越大，越有可能被太后以各种名义换掉，因此留给他的时间已经不多了。

先发制人，后发制于人。刘肇决定趁大家还不把他视作威胁、没把他放在眼里的时候，先一步干掉窦家，夺回大权。但朝中大臣多是窦家的党羽，光凭刘肇一个半大小子根本不能成事。别的不说，逼急了，大家撸袖子上的话，刘肇连三十多岁的窦太后都不一定干得过。于是，刘肇决定找人帮忙。

找谁好呢？刘肇第一个想到的就是自己同父异母的哥哥——前任太子、如今的清河王刘庆。两人的母亲以前情同姐妹，而且两人从小一起长大，又有相似的经历，故同病相怜。虽然刘庆被刘肇夺了太子的位置，但这并不妨碍他们的私人感情。

不过，刘庆也就比刘肇大一岁，两个乳臭未干的小子加在一起，年纪也不比窦宪大。他们还得找人。

可现在主事的是窦太后，皇宫里几乎都是她的人，刘肇想避开窦太后的眼线很难。找谁好呢？

其实，这个时候刘肇已经没得选了，他父亲刘炟在世的时候把原本住在宫里的侍中们全赶到了宫外，非有事不能入禁中。眼下偌大一座皇宫，除了宫女就是太监，刘肇要找人，就只能找太监。在一众太监中，为人机敏且有心机的中常侍、钩盾令郑众最得刘肇赏识。刘肇很快便将他引为心腹，与之谋划起扳倒窦家的计划。

当然，这么大的事情，如果在朝中没有重臣支持，光凭两个小孩子加一群不男不女的就能把事做成了，那跟天方夜谭没什么区别。

事实也是如此，其实刘肇在做这件事的时候，朝中一直有一位重臣在支持他，或者说刘肇所做的一切，都是这个人在背后指点的也不为过。

有这样的人吗？

有，这个人就是丁鸿。

丁鸿是当时的大儒，学问之深是得到明、章两位皇帝赞誉的。刘肇继位后，丁鸿出任主管宗庙礼仪的太常一职。

永元三年（公元91年）十一月，刘肇到长安刘邦的高庙祭祀。这时候刘肇下了一道诏书，书中说："高祖的功臣里面，以萧何、曹参的功劳最大，他们的家族应当传世不绝，但曹家自容城侯后绝嗣。朕在长陵东门远眺，便可看见两位功臣的墓冢，一想到两位功臣的气节，心里十分感慨。有忠有义的人理当获得宠信，这是不变的道理，因此朕派使者用一只猪和一只羊的中牢待遇祭祀他们，命大鸿胪寻访曹氏后人继承曹家的爵位，以表彰萧、曹两家的功劳。"

刘肇真是高明啊！他这看起来是要找曹参的后人，表彰萧何和曹参的功劳，完全无可厚非。可对于朝廷而言，萧何和曹参的功劳是什么？是忠于刘氏，是让吕后在刘邦死后也不敢肆意妄为的气节。

刘肇想给大臣们传递的，是这样一个信息：他现在也需要像萧、曹那样有忠有义的大臣，这样的人才有资格获得皇帝的宠信。

这样的话，为了不引起窦太后的警觉，刘肇只能如此委婉地表达。而大概也只有忠于刘氏的大臣才能窥破皇帝的意思，第一个读懂这道诏书的重臣就是丁鸿。

或许就是从这时起，丁鸿成了刘肇最亲信的大臣，开始直接参与铲除窦家的计划。有了皇帝的信任，四个月后的永元四年（公元92年）三月，司徒袁安病逝，丁鸿第一时间接任了司徒这一要职。现在，刘肇身边内有郑众，外有丁鸿的支持，他的计划只差一个适当的执行机会。

刘肇的机会在哪儿呢？其实只要窦太后没警觉，刘肇处处有机会。唯一不好办的，就是手握重兵的窦宪现在还带兵在外。一旦洛阳有异动，窦宪这个不可控因素将会给刘肇带来巨大的伤害，因此刘肇还得等，至少得先想办法把窦宪弄回洛阳来。

这件事情看起来极难办到，因为此时窦宪打匈奴已经打成了“瘾君子”，他正在策划对盘踞在漠北的北匈奴残部进行一次彻底的清扫。以窦宪的脾气，他只享受在朝廷应当得到的权利，而根本不会理会他对朝廷有什么义务。

没想到，这个刘肇没办法解决的问题，窦宪帮他解决了。永元四年（公元92年）四月，窦宪突然班师回洛阳。

窦宪突然回来，不是冥冥中受到了什么感召，而是他正巧要完成自己的人生大事——娶妻。

虽然计划的是要扳倒窦家，可当窦宪真的回来之后，刘肇还是不动，表面平静得如一潭死水，没有泛起一丝波澜。甚至知道刘肇心思的人也开始怀疑皇帝是不是放弃了，毕竟眼下看来，似乎继续维持这种微妙的平衡也没什么不好。

然而，这时候窦宪的女婿郭举往这潭死水里插了一脚，彻底打破了这种暂时的平静。

窦氏一党中，窦宪的副手邓叠、邓叠的弟弟邓磊与邓叠的母亲，并同窦宪的女婿郭举、亲家郭璜几人组成的小团体与窦太后较亲近，其中又以郭举最得窦太后宠信，郭举和邓叠的母亲甚至可以随意出入皇宫。也不知道从什么时候起，这些人开始密谋策划，有了找机会把刘肇杀掉的打算（举得幸太后，遂共图为杀害）。

窦太后自恃震慑全场，宫中无人不服于她，但偏不巧他们密谋的这件事被郑众知道了。郑众知道了，刘肇也就知道了。这下刘肇紧张了，虽然不知道窦太后准备什么时候下手，但等死无疑比马上死更令人恐惧。于是，刘肇偷偷地和刘庆、丁鸿、郑众等商量，要赶在窦太后动手之前对窦家进行清洗。

刘肇不得不下定决心实施他的计划。

可他还是没有行动，因为临到真的要和窦家撕破脸皮的时候，刘肇突然有了一个之前没想到的疑虑：怎么说窦太后都是他的嫡母，窦宪是他名义上的舅舅，自己和母亲、舅舅对抗，这不是不孝吗？万一以后落人口实怎么办？

在以“孝”治国的汉代，“不孝”对皇帝而言是个蛮严重的问题，不仅有可能损害自己的名誉，甚至有可能失去民心，更别提会让自己死后在青史上留下骂名。刘肇思来想去没有主意，最后决定效法之前的君主，因此要在书中找找支持自己想法的证据，看看之前的皇帝们有没有做过他现在要做的事情。

某日，刘肇找来刘庆，让他想办法找几卷书回来。

刘庆一听到书名，汗都下来了。可他自己也没有这几卷书，只好等天黑了，偷偷地去找千乘王刘伉。刘伉倒是有皇帝要的书，但大概从来没看过，好一阵捣腾才从成堆的竹简中找到皇帝需要的那几卷交给刘庆。刘庆接过书，急急忙忙转身就走，临走还反复叮咛刘伉此事不传六耳。

拿到书后，刘庆没敢耽搁，连夜进宫去见刘肇。两人支开宫女、太监后，刘庆才敢把藏在袖子里的书卷拿出来给刘肇看。

那这几卷神秘的书卷是什么呢？为什么刘肇这么怕别人知道，难道是先帝的遗诏，或者是武功秘籍？

各位少安毋躁。待刘肇郑重地展开书卷，先露出来的几个字就能说明为什么他如此谨慎了——刘庆拿来的是《汉书》中的《外戚传》。

《外戚传》中能有什么？自然是皇家外戚的故事，其中就有当年孝文帝逼死舅舅薄昭、孝武帝杀舅舅窦婴的事！

原来刘肇打算的，不仅仅是简单地从窦家手里夺权，而是要夺了窦家人的性命。他非常清楚打蛇不死的后果，因此不出击则已，出击就要一招毙命。

刘肇的行为有理有据，做事缜密果断，难怪后来自窦太后以下，窦家及其党羽都缺乏警觉。谁能想到这个平时闷声不吭的小子这么厉害？

所以说，什么是天分？

这就是天分。

可惜《外戚传》毕竟记载简略，凡事只知大概，不晓详情，总还是让人不能尽兴。于是，第二天刘肇又让刘庆去找郑众，让他仔细说一下文帝、武帝时期外戚们的故事。

有了理论依据，刘肇心里就淡定多了，现在他可以行动了。

六月初，刘肇下诏免去窦家的党羽、太尉宋由的职务，由司徒丁鸿暂代太尉一职，同时兼任卫尉。这是他动手前最后的准备。

司徒是百官之首，太尉总领三军，卫尉管理宫中禁军，掌握了枪杆子，刘肇毫不犹豫地开始行动。六月二十三日，刘肇前往北宫，下诏称窦宪企图弑逆，故命令执金吾和五校尉领兵驻守南宫和北宫。然后，他下令关闭城门，逮捕郭璜、郭举、邓叠、邓磊等人，将他们全部送往监狱处死，其亲属全部流放合浦。

之后重头戏来了。刘肇派谒者仆射到窦宪家收回窦宪的大将军印信、绶带，将他改封为冠军侯，并且勒令窦宪、窦笃、窦瓌、窦景四兄弟全部之国。

虽然刘肇碍于窦太后的面子没有直接处死这几个舅舅，但他并不打算就此了事。在敦促窦宪四兄弟回到封地后，刘肇马上派酷吏前往窦宪、窦笃和窦景的封国，进行严格的督查，深挖他们以往的不法行为，逼得他们几个不得不自杀谢罪。至于那个洁身自好的窦瓌，刘肇虽没有过于追究他的罪责，但他也在六年之后死于刘肇生母梁贵人兄弟的迁怒之下。

一夜之间，根须庞大的窦氏便被连根拔了个干净。我们在感叹刘肇办事干脆利落之余，不禁感到一丝奇怪：这个在刘肇口中号称要谋反的窦家，为何如此不堪一击？

史书上都说窦宪准备要“弑逆”，就是要杀皇帝。也就是说，窦宪的罪名是谋反。可实话说，看不出他有什么谋反的意图，也不像有谋反的样子。回洛阳两个多月，他一直忙的大概就是准备结婚这一件事。于是，有人便说，窦宪是被冤枉的，所谓谋反是一起冤案，不过是刘肇这小子要收回权力的一个幌子罢了。

可如果窦家完全是被冤枉的，那他们为什么不喊冤、不反抗？要知道，窦家可不是一个人，而是上至太后，下至文武百官，洋洋洒洒好大一群人。他们完全可以在事前、事中或者事后出来反抗一下。虽然可能没什么用，但吼两嗓子总还是可以的。为什么这么多人集体噤声，默认了呢？

因此，窦宪的案子绝不可能完全是一起冤案。也就是说，窦家确实有人想过或者说过要杀皇帝，而且这个人，或者他的同伙，是窦家非常核心的人物，足以让窦宪背上谋反的罪名也不敢反驳。

那想杀皇帝的人是谁呢？

答案其实很明显，应该就是窦太后和窦宪的女婿郭举。

之前已经说过，郭举作为窦宪的女婿，不仅可以随意出入皇宫，而且非常得窦太后的宠爱。窦太后的这种宠爱可不是一般意义上姑姑对侄女婿的宠爱，也非上级对下级的信任和喜爱，否则对于两人的关系，一般来说应该会写作“郭举得宠于太后”。然而，史书上的记载是“(郭)举得幸太后”。

如果你还反应不过来，那请想象一下如下场景：以汉朝皇室混乱的男女关系为背景，一个是三十多岁、正值虎狼之年的寡居太后，一个是二十岁左右、以“举”为名的精神小伙。你细品，这个“幸”字其实用得极为传神。

杀了皇帝，谁来坐龙椅？就凭他郭举？因此，所谓弑逆，可能就是床帏之间激情时刻随口而出的戏言罢了，但这戏言不巧被窗外的郑众听了去，也就成了拿不出手却无法反驳的铁证。

皇家虽然乱，但也是要面子的。大概就是“你知道我乱可以，你说我乱不行”这么回事，于是只好将弑逆的锅甩给窦宪。至于窦太后，虽然没有遭受明面上的惩罚，最后大概也遭了软禁。永元九年（公元97年）闰八月，郁郁不欢的她年纪不及四十便崩了。

以刘肇的聪明，干掉窦家的主要成员显然还不能代表这场斗争取得全胜，接下来当然是对朝中大臣进行大换血。于是，自前任太尉宋由往下，刘肇以依附窦家的名义将那些靠着窦家关系上位的官员全部清洗。

那刘肇怎么知道谁是依附窦家的呢？很简单，窦宪之前一直在忙结婚的事情，而一人之下的大将军结婚，任何一个跟他有关系的人，还能不趁机有所表示，不然接下来自己怎么在朝廷混？于是，自中央到地方，但凡跟窦家有关系的，或者想搭上窦家这条线的官员，都赶紧派人到洛阳随份子钱，其中就包括汉中郡的太守。

然而，汉中太守的这个决定遭到了李郃的反对。李郃此刻只是汉中的户曹，但位卑未敢忘忧国，他并没有因为自己职位低就一味地唯权唯上。而且他后来做到了司徒，证明此公颇有些眼光和政治智慧。眼见窦家如此跋扈，猜想他们可能也蹦跶不了几天了，李郃就不愿意让自己的上司蹚这趟浑水。

汉中太守却不以为然："大将军平定匈奴，立不世之功，且背后有窦太后支持，正值如日中天之际，什么人敢与他为敌！你也知道窦家人专横跋扈，如果这次不去巴结一下，事后窦家迁怒于我，怎么办？！"

"大人……"

李郃正要争辩，只见太守大手一挥，打断了他的话："我意已决，不必再言。"

李郃见上司主意已定，难以劝说，于是退而求其次："大人如果一定要去送礼，请让小人去办这件事。"

送礼其实是个技术活，太守也正为这事头痛，毕竟不是简单地把东西拿到大将军府往门里一塞，走个过场就能完事的。对于要巴结窦宪的人来说，礼不能白送。送什么、什么时候送、如何能在数以百计的礼品中脱颖而出、如何能在三言两语间让窦大将军记住自己，这些问题收礼的窦宪可以不想，送礼的官员却不可视而不见。至于李郃的办事能力，太守是了解的，既然他主动把事情揽过去，太守求之不得，便欣然同意。

但太守没想到的是，李郃这个人阳奉阴违，说是赶着去送礼，走得却不紧不慢，还故意绕远路。他五月份出发，到了六月底却还在半路上晃荡。等李郃走到长安附近的扶风郡时，窦宪挨撤职、被赶回封国的消息已传遍天下。结果，刘肇在窦宪家中搜出了送礼的名单，但凡名单上有名有姓的，都被视为与窦宪交往的官员，全部遭到免职。只有汉中太守保住了官位。

在被作为窦家一党遭到清算的人中，还有一个人不得不提，那就是《汉书》的作者班固。

据说当初班固有个家奴有一次喝高了，当街冲撞了洛阳令种兢。种兢虽然只是一个县令，但他管的是首都洛阳，自然不是好相与的，寻常人哪里敢惹？可怒火中烧的种兢考虑到班固是窦宪的人，还是把气咽下了。但事情并没有就此揭过，等到窦宪一死，班固被免职，种兢立即行动，以搜查审讯窦宪党羽的借口抓捕班固，并大肆网罗班固的所谓罪责。但还没等到审判，几个月后，六十一岁的班固便死在狱中。

班固是不是窦宪的人？当然是，就凭他当年所作《封燕然山铭》的开头"惟永元元年秋七月，有汉元舅曰车骑将军窦宪"一句，不仅堂而皇之地说窦宪是“汉朝皇帝的大舅”，更将其放在“车骑将军”之前。如此拍马屁，班固自然是窦宪的笔杆子。因此，虽然后来皇帝刘肇下诏谴责种兢公报私仇的恶劣做法，但也挑不出更多毛病，只是将害死班固的狱吏处死，抵罪了事。

班固的死是可惜的，而且他的《汉书》还未完成。随后，皇帝下诏命他的妹妹班昭继续完成班固的遗作。可班昭同样没能在死前完成《汉书》的创作，最后是班昭的门生马续奉旨补足了最后的“天文志”，这才有了我们今天看到的《汉书》这一历史巨著。

对于刘肇来说，清除窦家党羽的同时，他还有一件事得做，那就是封赏功臣。

谁是功臣？最重要且最得皇帝信任和倚重的功臣当然是丁鸿和郑众。但丁鸿已位居司徒，更身兼数职，再次被封赏无形中也增加了这个老头儿的负担。没过两年，丁鸿便病死了。

丁鸿一死，刘肇便更加信任和依赖年富力强、身体倍儿棒的宦官郑众。郑众这个人的心思极为深沉，皇帝对他越信任，他越低调；皇帝越赏赐他，他越推辞。反过来也一样，郑众越低调，皇帝越信任他；郑众越是不受封赏，皇帝越觉得过意不去，因此越来越信任他。永元四年（公元92年）之后，刘肇先提拔郑众做大长秋，后来又让他参与议事。永元十四年（公元102年），郑众成为汉朝第一个享受封侯待遇的太监，被封为鄛乡侯，食邑一千五百户。

单纯地信任一个宦官，问题还不算大，但刘肇的问题是，他信任的不只是一个郑众。还有不少宦官在扳倒窦家的过程中出过力，他们也深得刘肇信任，比如中常侍、尚方令蔡伦。甚至可以说，比起大臣和外戚们，刘肇在某种程度上更愿意亲近和相信宦官。

这些都还问题不大，因为年轻的刘肇有足够的政治智慧驾驭这些宦官，而且他很懂得体恤百姓。

“长安回望绣成堆，山顶千门次第开。一骑红尘妃子笑，无人知是荔枝来。”世人皆称杜牧的这首《过华清宫》道尽了唐玄宗的荒淫、杨贵妃的恃宠而骄。然而，这些为了满足统治者一己私欲的贡品，其输送过程之艰辛又何止于此？

要知道，新鲜水果的特点当然就是“新鲜”二字。自水果从树上摘下来到进入食客口中，间隔的时间自然越短越好。在没有冷链运输的年代，为了和自然规律抢时间，人们将人力因素发挥到了极致。

临武县县长唐羌在给皇帝刘肇的上书中详细地描述了作为贡品的荔枝、龙眼的运送过程：国家以南海郡（今广州）所产的荔枝、龙眼为贡品，水果采摘下来后立即包装，然后以快马日夜兼程地从南海直运洛阳。途中每十里有一个驿站，驿卒到驿站后换马，每五里有一个吏员在路上等着。等着干吗？当时南海郡很多地方都还是未开化之地，路难走不说，还到处都是“景阳冈”，毒虫、猛兽特别多，人好好地在路上走着，指不定哪里就会蹦出一只白额吊睛的大虫将人吃了。如果途中出现伤亡，在路上等着的吏员就要发挥作用——不是替同事治疗或收尸，而是接过贡品继续赶路，至于死了的，如果没有意外，大概会曝尸荒野（奔腾阻险，死者继路）。

刘肇一手拿着荔枝，一手拿着唐羌的上书，看着唐羌上书中结尾的一句：“如此，这两样水果才能送达殿上，却未必有什么延年益寿的功效。”他陷入了深思。良久，他招来宦官下诏，从此免去南海郡荔枝、龙眼等贡品的输送。

此外，刘肇主政以后非常重视农业生产，为了减轻百姓的负担，还多次下诏减赋赈灾，关心百姓的生产生活。至于地方上前后报告的八十一次祥瑞事件，刘肇都以自己德行不够为理由统统压了下去。

一切似乎都预示着谁都无法阻止国家即将迎来又一个鼎盛时期，除了那早已注定的天意。然而，对于汉朝是否能够再现一段盛世这个疑问，十三年后老天表态了。

元兴元年十二月辛未（公元106年2月13日），年仅二十七岁的刘肇突然驾崩，只留下年轻的邓太后。

太后邓绥是邓禹的孙女，家学渊博，行为得体。虽然她得以太后的身份临朝称制，但她毕竟年轻，如果在朝中没有可信任的大臣，很难指挥得动那些混迹官场多年的人精。于是，她不得不依靠自己的哥哥车骑将军邓骘，以及那些尚算忠心于皇帝的宦官。

至此，刘秀当年为了防止外戚和宦官乱权采取的一系列措施全部宣告失效。

将夜

刘肇的驾崩非常突然，他以一种令人惋惜的方式超越了自己的前辈——再次刷新东汉皇帝寿命的下限。而且，更加尴尬的是，这时年轻的邓皇后还没有儿子，也没有养子。

虽然皇后无子，刘肇却有儿子。事实上，刘肇是个“高产”的皇帝，他在不长的人生中曾有十数个皇子。可除了大儿子刘胜，其他都没能活过三岁，而刘胜则据说患有某种久治不愈的疾病（痼疾），虽然没死，却是每天靠药吊着半死不活的状态。

老大是个药罐子，接下来的十几个儿子连药罐子都做不成，看来是刘肇的遗传基因有先天性缺陷。刘肇虽然不懂科学，但眼看着儿子养不活，自己的身体似乎也出了问题，他便紧张得不得了。思来想去，他得出的结论是命贵难养，可能命贱就好养活了。于是，等又一个儿子出生后，刘肇马上命人把这个刚出生的婴儿送到民间抚养，希望他能避免重蹈哥哥们的覆辙。

可这个孩子送出后不过百日，刘肇自己却快不行了，只好又把他从民间抱回来，过继给皇后当儿子，还给他起名刘隆，并让他在刘肇驾崩的当晚继了皇帝位。

历史上也有不少皇帝是年少继位的，但他们年纪虽小，好歹能自己走着坐到龙椅上，经旁人提示多少也能哼哼两句。刘隆则不然，百日婴儿，翻身技能尚未完全解锁，更别提坐起来了，只能让人装在篮子里拎着上殿，在号啕大哭中接受群臣的跪拜。

如此折腾过一轮之后，邓太后自己坐到龙椅上发号施令起来。大伙儿一看，也成，毕竟谁也不愿意每天对着个篮子象征性地跪拜行礼。至于其他的，等小皇帝长大以后再说吧。

邓绥毕竟是邓禹的后人，学识、能力还是有的。她做了天下的主人，把朝廷的事情处理得还算妥当。而有了名义上的天子，大臣们也能按部就班地完成自己的工作，国家机器依然平稳、正常地运转。

但这次平稳的时间短得出乎所有人的预料。

刘肇给儿子起名“隆”，刘隆自己却难肩负起让国家兴隆的责任。刘肇把刘隆放到民间寄养，为的是避免他早夭，刘隆却连他的哥哥们还不如。延平元年（公元106年）八月辛卯日，这个未满周岁的皇帝刘隆便驾崩了。在无知的一生中，他以出乎意料的速度抵达了人生的巅峰，并且迅速坠落。虽然无知，刘隆却在无意间创造了中国皇帝史上的两个“之最”：历史上继位年纪最小的皇帝，同时也是死亡年纪最小的皇帝。

这下朝廷又动荡起来，大臣们还是得考虑作为臣子最不愿面对也最容易掉脑袋的问题：死去的皇帝无子，接下来谁来当皇帝？

这次，大伙儿的看法倒是挺统一：孝和帝不是还有一个孩子在世吗？就是那个药罐子刘胜。折腾了这么多年，弟弟们全挂了，就他还能硬扛，看来他的命到底是硬的。如果让他做皇帝，有天子气加持，说不定身体就痊愈了呢！

在满朝的赞同声中，有一个人站出来反对，而且一票否决，这个人就是邓太后。

邓太后反对让刘胜当皇帝，这很好理解。于公，刘胜的身体确实不行，难堪皇帝的重任，不如另找一个身体好的，免得再过一段时间大伙儿又得为新皇帝的人选发愁。事实也是，刘胜后来不过又活了七年。于私，第一次选继承人的时候，邓太后就没选身为长子的刘胜，说不定已经被那小子记恨上了，这次就更不可能选他了。

不选他选谁？

邓太后早有主意。延平元年的时候，新皇帝刘隆继位，洛阳的诸侯王们按例要回到自己的封国去，包括和先帝刘肇最为亲近的清河王刘庆，但邓太后很奇怪，特地下诏留下了刘庆的儿子刘祜。结果不到一年，小皇帝刘隆便驾崩了，这时刘祜的作用就显现出来了。邓太后和自己的哥哥私底下一商量，准备将刘祜过继给刘肇，然后继位当皇帝。

显然，刘祜是邓太后留的一个后手，而这个后手有可能是为了对付刘胜的。甚至因为刘隆出生后是寄养在百姓家的，我们知道，新生儿如果没什么特别标记的话，看起来样子都差不多，因此那死的这个刘隆来历也就有点儿可疑了。

虽然可疑，但也没什么证据，或许真的只是因为刘肇的遗传缺陷吧。当然，邓太后选择刘祜，未必就是为了专权，因为刘胜的年纪虽然不小，但刘祜此时也十三岁了。况且，刘胜的母亲是谁，大家弄不清楚，而刘祜的嫡母则是耿况的曾孙女，是实权派的代表。

再说，如果要专权的话，邓太后完全可以选一个年纪更小、更加没有背景的来当皇帝，但不管如何，邓太后不喜欢刘胜却是实实在在的。经过和哥哥车骑将军邓骘的一番密谋，太后让邓骘持节连夜到清河王府邸，将长安侯刘祜拉到宫中，然后下诏命令百官第二天统一穿吉服上朝。

大臣们虽然遵了太后的懿旨，可谁也没猜到是怎么回事，大伙儿在朝堂之上大眼瞪小眼，身着吉服却不知喜从何来。

片刻之后，众人在迷茫中看到邓太后牵着刘祜出场，接着宦官宣读诏书，太后领群臣拜刘祜为帝。

百官们这才知道这身吉服为何而穿，可这会儿太后已经落锤定音，大伙儿即便持不同意见，也只好将就着跪下来高呼万岁。

事情并没有就此尘埃落定，因为不是所有人都准备就这么算了。朝中始终有持正统意见的大臣，司空周章便是其中之一。

周章认为，朝臣大多希望孝和帝刘肇的长子刘胜继承皇帝位，而不是现在这个继子刘祜，于是打算密谋发动政变，在某一天关闭宫门后先诛杀邓骘兄弟四人以及得宠的宦官郑众、蔡伦等，然后废太后及皇帝，改立平原王刘胜为帝。

但周章的计划未及实施便遭泄露。永初元年（公元107年）十一月，邓太后抢先发难，缉拿叛党，周章被迫自杀。

周章的密谋虽未能得逞，但给邓太后提了很大一个醒：朝廷的大臣不仅是一股庞大的势力，而且并不是没有想法、全由自己拿捏的，如果自己一意孤行，指不定什么时候就得翻船。这让平时本来就挺收敛的邓太后及她的兄弟们变得更加谨慎。

但谨慎归谨慎，太后还是要继续临朝的。

和她的能力相比，邓太后的运气显然不怎么好。在她临朝称制的前十年，全国不是发洪水，就是闹旱灾，四周的国家还不断侵犯边境，国内的盗贼也不停地闹腾。在这种内忧外患的局势中，邓绥凭借她的政治手腕把国家撑了起来，甚至到元初五年（公元118年）还获得了大臣们比肩“虞二妃，周室三母”的评价。

平心而论，这个评价之于邓太后总体来说还是合适的，甚至某种程度上犹有过之，但问题是她年纪轻轻就开始临朝，而且临朝时间太长了。即便邓太后自己开始的时候小心谨慎，她的几个兄弟也算克己奉公，但架不住邓家亲戚众多，总有不听管教的。更重要的是，随着临朝时间越来越长，邓太后越来越迷恋权势带来的好处，也就越来越不愿意放权。

甚至到了后来，但凡敢劝太后还政于皇帝的，都遭到了她直接的打击报复，哪怕只是表露不满的堂哥邓康，也遭到她免官、遣返、除宗籍的惩罚。还有“头铁”、不怕死的郎中杜根，竟公然上书称“皇帝年纪大了，应该亲政”。

邓太后给杜根的答复是一个白眼，外加让侍卫把他装到大袋子里，在大殿之上就要活活打死。

一顿乱棍之后，当场气绝的杜根被扔到了城外的野地里。没想到半夜天地间的阴寒竟把他冻醒过来，一息尚存的杜根还未得庆幸自己大难不死，便听闻有人声传来，伏地细听，居然是邓太后怕他不死，叫人守尸来了。

杜根大惊失色，赶紧继续装死。半夜三更，荒郊野外，来人虽不敢上前验尸，却同样不敢草草地返回，只好远远站着观察杜根的“尸体”。

这下可苦了杜根。想跑吧，自己一身的伤，走得不如爬得快，能跑到哪里？不跑吧，继续装死下去没吃没喝，撑不了两天可真就死了。

好在杜根本就身受重伤，浑身上下没几块好肉，只要趴着不动，气息微弱，跟个死尸没什么区别。到了第三天，杜根眼眶处的伤口甚至长出蛆来。看守的人看到如此情景，便相信杜根是真的死了，这才回去复命。

等人都走光后，杜根才得以慢慢地爬出生天，捡回一条性命。

然而，就算这样，还有一个人不服邓太后，这个人就是太后自己扶持起来的皇帝刘祜。因为太后结束临朝的日子遥遥无期，而刘祜则在一天天长大，甚至一天天变老。已经快到而立之年的刘祜尚不能亲政，可想而知他心里有多么怨恨邓太后，而这种怨恨带来的，必然是日后对太后家人和亲信的打击和报复。

依历史旁观者的角度来看，这种事情必将发生，只要刘祜活得够久，至少死在邓绥后头。

永宁二年（公元121年）二月，时年四十一岁、临朝十六载，能让史官写《长乐宫注》《圣德颂》记载和歌颂自己的太后邓绥突然得了重病，一个月后便驾崩了。

但凡受太后长期压制的皇帝，在老女人死后，免不了对她的亲信和族人进行打击报复，刘祜也不例外。从邓绥驾崩那一刻开始，刘祜便拿起屠刀开始了他的报复行动。

在皇帝的授意下，邓太后的亲戚和亲信接连被逼自杀，邓氏宗族在朝为官的人绝大多数被免官，并且遣返老家。其他但凡之前跟着邓太后享福的，在太后驾崩后的几个月里几乎都遭到了清洗。

做了十五年儿皇帝的刘祜终于亲政，他将纪年由“永宁”改为极富寓意的“建光”。从此以后，他可以抖落十几年来积聚在身上的阴霾，抬起头，迎着风大步向前走。

终于见光了。

那一页的流芳百世

在被清洗的邓太后一党中，第一个倒霉的并不是邓太后的哥哥邓骘，也不是她的某一个亲戚，而是一个宦官——龙亭侯、长乐太仆蔡伦。

作为中国古代四大发明之一，说到东汉，不得不提造纸术，而说到造纸术，就不得不提蔡伦。

不管蔡伦这个人怎么样，就冲他改良了造纸术这一点，就是历史上绕不开的话题。

注意，蔡伦是“改良”了造纸术，而不是“发明”了造纸术。

这不是一句废话，因为哪怕到了现在，这仍是很多人认知上的一个常识性错误。

从世界范围来看，书写是人类进步不可缺少的重要因素。书写的目的，最早是把一些重要的事情记录下来，不致被遗忘。可以说，没有书写，文明就无所谓传承，更别提进步和发展了。在古代，各国人民用来书写的材料千奇百怪：古埃及人用易碎、难以保存的植物草纸；古希腊人用昂贵的羊皮；古巴比伦人用笨重的泥板；古印度人则就地取材，用白树皮和树叶。

中国人在这方面聪明得多，龟甲、兽骨、青铜器、陶器、丝绸、竹简，无一不可用于记录，但这些统统没有用纸张书写来得容易。

“纸”的概念出现得非常早，最早的时候，人们把用以书写的缣帛——一种双股丝的厚织物——称为纸，这和我们现代的纸完全不是一个概念。

纸从哪里来？这是个很有深度的问题。

古往今来，科技进步的动力并非来自上帝，而是来自人们的需求：人们要打猎，于是便有了弓箭、长矛；人们要光明，于是便有了灯烛、火把；人们要穿衣服，于是便有了棉麻、绸缎。而随着社会的发展和知识的积累，人们需要记录、流传的东西越来越多，对书写的要求也越来越强烈。然而，由于丝织物价格昂贵，竹简又沉重不便，人们迫切需要一种既便宜又轻便的东西，能取代竹简和缣帛，成为日常书写的工具，于是便有了现代意义上的纸。

和绝大多数事物的发明类似，现代意义上的纸张并非一夜之间出现的，它的出现经历了一个相对漫长的过程。

中国是世界上第一个掌握和使用养蚕及制丝技术的国家。在长期的生产过程中，有人偶然间发现，在以漂絮法制取丝绵时，漂絮用的篾席上会遗留一些残絮。当这些残留的纤维组织日积月累，到了一定程度的时候，有人又偶然间发现，用手竟能从篾席上将一整张薄薄的纤维层完整地剥离下来，然后又有买不起丝帛且手痒难耐的人偶然间发现，其竟能替代用于书写的材料丝帛，于是世上便有了现代纸的雏形。

当然，这种东西尚不能称为真正的纸，它有个名称，唤作“方絮”。它存在一个致命的缺陷——产量太低。不知要反复漂絮多少次，才能从一张篾席上剥下薄薄一层纤维，可这稀罕物的书写效果偏又不尽如人意，偶有人用也是废物利用，实在没有大规模推广的价值。

虽然这样的纸没什么大用，但这一创意并没有被勤劳、智慧的劳动人民放弃。到了西汉时期，纸张的制造技术已经有所进步，这时候造纸所用的原材料主要以麻类、纤维为主。可是，由于制造工艺简陋，所造出来的纸张质地粗糙，甚至成品中仍残留有很多粗纤维，拿到手里，首先品相就不过关，根本无法替代竹简和丝帛。

这种情况又持续了一两百年，直到公元105年，竹简的终结者终于出现了。

即便到了现代，中常侍蔡伦在人群中也是个异类。

据说蔡伦生于南方某座大山脚下的冶铁世家，虽是技工出身却饱读诗书，看似白瞎了祖上的手艺。永平十八年（公元75年），满腹经纶的年轻小伙子蔡伦成为当地第一位走进朝廷、进入皇宫为官的人。但他的这项荣誉并不是很让人信服，因为他做的是宦官，而且是自愿的。这仿佛又糟蹋了他之前的苦读。

后来，蔡伦因在窦皇后授意下构陷宋贵人，而由小黄门升迁至中常侍。这样看来，蔡伦大概会被归到佞臣一类。但就是这样一个宦官，在得到皇帝和窦太后赏识，甚至可以参与朝政后，仍尽心辅佐皇帝，为了纠正皇帝的错误还多次顶撞天颜。

然而，一旦到了沐日，这样一位“直臣”便会回家紧闭大门，拒绝一切来客，然后换件不起眼的衣服从小门溜出城，回归山野之间，甚至会以人类最原始的状态去感受大自然（暴体田野）。如果把这种行为艺术视作蔡伦最向往的生活，那他之前所有的努力，包括苦读、进宫、从政等，似乎都没有必要，他只需要继续在山脚下他家祖传的铁匠铺里打铁即可。

那蔡伦究竟想做什么？

人生在世不过百年，说长不长，说短不短，其间能成大事者不过寥寥，绝大多数人穷其一生都难以惊天动地。但在这数十年间什么都不做又不可能，因此，和绝大多数仍在生活中折腾的人一样，“好歹做点儿事”大概是蔡伦的初衷。

机遇总是留给有本事的人，多掌握一门知识或技术，终究会有用武之地。在永元某年，窦太后让中常侍蔡伦“加位尚方令”。窦太后把持朝政之后做了许多不靠谱的决定，但不知出于什么原因，她让蔡伦兼任了尚方令。这不仅是窦太后人生中难得的正确任命，大概也是人类历史上最正确的任命之一。

“尚方”为何物？这是一个主管皇宫制造业的机构，我们熟知的“尚方宝剑”在成为最高权力的象征之前，意思只有一个，就是尚方制作的宝剑。作为国家顶级的制造机构，尚方汇聚了天下的能工巧匠。蔡伦能领导这样一个机构，对于充满才智的他而言正是如鱼得水。于是，在永元九年（公元97年），蔡伦首先改良了弓、弩、刀、剑等兵器的制作工艺，使汉代的武器质量达到一个新的高峰，其中蔡伦监制的弩和剑闻名天下。

如果说制造兵器是蔡家本就擅长的，那对造纸术的改良则充分展示了蔡伦在发明创造上的聪明才智。

要替代竹简和丝帛作为文字的载体，纸需要满足什么条件？说到底，最基本的条件无非两个：一是取材容易，价格便宜；二是轻薄、柔韧，便于书写和保存。

说得简单，做起来却是千难万难。蔡伦经过研究以往的造纸材料和程序，集合众人的智慧，又经历了大概千百次的失败，终于在元兴元年（公元105年）制造出轻薄、柔韧且便宜的纸张，所用的材料不过是烂渔网、破麻布、干树皮等，可说是真正的化腐朽为神奇。后来，因为蔡伦在宫中宿卫多年，邓太后给他封了个三百户的龙亭侯。因此，老百姓把蔡伦造出来的纸亲切地称为“蔡侯纸”。

元初四年（公元117年），蔡伦又承担了一项重要的任务，就是在东观殿监督从全国选拔出来的读书人、史官、博士等人对经史传记等进行核实、确认。然而，蔡伦的人生充满了意想不到的变数。随着邓太后的驾崩，蔡伦第一个遭到皇帝的清洗。当“致廷尉”的诏书下达之后，蔡伦没有执行皇帝的命令，而是沐浴更衣，然后以一杯毒酒结束了自己的生命。

由于蔡伦确实参与了当年构陷宋贵人的冤案，又是邓太后的亲信，因此邓太后驾崩之后，亲政的宋贵人的孙子刘祜要拿他开刀也是板上钉钉的事情。可若因此就说蔡伦是个小人，甚至说他改良造纸术的初心不是方便群众，更非为百姓服务，只不过是讨好皇帝的奇技淫巧罢了，则未免太过于以小人之心度君子之腹。

造纸术的改进不仅使纸取代了价格昂贵的缣帛和沉重不便的竹简，更重要的是，它在降低成本的同时加快了文化和文明的传播，真正做到了“既让马儿跑，又让马儿少吃草”。改良之后，造纸术很快便传到南越及朝鲜等地，并随着丝绸之路传到印度、阿拉伯和欧洲，推动了世界文明的发展。现在，即便在国外，蔡伦也是享誉世界的名人。美国著名学者麦克·哈特博士在他的《影响人类历史进程的100名人排行榜》中将蔡伦排在第七位，在中国人中仅次于排在第五的孔子；而在《时代》周刊评出的有史以来最佳发明家中，蔡伦同样榜上有名。

伟大如斯的一个人物，怎么可能是个小人呢？

可刘祜并不理会这些，他清理了邓太后的党羽，又给自己祖母洗刷了冤屈，自然十分得意。然而，不久之后他的得意便少了几分，原因是亲政便意味着要独立面对许多问题和决策，而这些问题和决策并不容易，因为它们不仅关系到刘祜个人，更关系整个帝国的命运。一想到这些，刘祜不免觉得焦头烂额，有时候他可能还会产生一种错觉：在邓太后背后做一个儿皇帝可能也不是那么差，至少自己不用承担决策失误带来的风险和损失。

比如，西域这个地方到底要不要继续经营？

一场旷日持久的朝议

对于放弃西域的论调，朝廷中始终有强有力的支持者。当年刘秀就曾多次拒绝西域诸国求援的请求，直到永平十六年（公元73年），孝明帝刘庄派四将北征匈奴，夺取伊吾、卢地，并在当地屯田，东汉才算第一次打通西域。可这次屯田只维持了短短四年，随着刘庄驾崩，到建初二年（公元77年）伊吾的屯田就被放弃了。然后，由于班超数十年如一日的坚持，以及永元年间大将军窦宪两次大破北匈奴，汉朝在西域的统治达到空前的规模。可随着窦宪被逼自杀（公元92年）、班超病逝（公元102年），再次放弃西域似乎成为其他人心中的合理打算。

由于龟兹通往朝廷的道路已被切断，接替任尚出任都护的段禧无法收到皇帝撤军的诏令。永初元年（公元107年）六月，朝廷派班勇和哥哥班雄从敦煌出兵，护送段禧和西域驻军返回。我们无法猜测班勇这一路是怎么走下来的，能肯定的只有他心里的不甘。三十多年前，班超从这里把汉朝的影响重新带入西域；三十多年后，班超的儿子却将它从西域带了回来，这多少有些讽刺的意味。

皇帝和大臣们不看重西域，把班超花三十年辛苦稳定下来的西域视如草芥，一朝之间说丢就丢，班勇却不肯放弃。

作为班超的小儿子，班勇生长在西域，从小跟在班超身边。在父亲的耳濡目染之下，班勇不仅学会了西域的方言，对父亲掌控西域的手段更是了若指掌。可以说，班勇有平定西域的勇气和能力，可他没有机会。

这时候班勇赋闲在家，英雄无用武之地，他能做的只有等。

这一等就是十三年，等得班勇自己都已不抱什么希望。

直到永宁元年（公元120年），班勇突然获准参加了一次廷议。

原来自永初元年朝廷放弃西域后，北匈奴不仅卷土重来，控制了西域，而且随着时间的推移，匈奴人甚至已经重新逼近敦煌郡。元初六年（公元119年），敦煌太守曹宗派长史索班率千余人屯田伊吾。

要知道，在这之前，西域已经十几年没有出现汉朝的官吏了。曹宗的这一举动似乎预示着汉朝将重新把注意力放到西域，这让鄯善和车师前国这些心底里倾向汉朝的西域国家感动得热泪盈眶。鄯善国王和车师前国国王马上带人到伊吾见索班，表示愿意依附汉朝。

此时西域在北匈奴的掌控中，诸国中有支持汉朝的，自然就有反对的，车师后国就是坚决的反对者。汉军屯田后几个月，没等第一茬麦子成熟，就被北匈奴和车师后国的队伍袭击，索班遭杀害。鄯善损失惨重，不得不向敦煌求援，车师前国国王则逃亡，不知所踪。

这下，第一个跳出来的就是敦煌太守曹宗。他上书朝廷，请求出兵五千人为索班报仇，顺便收复西域。

以上便是班勇参加的廷议的背景。

按说曹宗的请求不算过分，五千人不是个大数目，边境驻军随时能抽出来。而且，能不能报仇跟收复西域暂且不说，但地方官吏被袭杀事关国家尊严，朝廷还是要表示一下态度的。

可令人大跌眼镜的是，对于曹宗的请求，朝堂上的大臣却不同意。多数大臣的意见竟然是不出兵，假装不知道。甚至有人还说，干脆以这事为由，把玉门关一关，彻底不管西域那个地方。

邓太后毕竟没经历过战争，只好问班勇该怎么办，是支持曹宗，还是支持大多数大臣。

作为太后钦点的专业人士，班勇给出了第三种答案："首先，西域不能丢。经营西域是武帝时期就定下的国策，是无数将士付出生命打下来的地盘，岂能随便放弃？何况车师前国、鄯善等还是心向汉朝的。至于西域各国反复无常，不时发生叛乱，这虽然与他们的天性脱不了干系，但也有我们的责任。有的官员管理不当，非但不能团结外国友人，反而激化了民族矛盾。任尚不就是很好的例子吗？”

那就依曹宗的请求出兵？

班勇依旧反对：“这也不行。”

为什么呢？

因为曹宗的想法过于简单、粗暴，只想着杀人偿命，向匈奴报仇雪恨，并没有考虑仓促出兵可能带来的弊端。按照以前的经验，在没有充分准备和充足后勤保障的情况下贸然出师远征，失败的可能性很大。

那怎么办？

邓太后叫上班勇，本来大概是想让他帮自己在出兵还是放弃西域的问题上做个选择的，可听完班勇的话她反而更加迷糊了。

这时候班勇给出了自己的建议：西域不能不管，但也不能像曹宗说的那样管。班勇的方案是，恢复敦煌的驻军及西域副校尉一职，这样可以对进占西域的匈奴形成威慑，与此同时，派遣西域长史率五百人进驻楼兰（鄯善国）屯田，准备下一步的行动。

这时候尚书第一个站出来问班勇：“你说要设立副校尉，那派谁去合适？设长史驻楼兰，又有什么好处呢？”

班勇回答道：“永平末年，朝廷第一次派遣中郎将驻守敦煌，后来又在车师设置西域副校尉，这样做既可以管制胡人，调解冲突，又可以防止汉人随意侵犯胡人。这个策略很有效果，西域诸国都归心大汉，匈奴人也很忌惮，不敢轻易进犯西域。现在，鄯善国王尤还是汉朝的外孙，要是放任匈奴在西域继续壮大势力，尤还必死无疑。如果我们在楼兰屯垦驻军，必定会增加尤还的信心，让鄯善国看到希望。”

一听这话，很多大臣便不乐意了。长乐卫尉镡显、廷尉綦毋参、司隶校尉崔据都站出来反对班勇的意见。他们的主张是放弃西域。理由嘛，国库花销太大，经营西域成本太高，国家的钱取之于民，理当用之于民，哪有用在别国身上的道理？

而且，他们竟然提出这样的问题诘难班勇：“现在车师已经臣服匈奴，鄯善也靠不住，一旦局势有变，你班勇能担保北匈奴不会侵扰边境吗？”

班勇本来心情还很平静，听到这话内心不免火冒三丈：这是什么狗屁逻辑！

于是，班勇毫不客气地反驳道："现在朝廷在各郡设置州牧，是为了防治奸人、盗匪。如果州牧能保证盗匪不干坏事，那我愿以腰斩之罪保证匈奴不侵犯边境。"

这下三人搬起石头砸了自己的脚，只好不说话了。

见三人没有吱声，班勇接着说："现在若是开通西域，北匈奴的势力肯定会被削弱，其对西域的为害自然会减轻。设置西域副校尉，是为了安抚西域诸国；设置西域长史，是为了招怀各国。如果我们就此放弃西域，西域臣民必对大汉绝望，投降匈奴。真到那个时候，匈奴骑兵将威胁西部边郡，整个河西走廊将会重现白天闭关的局面。这难道是诸位想看到的情况吗？若现在因为吝啬屯边费用就放弃西域，既不能彰显大汉恩德，又会助长北匈奴的气焰，长此以往，难道能确保边疆长治久安吗？"

一说到要花钱，又有人站不住了。太尉属毛轸立马跳出来诘难班勇："一旦设置校尉，重开丝路，恐怕西域各国会争先恐后地派使节来索要赏赐、要求援助什么的，简直没完没了！若满足他们的胃口，则支出太大；不答应吧，他们又会失掉归顺之心。而且，一旦他们被匈奴侵犯，肯定要向我们求救。到时候还得出兵，花的钱会更多。"

钱、钱、钱，要说打仗会死人，导致生灵涂炭，班勇倒也能忍，难道国家的安全、黎民百姓的性命都不如钱重要吗？

班勇毫不客气地回挦："假设我们现在把西域交给匈奴人，能让匈奴人从此对大汉感恩戴德，再也不骚扰我们，这样当然可行。可如果北匈奴占了西域，利用西域的资源和兵马掉过头来攻打河西四郡，那怎么办？这分明是在养虎为患，是在给敌人送财富，增强对手的实力！现在西域人不过是向朝廷讨口饭吃，若是拒绝，让他们倒向北匈奴一方，到时候北匈奴和西域军队一起进犯并州、凉州等边郡，恐怕那时候要花的银两数也数不清。"

听了班勇的话，邓太后终于弄懂了其中的一些利害关系，于是她给出了最后的处理方案：将班勇的意见"打折"后采纳，即恢复敦煌营兵三百人，设置西域副校尉，但不设置西域长史，也不在楼兰屯田、设立前哨站。

对于这个阉割版的行动方案，班勇无话可说，但事实替班勇把话说了。

由于没有在西域屯田，汉朝对西域仅存的威慑力逐渐减弱，于是北匈奴开始联合车师军队，对河西四郡反复进行抄掠。

一时间，河西诸地狼烟四起，民不聊生。

这个时候，站出来支持班勇的人还是少之又少。到了延光二年（公元123年），被折腾得快精神崩溃的敦煌太守张珰忍不住上疏，说道："臣在洛阳时也主张放弃西域，直到亲自踏上这块土地，才知道自己的眼光是多么短浅，想法是何等狭隘。依臣愚见，如果就此放弃西域，整个河西地区将不可能独自存在。而对于现在西域的紧张局势，臣有三个计策，请陛下及早定夺。"

张珰的三个计策是：

上策：北匈奴的呼衍王经常辗转于蒲类海和秦海（今新疆博湖县东博斯腾湖）之间，以此控制西域地区，带领西域各国一同侵略汉朝。朝廷可以派酒泉的军队两千余人在昆仑塞（今甘肃安西县南）集合，先去攻打呼衍王，除掉祸根，随即征调鄯善国军队五千人威胁车师后国。

中策：如果不能出兵，可以设置军司马，领兵五百人，由河西四郡武威、酒泉、张掖、敦煌供给犁、牛、粮食，出塞进据柳中。

下策：如果还不行，那么就应放弃交河城，同时召集鄯善等与汉朝友好的国家之人民，让他们全部进入玉门关。

其实，经过三年的观察，君臣所有人对西域的事情都逐渐有了新的认知：如果没有西域，下一步就会没有河西走廊，再往后长安和洛阳就会受到匈奴的直接威胁，因此西域还是丢不得的，最好还是御敌于国门之外。

可谁也没再提这事，原因很简单：人不能打自己的脸。

但现在情况已经很紧急，更让刘祜抓狂的是，之前做决定的邓太后已经没了，现在他不得不自己拿主意。但这个主意显然不好拿，最后刘祜只得借着张珰上疏的机会，再次让大臣们议论西域的事情。不过，这时候刘祜的政治水平比之邓太后显然是不如的，如此重要的会议，他竟没让专业人士班勇参加。

然而，虽然没有班勇，但反对班勇的人也少了许多，甚至不少人已经变成了班勇。尚书仆射陈忠就说："北匈奴现在已经拿下车师国，下一步肯定会南下，进攻鄯善国。如果我们再不去救援，鄯善等国绝望之下只有投降。一旦北匈奴占据西域全境，再与羌人联络，河西四郡就会腹背受敌，非常危险。现在敦煌已经告急，再不出兵，对内无法安抚边郡军民，对外则会激起虎视眈眈的异族之野心。”

不过，如果贸然主张出兵，打赢了，功劳是将军的，打输了，锅还得自己背，因此陈忠的意见是采用中策，增加河西四郡的驻军，做好战争动员准备，镇抚西域各国。

“好吧，陈忠，这事就交给你来做？”

“陛下圣明！将如此重任交于臣是对臣的信任，臣愿为朝廷肝脑涂地，万死不辞。但镇抚西域一事，有一个人远比臣合适，臣不敢隐瞒。”

“何人？”

“班勇。”

延光二年（公元123年）夏天，西域的阳光炙烤着大地，但这丝毫不能阻挡一个心情比阳光更热烈的人在这片土地上朝着柳中城的方向策马狂奔。

这个人就是新上任的西域长史班勇，他身后是五百士兵。而他们的对手，是本该逃亡“不知所踪”的北匈奴。

消失的匈奴

在讲班勇再平西域之前，我们先来回答一个问题：西域又从哪里来的北匈奴？

按照专家的考证，永元三年（公元91年）北匈奴单于逃亡之后，整个北匈奴分裂为四部分：

第一部分是北匈奴单于率领的余部。被耿夔在金微山击败后，他们一直退到乌孙、康居一带才停下来。

第二部分是北匈奴单于的弟弟右谷蠡王於除鞬率领的残部。当时於除鞬自立为单于，退至蒲类海，随后遣使向汉朝投降。当时朝廷接受了他的投降，并且把他们安置在伊吾，但由于窦宪谋逆事发，於除鞬担心受牵连而率众逃跑，结果被汉军抓获斩首，其部下也被歼灭。

第三部分匈奴人败退后在鄂尔浑河流域定居下来。由于北匈奴败走，漠北地区出现权力真空，鲜卑族趁机强大起来，逐渐占领了原来北匈奴控制的大片土地，鄂尔浑河流域附近的匈奴人最终被迫加入鲜卑族。后来在鲜卑人中赫赫有名的宇文部落便是由匈奴人演化而来的。

最后一部分匈奴人则始终留在漠北的西北地区，在公元5世纪初被兴起的柔然吞并。

以上便是永元三年（公元91年）北匈奴战败之后各部的去向，但这还不是全部的北匈奴人，更不是匈奴历史的全部。

永元年间，由于汉朝的打击，有超过二十万的北匈奴人南下投靠汉朝。朝廷的官员们一看都是匈奴人，就把他们安置在了南匈奴的管辖范围之内，没想到这部分人竟不被早已归化的南匈奴单于所容。因此，早已不干抄掠这事多时的南匈奴人开始在这些北匈奴同胞身上操练起许久不用的技能。

尽管这些北匈奴人想反抗，可在人家屋檐下，他们怎能斗得过南匈奴和汉朝的联盟？最终，在感叹“相煎何太急”的同时，这些北匈奴人拥立逢侯为单于，对南匈奴的压迫进行反抗，并且威胁到汉朝边境的安全。

说到做单于，当时逢侯是拒绝的，但他架不住北匈奴众人的胁迫，最终不情不愿地接受了单于的头衔。然而，逢侯没能带领北匈奴人开辟新天地，反而在鲜卑、南匈奴和汉朝的接连打击下越活越惨，最后不得不逃命似的重返漠北。

永初元年（公元107年），汉朝撤销西域都护之后，逢侯单于趁机进入西域，企图再次奴役、控制西域诸国。十年之后，逢侯单于所部被鲜卑击败，人马几乎损失殆尽。于是，逢侯单于不得已在元初五年（公元118年）春天，带领仅存的百余部下逃至朔方塞，归降汉朝，随后被朝廷安置在颍川郡。

既然我们已经明了公元118年前所有匈奴的去向，那元初六年（公元119年）杀害索班的所谓“北匈奴”又是从何而来的呢？

事实是，我们并不能确定他们的来历，但最大的可能是，他们是一直盘踞在蒲类海的匈奴呼衍王所部的匈奴人。

其后，汉朝和匈奴的呼衍王又发生了几次接触：

汉顺帝阳嘉三年（公元134年）夏，汉军司马率车师后王加特奴在阊吾陆谷袭击北匈奴，获得胜利。

第二年春天，北匈奴呼衍王对车师后国进行报复性打击，朝廷命令敦煌太守发汉军和西域联军骑兵共六千三百人驰援，但联军没有取得胜利。战斗一直僵持到这一年的秋天，最后呼衍王攻破车师后国。

汉顺帝永和二年（公元137年）八月，敦煌太守裴岑率部出征，击溃匈奴军队，斩杀呼衍王，重新夺回车师后国。

汉桓帝元嘉元年（公元151年）夏，另一个不知出自何处的北匈奴呼衍王率军入侵伊吾，伊吾驻军司马派五百士兵与呼衍王在蒲类海东边交战，汉军全军覆没。

随后，敦煌太守马达率敦煌、酒泉、张掖共四千将士救援伊吾，汉军进军至蒲类海，呼衍王没敢与汉军交战，引兵撤退。

这是史书记载的汉朝与北匈奴的最后一次战争。

至于早已内附汉朝的南匈奴，则在漫长的历史长河中经过长时间的民族融合，逐渐被同化，融入中华民族。

从此，自始祖淳维开始，历史绵延近两千年，强盛于秦汉之际，衰亡于东汉的匈奴退出了亚洲的历史舞台。

永远的遗憾

从公元101年离开西域，到如今重返这片土地，时间已过去二十二年，当初那个小伙子已经成了中年汉子。人生能有几个二十二年？幸而班勇还是等到了这一天，如今他已是朝廷在西域的最高行政长官，担负着拯救西域的重任，如同当年他父亲一般。

进驻柳中城后，班勇没有急于收复失地，而是先在城中进行屯垦，整顿武备，因为他手下只有五百人。

班勇心里很明白，仅靠这五百人马出征讨伐，无异于以卵击石。

那怎么办？

好办。当年父亲班超纵横西域才用了多少人？三十有六！自己现在有足足五百人，只要把父亲当年“恩威并施，以夷制夷”那套策略拿出来，还能搞不定西域？

于是，班勇广派人手，到处获取西域诸国的最新情报，然后进行细致的分析，开始了长达半年的准备。

延光三年（公元124年）正月，准备就绪的班勇开始收复失地。

班勇出征的第一站是鄯善国。选择鄯善作为第一个目标，班勇是经过深思熟虑的。这时候鄯善的国王还是那个西域为数不多的汉朝死忠者尤还。因为他之前做出的亲汉举动，在匈奴势力逐渐渗入的西域，整个鄯善国的局势变得岌岌可危。如果没有汉朝的援助，鄯善被北匈奴灭国只是朝夕之间的事，因此鄯善成了班勇最有把握拿下的国家。

事实正如班勇所料，一听说他要来，尤还早早就带着官员和百姓出城迎接。等班勇拿出特制的有三条绶带加持的鄯善王印，尤还更是激动不已，扑通一下跪在地上，痛哭流涕，直呼皇帝陛下万岁。

轻而易举地拿下鄯善后，班勇马不停蹄地奔向下一个目的地——龟兹。

龟兹就不如鄯善好相与了，因为他们曾经一度与前西域都护段禧兵戈相见，所以龟兹与汉朝有仇；但从另一方面讲，龟兹国王白英的父亲白霸当年是班超扶持起来的，因此班家对白家有恩。自从得知班勇出征，白英便陷于这种恩怨纠葛之中，无法决断。最后是班勇的一封声明既往不咎且言辞恳切的来信，让白英抛去顾虑，做出了投降的选择。

白英不仅在匈奴和汉朝之间做出了选择，还带来了姑墨、温宿两个国家的投诚。有了这些国家的支持，班勇的五百人变成了万余人。

然后，班勇带着这万余人进攻车师前国的王庭交河城，在伊和谷击退北匈奴的伊蠡王，并接收了大量降兵。于是，班勇的万余人又变成了一万五千余人。

历史上，出征中人马越打越多的将军不是没有，比班勇的扩张速度更快的却是凤毛麟角，更多时候是人马越打越少，甚至连项羽也不例外。

当然，跟项羽一样，人越打越少还那么猛的，也几乎没有。

打通敦煌到车师前国的道路，班勇顺利完成他既定的第一阶段作战方案。随后，这支胜利之师停止了前进的步伐。

虽然作战讲究一鼓作气，但统帅更多时候需要优先考虑的是如何立于不败之地。班勇也一样，因为他输不起，他必须保证以稳妥的方式取得最终胜利。要稳妥，首先就要保障后勤供应，而之前五百人屯田的收获显然难以支持一万五千人长期作战，于是班勇率军返回了柳中城。

随后，班勇开始扩大屯田规模。

一年多之后，在柳中城屯田的驻军获得大丰收。延光四年（公元125年）秋天，粮草充足的班勇从敦煌、张掖、酒泉三郡调集六千骑兵，加上鄯善、疏勒、车师前国的军队，浩浩荡荡地再次启程。

这次他的目标是车师后国。

有强大的军队，有充足的粮草，班勇又是优秀的统帅，接下来的战斗也就没什么悬念了。

班勇指挥军队翻越天山，突击车师后国。车师后国的国王名叫军就，是个靠着北匈奴狗仗人势的货色。真论打仗的实力，他跟班勇比起来远远不如，他甚至未曾想过汉军能够翻越天山。结果，在汉军的冲击下，车师后国很快便损失了八千多人，外加五万头牲口，军就连同匈奴使者一起被汉军俘获。

能征善战的将领从来没有心慈手软之辈，班勇也不例外。况且在汉军将士眼中，车师后国跟着北匈奴袭杀西汉屯田驻军，大肆寇略河西四郡，本就是作死的行为，根本不值得同情。所以，毫无疑问，军就和匈奴使者被押解到当年索班遭杀害的地方，被砍头祭天，传首京师。

国王被杀，主力军被歼灭，社会生产资料损失殆尽，车师后国几乎相当于被灭国。但班勇不可能一直在车师后国待着，于是他一方面派副将去攻击旁边的东且弥国，一方面开始寻找车师后国的国王人选。

永建元年（公元126年），班勇找到一个叫加特奴的人。这个人不仅亲汉，而且是已故车师后国国王的儿子，显然比班勇自己更适合车师后国国王的位子。与此同时，班勇派出去的副将轻松地将全国人口两千而骑兵数量竟也接近两千的东且弥国摆平。

至此，占据天山北麓的车师六国全部重新归顺汉朝。

这还没有结束，因为打了这么久，正主——北匈奴人——到现在还没有出现。

但班勇已等不了北匈奴人送上门来。这一年冬天，班勇再次征发西域诸国军队，主动攻击匈奴呼衍王。

这场战斗同样没什么好记述的，关于战斗结果，史书上记载得也很简单、明了：“呼衍王亡走，其众二万余人皆降。”唯一特殊点儿的，是汉军俘虏了北匈奴单于的堂兄。

匈奴人之间的亲戚关系历来复杂，北匈奴单于的这个堂兄虽然未必跟单于本人亲到什么程度，但本着废物利用的原则，班勇决定让车师后国的新王加特奴亲手斩杀北匈奴单于的堂兄。

旁人无法得知加特奴是否愿意砍下北匈奴单于堂兄的人头，但形势显然不容他有第二种选择。反正有人是要掉脑袋的，要么是北匈奴单于的堂兄，要么是加特奴。

虽然加特奴亲汉，但如果他肯亲手杀了北匈奴单于的堂兄，那就相当于断绝了车师后国在北匈奴方面的后路。这个投名状，班勇还是要看的，毕竟他不能一直待在这里。一旦他离开后加特奴反水，他还得再征车师后国，而以率大军翻过天山的难度来看，这事实在不宜经常做。

听闻加特奴竟然亲手杀了自己的堂兄，北匈奴单于不干了。他虽干不过班勇，但打加特奴不跟打儿子差不多？于是，北匈奴单于率一万多骑兵，气势汹汹地杀将而来，很快便抵达车师后国的金且谷（今天山博格达峰一带）。

听说北匈奴单于亲自来报仇，加特奴吓得直哆嗦：“人也不是我想杀的啊！”加特奴甚至没起任何抵抗的心思，立即向班勇求救。

班勇瞅着求救信，加特奴巴望的眼神跃然纸上。

唉，没办法，还是得拉他一把。请再坚持最后五分钟！

对于北匈奴的来袭，班勇毫不意外，因为选择加特奴做车师后国国王的时候，这种情况就已然在他预料之中。

班勇随即命令手下的代理司马曹俊率军驰援金且谷。汉军以极快的速度急行军至金且谷附近，北匈奴单于却没了和汉军一较高下的信心。两军尚未接触，北匈奴的士兵便接到了撤退的命令。

北匈奴人想跑，曹俊却不答应。他指挥军队追击，虽然没有追上北匈奴单于，但斩杀了单于的近臣骨都侯。

从此以后，车师境内再没有出现匈奴人的足迹，朝廷又一次恢复了与西域诸国的联系，荒芜许久的丝绸之路上重现往来于各国的使节和商旅。

由此可见，汉朝的军事实力和汉军的战斗力已经得到周边各国的认可，“汉军不可战胜”的观点已成为众人的共识。哪怕是曾经凶残的匈奴，现在也只能望汉而逃，再不敢与之掰手腕了。

但这对班勇来说还不是最后的胜利，比之父亲班超统领西域，他还差一些。不说天山以北地区，就是天山以南，也还有焉耆未臣服汉朝。

焉耆国位于今天新疆巴音郭楞蒙古自治州焉耆县。其实，我们根本无须了解它的地理位置如何重要、地形如何险要，单凭它当年是班超最后一个拿下的国家，就可知焉耆绝不是善茬。

班勇对攻打焉耆的难度有充分的预估。虽然这时候的焉耆王元孟当年是班超扶持起来的，但依照这厮的反叛前科，班勇很难相信他会顺利合作。于是，在永建二年（公元127年），班勇向朝廷提出了进攻焉耆，以及后续对乌孙、大宛等国的作战计划，并且请求朝廷予以增援。

这一求援举动后来使得班勇永远无法企及父亲班超所取成就，也成了班勇心中永远的痛。如果能重来，班勇大概宁愿自己从未请求增援。

朝廷的批复很快就下来了，不仅同意了班勇的作战计划，而且派敦煌太守张朗率三千士兵配合班勇的行动。

班勇接到朝廷的批复后便按做好的计划行动了：张朗所部从南边出发，班勇自己率西域联军四万余人从北边出发，两路夹击焉耆。

这本来是个不错的计划，但计划永远赶不上变化，这个变化就是张朗。

按史书记载，张朗这个人出征之前犯了罪（先有罪），但具体犯了什么罪，史书上没说。不过，张朗所犯罪行应该挺大，大到会掉脑袋，而他之所以没死，正是因为恰巧碰到班超向朝廷求援。不然，张朗不会在敦煌太守的位置上戴罪立功，更不可能有机会搅黄这次本可以完全平定西域的行动。

保命立功心切的张朗不顾和班勇的约定，一路疾行，在约定的时间之前便到了爵离关（今铁门关）。出乎班勇预料的是，这时候焉耆王元孟早已没有抵抗的信心。其实，不管是二十年前，还是二十年后，元孟负隅顽抗的信心都来源于焉耆地理上的天险，以为汉军“不能至”。这就有点儿像人在动物园挑衅笼子里的猛兽，全仗着铁栏杆的阻隔才敢趾高气扬，一旦猛兽到了笼子外，没几个人还能有之前的胆气。

见自己先到，且焉耆人不像准备拼死抵抗的样子，张朗更加迫不及待，准备不等班勇，自行进攻焉耆。

虽然张朗提前行动将承担巨大的风险，但没来之前他的未来已经是死路一条。为了生存，他不得不破出一条路，只是这必然会影响另一个人——班勇。

要说这是张朗的私心，自然不假，但他未必是刻意为之，也谈不上他为人有多卑劣，毕竟谁都只有一条命，缓期执行的死刑犯张朗不得不先为自己考虑。可惜，张朗目光短浅，他不清楚自己在这次平定西域的历史大事中占有的功劳到底有多大，能赎几次自己犯下的过错，他只知道自己要将功折罪，因此这个功劳显然越大越好。

于是，他进而挺击。

当天险已不存在，元孟和整个焉耆国的军民彻底失去了对抗汉军的信心。虽然张朗只有三千人，却已能将焉耆的军队打得落花流水，第一战便活捉了焉耆士兵两千多人。

这完全就是一场不对称战争，这仗让元孟还怎么打？！于是，元孟毫不含糊，第二回合……就直接投降了。

这下张朗趾高气扬，带着队伍一路直入焉耆城，接受元孟的投降。

“多亏自己当机立断！”或许张朗还曾不由得暗自得意。

按照以往的惯例，反叛的首领应该被枭首，并且传首京师，或者至少要绑到京城听候发落，以起到警示其他人的效果。可元孟胆子小、心眼儿多，竟不肯被绑到洛阳，只愿意派自己的儿子替自己去见皇帝，而且名义是进贡。

这要换作其他人，怎么肯答应！可惜张朗擅自行动在先，立功心切在后，他认为眼下自己的第一要务是回到洛阳禀明皇帝，消了自己的死罪。

于是，死中得活的张朗带上元孟的儿子急匆匆地就往回赶。

这时候，张朗潜意识中最不愿意想起的大概就是还有班勇这回事。

可怜班勇按约定的时间抵达爵离关，却发现把守关口的士兵已然不将汉军视为敌人，随意放大军通过。班勇上前一打听，才知道元孟已经投降张朗，而张朗早已在回程的路上。

“唉……”班勇心中纵有千言，最后也只能化作一声叹息。

这时候焉耆虽然已投降，但西域还有天山以北的乌孙、葱岭以西的大宛等国未向汉朝臣服。然而，班勇已经无法再前进了。在古代的军法中，

“失期”是死罪，班勇只能班师回朝，接受处罚。而他也知道，自己已经错失达到父亲生前高度的机会。

只是此时班勇或许没意识到，不仅是他，甚至整个汉王朝都未能重返班超在西域的光辉岁月。这种擦肩而过不是一时，也不是一世，而是永远。

时乎时乎，不再来。

回到洛阳，张朗如愿以偿地抵消了之前犯下的死罪，但也仅此而已。班勇则不出所料地被以“失期”罪论处，被关进大狱。当然，谁都知道班勇的“失期”并不是失期，他按时抵达了预定地点。最后，班勇虽被赦免，但已无法在朝中担任官职，只能回家赋闲。

班勇心灰意冷，回到洛阳的家中平静而无奈地接受了这一切。无事可做的他只得将自己在西域多年的经历写成《西域记》一文，流传后世。

> 醉里挑灯看剑，
> 梦回吹角连营，
> 八百里分麾下炙，
> 五十弦翻塞外声，
> 沙场秋点兵。

虽然班勇没有机会读到辛弃疾的这首《破阵子》，但或许在梦里他仍然会无数次梦回西域，驰骋沙场，伸手触及那几乎近在咫尺的顶点——

> 了却君王天下事，赢得生前身后名。

然而，醒来后只是一场空。

> 可怜白发生！